高等职业教育校企"双元"开发教材

企业纳税实务

新准则 新税率

主　编　刘翠屏　黄春燕　谭秋云

QIYE NASHUI SHIWU

本书另配：教学课件
　　　　　教　　案
　　　　　参考答案

中国教育出版传媒集团
高等教育出版社·北京

内容提要

本书是高等职业教育校企"双元"合作开发教材。

本书根据《中华人民共和国增值税法》《中华人民共和国企业所得税法》等税收政策进行编写,共包括九个项目:企业纳税准备工作、增值税纳税实务、消费税纳税实务、城建税及附加税纳税实务、企业所得税纳税实务、其他常见行为税纳税实务、常见财产税纳税实务、个人所得税纳税实务和企业纳税后续工作。

本书既可作为高等职业本科院校、高等职业专科院校财经商贸大类专业学生用书,也可作为社会相关人员培训用书。

图书在版编目(CIP)数据

企业纳税实务 / 刘翠屏,黄春燕,谭秋云主编. -- 北京 : 高等教育出版社, 2025.7. -- ISBN 978-7-04-064770-9

Ⅰ. F279.235.4

中国国家版本馆 CIP 数据核字第 2025XA5169 号

| 策划编辑 钱力颖 | 责任编辑 钱力颖 | 封面设计 张文豪 | 责任印制 高忠富 |

出版发行 高等教育出版社	网 址 http://www.hep.edu.cn
社 址 北京市西城区德外大街 4 号	http://www.hep.com.cn
邮政编码 100120	网上订购 http://www.hepmall.com.cn
印 刷 上海叶大印务发展有限公司	http://www.hepmall.com
开 本 787mm×1092mm 1/16	http://www.hepmall.cn
印 张 20	
字 数 484 千字	版 次 2025 年 7 月第 1 版
购书热线 010-58581118	印 次 2025 年 7 月第 1 次印刷
咨询电话 400-810-0598	定 价 45.00 元

本书如有缺页、倒页、脱页等质量问题,请到所购图书销售部门联系调换

版权所有 侵权必究

物 料 号 64770-00

前　　言

　　税收是国家财政收入的重要来源,对经济稳定至关重要。在当今复杂多变的商业环境中,纳税实务不仅是企业运营的重要组成部分,还是衡量企业合规经营与财务管理水平的关键指标。为了帮助企业财税人员及财务会计类专业学生全面掌握企业纳税实务知识,提升税务处理能力,我们精心编写了这本《企业纳税实务》教材。

　　本书紧跟《中华人民共和国增值税法》等税收政策动态与税务信息化步伐,融合经济发展趋势与企业实际需求,结合会计实践教学平台、最新电子税务局报税流程,通过系统化的项目设计、知识体系和丰富的实践案例,引导学生深入理解企业纳税的精髓,掌握扎实的税务知识与税务处理能力,实现理论与实践的深度融合,奠定职业生涯的坚实基石。

　　本书具有如下几个鲜明特色:

1. 结构科学,内容全面

　　本书从"企业纳税准备工作"入手,逐步深入"增值税纳税实务""企业所得税纳税实务"等核心税种的处理,再扩展到"其他常见行为税纳税实务""常见财产税纳税实务"以及"个人所得税纳税实务",最后以"企业纳税后续工作"收尾,覆盖了企业纳税的全过程。这种结构安排不仅有助于建立清晰的税务知识体系,还能帮助理解各税种之间的内在联系与区别、全生命周期纳税人的权利义务。

2. 理实一体,强化实践

　　本书依托全国业财税数智化服务行业产教融合共同体、掌算AI智慧产业学院,打造了一支由理实功底深厚的会计行业企业专家和高校名师联合组成的团队。图、表、文并茂,有效增强了可读性,在趣味性浓郁的资源中清晰梳理税务知识体系脉络。紧密结合会计实践教学平台,特别引入目前电子税务局报税流程,以办税指南、操作指引的实务指导,使学生在掌握税务知识的同时,能够紧跟税务信息化步伐,掌握电子报税技能。此外,书中还精心设计了"随堂练习""工作实例"等实训环节,帮助学生在真实业务场景中巩固所学知识,提升税务处理能力。

3. 资源丰富,形式多样

　　为了增强学习的趣味性和互动性,本书配套了课件、教案、实训库等丰富资源。这些资源以直观、生动的方式呈现税务知识,有助于教师提升教学质量与效率,让学生更好地理解和记忆。同时,多样化的学习资源也为学生提供了灵活的学习路径,满足不同学习风格和需求。

4. 注重思政,培养素养

　　在传授税务知识的同时,本书设计了"税润民生""典型案件"等栏目,体现我国原创性经验,融入税务相关的思政元素,培养学生的税务合规意识、诚信纳税观念、税务指导业务的业财融合理念以及细致、严谨、协作、沟通和协调的职业素养。通过案例分析、讨论交流等方式,引导学生树立正确的税务观念,为培养合格的数智财税人才奠定坚实基础。

　　本书由长沙商贸旅游职业技术学院刘翠屏、广西工商职业技术学院黄春燕、湖南中德安

前言

普大数据网络科技有限公司谭秋云担任主编；长沙商贸旅游职业技术学院金立槟、陈代堂，河北交通职业技术学院董浩洁，山东畜牧兽医职业学院刘媛，嘉兴职业技术学院王忆静，湖南现代物流职业技术学院王亚丽，衡水职业学院于春燕担任副主编；长沙掌算信息技术有限公司李卉雯，浙江金融职业技术学院牟昀汀，黑龙江职业学院宋薇，嘉兴职业技术学院彭贵芝，长沙商贸旅游职业技术学院陈岚、盛沁、何惕、刘璐宁、米雯静、范秀旺、蒙珂亦参与编写。具体编写分工如下：于春燕、陈代堂负责项目一；刘翠屏负责项目二；董浩洁、黄春燕负责项目三；陈岚负责项目四；王忆静、彭贵芝负责项目五；盛沁、米雯静、何惕负责项目六；牟昀汀、宋薇、范秀旺、盛沁、米雯静、刘璐宁负责项目七；王亚丽、刘媛负责项目八；金立槟、盛沁、米雯静、蒙珂亦、刘璐宁负责项目九；刘翠屏、黄春燕、谭秋云、李卉雯负责对全书的整体设计与修改定稿。

限于水平，本书存在不当之处在所难免，敬请各位读者批评指正。

编 者

2025 年 6 月

目　　录

项目一　企业纳税准备工作 ·· **001**
　　思维导图　　　　　　　　　　　　　　　　　　　　　　　　　　　001
　　学习目标　　　　　　　　　　　　　　　　　　　　　　　　　　　001
　　项目导入　　　　　　　　　　　　　　　　　　　　　　　　　　　002
　　任务一　设立税务登记　　　　　　　　　　　　　　　　　　　　　002
　　任务二　领购发票　　　　　　　　　　　　　　　　　　　　　　　008
　　任务三　办理税务变更登记　　　　　　　　　　　　　　　　　　　016
　　任务四　办理停业、复业税务登记　　　　　　　　　　　　　　　　020
　　任务五　办理跨区域涉税事项报验　　　　　　　　　　　　　　　　026
　　任务六　清税申报　　　　　　　　　　　　　　　　　　　　　　　035

项目二　增值税纳税实务 ·· **039**
　　思维导图　　　　　　　　　　　　　　　　　　　　　　　　　　　039
　　学习目标　　　　　　　　　　　　　　　　　　　　　　　　　　　040
　　项目导入　　　　　　　　　　　　　　　　　　　　　　　　　　　040
　　任务一　选择纳税人身份　　　　　　　　　　　　　　　　　　　　041
　　任务二　界定征税范围及适用税率、征收率　　　　　　　　　　　　051
　　任务三　计算销售额及开具增值税发票　　　　　　　　　　　　　　057
　　任务四　一般纳税人进项税额的抵扣　　　　　　　　　　　　　　　066
　　任务五　增值税征收管理　　　　　　　　　　　　　　　　　　　　072
　　任务六　一般纳税人增值税纳税申报　　　　　　　　　　　　　　　076
　　任务七　小规模纳税人增值税纳税申报　　　　　　　　　　　　　　088

项目三　消费税纳税实务 ·· **096**
　　思维导图　　　　　　　　　　　　　　　　　　　　　　　　　　　096
　　学习目标　　　　　　　　　　　　　　　　　　　　　　　　　　　096
　　项目导入　　　　　　　　　　　　　　　　　　　　　　　　　　　097
　　任务一　认知消费税　　　　　　　　　　　　　　　　　　　　　　097
　　任务二　计算消费税应纳税额　　　　　　　　　　　　　　　　　　102
　　任务三　处理自产自用、委托加工与进口货物的消费税业务　　　　　106
　　任务四　处理已税消费品与特殊销售业务　　　　　　　　　　　　　110
　　任务五　消费税征收管理　　　　　　　　　　　　　　　　　　　　115
　　任务六　消费税纳税申报　　　　　　　　　　　　　　　　　　　　116

项目四　城建税及附加纳税实务 ········· 123

- 思维导图　123
- 学习目标　123
- 项目导入　124
- 任务一　计算城市维护建设税　124
- 任务二　计算教育费附加及地方教育附加　126
- 任务三　城建税及附加纳税申报　128

项目五　企业所得税纳税实务 ········· 132

- 思维导图　132
- 学习目标　132
- 项目导入　133
- 任务一　认识企业所得税　133
- 任务二　确认企业所得税收入　138
- 任务三　确定企业所得税扣除项目　143
- 任务四　资产所得税处理　150
- 任务五　弥补亏损与税收优惠　155
- 任务六　计算企业所得税应纳税额　160
- 任务七　企业所得税纳税申报　165

项目六　其他常见行为税纳税实务 ········· 194

- 思维导图　194
- 学习目标　194
- 项目导入　195
- 任务一　印花税纳税申报　195
- 任务二　车船税纳税申报　208

项目七　常见财产税纳税实务 ········· 218

- 思维导图　218
- 学习目标　219
- 项目导入　219
- 任务一　土地增值税纳税申报　219
- 任务二　城镇土地使用税纳税申报　232
- 任务三　房产税纳税申报　241

项目八　个人所得税纳税实务 ········· 254

- 思维导图　254
- 学习目标　254
- 项目导入　255

任务一	认识个人所得税	255
任务二	个人所得税综合所得计算	264
任务三	个人所得税分类所得计算	271
任务四	个人所得税纳税申报	274

项目九 企业纳税后续工作 ········· 284

思维导图　　284

学习目标　　284

项目导入　　285

任务一	配合税务检查	285
任务二	提供纳税担保	290
任务三	接受税收保全和强制执行	296
任务四	申请税务行政复议	300
任务五	提起税务行政诉讼	304

主要参考文献 ········· **308**

项目一

企业纳税准备工作

📊 **思维导图**

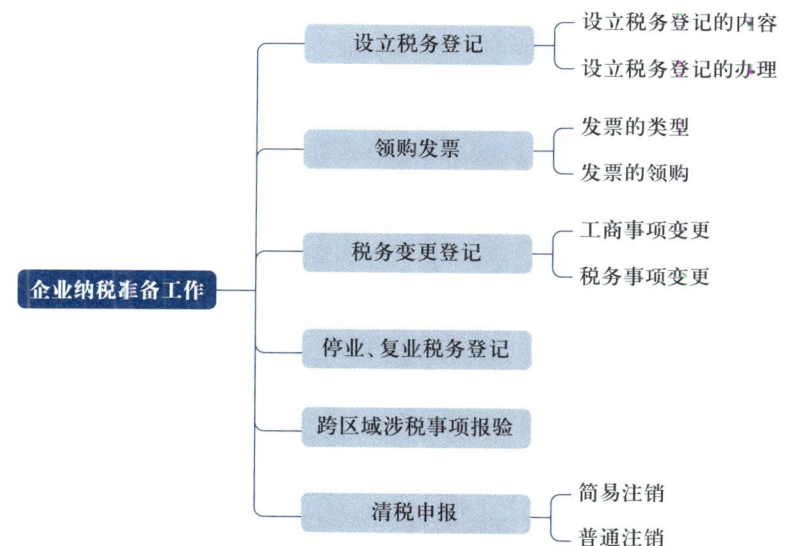

 **学习目标**

素质目标：
1. 形成严谨细致的工作作风，具备良好的团队合作精神。
2. 具备诚信意识，形成及时办理税务登记、依法使用发票、准确足额纳税的习惯。
3. 培养与税务、银行等部门良好沟通和协调的能力。

知识目标：
1. 了解企业税务登记、停复业登记、跨区域涉税事项报验等的办税流程。
2. 理解新办企业设立税务登记的意义。
3. 熟悉设立税务登记、变更税务登记、注销税务登记、停复业登记、跨区域涉税事项报验等需提交的资料。
4. 掌握新办纳税人套餐服务的内容、发票管理的要求。

项目一　企业纳税准备工作

技能目标：

1. 能够熟练地使用电子政务系统填报企业设立信息，能够独立办理企业设立登记的相关工作，完成申请企业工商营业执照五证合一登记操作。

2. 熟悉自助领购发票的应用场景，能够独立通过电子税务局，或者发票发售自助终端机领购发票，独立完成增值税发票申领工作。

3. 能够正确准备变更税务登记需提交的资料，能够熟练地使用电子政务系统填报企业税务变更信息，能够独立到企业登记机关办理税务企业变更登记的相关工作。

4. 能够准确填写停业复业报告书、独立到税务机关处理税务登记证等工作。

5. 能够准确填写跨区域涉税事项报告表、经营地涉税事项反馈表。

6. 能够独立办理结清税款、清税证明、缴销发票、交还税控设备等注销工作。

项目导入

刘小乐毕业后自己创业，创办注册了大连市小乐商贸有限公司，准备在自己门店经营服装生意。公司于2025年1月20日注册成立。后因过春节以及其他事情，门店并未经营。3月7日，刘小乐接到税务局电话，称其公司未按时进行设立税务登记，责令限期改正，否则将会被罚款。刘小乐很是疑惑，没有经营还要在税务机关登记吗？不登记还要罚款？

请思考：刘小乐公司是否触犯法律？会受到怎样的行政处罚？

任务一　设立税务登记

税务登记也称为纳税登记，是税务机关对纳税人的生产、经营活动进行登记管理的一项基本制度。它是税务机关对纳税人实施税收管理的首要环节和基础工作，是征纳双方法律关系成立的依据和证明。纳税人必须依法履行税务登记的义务。税务登记的种类包括设立登记、变更登记、停业和复业登记、跨区域涉税事项报验、注销登记等。

一、设立税务登记的内容

（一）从五证合一到多证合一

2016年10月1日起，全国范围内全面实施企业、农民专业合作社及个体工商户"五证合一"的登记制度。"五证合一"具体包括工商营业执照、组织机构代码证、税务登记证、社会保险登记证、统计登记证等。"五证合一"登记制度改革，适用于公司、非公司企业法人、个人独资企业、合伙企业、农民专业合作社等企业类市场主体（含企业分支机构）。个体工商户暂不纳入"五证合一"的范围。

2017年4月28日，国家有关部门要求2017年10月底前在全国推行"多证合一"。企业（包括在外地设立的分支机构）、从事生产经营的场所、个体工商户和从事生产经营的事业单位(以下统称从事生产经营的纳税人),向生产、经营所在地税务机关申报办理税务登记的活动。领取加载统一社会信用代码的营业执照后,无须单独到税务机关办理税务登记事项,首次办理涉税事宜时对税务机关依据市场监督管理等部门共享信息制作的《"多证合一"登记信息确认表》进行确认,对其中不全的信息进行补充,对不准确的信息进行更正。

(二)"多证合一、一照一码"

一是一表申请。办理企业登记注册,只需填写《新办纳税人涉税事项综合申请表》,向登记窗口提交一套登记材料。二是一窗受理。企业登记申请表和登记材料由工商登记窗口受理,质监、税务、人社、统计部门不再受理企业组织机构代码证、税务登记证、社会保险登记证、统计登记证申请。三是一企一码。一个企业主体只能有一个"统一代码",一个"统一代码"只能赋予一个企业主体。四是一网互联。市场监管、人社、统计等部门通过部门专线联网进行数据交换,实现跨层级、跨区域、跨部门信息共享、数据交换和有效应用。五是一照通用。"一照一码"执照在全国通用,相关各部门均要予以认可。

随堂练习1-1:(单选题) 整个税收征收管理的起点是(   )。
A. 办理营业执照   B. 纳税人资格认定
C. 税务登记   D. 纳税申报
答案: C。
解析: 根据税收征收管理法律制度的规定,税务登记是整个税收征收管理的起点。

随堂练习1-2:(多选题) "五证合一"的"五证"具体包括(   )和统计登记证。
A. 工商营业执照   B. 组织机构代码证
C. 税务登记证   D. 社会保险登记证
答案: ABCD。
解析: "五证合一"包括工商营业执照、组织机构代码证、税务登记证、社会保险登记证、统计登记证等。

税润民生

多证合一,利国利民

一是进一步简政放权,降低市场准入门槛。对于依法需要登记的其他事项或信息,经整合后纳入企业年度报告内容,或者由企业在经营中另行申报。

二是实现政府信息共享,方便企业办事。市场监管部门将企业登记信息共享给社会保险、统计等部门。通过信息共享应用,以"数据网上行"让"企业少跑路"。

三是提升政府管理能力,加强社会信用体系建设。统一代码作为企业唯一的主体识别码,各部门均以其建立统一信息标准,通过部门间信息互联互通,实现企业基础信息的高效采集、有效归集和充分运用,各部门行政管理产生的信用信息也可以更有效地整合,实现既可"奖优"又可"惩劣"的社会效应。

二、设立税务登记的办理

下面以辽宁省税务局为例,说明新办纳税人一照一码户信息确认的办理。

> **温馨提示**
> 因会计实践教学平台会计主体均为大连市的企业,后续电子税务局操作指引均以辽宁省税务局为例,其办理地点、机构、时间相同的,省略相关内容。

(一)办税指南

(1)申请条件。已实行"多证合一、一照一码"登记模式的纳税人,首次办理涉税事宜时,对市场监督管理等部门共享信息进行确认。

(2)办理材料。一照一码户信息确认无须提供材料。

(3)办理地点。可通过辽宁省税务局各县区局办税服务厅、辽宁省电子税务局办理,可登录辽宁省电子税务局官网。

(4)办理机构。主管税务机关。

(5)办理时间。即时办结。具体时间见各办税服务厅工作时间安排。

(6)办理流程

新办纳税人一照一码户信息确认的办理流程如图1-1所示。

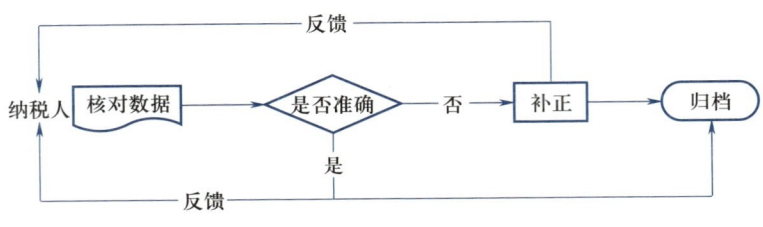

图1-1 一照一码户信息确认办理流程

(二)新电子税务局操作指引

新设立的市场主体,在市场监督管理部门办理开业登记后,可以通过电子税务局"新办纳税人涉税事项申请套餐"功能,实现首次"一般纳税人认定""财务会计核算制度备案"等税务基础业务的一并办理,建立集中处理涉税事项"套餐式"服务新模式。

(1)以法人代表或财务负责人的自然人身份注册、登录新电子税务局,单击【我要办税】—【综合信息报告】—【身份信息报告】—【新办纳税人开业】功能菜单进入功能,如图1-2所示。

(2)系统跳转选择纳税人界面,展示未进行税务登记的纳税人信息。单击拟开业纳税人的统一社会信用代码,选择对应企业进行信息确认,如图1-3所示。若不存在要开办的企业信息可单击"新办开业",输入纳税人名称进行办理。

(3)系统跳转信息确认界面,根据注册信息自动为其分配主管税务局机关及所属分局,并提示:"根据您的注册地址信息,为您分配的主管税务机关为×××税务局×××分局",单击【确定】,即完成税务信息确认。

(4)系统跳转新办纳税人套餐业务选择界面,可根据情况单击想要办理的【我的银行】【会计制度】【一般纳税人】【票种核定】等业务或单击全选,单击【一键办理】,如图1-4所示。

任务一　设立税务登记

图 1-2　新办纳税人开业功能路径界面

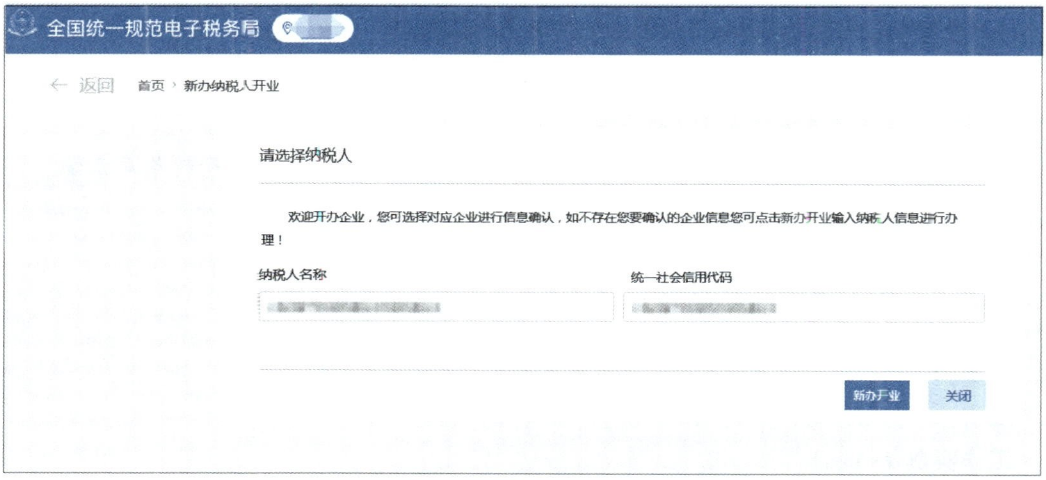

图 1-3　选择纳税人界面

图 1-4　新办纳税人套餐业务选择界面

（5）选择办理的套餐业务填写确认完成后，系统跳转至已完成界面，通过【我的查询】功能可查看打印表证单书，如图 1-5 所示。

图 1-5　套餐业务已完成界面

随堂练习 1-3：（单选题）纳税人在规定的申报期内，（　　）使用电子税务局系统。
A. 可以全天 24 小时
B. 只能在每天上午
C. 只能在每天下午
D. 只能在工作时间内
答案：A。
解析：电子税务局系统提供 7×24 小时不间断服务。

工作实例 1-1

实训资料：大连蓝天制造有限责任公司是一家工业制造企业，于 2022 年 1 月 5 日成立，预计公司年应税销售额超过 500 万元。营业执照及纳税人基础资料如下：

纳税人识别号：912102117777001117。类型：有限责任公司。注册地址：大连市甘井子区柳河路 108 号。注册资本：600 万元。经营范围：生产销售金属丝网、塑料丝网；高墙护栏板及配件。电话：0411-82140000。开户银行及账号：大连银行夏泊支行 800000208002222。营业期限：2022 年 1 月 5 日至永久。法定代表人叶世恒身份证号码 210205198809107963，联系电话 13904113759；财务负责人柯丰身份证号码 210203199005060124，联系电话 15304118922；办税人员（经办人）张亮身份证号码 210202199306134112，联系电话 13757647603。公司独立核算，从业人数 80 人，采用小企业会计准则，使用统一的会计核算软件。股东为叶世恒一人。

涉税事项情况如下：公司为增值税一般纳税人，从当月 1 日起生效；申领增值税专用发票、普通发票各 50 份，单张发票最高开票限额 10 万元，领票方式采用"验旧供新"方式。

实训要求：填写《新办纳税人涉税事项综合申请表》，如表 1-1 所示。

表 1-1 新办纳税人涉税事项综合申请表

<table>
<tr><td rowspan="3">基本信息</td><td>纳税人名称</td><td>大连蓝天制造有限责任公司</td><td>统一社会信用代码</td><td>912102117777001117</td></tr>
<tr><td>经办人</td><td>张亮</td><td>身份证件类型</td><td>身份证</td></tr>
<tr><td>证件号码</td><td>210202199306134112</td><td>联系电话</td><td>13757647603</td></tr>
<tr><td rowspan="5">增值税一般纳税人资格登记</td><td colspan="3">是否登记为增值税一般纳税人：是☑；否□（无须填写以下一般纳税人资格登记信息）</td></tr>
<tr><td>纳税人类别：</td><td colspan="2">企业☑ 个体工商户□ 农民合作社□ 其他□
（请选择一个项目并在□内打"√"）</td></tr>
<tr><td>主营业务类别：</td><td colspan="2">企业☑ 工业□ 商业□ 服务业□ 其他□
（请选择一个项目并在□内打"√"）</td></tr>
<tr><td>会计核算健全：</td><td colspan="2">是☑ （请选择一个项目并在□内打"√"）</td></tr>
<tr><td>一般纳税人资格生效之日：</td><td colspan="2">当月1日☑ 次月1日□
（请选择一个项目并在□内打"√"）</td></tr>
<tr><td rowspan="8">首次办税申领发票</td><td>发票种类名称</td><td>单份发票最高开票限额</td><td>每月最高领票数量</td><td>领票方式</td></tr>
<tr><td>增值税专用发票</td><td>十万元</td><td>50</td><td>验旧供新</td></tr>
<tr><td>增值税普通发票</td><td>十万元</td><td>50</td><td>验旧供新</td></tr>
<tr><td></td><td></td><td></td><td></td></tr>
<tr><td>领票人</td><td>联系电话</td><td>身份证件类型</td><td>身份证件号码</td></tr>
<tr><td>张亮</td><td>13757647603</td><td>身份证</td><td>210202199306134112①</td></tr>
<tr><td colspan="2">税务行政许可申请事项：</td><td colspan="2">增值税专用发票（增值税税控系统）最高开票限额审批</td></tr>
<tr><td colspan="2">增值税专用发票（增值税税控系统）最高开票限额申请</td><td colspan="2">一千元□ 一万元□ 十万元☑
（请选择一个项目并在□内打"√"）</td></tr>
<tr><td colspan="5">纳税人声明：能够提供准确税务资料，上述各项内容真实、可靠、完整。如有虚假，愿意承担相关法律责任。

经办人：张亮　　　　　代理人：　　　　　　　　　纳税人印章（大连蓝天制造有限责任公司）
　　　　　　　　　　　　　　　　　　　　　　　　2022 年 1 月 5 日</td></tr>
</table>

【填表说明】1. 本表适用于新办企业，新办个体工商户、农民合作社可参照适用。

2. 表单一式一份，由税务机关留存。

---

① 本书中涉及的人名及其身份证件号码等信息均为虚拟信息，非真实资料。

从"远程虚拟窗口"看税收营商环境优化成效

"以往需要往返两张飞机票才能解决的问题,现在用远程虚拟窗口就能轻松解决。"武汉市中建幕墙有限公司负责人胡作家说。记者了解到,前不久,该公司在福州的一个施工项目,预缴增值税、企业所得税税款时,属期选择错误,由于已缴纳税款无法在线上更正,以往只能前往福州现场处理。在国家税务总局武汉市蔡甸区税务局和福州市鼓楼区税务局的沟通配合下,胡作家通过"远程虚拟窗口"在武汉成功办理了这项业务。

任务二 领购发票

一、发票认知

发票,是指在购销商品、提供或者接受服务以及从事其他经营活动中,开具、收取的收付款凭证。发票是会计核算的原始依据,是审计机关、税务机关执法检查的重要依据。发票的作用是记录交易信息、证明交易合法性以及作为税收征收的依据。

税务机关是发票的主管机关,负责发票的印制、领购、开具、取得、保管、缴销的管理和监督,包括但不限于确定发票内容、联次、印制企业,领购发票的范围、条件和程序,开具和取得发票的要求,以及发票保管和缴销的制度等。此外,税务机关还要求单位和个人在购销商品、提供或者接受经营服务以及从事其他经营活动中,应当按照规定开具、使用、取得发票,确保发票真实、有效。

二、发票的种类与内容

(一)主要种类

目前增值税发票主要包括以下五个票种。

1. 数电票

数电票是全面数字化的发票,是与纸质发票具有同等法律效力的全新发票,不以纸质形式存在、不用介质支撑、不需申请领用。目前主要包括电子发票(增值税专用发票)、电子发票(普通发票),分别如图1-6(a)、图1-6(b)所示。电子发票将纸质发票的票面信息全面数字化,通过标签管理将多个票种集成归并为电子发票单一票种,设立税务数字账户,无联次,实现全国统一赋码、智能赋予发票开具金额总额度、自动流转交付。

2. 增值税专用发票(含增值税电子专用发票)

这类发票是增值税纳税人销售货物或者提供应税劳务开具的发票,是购买方支付增值税额并可按照增值税有关规定据以抵扣增值税进项税额的凭证,如图1-7所示。

3. 增值税普通发票(含电子普通发票、卷式发票、通行费发票)

此类发票是增值税纳税人销售货物或者提供应税劳务、服务时,通过增值税税控系统开具的普通发票,如图1-8所示。

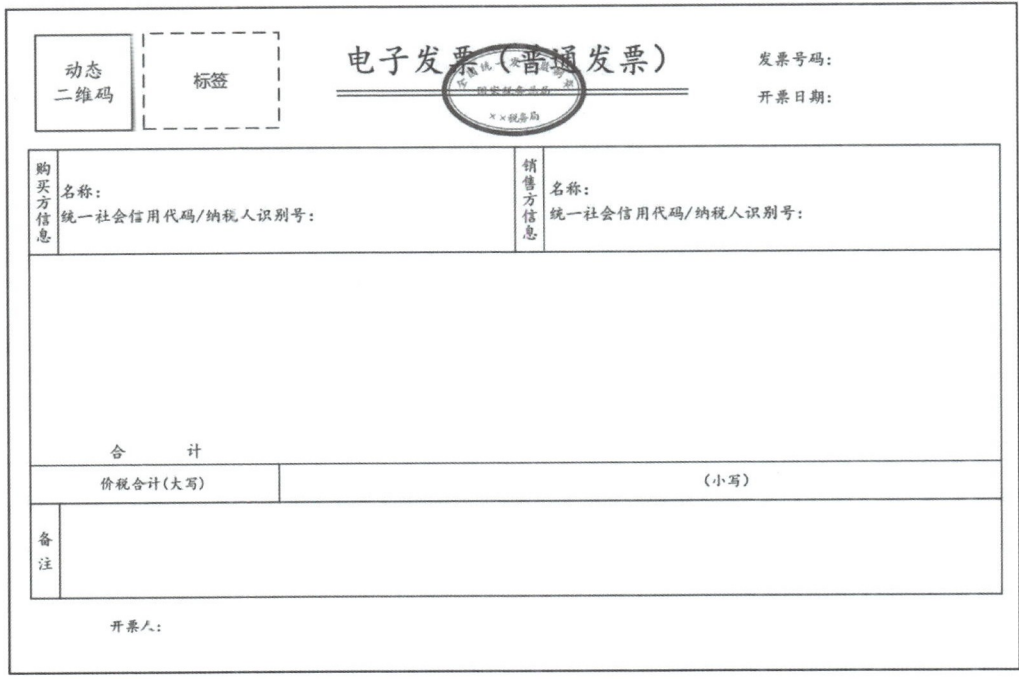

图 1-6(a) 电子发票(增值税专用发票)票样

图 1-6(b) 电子发票(普通发票)票样

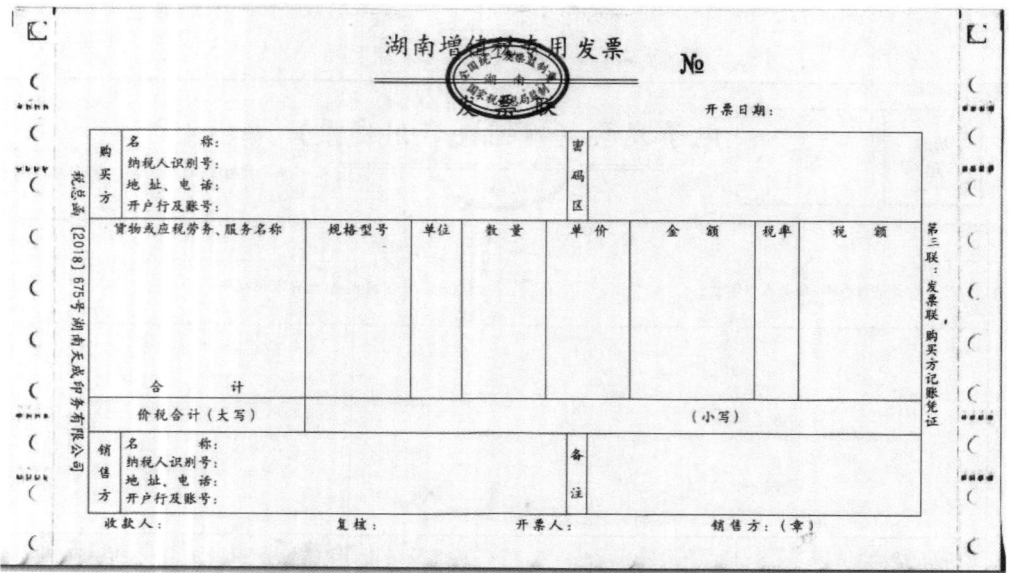

图1-7 增值税专用发票票样

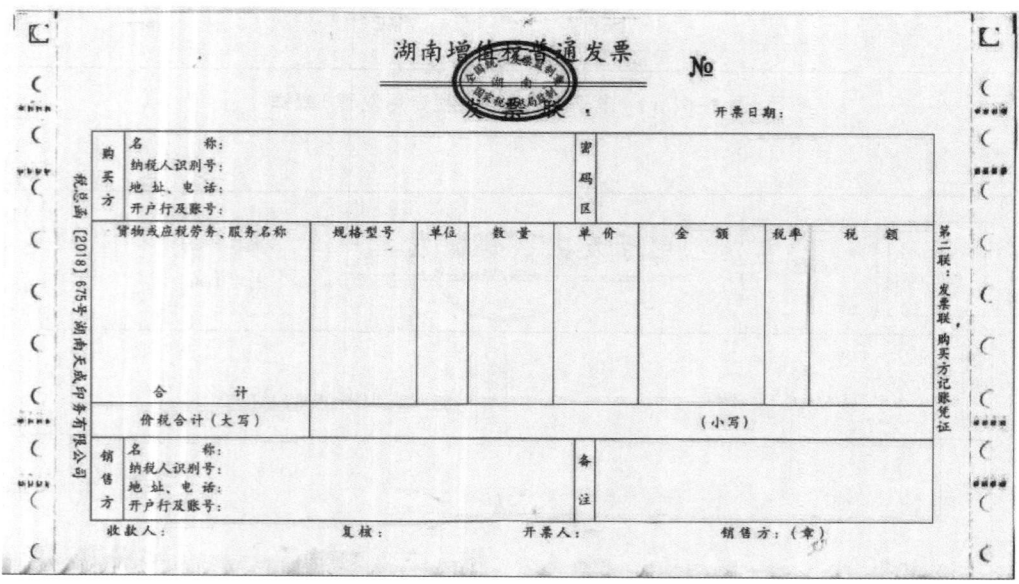

图1-8 增值税普通发票票样

增值税专用发票不仅是购销双方收付款的凭证,还可以用作购买方(增值税一般纳税人)抵扣增值税的凭证,因此不仅具有商事凭证的作用,还具备完税凭证的作用。而增值税普通发票除税法规定的经营项目外都不能抵扣进项税。

4. 机动车销售统一发票

凡从事机动车零售业务的单位和个人,从2006年8月1日起,在销售机动车(不包括销售旧机动车)收取款项时开具机动车销售统一发票,如图1-9(a)和图1-9(b)所示。

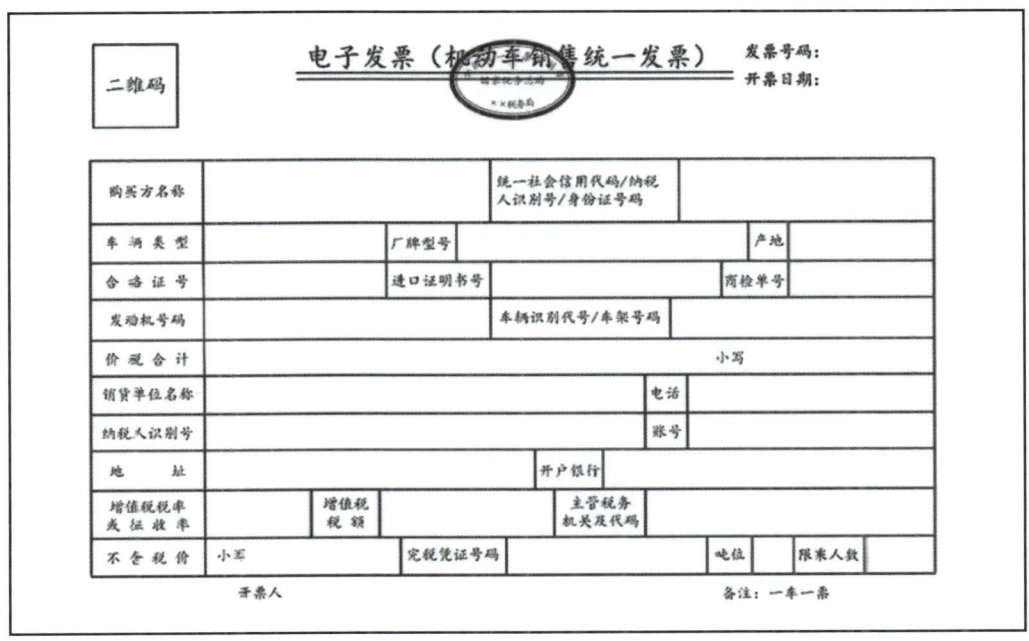

图1-9(a) 电子发票(机动车销售统一发票)票样

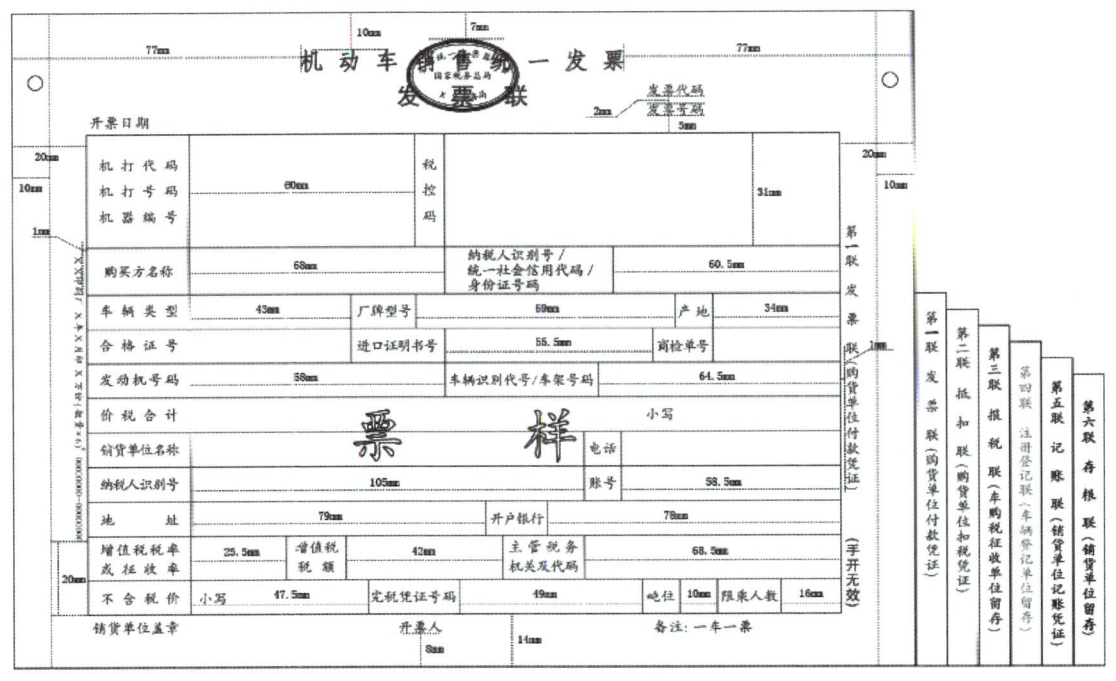

图1-9(b) 机动车销售统一发票发票联票样

5. 二手车销售统一发票

二手车销售统一发票是二手车经销企业、经纪机构和拍卖企业,在销售、中介和拍卖二手车收取款项时,通过开票软件开具的二手车销售统一发票,如图1-10所示。

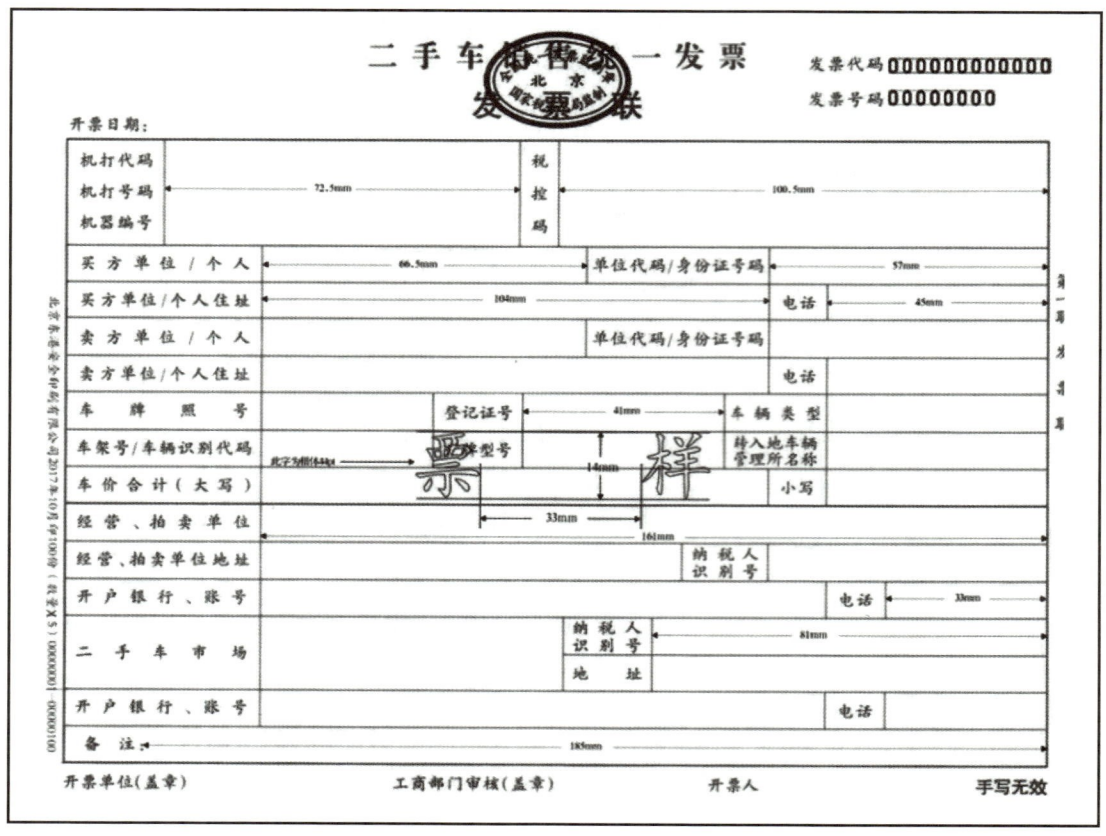

图 1-10　二手车销售统一发票票样

(二) 基本内容

发票的基本内容包括发票的名称、发票代码和号码、联次及用途、客户名称、开户银行及账号、商品名称或经营项目、计量单位、数量、单价、大小写金额、税率(征收率)、税额、开票人、开票日期、开票单位(个人)名称(章)等。增值税专用发票基本联次三联如表 1-2 所示,分别为购买方、销售方所持有。

表 1-2　增值税专用发票传统联次及用途

基本联次	持有者	用途
发票联	购买方	核算采购成本和增值税进项税额的记账凭证
抵扣联		报送主管税务机关认证和留存备查的扣税凭证
记账联	销售方	核算销售收入和增值税销项税额的记账凭证

随堂练习 1-4:(单选题)下列关于增值税专用发票记账联用途的表述中,正确的是(　　)。
A. 作为购买方报送税务机关认证和留存备查的抵扣凭证
B. 作为销售方核算销售收入和增值税销项税额的记账凭证

C. 作为购买方核算采购成本的记账凭证
D. 作为购买方核算增值税进项税额的记账凭证

答案：B。

解析：A是抵扣联用途，C是发票联用途。

💡 **头脑风暴**：数电票较纸质发票在票面有何变化？

三、增值税发票的领购

随着电子发票的推广，很多地方已经实现了发票的电子化，特别是数电发票的推行，已经实现了"去介质化"，无须使用金税盘等税控设备，直接通过电子发票服务平台即可开票。

如果当地税务机关仍然使用税控系统开票软件，可能需要购买金税盘开票。

（一）税控系统发票领购的办理

1. 金税盘发行

纳税人完成新办纳税人套餐服务申购金税盘后，需要办理金税盘发行，即将纳税人税务登记信息、增值税纳税人资格认定信息、税种税目认定信息、票种核定信息、购票限量、离线开票时限、离线开票总金额等相关涉及开票的信息加载写入金税盘。

2. 发票申领

纳税人可以在办税大厅人工窗口、发票发售自助终端机、电子税务局和增值税发票管理新系统申领发票。

首次申领发票需要在金税盘发行成功后，按照金税盘中所核定的发票票种，在领购发票数量限量内申领发票，并将申领信息写入金税盘，通过增值税开票系统读入申领的发票，即可开具使用发票。

日常申领发票时需要进行发票验旧后方可再次申领发票。发票验旧是纳税人在原购入发票票种全部使用完后，需将已开具发票（包括作废发票）的相关信息通过电子或纸质方式，报送税务机关查验。

3. 新电子税务局操作指引

登录电子税务局，单击【我要办税】—【发票业务】—【发票领用】，单击【新增】，选择发票种类、填写数量，选择大厅取票，再单击【提交】。

（二）数电票领购的办理

实施数电票的纳税人无须申领专用税控设备和进行票种核定，信息系统自动赋予开具额度，并根据纳税人行为动态调整发票额度，按照全新管理流程，实现开业即可开票。

根据纳税人业务需要，向税务局申请调整额度时，可以在主页的【税务数字账户】功能模块单击【发票业务】，如图1-11所示；也可以通过【我要办税】—【发票使用】，找到【发票额度调整申请】进行额度调整，如图1-12所示。

单击【新增申请】，根据需要添加申请内容，如图1-13所示。

根据提示，添加合同等佐证材料，单击【申请】，如图1-14所示。提交税务系统，等待批复。

四、发票的使用

（一）一般规定

（1）发票只限于用票单位和个人自己填开使用，不得转借、转让和代开发票；未经主管税务机关批准不得拆本使用发票。

（2）单位和个人只能购买和使用主管税务机关批准印制的发票，不得用"白条"和其他票据代替发票使用，也不得自行扩大发票的使用范围。

图 1-11　发票业务进入界面

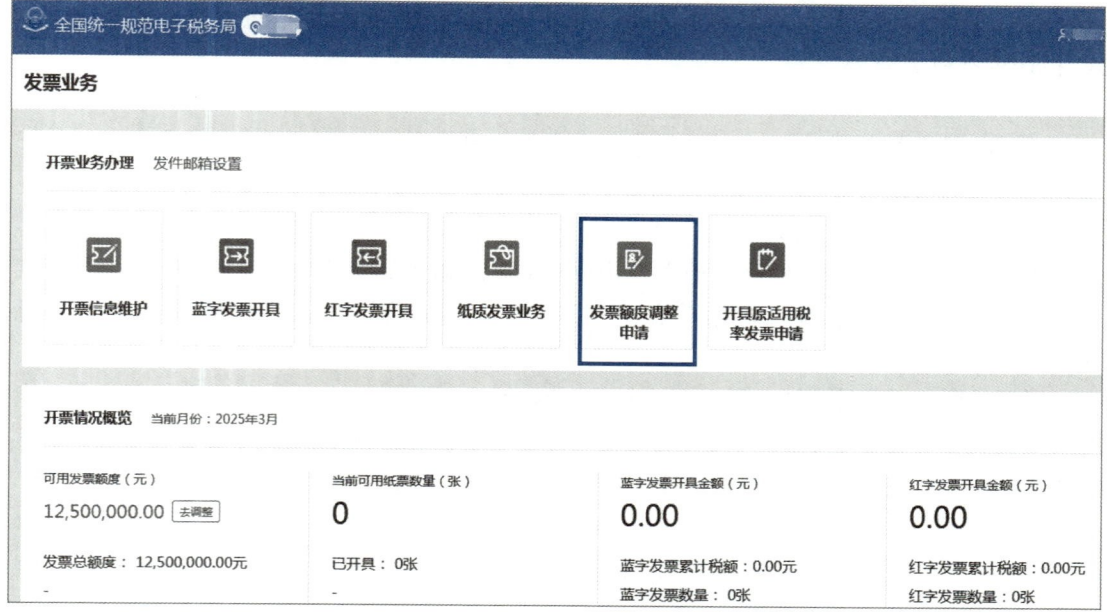

图 1-12　发票额度调整申请进入界面

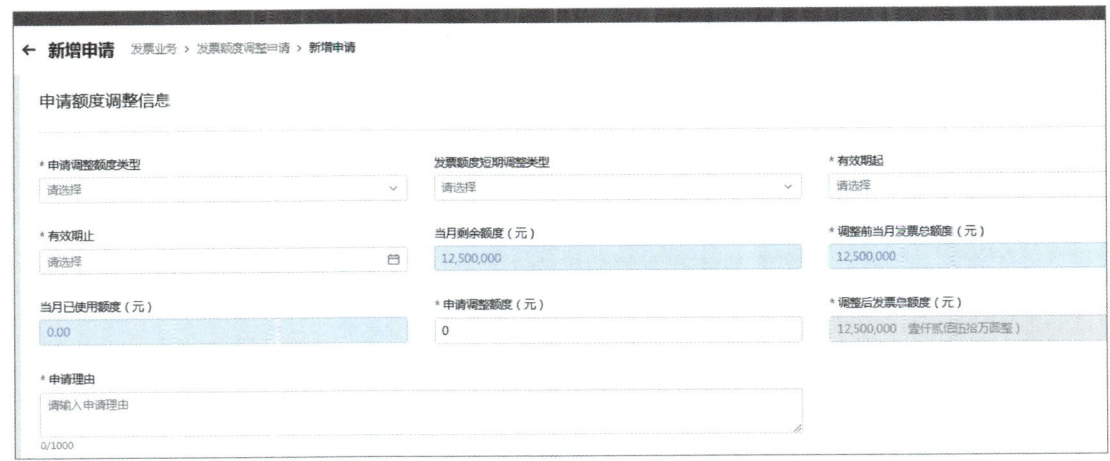

图 1-13　额度调整信息填报界面

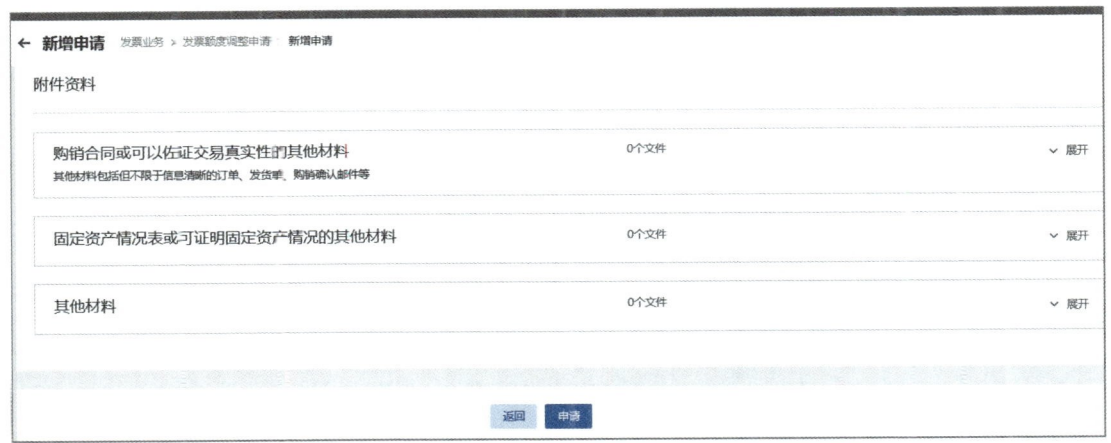

图 1-14　佐证材料填报界面

（3）销售商品、提供服务以及从事其他经营活动的单位和个人，对外发生经营业务收取款项，收款方应向付款方开具发票；特殊情况下由付款方开具发票。

（4）单位和个人填开发票时，必须按照规定的时限、号码顺序填开。填写时必须项目齐全、内容真实、字迹清楚，纸质发票要全份一次复写，并加盖发票专用章。用票单位和个人填错发票，应书写或加盖"作废"字样，并完整保存各联备查。

（5）用票单位和个人丢失发票应当及时报告主管税务机关，并在报刊、电视等新闻媒介上公开声明作废，同时接受主管税务机关的处理。

（6）一般纳税人填开增值税专用发票，除遵循上述规定外，还要注意增值税专用发票的使用范围和开具时限。

（二）发票的保管

开具发票的单位和个人应当建立发票使用登记制度，并定期向主管税务机关报告发票使用情况；应当按照税务机关的规定存放和保管发票，不得毁损。已开具的发票存根联和发票登记簿应当保存5年。

随堂练习 1-5：（单选题）发票存根联的保存期限为（　　）年。

A. 1　　　　　　　B. 3　　　　　　　C. 5　　　　　　　D. 7

答案：C。

解析：发票记账联、发票联，保存期限为 30 年。抵扣联保存期限为 10 年。电子发票的电子存根数据，视同纸质发票存根保存。

工作实例 1-2

实训资料：白云实业有限公司开业前期因为办税人员不专业等原因，其发票管理陆续出现以下行为。

实训要求：判断下列哪些行为违反发票管理办法。

发票业务判断情况如表 1-3 所示。

表 1-3　发票业务判断

发票业务	违法诊断
1. 从客户单位转购发票	倒买倒卖发票
2. 向客户单位转卖发票	倒买倒卖发票
3. 企业购买的空白发票丢失	未按规定保管发票
4. 企业在街头印章制作处制作发票监制章	私自制作发票监制章
5. 销售食品，销货发票按销售"办公用品"开具	未按规定开具发票
6. 上年度开具的发票存根联毁损	未按规定保管发票

任务三　办理税务变更登记

一、变更税务登记的含义

变更税务登记，是指纳税人办理设立税务登记后，因税务登记内容发生变化，向税务机关申请将税务登记内容重新调整为与实际情况一致的一种税务登记管理制度，分为工商事项变更和税务事项变更。

（一）工商事项变更

涉及工商事项变更的，首先要在市场监督管理部门进行工商变更登记，变更后相关信息会同步到税务机关，纳税人可以在电子税务局查看、确认。

工商事项变更包括：登记注册类型、纳税人名称、生产经营期限、注册地址、注册地邮政编码、注册地联系电话、注册所在地行政区划、经营范围、法定代表人（负责人）、股东等，无须再单独办理税务事项变更。但如果纳税人变更企业名称，将会影响开票信息的变化，而企业的开票信息是由税务机关读写在金税盘中的，因此纳税人需前往税务机关办理增值税税控设备的重新发行等。

（二）税务事项变更

涉及财务负责人、办税人员、开票人员、财务核算方式、总分机构、从业人数等信息的变更，仅在电子税务局变更信息即可。

纳税信用"值千金"，用"信"助企换"金银"

近年来，纳税信用评价结果已向多领域扩展，广泛应用于享受税收优惠政策、企业评先评优、招标投标、融资等领域，从信用到"用信"的转化让优质纳税信用日益成为企业的"真金白银"。

数据显示，2023年厦门市税务局"银税互动"累计为6.54万户次小微企业提供512.05亿元信用贷款，大量经营主体享受到诚信纳税带来的便利与红利。

随堂练习1-6：（多选题）企业发生的下列情形中，应当办理变更税务登记的是（　　）。

A. 改变企业名称　　　　　　　　B. 减少分支机构
C. 改变法定代表人　　　　　　　D. 企业被市场监管局吊销营业执照

答案： ABC。
解析： 选项D应当办理注销税务登记。

二、变更税务登记的办理

（一）办税指南

1. 申请条件

一照一码户市场监管等部门登记信息发生变更的，向市场监管等部门申报办理变更登记。税务机关接收市场监管等部门变更信息，经纳税人确认后更新系统内的对应信息。

一照一码户生产经营地、财务负责人等非市场监管等部门登记信息发生变化时，向主管税务机关申报办理变更。

2. 办理材料

变更税务登记的办理材料如表1-4所示。

表1-4　变更税务登记的办理材料

序号	材料名称	数量	备注
1	经办人身份证件原件	1份	查验后退回
有以下情形的，还应提供相应材料			
适用情形	材料名称	数量	备注
非市场监管等部门登记信息发生变化	变更信息的有关材料复印件	1份	无

（二）电子税务局操作指引

（1）登录电子税务局，单击【我要办税】—【综合信息报告】，如图1-15所示。

图1-15　综合信息报告界面

（2）单击【身份信息报告】—【变更税务登记】，如图1-16所示。

图1-16　变更税务登记界面

（3）进入功能页面，可以看到在页面中部有8个标签，分别是"变更登记事项""投资方信息""分支机构信息""总机构信息""投资总额信息""注册资本信息""附行业信息""办税人信息"，当要变更的内容仅为"变更登记事项"而非其他7项时，直接在"变更登记事项"标签下进行填写。根据提示选择"下一步"。需要上传证件图片的，上传方式有两种，直接本地上传或资料库选择，以本地上传为例，单击【上传】—【添加文件】。如图1-17所示。

（4）状态列变为"已上传"，单击【提交】，系统提示"是否确定提交"，单击【确定】完成变更，如图1-18所示。

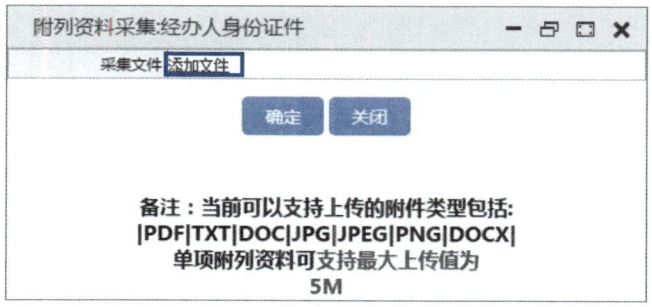

图 1-17　变更税务登记附送资料界面

图 1-18　变更税务登记提交界面

工作实例 1-3

实训资料：2025 年 1 月，骊尚实业有限公司将经营地点从五华街道搬至离世腾街道，仍属原主管税务机关管辖，未办理变更税务登记。主管税务机关责令其 5 天之内办理变更税务登记后，该企业仍未按规定时间办理。其主管税务机关遂下达《处罚通知书》，对其处以 2 000 元罚款。该企业不服，认为虽然搬迁却仍属原主管税务机关管辖，没必要办理变更税务登记。

实训要求：根据资料判断表中哪些涉税行为违反税收征收管理法。

税务业务判断情况如表 1-5 所示。

表 1-5　税务业务判断

序号	涉税业务	违法诊断
1	该企业不需要同税务机关申请办理税务变更事项	税务登记内容变更
2	如果该企业搬迁后地址归另一税务机关管辖，该企业需要办理注销税务登记	—
3	税务机关的处理正确	
4	企业是否有权上告税务机关？本例中，它应该向谁告？	主管税务机关的上级税务机关

项目一　企业纳税准备工作

任务四　办理停业、复业税务登记

停业、复业登记是纳税人暂停和恢复生产经营活动而办理的纳税登记。

一、停业登记的办理

实行定期定额征收的个体工商户或比照定期定额户进行管理的个人独资企业，才可以办理停业登记，并且应当在停业前向税务机关申报办理停业登记，纳税人的停业期限不得超过1年。纳税人在停业期间发生纳税义务的，应当申报缴纳税款。

纳税人在办理停业时，应如实填写停业复业报告书，说明理由、停业期限、停业前的纳税情况和发票领、用、存情况，并结清应纳税款、滞纳金、罚款。税务机关应收存其税务登记证件及副本、发票领购簿、未使用完的发票和其他税务证件。

纳税人停业期不能及时恢复生产经营的，应当在停业期满前向税务机关提出延长停业登记。纳税人停业期满未按期复业又不申请延长停业的，税务机关应当视为已恢复营业，纳入正常管理，并按核定税额按期征收税款。

随堂练习1-7：(多选题)关于停业、复业登记，下列表述不正确的有（　　　）。
A. 个体工商户需要停业的，应该在停业前向税务机关申报办理停业登记
B. 按规定办理停业的纳税人的停业期限不得超过1年
C. 纳税人在停业期间发生纳税义务的，应当申报缴纳税款
D. 纳税人停业期满应当及时恢复生产经营，期满不能及时恢复生产经营的，应当在停业期满后向税务机关提出延长停业登记申请

答案：AD。

解析：选项A，实行定期定额征收方式的个体工商户需要停业的，应当在停业前向税务机关申报办理停业登记。选项D，纳税人停业期满不能及时恢复生产经营的，应当在停业期满前向税务机关提出延长停业登记申请，而不是期满后提出。

（一）办税指南

1. 申请条件

实行定期定额征收的个体工商户或比照定期定额户进行管理的个人独资企业发生停业的，应当在停业前向税务机关书面提出停业报告；纳税人停业期满不能及时恢复生产经营的，在停业期满前到主管税务机关申报办理延长停业手续。

2. 办理材料

停业登记的办理材料如表1-6所示。

（二）电子税务局操作指引

业务说明：实行定期定额征收方式的个体工商户在停业前办理停业登记。

（1）登录电子税务局，单击【我要办税】—【综合信息报告】，如图1-19所示。
（2）单击【停业登记】，如图1-20所示。
（3）根据实际情况选择停业期限起、止时间，如图1-21所示。

表 1-6　停业登记办理材料

序号	材料名称	数量	备注
1	停业复业报告书	2 份	无
有以下情形的,还应提供相应材料			
适用情形	材料名称	数量	备注
纳税人存在未缴存税务登记证件	加载统一社会信用代码的营业执照及其他税务证件	1 份	税务机关封存
纳税人存在未缴存情形	发票领购簿	1 份	税务机关封存
纳税人存在未缴存情形	未使用完的发票		税务机关封存

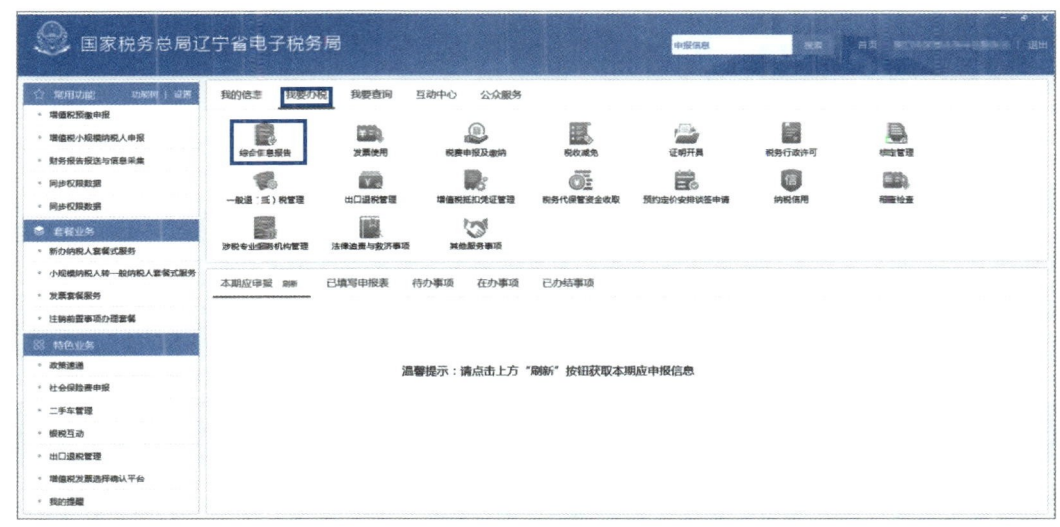

图 1-19　综合信息报告界面

图 1-20　停业登记界面

项目一　企业纳税准备工作

图 1-21　停业报告书界面

（4）单击【保存】,系统提示"保存成功",再单击【提交】,如图 1-22 所示。

图 1-22　停业报告保存成功界面

（5）纳税人提交申请后,可在首页【在办事项】中单击【同步信息】查看办税进度,如图 1-23（a）所示。也可通过【办税进度查询】单击【同步信息】进行查看,如图 1-23（b）、图 1-23（c）所示。

图 1-23（a） 办税进度查询的同步信息界面（1）

图 1-23（b） 办税进度查询的同步信息界面（2）

图 1-23（c） 办税进度查询的同步信息界面（3）

二、复业登记的办理

(一)办税指南

1. 申请条件

已办理停业登记的纳税人于恢复生产经营之前,向主管税务机关申报办理复业登记。

2. 办理材料

复业登记的办理材料如表1-7所示。

表1-7 复业登记办理材料

序号	材料名称	数量	备注
1	停业复业报告书	2份	无

(二)电子税务局操作指引

(1)登录电子税务局,单击【我要办税】—【综合信息报告】,如图1-24所示。

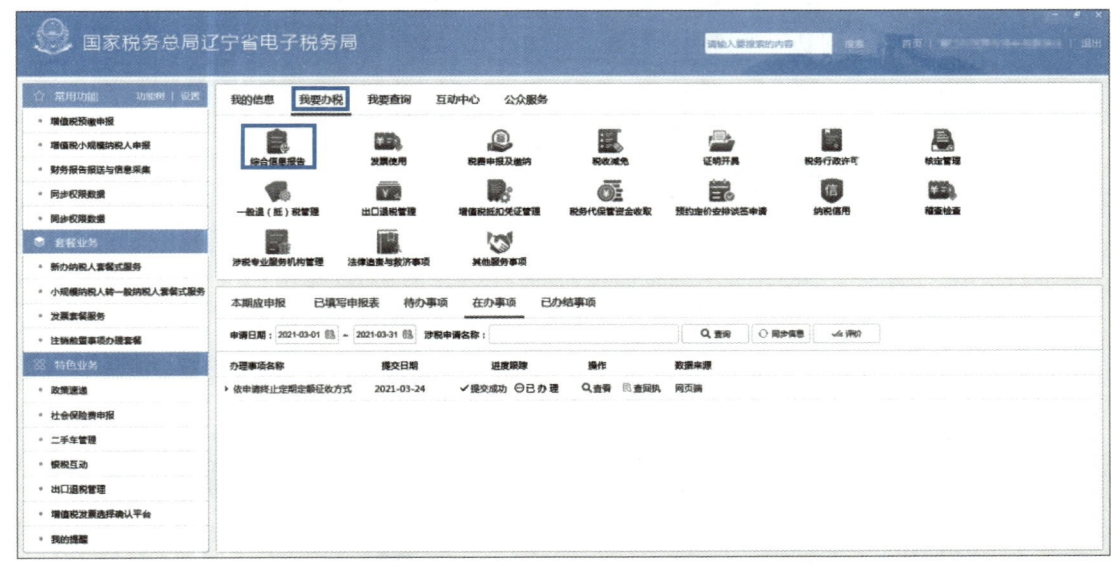

图1-24 综合信息报告界面

(2)单击【复业登记】,如图1-25所示。

(3)选择"复业日期",如图1-26所示。

(4)单击【保存】,系统提示"保存成功";单击【确定】后再单击【提交】,如图1-27(a)、图1-27(b)所示。

(5)纳税人提交申请后,可在首页【在办事项】中单击【同步信息】查看办税进度。也可通过【我要查询】—【办税进度查询】单击【同步信息】进行查看,与停业登记操作相同。

任务四　办理停业、复业税务登记

图 1-25　复业登记界面

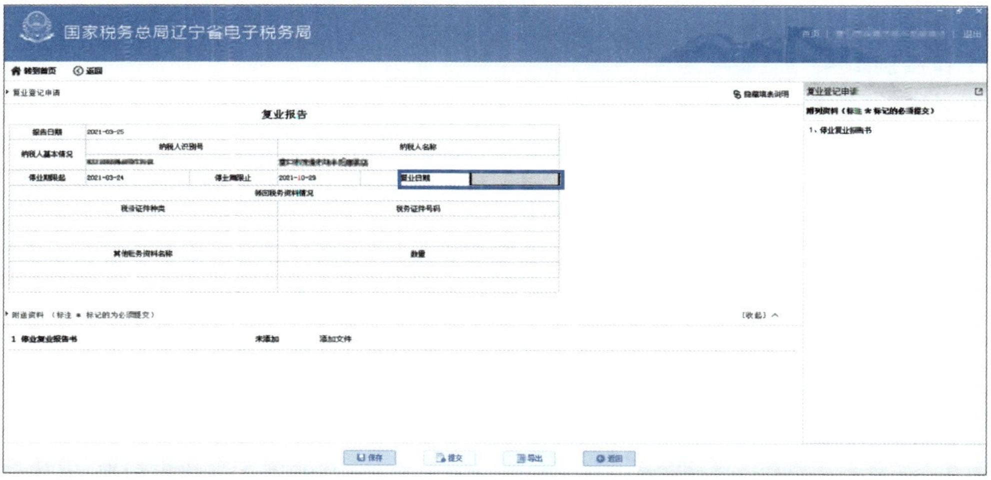

图 1-26　复业报告界面

图 1-27（a）　复业报告保存界面

图 1-27（b） 复业报告提交成功界面

工作实例 1-4

实训资料：华美发廊系正常办理工商登记的个体户，经税务机关核定实行定期定额税收征收方式，核定按月纳税，每月应纳税额 800 元。该发廊于 2024 年 5 月 20 日向税务机关提出自 6 月 1 日至 6 月 30 日申请停业装修的报告。税务机关经审核后，在 5 月 25 日作出同意停业的批复，下达了《核准停业通知书》，并在办税服务厅予以公示。6 月 20 日，税务机关接到群众举报，称华美发廊一直在营业中。6 月 21 日，税务机关工作人员实地检查，发现该发廊确实仍在营业。

实训要求：完成下列任务，如表 1-8 所示。

表 1-8 停业办理活动

序号	涉税业务	违法诊断
1	税务机关应该向该发廊下达《限期改正通知书》，责令限期申报并缴纳税款 6 月份应纳税款 800 元，并按规定缴纳滞纳金 800 元	滞纳金 800 元远超法定标准，应从 6 月 1 日起按日加收欠缴税款的万分之五计算滞纳金。若 6 月 21 日发现违法行为并责令改正，滞纳天数为 21 天，则应缴纳滞纳金 8.4 元（800×0.000 5×21）
2	发廊未按规定改正，税务机关除要求补缴税款和滞纳金外，还可以给与少缴税款 50%~5 倍的罚款	处理正确

任务五 办理跨区域涉税事项报验

跨区域涉税业务的逻辑流程主要包括以下几个步骤：跨区域涉税事项报告—跨区域涉税事项报验—跨区域涉税事项反馈。

一、跨区域涉税事项报告的办理

纳税人跨区域临时经营活动的,通过电子税务局【跨区域涉税事项报告】模块进行涉税事项的填报。发生涉税业务后,在经营地预缴部分税款。跨区域经营活动结束后,应当结清经营地税务机关的应纳税款以及其他涉税事项,通过电子税务局【经营地涉税事项反馈表】,确认涉税事项的完成情况。

随堂练习1-8:(单选题)下列关于跨区域经营信息报告的说法中,正确的是(　　)。

A. 纳税人在省内跨县临时从事生产经营活动的,应向机构所在地的税务机关填报《跨区域涉税事项报告表》

B. 纳税人在省内跨市临时从事生产经营活动的,应向机构所在地的税务机关填报《跨区域涉税事项报告表》

C. 纳税人在省内跨县(市)临时从事生产经营活动的,不需要向机构所在地的税务机关填报《跨区域涉税事项报告表》

D. 纳税人跨省临时从事生产经营活动的,应向机构所在地的税务机关填报《跨区域涉税事项报告表》

答案:D。

解析:纳税人跨省(自治区、直辖市和计划单列市)临时从事生产经营活动的,应向机构所在地的税务机关填报《跨区域涉税事项报告表》,纳税人在省内跨县(市)临时从事生产经营活动的,是否进行跨区域经营信息报告,由省税务机关确定。

(一)办税指南

1. 申请条件

纳税人跨省(自治区、直辖市和计划单列市)临时从事生产经营活动的,向机构所在地的税务机关填报《跨区域涉税事项报告表》。

2. 办理材料

跨区域涉税事项报告的办理材料如表1-9所示。

表1-9　跨区域涉税事项报告办理材料

序号	材料名称	数量	备注
1	《跨区域涉税事项报告表》原件	2份	无
2	加载统一社会信用代码的营业执照(或税务登记证、组织机构代码证等)原件,或加盖纳税人公章的复印件	1份	原件查验后退回

(二)电子税务局操作指引

(1)登录电子税务局,单击左下方业务下的【跨区域涉事项套餐式服务】,如图1-28所示。

(2)单击【跨区域涉税事项报告】,如图1-29所示。

(3)按照合同情况填写具体内容,如图1-30所示。

项目一　企业纳税准备工作

图1-28　跨区域涉税事项套餐式服务界面

图1-29　跨区域涉税事项报告界面

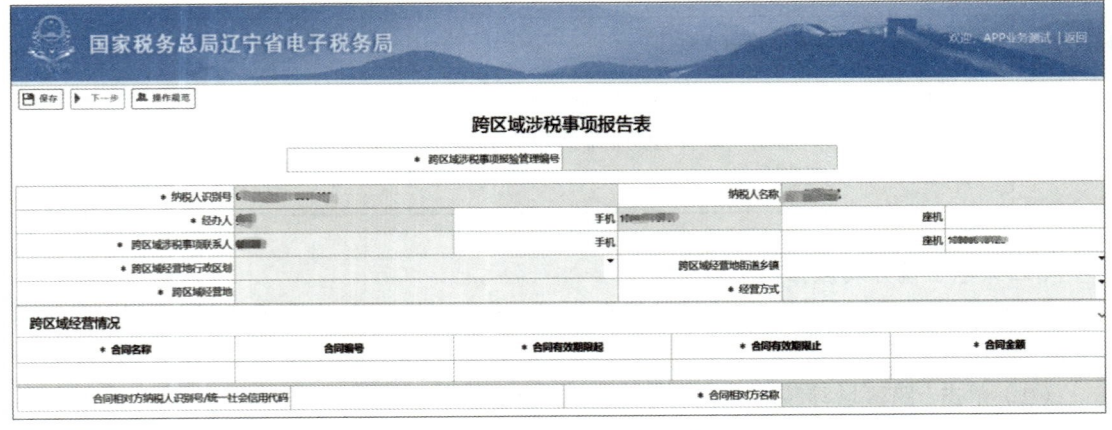

图1-30　跨区域涉税事项报告表填写界面

（4）单击【保存】—【下一步】,如图1-31所示。

图1-31 跨区域涉税事项报告表保存跳转下一步界面

（5）上传合同的相关电子资料信息,单击【提交】,如图1-32所示。

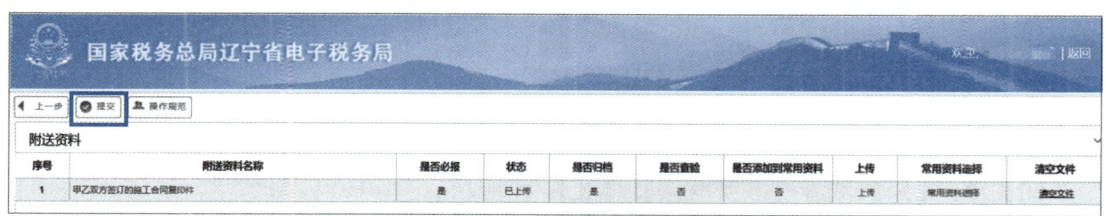

图1-32 跨区域涉税事项报告表提交界面

（6）跨区域涉税事项报告为即办项,纳税人可以通过办税进度查询功能,下载跨区域涉税事项报告,下载到本地后可以进行打印。

二、跨区域涉税事项报验的办理

（一）办税指南

1. 申请条件

纳税人首次在经营地办理涉税事宜时,向经营地税务机关报验跨区域涉税事项。

2. 办理材料

跨区域涉税事项报验的办理材料如表1-10所示。

表1-10 跨区域涉税事项报验办理材料

适用情况	材料名称	数量	备注
1	加载统一社会信用代码的营业执照（或税务登记证、组织机构代码证等）原件,或加盖纳税人公章的复印件	1份	原件查验后退回

（二）电子税务局操作指引

（1）登录电子税务局首页，单击左下角【跨区域涉税事项套餐式服务】，如图 1-33 所示。

图 1-33　跨区域涉税事项套餐式服务界面

（2）单击【跨区域涉税事项报验】，如图 1-34 所示。

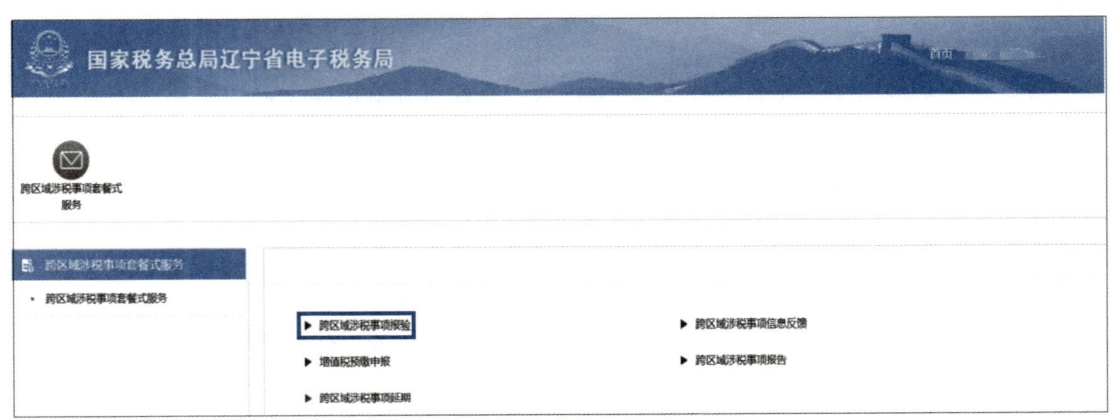

图 1-34　跨区域涉税事项报验界面

（3）选择已开具的跨区域涉税事项报告，如图 1-35 所示。

（4）填写好页面的内容，注意【主管税务局】与【主管税务所】的选择，如图 1-36 所示。

（5）页面信息填写完整后，单击【保存】—【下一步】，如图 1-37 所示。

（6）无必要报送的资料可以选择不上传，单击【提交】，如图 1-38 所示。

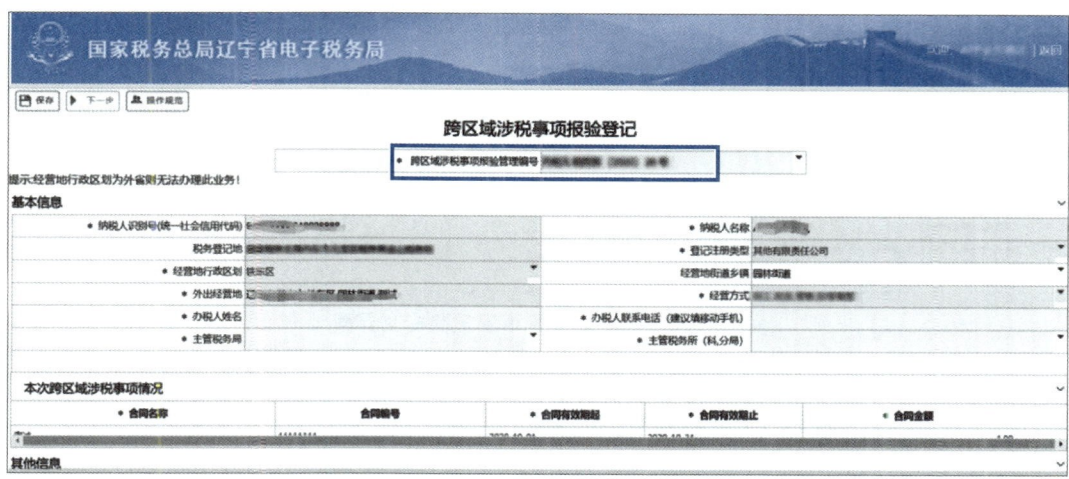

图 1-35 跨区域涉税事项报验登记界面

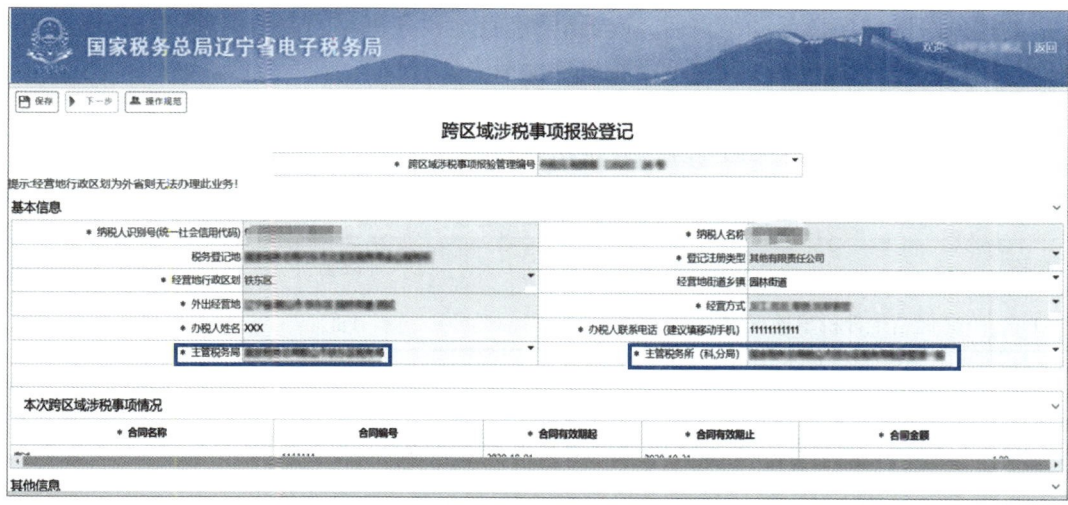

图 1-36 主管税务机关选择界面

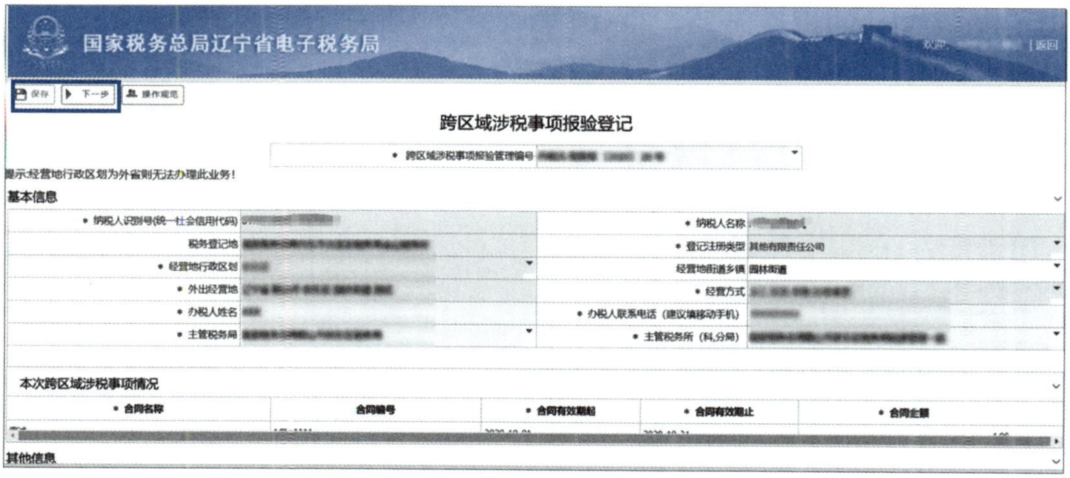

图 1-37 跨区域涉税事项报验保存跳转下一步界面

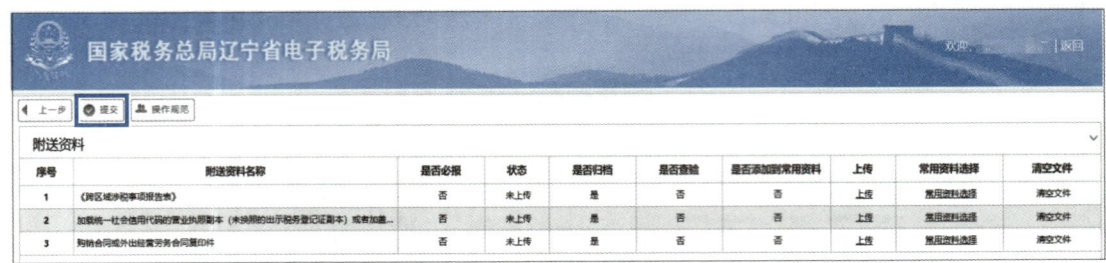

图 1-38 跨区域涉税事项报验提交界面

三、跨区域涉税事项信息反馈的办理

（一）办税指南

1. 申请条件

纳税人跨区域经营活动结束后，应当结清经营地税务机关的应纳税款以及其他涉税事项，向经营地税务机关填报《经营地涉税事项反馈表》。

2. 办理材料

跨区域涉税事项信息反馈办理材料如表 1-11 所示。

表 1-11 跨区域涉税事项信息反馈办理材料

序号	材料名称	数量	备注
1	《经营地涉税事项反馈表》	1 份	无

（二）新电子税务局操作指引

（1）以报验户身份单击【跨区域涉税事项套餐式服务】，如图 1-39 所示。

图 1-39 跨区域涉税事项套餐式服务界面

（2）单击【跨区域涉税事项信息反馈】，如图1-40所示。

图1-40　跨区域涉税事项反馈界面

(3) 选择"到达日期"，如图1-41所示。

图1-41　选择到达日期界面

（4）在"外出经营活动情况"栏次下单击【增行】，填写经营情况相关信息，如图1-42所示。

（5）在"缴纳税款信息"栏次下，单击【增行】，填写税费缴纳的相关信息，如图1-43所示。

（6）将办税人信息一栏填写好，如图1-44所示。

（7）页面内容整体填写完毕后点击【保存】—【下一步】。在"资料报送"中"是否必报"为"是"的状态下则必须上传相应电子资料，单击【上传】或者单击【常用资料选择】，如图1-45所示。

（8）资料上传后，状态为"已上传"时单击【提交】，如图1-46所示。

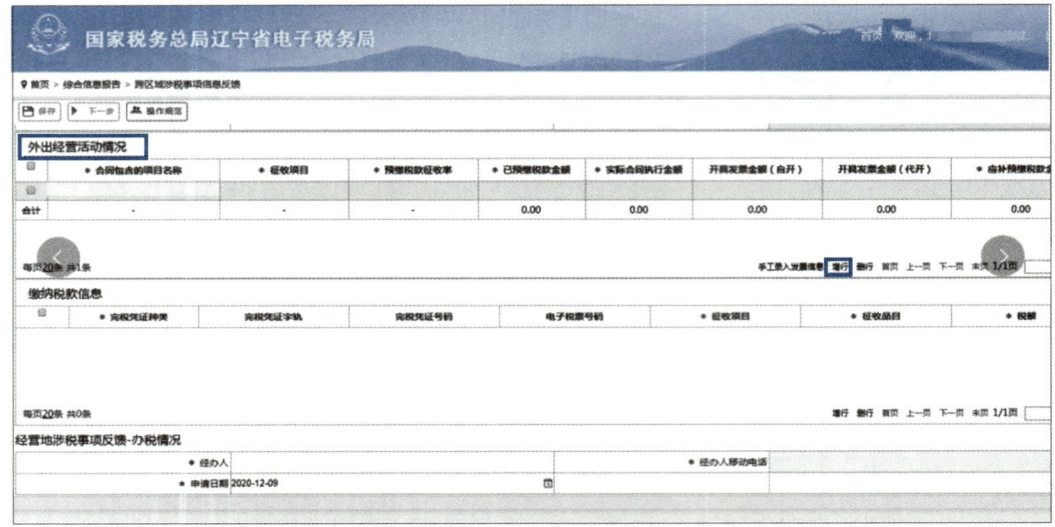

图 1-42　在外出经营活动情况栏次下增行界面

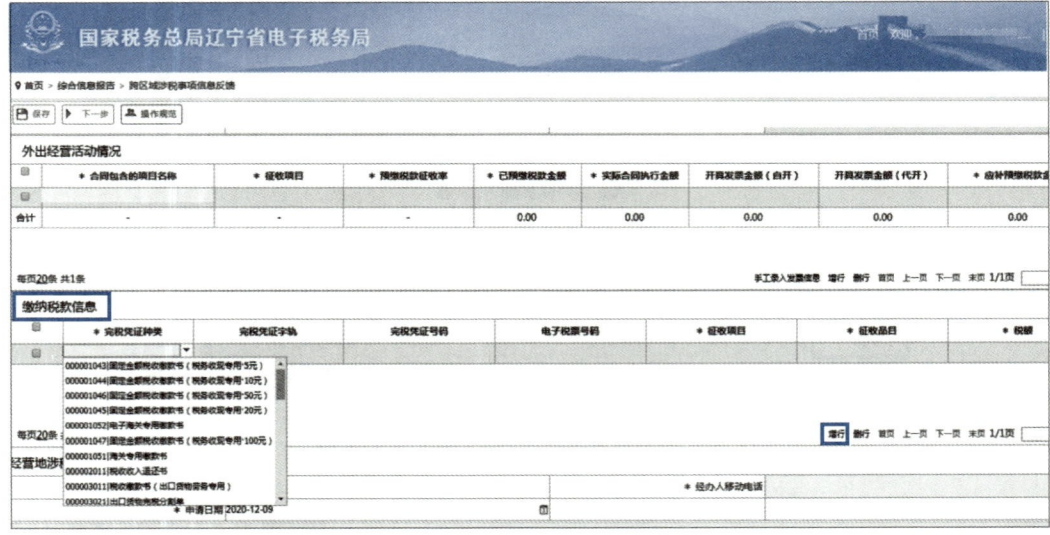

图 1-43　在缴纳税款下增行界面

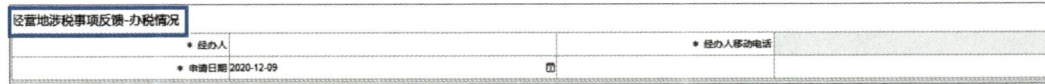

图 1-44　办税人信息界面

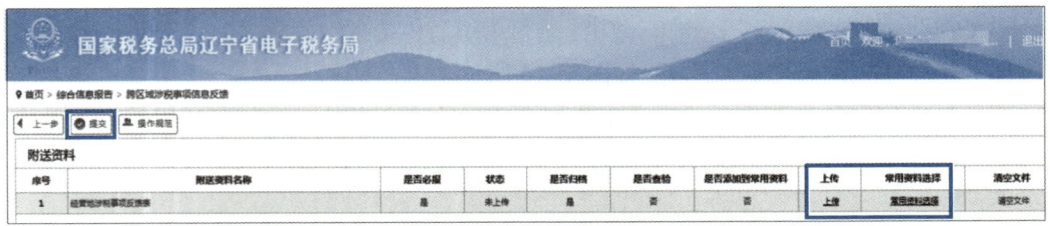

图 1-45　上传或常用资料选择界面

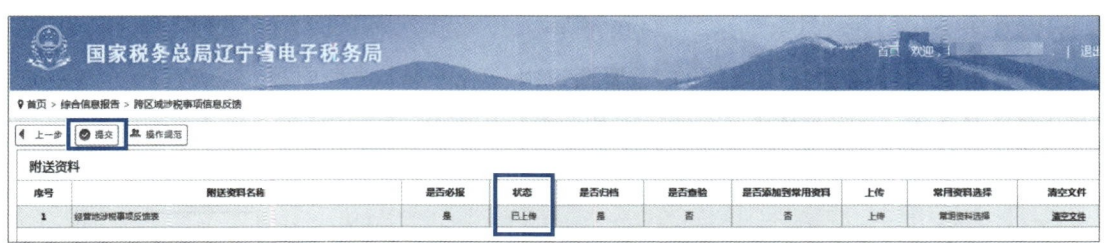

图 1-46　跨区域涉税事项信息反馈资料提交界面

任务六　清税申报

纳税人因终止经营活动退出市场、因经营地址变更需要跨省迁移或因扣缴义务人注销扣缴税款资格的,应向主管税务机关进行清税申报,办理税务注销。

一、简易注销

符合市场监管部门简易注销条件,未办理过涉税事宜或办理过涉税事宜但未领用发票(含代开发票)、无欠税(滞纳金)及罚款且没有其他未办结涉税事项的纳税人,可以直接向市场监管部门申请简易注销。

纳税人无须到税务部门办理清税证明,可通过以下步骤办理注销:
(1)向市场监管部门申请简易注销。
(2)税务部门通过信息共享获取市场监管部门推送的拟申请简易注销登记信息,按照规定的程序和要求,进行校验审核。
(3)税务部门校验审核通过,则注销完成;校验审核不通过,则触发普通注销流程。
(4)纳税人登录电子税务局在【我的提醒】栏目查看简易注销校验审核结果。

典型案件

厦门一涉嫌偷税企业注销登记被撤销

近日,厦门市市场监督管理局根据国家税务总局厦门市税务局第一稽查局反映的调查情况,依法撤销涉嫌采取欺诈手段逃避缴纳税款的某企业的注销登记,恢复企业主体资格,并通过国家信用信息公示系统公示。企业因隐瞒偷税等重要事实而被撤销注销登记,这在厦门市尚属首例。

为维护经济运行秩序和国家税收安全,厦门税务和市场监管两部门近日首次联合撤销一家涉嫌偷税企业的注销登记,恢复该企业的商事主体资格,为后续案件查办、挽回国家税款损失争取主动权,也对失信企业和不法分子形成有力震慑。

二、普通注销

纳税人不符合简易注销条件的,需要通过电子税务局【清税申报(税务注销办理)】模块申请普通注销,普通注销分为即办注销和一般注销流程。

普通注销的流程如图 1-47 所示。

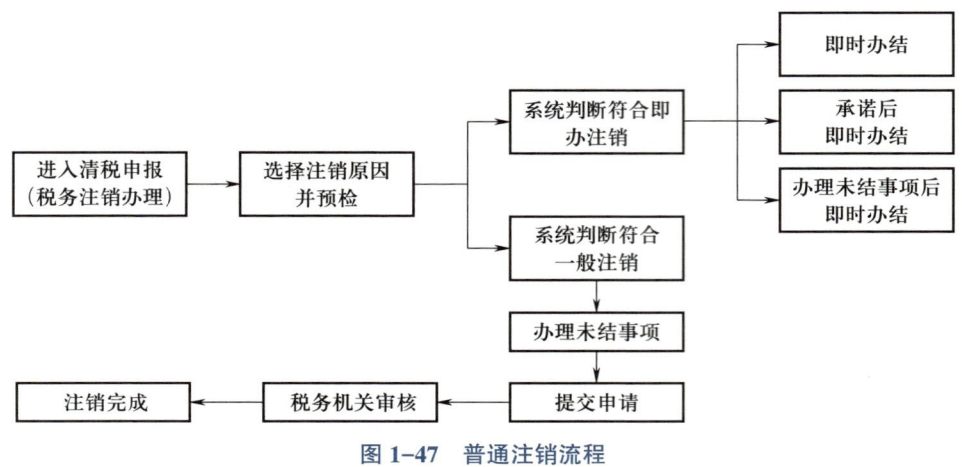

图 1-47 普通注销流程

随堂练习 1-9:(多选题)单位及查账征收个体工商户应当向税务机关申请税务注销的情形有(　　　　)。

A. 因解散、破产、撤销等情形,依法终止纳税义务
B. 纳税人变更单位名称
C. 纳税人变更法定代表人
D. 非境内注册居民企业经国家税务总局确认终止居民身份

答案: AD。

解析: 选项 B、C 应当办理变更税务登记。

(一)办税指南

1. 申请条件

已实行"一照一码"登记模式的纳税人向市场监督管理等部门申请办理注销登记前,须先向税务机关申报清税。清税完毕后,税务机关向纳税人出具《清税证明》,纳税人持《清税证明》到原登记机关办理注销。

2. 办理材料

普通注销的办理材料如表 1-12 所示。

表 1-12 普通注销办理材料

序号	材料名称	数量	备注
1	《清税申报表》 已实行免填单业务,纳税人无须填写	2 份	无
2	经办人身份证件原件	1 份	查验后退回

续表

有以下情形的,还应提供相应材料			
适用情形	材料名称	数量	备注
上级主管、董事会决议注销	上级主管部门批复文件或董事会决议复印件	1份	已实行实名办税的纳税人,可取消报送
境外企业在中国境内承包建筑、安装、装配、勘探工程和提供劳务	项目完工证明、验收证明等相关文件复印件	1份	已实行实名办税的纳税人,可取消报送
已领取发票领用簿的纳税人	《发票领用簿》	1份	已实行实名办税的纳税人,可取消报送

3. 办理时间

总局规定时限:增值税一般纳税人税务注销在 10 个工作日内办结;增值税小规模纳税人和其他纳税人税务注销在 5 个工作日内办结。税务机关在核查、检查过程中发现涉嫌偷、逃、骗、抗税或虚开发票的,或者需要进行纳税调整等情形的,办理时限中止。

(二)电子税务局操作指引

(1)单击【我的信息】—【用户管理】,如图 1–48 所示。

(2)单击【用户注销】—【用户注销】,显示用户注销页面,如图 1–49 所示。

(3)在用户注销页面,输入手机号码获取验证码,单击【注销】,即可完成用户注销,如图 1–50 所示。

图 1–48 用户管理界面

图 1-49　用户注销界面

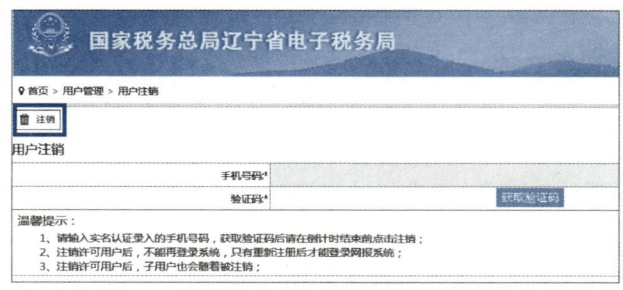

图 1-50　注销界面

工作实例 1-8

实训资料：大连 A 企业从事服装经营，因经营管理不善，于 2025 年 1 月停业，并将厂房转让给他人。2025 年 4 月，税务机关检查时发现事情真相后，找到企业经理林某，令其 5 天之内到税务机关办理注销税务登记。林某认为自己反正不营业了，注销登记与否没有多大关系，对税务机关的要求没放在心上。5 天后，接到税务机关下达的《处罚通知书》，对其不按期办理注销税务登记处以 1 800 元罚款。

实训要求：根据相关资料回答下列问题，如表 1-13 所示。

表 1-13　注销税务登记情形

序号	业务描述	业务诊断
1	A 私营企业是否需要办理注销税务登记？	需要
2	税务机关对 A 企业的处罚是否正确？	正确

项目二

增值税纳税实务

思维导图

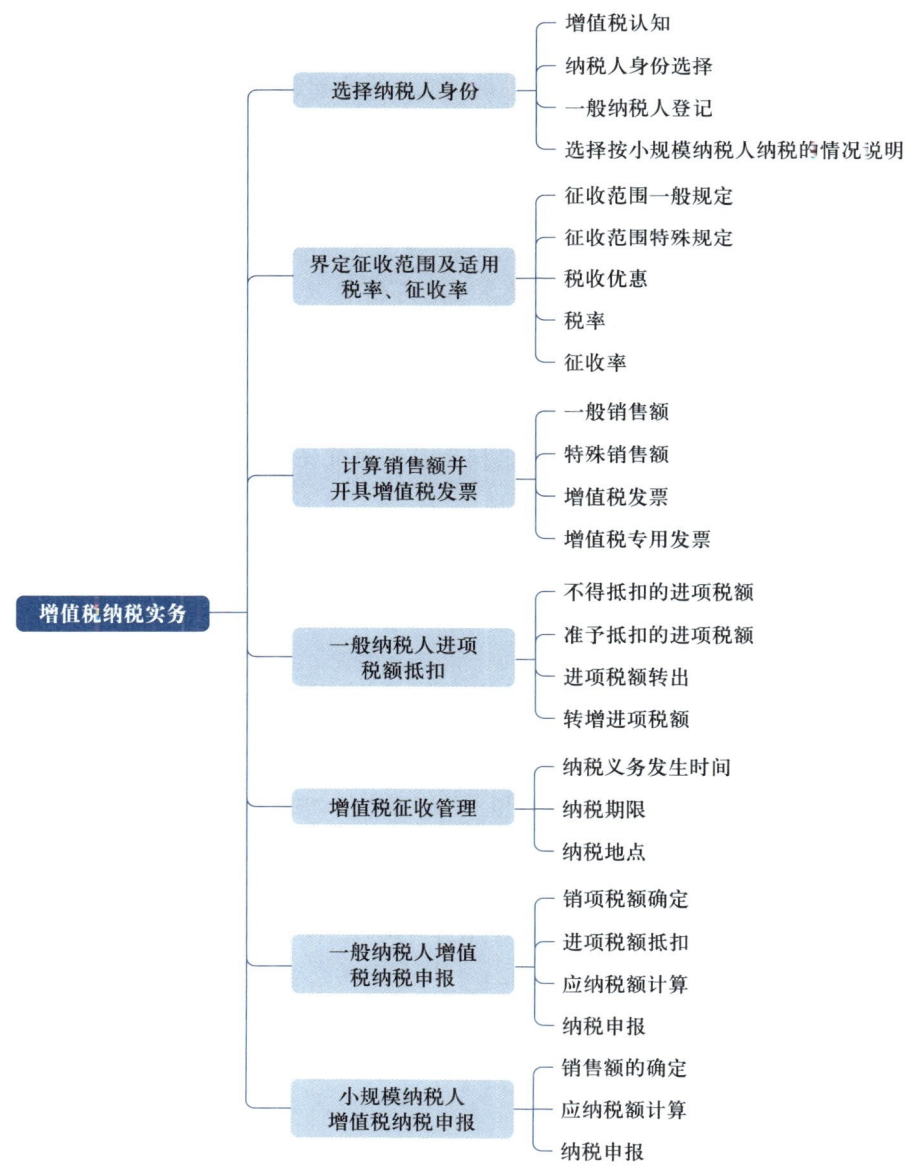

项目二 增值税纳税实务

学习目标

素质目标：
1. 养成严谨细致的工作作风，形成良好的团队合作精神。
2. 具备诚信意识，形成依法、准确、足额、及时纳税的习惯。
3. 培养与税务、银行等部门良好沟通和协调的能力。

知识目标：
1. 了解增值税纳税申报表的适用对象、编报要求、编报依据及纳税申报表的比对工作机制。
2. 理解增值税的视同销售、兼营、混合销售、进项税额转出等行为。
3. 熟悉增值税的征税范围、一般纳税人和小规模纳税人的认定、增值税一般纳税人登记的办理流程、税收优惠政策。
4. 掌握增值税税率、应纳税额的计算、纳税义务发生时间、纳税地点、纳税期限。

技能目标：
1. 能够对增值税纳税人身份作出判断及科学选择。
2. 能够通过电子税务局独立完成增值税一般纳税人登记。
3. 能够判断确认收入时所涉及的征税对象、税率、纳税申报方式。
4. 能够熟练计算应收账款、销售收入、视同销售收入等销项税额，并开具增值税发票。
5. 能够准确计算进项税额，并进行认证抵扣。
6. 能够准确计算增值税纳税申报表附表项目数据。
7. 能够熟练使用电子税务局纳税申报模块完成增值税一般纳税人纳税申报、小规模纳税人纳税申报。

项目导入

"三个想方设法"，助力打造良好税收营商环境

税务部门连续开展"便民办税春风行动"，始终以"减"为主基调，落实减税降费政策，减审批、减流程、减资料，助力市场主体轻装上阵；始终以"服"为主旋律，助力市场主体茁壮成长；始终坚持以"管"为主抓手，依托税收大数据开展分析监控预警，对群众反映强烈的偷逃税多发行业和领域依法严肃查处，助力市场主体规范发展。

良好的营商环境助推企业成长发展。2021年年末，全国增值税一般纳税人达1 238.1万户，较2020年年末增加110.9万户。2023年新办涉税经营主体达1 687.6万户，同比增长28.3%。2024年前三季度新办涉税经营主体达1 257.8万户，同比增长4%。

请思考：结合本地情况，谈谈还有哪些措施可以优化税收营商环境？

任务一　选择纳税人身份

一、增值税认知

2024年12月25日,十四届全国人大常委会第十三次会议表决通过《中华人民共和国增值税法》,自2026年1月1日起施行。

(一)增值税计税依据

增值税是对在我国境内销售货物、服务、无形资产、不动产(以下简称应税交易),以及进口货物的单位和个人(包括个体工商户),就其取得的增值税税额为计税依据而课征的一种流转税。

增值税以销售货物、应税服务、无形资产以及不动产过程中产生的增值额作为计税依据。

随堂练习2-1:(单选题)增值税是对从事销售货物、应税服务、无形资产或不动产,以及进口货物等的单位和个人取得的以(　　)为计税依据征收的一种流转税。

A. 销售额　　　　　　　　　　B. 营业额
C. 增值额　　　　　　　　　　D. 收入额

答案: C。

解析: 此题考核的是增值税的计税依据,增值税因对增值额征税而得名。

(二)增值税分类

我国从2009年1月1日后从生产型增值税全面改征消费型增值税。不同增值税类型比较如表2-1所示。

表2-1　增值税类型比较

类型	对外购固定资产的处理方式
生产型	不允许扣除
收入型	只允许扣除当期计入产品价值的折旧费部分
消费型	允许全部扣除

随堂练习2-2:(单选题)我国从2009年1月1日施行的消费型增值税,对外购固定资产(　　)。

A. 不允许扣除
B. 允许扣除折旧部分
C. 允许全部扣除
D. 允许重复扣除

答案: C

解析: 选项A是生产型增值税特征,选项B是收入型增值税特征。

二、纳税人身份选择

（一）纳税人界定

凡是在我国境内销售货物、应税服务、无形资产、不动产，以及进口货物的单位和个人，都是增值税的纳税义务人。

单位，是指企业、行政单位、事业单位、军事单位、社会团体及其他单位。

个人，是指个体工商户和其他个人。其他个人是指除了个体工商户外的自然人。

（二）纳税人比较

按年应税销售额大小及会计核算健全与否的标准，划分为一般纳税人和小规模纳税人，其区别如表 2-2 所示。

表 2-2　两类增值税纳税人比较

项目	一般纳税人	小规模纳税人
标准	年销售额≥ 500 万元	年销售额≤ 500 万元
	会计核算健全，能正确核算进项税额、销项税额、应纳增值税税额	不能正确核算进项税额、销项税额、应纳增值税税额
计税方式	一般计税，某些情况下简易计税	简易计税
税率	一般适用 4 档税率：13%、9%、6%、0%　少数情况适用征收率	适用征收率
发票使用	购进货物对方可以开具专票	购进货物对方一般不开具专票
财务处理	进项税额可以抵扣	进项税额不能抵扣，全部计入成本
应纳增值税	销项税额 – 进项税额	应税销售额 × 征收率
申报期	月度申报	按季申报

会计核算健全，是指能够按照国家统一的会计制度规定设置账簿，根据合法、有效凭证进行核算。

年应税销售额，是指纳税人连续 12 个月或四个季度的经营期内累计应税不含税销售额，包括纳税申报销售额、稽查查补销售额、纳税评估调整销售额。

随堂练习 2-3：（单选题）按照现行规定，下列纳税人符合一般纳税人年应税销售额登记标准的是（　　）。

A. 年应税销售额 500 万元从事货物生产的纳税人

B. 年应税销售额 60 万元从事货物零售的纳税人

C. 年应税销售额 150 万元从事货物生产的纳税人

D. 年应税销售额 400 万元从事货物生产的纳税人

答案：A。

解析：增值税一般纳税人的年应税销售额登记标准为年应税销售额大于、等于500万元。

（三）特殊规定

1. 只能作为小规模纳税人的情形

年应税销售额超过小规模纳税人标准的其他个人（即除个体工商户以外的其他自然人）按小规模纳税人纳税。

2. 年应税销售额虽未达标仍可成为一般纳税人

如果年应税销售额在规定标准以下，但会计核算健全的，可以向主管税务机关办理一般纳税人登记。

随堂练习2-4：（判断题）只要是增值税年应纳税销售额达到规定数额的企业，都可以登记为增值税一般纳税人；反之，年应税销售额未达到规定标准的企业，一律不能登记为一般纳税人。（　　）

答案：×。

解析：会计核算健全的企业，即使年应税销售额未达到500万元，也可向税务机关申请登记为一般纳税人。预计年应税销售额会达到500万元的新开业企业，也可在开业后申请登记为一般纳税人。非企业性单位等纳税人即使年应税销售额达到500万元，仍可选择按小规模纳税人纳税。

（四）扣缴义务人界定

我国境外的单位或者个人在境内提供应税服务，在境内未设有经营机构的，以其代理人为增值税扣缴义务人；在境内没有代理人的，以接受方为增值税扣缴义务人。

三、增值税一般纳税人登记

（一）办税指南

💡 **头脑风暴**：增值税一般纳税人登记办理可以通过哪些方式进行？它属于税务机关提供"最多跑一次"服务，是不是纳税人最多只需要到税务机关跑一次？

下面以辽宁省税务局为例，说明一般纳税人登记的办理流程。

1. 申请条件

增值税纳税人年应税销售额超过财政部、国家税务总局规定的小规模纳税人标准，或虽未超过标准但会计核算健全、能够提供准确税务资料。

2. 办理材料

增值税一般纳税人登记办理材料如表2-3所示。

表2-3　增值税一般纳税人登记办理材料

序号	材料名称	数量	备注
1	《增值税一般纳税人登记表》	2份	—

增值税一般纳税人登记表范例如表2-4所示。

表 2-4 增值税一般纳税人登记表范例

纳税人名称	单位名称		社会信用代码 （纳税人识别号）	统一社会信用代码	
法定代表人 （负责人、业主）	李××	证件名称及号码	身份证号	联系电话	13××××××××
财务负责人	张××	证件名称及号码	身份证号	联系电话	15××××××××
办税人员	王××	证件名称及号码	身份证号	联系电话	18××××××××
税务登记日期	××××年××月××日				
生产经营地址	公司实际生产经营地址				
注册地址	公司注册地址				
纳税人类别：企业☑　非企业性单位□　个体工商户□　其他□					
主营业务类别：工业☑　商业□　服务业□　其他□					
会计核算健全：是☑					
一般纳税人生效之日：当月1日☑ 次月1日□					
纳税人（代理人）承诺： 　　会计核算健全，能够提供准确税务资料，上述各项内容真实、可靠、完整。如有虚假，愿意承担相关法律责任。 　　经办人：王××　　法定代表人：李××　　代理人：（签章）　　公　章 　　　　　　　　　　　　　　　　　　　　　　　　　　××××年××月××日					
以下由税务机关填写					
税务机关受理情况	受理人：受理税务机关（章） 　　　　　　　　　　　　　　　年　　月　　日				

（根据实际情况勾选）

（二）电子税务局操作指引

（1）单击【我要办税】—【综合信息报告】，如图2-1所示。

（2）单击【资格信息报告】—【增值税一般纳税人登记】，如图2-2所示。

（3）填写《增值税一般纳税人登记表》，注意慎重选择【生效之日】，【本月1日】即当月生效，【次月1日】为下个月1日起生效，如图2-3所示。

任务一 选择纳税人身份

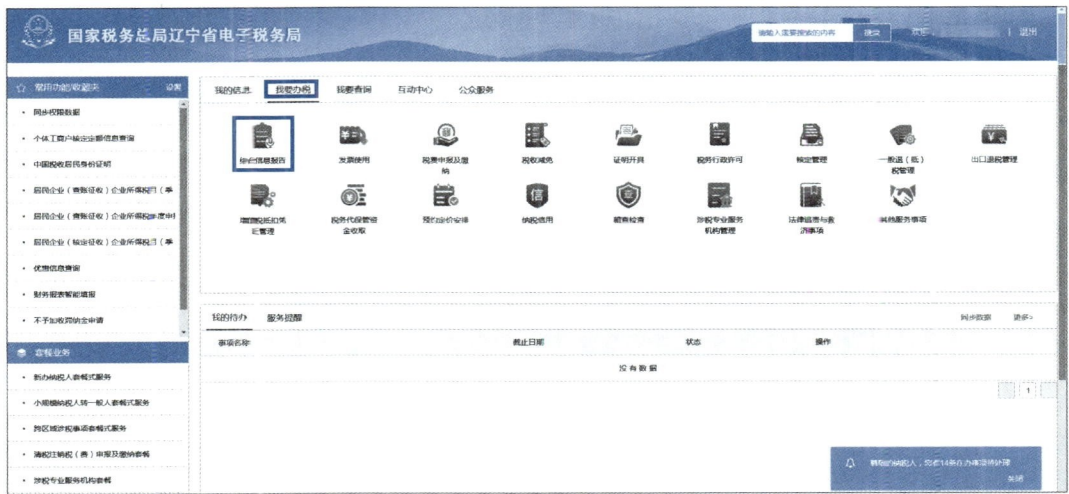

图 2-1 综合信息报告界面

图 2-2 增值税一般纳税人登记界面

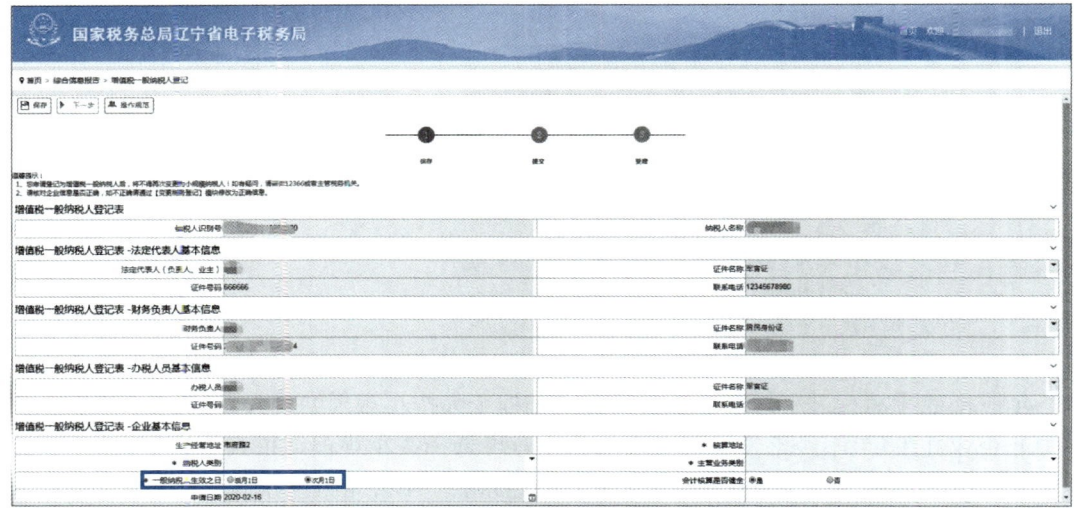

图 2-3 一般纳税人生效之日界面

（4）单击【保存】—【下一步】，如图 2-4 所示。

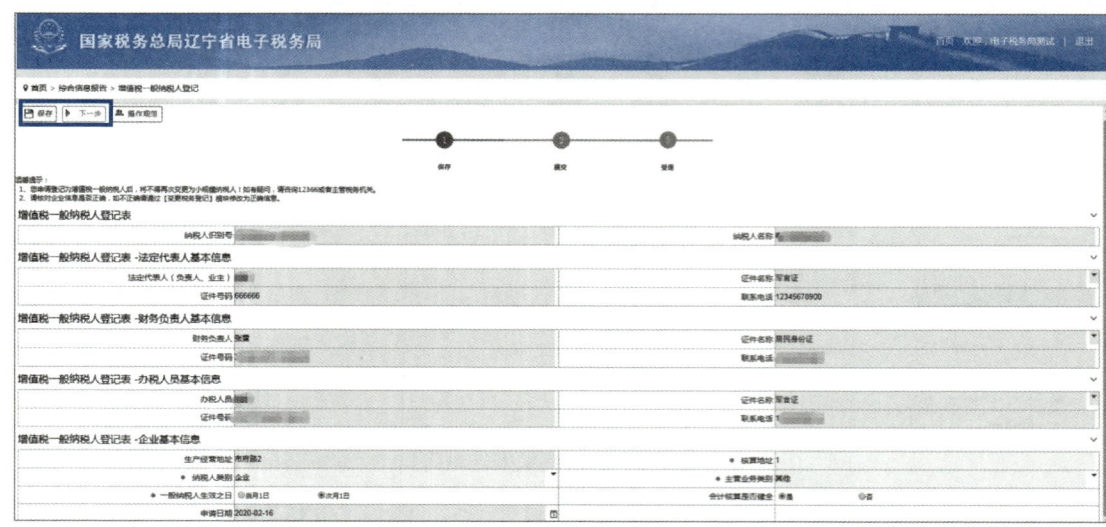

图 2-4　一般纳税人登记保存跳转下一步界面

（5）没有必报资料，可以选择不上传，单击【提交】，如图 2-5 所示。

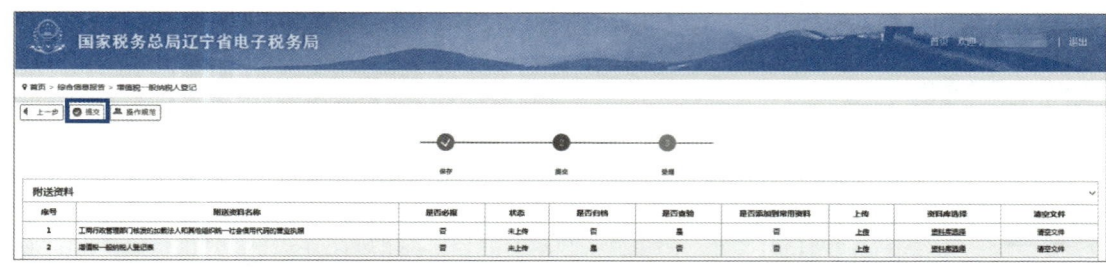

图 2-5　一般纳税人登记提交界面

工作实例 2-1

实训资料：大连蓝天制造有限责任公司是一家工业制造企业，于 2022 年 1 月 5 日成立，预计公司年应税销售额超过 500 万元，请为其办理一般纳税人资格认定。纳税人基础资料见工作实例 1-1。

实训要求：填写一般纳税人登记表，如表 2-5 所示。

四、选择按小规模纳税人纳税的情况说明

（一）办税指南

1. 申请条件

年应税销售额超过小规模纳税人标准的其他个人按小规模纳税人纳税；原增值税纳税人中非企业性单位、不经常发生应税行为的企业可选择按小规模纳税人规定申报缴纳增值税。在营改增纳税人中，年应税销售额超过规定标准但不经常发生应税行为的单位和个体工商户可选择按照小规模纳税人纳税。

表 2-5 一般纳税人登记表

纳税人名称	大连蓝天制造有限责任公司		社会信用代码（纳税人识别号）	912102117777001117	
法定代表人（负责人、业主）	叶世恒	证件名称及号码	身份证 210202198809107963	联系电话	13904113759
财务负责人	柯丰	证件名称及号码	身份证 210203199005060124	联系电话	15304118922
办税人员	张亮	证件名称及号码	身份证 210202199306134112	联系电话	13757647603
税务登记日期	2022 年 1 月 5 日				
生产经营地址	2022 年 1 月 5 日				
注册地址	大连市甘井子区柳河路 108 号				
纳税人类别：企业☑ 非企业性单位☐ 个体工商户☐ 其他☐					
主营业务类别：工业☑ 商业☐ 服务业☐ 其他☐					
会计核算健全：是☑					
一般纳税人生效之日：当月 1 日☐ 次月 1 日☑					
纳税人（代理人）承诺： 会计核算健全，能够提供准确税务资料，上述各项内容真实、可靠、完整。如有虚假，愿意承担相关法律责任。 经办人：张亮 法定代表人：叶世恒 代理人：(签章) 2022 年 1 月 5 日					
以下由税务机关填写					
税务机关受理情况	受理人：受理税务机关（章） 年 月 日				

2. 办理材料

选择按小规模纳税人纳税的办理材料如表 2-6 所示。

表 2-6 选择按小规模纳税人纳税的办理材料

序号	材料名称	数量
1	选择按小规模纳税人纳税的情况说明	2 份

选择按小规模纳税人纳税的情况说明范例如表 2-7 所示。

表 2-7 选择按小规模纳税人纳税的情况说明范例

纳税人名称	×××××有限公司	纳税人识别号	350205××××××××
连续不超过 12 个月的经营期内累计应税销售额		货物劳务：20×× 年 × 月至 20×× 年 × 月共 ×××××× 元。	
		应税服务：20×× 年 × 月至 20×× 年 × 月共 ×××××× 元。	
情况说明	根据国家税务总局〔××××〕×× 号文件，我公司符合该文件所规定的条件，为 ××（行为），特此说明。		
纳税人（代理人）承诺： 上述各项内容真实、可靠、完整。如有虚假，愿意承担相关法律责任。 经办人：陈×× 法定代表人：王×× 代理人：吴××（签章） 公 章 20×× 年 × 月 × 日			
以下由税务机关填写			
主管税务机关受理情况	受理人：	主管税务机关（章） 年 月 日	

（二）新电子税务局操作指引

（1）单击【我要办税】—【综合信息报告】，如图 2-6 所示。

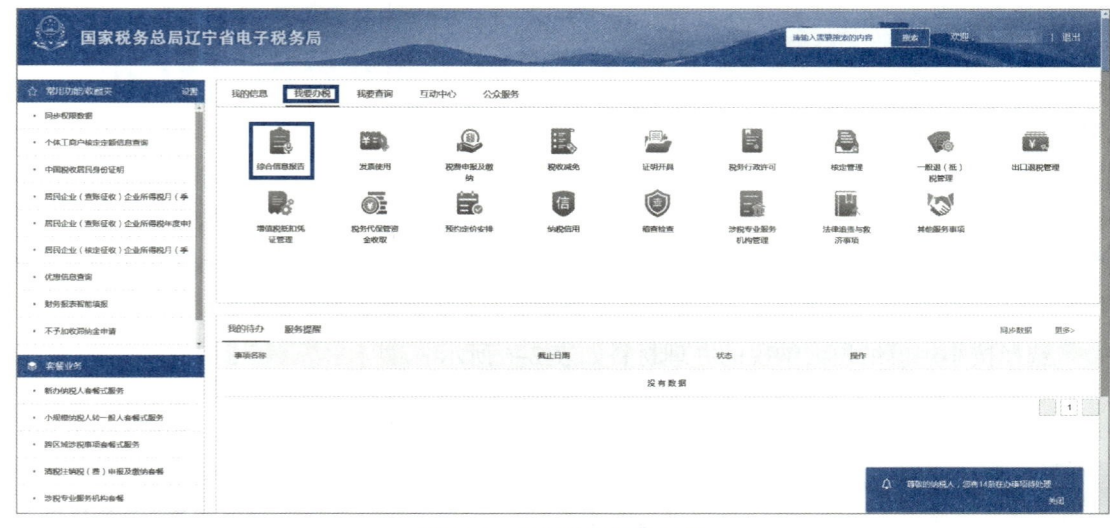

图 2-6 综合信息报告界面

（2）单击【资格信息报告】—【选择按小规模纳税人纳税】，如图 2-7 所示。

图 2-7　选择按小规模纳税人纳税界面

（3）选择按小规模纳税人纳税的类型，如图 2-8 所示。

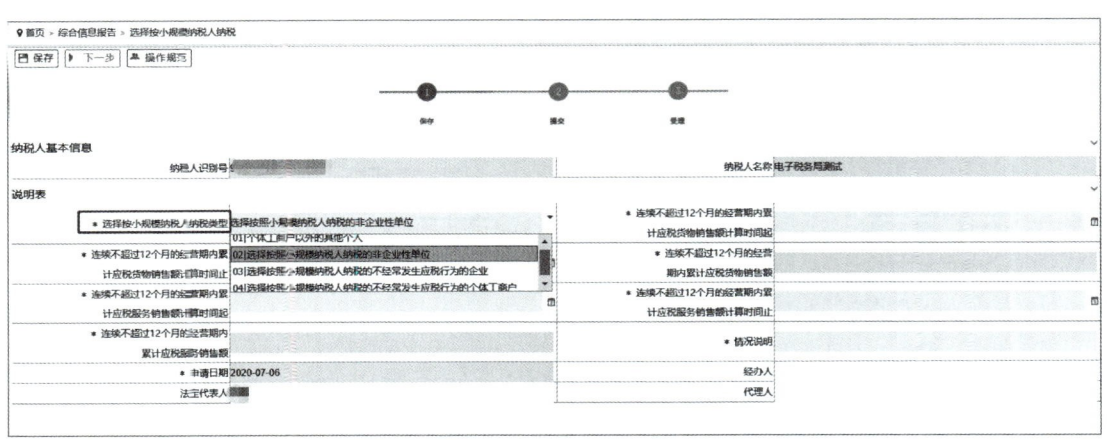

图 2-8　选择按小规模纳税人纳税的类型界面

（4）在【连续不超过 12 个月的经营期内累计应税货物销售额计算时间起】和【连续不超过 12 个月的经营期内累计应税服务销售额计算时间起】中选择上一年的当月 1 日。

> **温馨提示**
>
> 例如，纳税人在 2020 年 7 月申请选择按小规模纳税人纳税，【连续不超过 12 个月的经营期内累计应税货物销售额计算时间起】和【连续不超过 12 个月的经营期内累计应税服务销售额计算时间起】都选择"2019-07-01"，如图 2-9 所示。

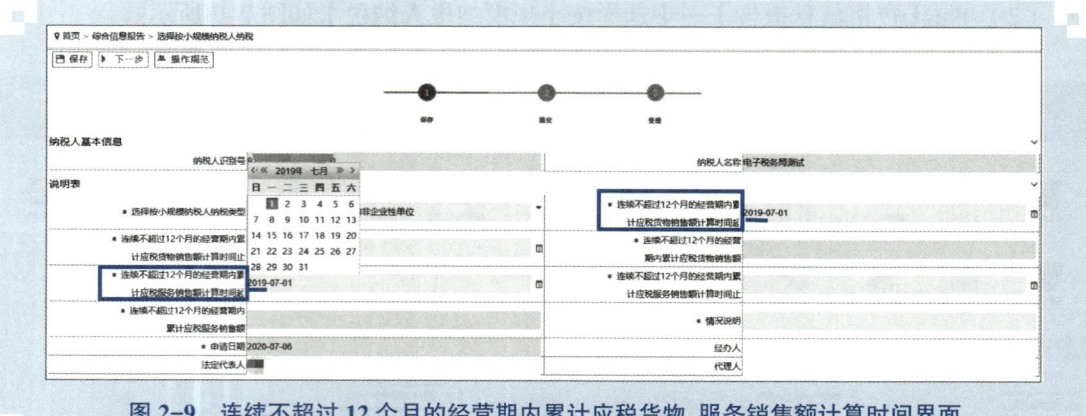

图 2-9　连续不超过 12 个月的经营期内累计应税货物、服务销售额计算时间界面

（5）在【连续不超过 12 个月的经营期内累计应税货物销售额计算时间止】和【连续不超过 12 个月的经营期内累计应税服务销售额计算时间止】中选择申请月份的上月月末。系统会自动计算出【连续不超过 12 个月的经营期内累计应税货物销售额】和【连续不超过 12 个月的经营期内累计应税服务销售额】的数据，如图 2-10 所示。

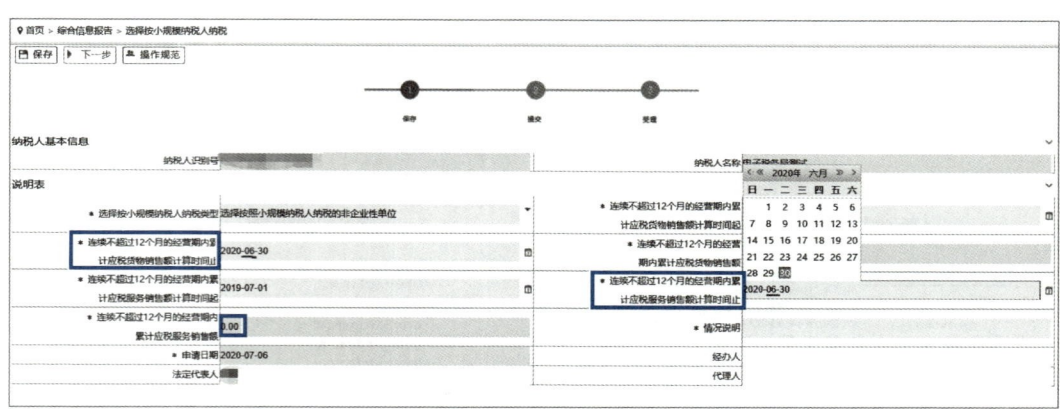

图 2-10　连续不超过 12 个月的经营期内累计应税货物、服务销售额计算时间止界面

（6）根据实际情况以及选择小规模纳税人纳税类型来填写"情况说明"，如图 2-11 所示。

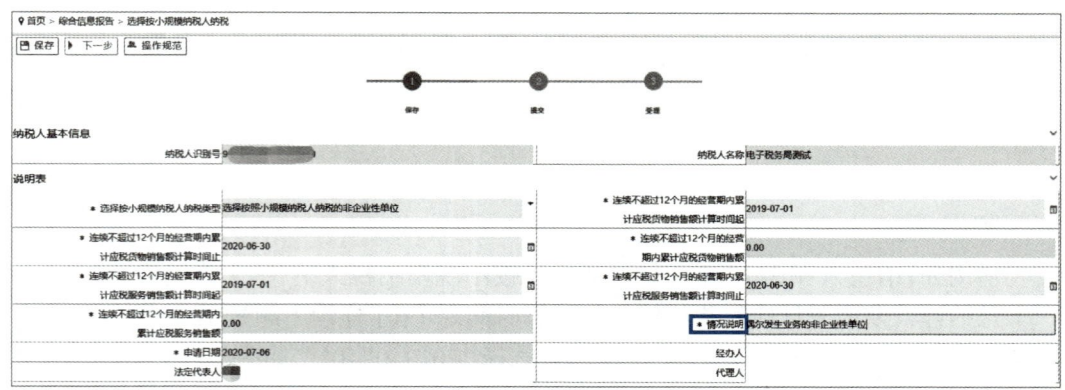

图 2-11　纳税类型选择情况说明界面

（7）单击【保存】—【下一步】，如图 2-12 所示。

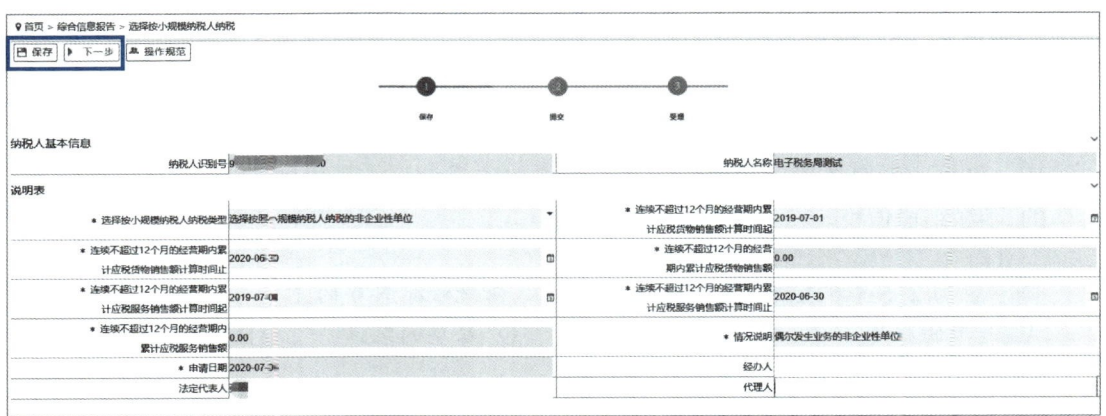

图 2-12　纳税类型选择保存跳转下一步界面

（8）根据实际情况选择上传附送资料，单击【提交】，如图 2-13 所示。

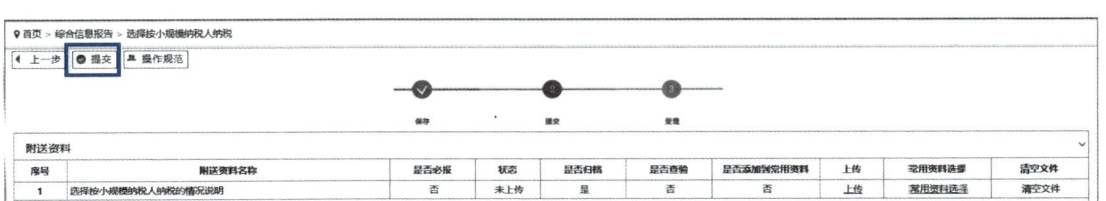

图 2-13　纳税类型选择提交界面

任务二　界定征税范围及适用税率、征收率

一、征收范围的一般规定

增值税的征税范围为在我国境内销售货物或提供加工、修理修配劳务，和销售服务、无形资产、不动产及进口货物。

（一）销售货物

货物，特指有形动产，包括电力、热力、气体。销售货物，是指在中国境内有偿转让货物的所有权，比如销售图书、服装、手机等。

（二）进口货物

进口货物，是指进入我国海关境内的货物，比如进口咖啡、铁矿石等。

（三）提供应税服务

提供应税服务包括提供加工、修理修配服务，交通运输服务，邮政服务，电信服务，建筑服务，金融服务，现代服务。

1. 提供加工、修理修配服务

加工，是指受托加工货物，即委托方提供原料及主要材料，受托方按照委托方的要求，制造货物并收取加工费的业务,比如缝纫、受托加工金银首饰。

修理修配,是指受托对损伤和丧失功能的货物进行修复,使其恢复原状和功能的业务,比如修理电脑、汽车等。

> **温馨提示**
> 单位或者个体工商户聘用的员工为本单位或者雇主提供加工、修理修配劳务的,不缴纳增值税。

随堂练习 2-5:(单选题)下列属于提供加工、修理修配服务的是( )。
A. 汽车的租赁   B. 桥梁的修理   C. 房屋的装潢   D. 受托加工白酒
答案: D。
解析: A 是现代服务,B、C 是建筑服务。

2. 交通运输服务

交通运输服务是指使用运输工具将货物或者旅客送达目的地,使其空间位置得到转移的业务活动。其具体内容如 2-8 所示。

表 2-8 交通运输服务的具体内容

子目	具体内容
陆路运输服务	通过陆路(地上或者地下)运送货物或者旅客的运输业务活动,包括公路运输、缆车运输、索道运输及其他陆路运输。 **注意:** 出租车公司向使用本公司自有出租车的出租车司机收取的管理费用,按照陆路运输服务缴纳增值税
水路运输服务	通过江、河、湖、川等天然、人工水道或者海洋航道运送货物或者旅客的运输业务活动。 **注意:** 按实质重于形式原则,远洋运输的程租、期租业务,连人带交通工具一起租,属于水路运输服务;光租业务,光租交通工具,属于现代服务——租赁服务
航空运输服务	通过空中航线运送货物或者旅客的运输业务活动。 **注意:** 按实质重于形式原则,航空运输的湿租业务,属于航空运输服务;干租业务,属于现代服务——租赁服务
管道运输服务	通过管道设施输送气体、液体、固体物质的运输业务活动

随堂练习 2-6:(单选题)永通运输公司承接了婚礼租车业务,提供车辆 8 台,按( )征收增值税,如果再提供司机,按( )征收增值税。
A. 交通运输服务,交通运输服务
B. 现代服务——租赁服务(有形动产租赁),交通运输服务
C. 交通运输服务,现代服务——租赁服务(有形动产租赁)
D. 现代服务——租赁服务(有形动产租赁),现代服务——租赁服务(有形动产租赁)
答案: B。
解析: 仅提供车辆属于现代服务的有形动产租赁服务,提供车辆并配备司机属于交通运输服务。

3. 邮政服务

邮政服务，指中国邮政集团公司及其所属邮政企业（不含快递公司、EMS）提供邮件寄递、邮政汇兑和机要通信等邮政基本服务的业务活动，包括邮政普遍服务、邮政特殊服务和其他邮政服务。

💡 **头脑风暴**：快递公司、EMS 提供邮件寄递属于哪种征税范围？

4. 电信服务

电信服务，包括基础电信服务和增值电信服务。

基础电信服务，主要包括语音通话、宽带等。增值电信服务主要包括短信和彩信服务、电子数据和信息的传输及应用服务、互联网接入服务等业务活动。

5. 建筑服务

建筑服务，包括工程服务、安装服务、修缮服务、装饰服务和其他建筑服务，如表 2-9 所示。

表 2-9　建筑服务的具体内容

子目	具体内容
工程服务	新建、改建各种建筑物、构筑物的工程作业
安装服务	固话、有线电视、宽带、水、电、燃气、暖气等收取的安装费、初装费、扩容费等
修缮服务	对建筑物进行修补、加固、养护、改善
装饰服务	修饰装修，使之美观或特定用途的工程
其他	如钻井（打井）、拆除建筑物、平整土地、园林绿化等。 注意：物业服务企业为业主提供的装修服务；纳税人将建筑施工设备出租给他人使用并配备操作人员，按"建筑服务"缴纳增值税

6. 金融服务

金融服务的具体内容如表 2-10 所示。

表 2-10　金融服务的具体内容

子目	具体项目
贷款服务	各种占用、拆借资金取得的收入、融资性售后回租、罚息、票据贴现等取得的利息。 注意：以货币资金投资收取的固定利润、保底利润，征收增值税。金融商品持有期间（含到期）取得的非保本收益，不征收增值税
直接收费金融服务	提供货币兑换、账户管理、电子银行、信用卡、信用证、基金管理、金融交易场所管理、资金结算、资金清算、金融支付等直接取得的收入
保险服务	人身保险服务和财产保险服务
金融商品转让	转让外汇、有价证券、非货物期货和其他金融商品所有权取得的收入。 注意：纳税人购入基金、信托、理财产品等各类资产管理产品持有至到期，不属于金融商品转让。纳税人转让限售股，以及上市首日至解禁日期间由上述股份孳生的送、转股，按照"金融商品转让"缴纳增值税

金融服务包括贷款服务、直接收费金融服务、保险服务和金融商品转让。其中融资性售后回租以货币资金投资收取的固定利润或者保底利润,按照贷款服务缴纳增值税。

随堂练习 2-7:(多选题)应当按照金融服务缴纳增值税的有(　　)。
A. 银行销售金银　　　　　　　　B. 贷款利息收入
C. 存款利息　　　　　　　　　　D. 融资性售后回租
答案:BD。
解析:选项 A 应按销售货物缴纳,选项 C 获得的存款利息收入无须缴纳增值税。

7. 现代服务

现代服务,是指围绕制造业、文化产业、现代物流产业等提供技术性、知识性服务的业务活动。其具体内容如表 2-11 所示。

表 2-11　现代服务的具体内容

子目	具体内容
研发和技术服务	研发服务、合同能源管理服务、工程勘察勘探服务、专业技术服务
物流辅助服务	航空服务、港口码头服务、货运客运场站服务、打捞救助服务、装卸搬运服务、仓储服务和收派服务
租赁服务	有形动产租赁服务和不动产租赁服务(无形资产租赁按"销售无形资产"税目)
	将建筑物、构筑物等不动产或者飞机、车辆等有形动产的广告位出租给其他单位或者个人用于发布广告,按照经营租赁服务缴纳增值税。
	车辆停放服务、道路通行服务(包括过路费、过桥费、过闸费等)等按照不动产经营租赁服务缴纳增值税。
	水路运输的光租业务、航空运输的干租业务,属于经营租赁
商务辅助服务	企业管理服务、经纪代理服务、人力资源服务、安全保护服务等
生活服务	文化体育服务、教育医疗服务、旅游娱乐服务、餐饮住宿服务、居民日常服务和其他生活服务

随堂练习 2-8:(多选题)下列各项中,属于交通运输服务的有(　　)。
A. 管道运输服务　　　　　　　　B. 建筑物平移作业服务
C. 装卸搬运服务　　　　　　　　D. 无运输工具承运业务
答案:AD。
解析:选项 B 属于建筑服务,选项 C 属于现代服务中的物流辅助服务。

(四)销售无形资产

销售无形资产,是指转让无形资产所有权或者使用权的业务活动。

自然资源使用权,包括土地使用权、海域使用权、探矿权、采矿权、取水权和其他自然资源使用权。

其他权益性无形资产,包括基础设施资产经营权、公共事业特许权、配额、经营权(包括特许经营权、连锁经营权、其他经营权)、经销权、分销权、代理权、会员权、席位权、网络游戏虚拟道具、域名、名称权、肖像权、冠名权、转会费等。

（五）销售不动产

销售不动产，是指有偿转让不动产所有权的业务活动。不动产，是指不能移动或者移动后会引起性质、形状改变的财产，包括建筑物、构筑物等。

> **温馨提示**
>
> 　　不动产不包括土地使用权。单独转让土地使用权按"销售无形资产"缴纳增值税。转让建筑物有限产权或者永久使用权的，转让在建的建筑物或者构筑物所有权，以及转让建筑物或者构筑物时"一并转让"其所占土地的使用权的，按照销售不动产缴纳增值税。

二、征收范围的特殊规定

（一）视同应税交易

以下情形视同应税交易，应当依照本法规定缴纳增值税：

（1）单位和个体工商户将自产或者委托加工的货物用于集体福利或者个人消费。

（2）单位和个体工商户无偿转让货物。

（3）单位和个人无偿转让无形资产、不动产或者金融商品。

随堂练习2-9：（业务分析题）大连电器有限责任公司发货给外省分支机构200台空调用于销售，将自产空调用于职工食堂，将外购花生油作为过节物资发放，是否属于视同销售？

解析： 将自产空调用于职工食堂属于用于集体福利，为视同应税交易；将外购花生油作为过节物资发放，不属于视同销售。

（二）不征税交易

有下列情形之一的，不属于应税交易，不征收增值税：

（1）员工为受雇单位或者雇主提供取得工资、薪金的服务。

（2）收取行政事业性收费、政府性基金。

（3）依照法律规定被征收、征用而取得补偿。

（4）取得存款利息收入。

三、税收优惠

（1）小规模纳税人发生应税交易，销售额未达到起征点的，免征增值税；达到起征点的，依照本法规定全额计算缴纳增值税。

起征点标准由国务院规定，报全国人民代表大会常务委员会备案。

（2）下列项目免征增值税：

① 农业生产者销售的自产农产品，农业机耕、排灌、病虫害防治、植物保护、农牧保险以及相关技术培训业务，家禽、牲畜、水生动物的配种和疾病防治。

② 医疗机构提供的医疗服务。

③ 古旧图书，自然人销售的自己使用过的物品。

④ 直接用于科学研究、科学试验和教学的进口仪器、设备。

⑤ 外国政府、国际组织无偿援助的进口物资和设备。

⑥ 由残疾人的组织直接进口供残疾人专用的物品,残疾人个人提供的服务。

⑦ 托儿所、幼儿园、养老机构、残疾人服务机构提供的育养服务,婚姻介绍服务,殡葬服务。

⑧ 学校提供的学历教育服务,学生勤工俭学提供的服务。

⑨ 纪念馆、博物馆、文化馆、文物保护单位管理机构、美术馆、展览馆、书画院、图书馆举办文化活动的门票收入,宗教场所举办文化、宗教活动的门票收入。

前款规定的免税项目具体标准由国务院规定。

(3)根据国民经济和社会发展的需要,国务院对支持小微企业发展、扶持重点产业、鼓励创新创业就业、公益事业捐赠等情形可以制定增值税专项优惠政策,报全国人民代表大会常务委员会备案。

国务院应当对增值税优惠政策适时开展评估、调整。

(4)纳税人兼营增值税优惠项目的,应当单独核算增值税优惠项目的销售额;未单独核算的项目,不得享受税收优惠。

(5)纳税人可以放弃增值税优惠;放弃优惠的,在三十六个月内不得享受该项税收优惠,小规模纳税人除外。

随堂练习 2-10:(多选题)(　　　　)属于免税项目。

A. 存款利息项目

B. 由残疾人的组织直接进口供残疾人专用的物品

C. 农业生产者销售的自产农产品

D. 个人将购买不足 2 年的住房对外出售

答案: BC。

解析: 选项 A 属于不征税项目,选项 D 属于应税项目。

四、税率

增值税税率分为 13%、9%、6%、0 四档,如表 2-12 所示。

表 2-12 增值税税率与适用范围

税率	适用范围
13%	销售除低税率外的其他货物、提供加工修理修配服务、有形动产租赁
9%	(1)食品类:粮食等农产品、食用植物油、食用盐。 (2)资源类:自来水、暖气、冷气、热水、煤气、石油液化气、天然气、二甲醚、沼气、居民用煤炭制品。 (3)文化类:图书、报纸、杂志、音像制品、电子出版物。 (4)农业类:饲料、化肥、农药、农机、农膜。 (5)国务院规定的其他货物
	提供交通运输、邮政、基础电信、建筑、不动产租赁服务,销售不动产、转让土地使用权
6%	除了以上情形外的其他销售服务、无形资产应税行为

续表

税率	适用范围
0	（1）纳税人出口货物，国务院另有规定的除外。 （2）境内单位、个人"跨境销售"国务院规定范围内的"服务、无形资产"。 服务包括：国际运输服务；航天运输服务；向境外单位提供完全在境外消费的'技术含量较高"的部分服务。无形资产包括：研发服务，合同能源管理服务；软件服务，电路设计及测试服务，信息系统服务，业务流程管理服务，离岸服务外包业务；设计服务；广播影视节目（作品）的制作和发行服务；转让技术

> **温馨提示**
>
> 零税率不同于免税。以货物为例，出口货物免税仅指在出口环节不征收增值税；零税率是指对出口货物除在出口环节不征增值税外，还要对该产品在出口前已经缴纳的增值税进行退税，使该出口产品在出口时完全不含增值税税款，从而以无税产品进入国际市场。

随堂练习 2-11：（多选题）根据现行政策，下列项目适用 9% 增值税税率的有（　　）。
A. 报社销售的报刊
B. 燃气公司销售的天然气
C. 采矿企业销售的矿产品
D. 果品公司批发水果
答案：ABD。
解析：选项 C 属于销售货物，其增值税适用 13% 税率。

五、征收率

（1）适用简易计税方法计算缴纳增值税的征收率为百分之三。
（2）纳税人发生两项以上应税交易涉及不同税率、征收率的，应当分别核算适用不同税率、征收率的销售额；未分别核算的，从高适用税率。
（3）纳税人发生一项应税交易涉及两个以上税率、征收率的，按照应税交易的主要业务适用税率、征收率。

任务三　计算销售额及开具增值税发票

一、一般销售额

（一）全额计税

1. 基本规定

销售额，是指纳税人发生应税交易取得的与之相关的价款，包括货币和非货币形式的经济利益对应的全部价款,不包括按照一般计税方法计算的销项税额和按照简易计税方法计算的应纳税额。销售额以人民币计算。纳税人以人民币以外的货币结算销售额的,应当折合成人民币计算。

增值税应纳税销售额是指销售方向购买方收取的全部价款和价外费用。

如果销售货物是消费税应税产品或进口产品,则全部价款中包括消费税或关税。

2. 价外费用

价外费用包括向购买方价外收取的基金、违约金、赔偿金、包装物租金、手续费、奖励费、包装费、储备费、优质费、运输装卸费、集资费、补贴、返还利润、滞纳金延期付款利息、代收款项、代垫款项及其他各种性质的价外费用。

应纳税销售额不包括销项税额、受托加工代收代缴的消费税、承运者运费发票开给购买方且纳税人将该发票转交购买方的代垫运费、代办报销费、车辆购置税、车辆牌照费等。

> **温馨提示**
>
> 价外费用是纳税人创造的含税收入,记忆小窍门"4金7费"。

随堂练习 2-12:(多选题)下列各项中,应计入增值税应税销售额的有( )。

A. 向购买者收取的包装物租金
B. 向购买者收取的销项税额
C. 因销售货物向购买者收取的手续费
D. 因销售货物向购买者收取的代收款项

答案: ACD。

解析: 选项 B 不应计入应税销售额。

3. 含税销售额的换算

$$不含税销售额 = 含税销售额 \div (1+税率或征收率)$$

> **温馨提示**
>
> 含税销售额判断方法:一看发票,普通发票要换算;二看行业,零售行业要换算;三看业务,价外费用要换算。

随堂练习 2-13:(计算题)青岛家用电器有限责任公司是增值税一般纳税人,3 月销售滚筒洗衣机 1 000 台,均开具增值税专用发票,不含增值税销售单价为 3 000 元/台;另收取优质费 56 500 元、包装物租金 33 900 元,开具普通发票。请计算销售额。

解析: 销售额 =1 000×3 000+(56 500+33 900)÷(1+13%)=3 080 000(元)

(二)差额计税

差额征税,以纳税人在境内提供应税劳务、转让无形资产或销售不动产时,收取的全部价款和价外费用减去规定可扣除的支付款项后的余额作为计税销售额。差额计税的典型项目如表 2-13 所示。

表 2-13 差额计税的典型项目

项目		计算公式	适用范围
金融商品转让	一般情况	销售额 =（卖出价 – 买入价 – 上期交易负差）÷（1+6%）	适用一般纳税人，但不得开具增值税专用发票
	无偿转让股票	（1）无偿转让时，转出方以该股票的买入价为卖出价，按照"金融商品转让"计算纳税	
		（2）转入方将上述股票再转让时，以原转出方的卖出价为买入价，按照"金融商品转让"计算纳税	
旅游服务		销售额 =（全部价款 + 价外费用 – 住宿费、餐饮费、交通费、签证费、门票费、地接费）÷（1+6%）	
销售不动产		销售额 =（全部价款 + 价外费用 – 土地出让金）÷（1+9%）	适用一般纳税人房地产开发企业的房地产老项目（选择简易计税的房地产老项目除外）
建筑服务		销售额 =（全部价款 + 价外费用 – 分包费）÷（1+3%）	适用简易计税的纳税人

随堂练习2-14：（计算题）大连安居房地产开发公司为增值税一般纳税人，8月销售自行开发的房地产项目，取得含税销售收入600万元，另取得延期付款利息100万元。购买土地时向政府部门支付的土地价款总额为200万元，房地产项目可供销售建筑面积为1 000平方米，当期销售房地产项目建筑面积为400平方米。请计算该公司当期计税销售额。

解析： 当期允许扣除的土地价款 =（当期销售房地产项目建筑面积 ÷ 房地产项目可供销售建筑面积）× 支付的土地价款

=（400÷1 000）×200=80（万元）

计税销售额 =（全部价款和价外费用 – 当期允许扣除的土地价款）÷（1+9%）

=（600+100–80）÷（1+9%）=568.81（万元）

> **温馨提示**
> 当期允许扣除的土地价款 =（当期销售房地产项目建筑面积 × 房地产项目可供销售建筑面积）× 支付的土地价款（配比原则）

二、特殊销售额

（一）视同应税交易

发生视同应税交易以及销售额为非货币形式的，纳税人应当按照市场价格确定销售额。

(二)销售额明显偏低或者偏高且无正当理由

税务机关可以依照《中华人民共和国税收征收管理法》和有关行政法规的规定核定销售额。

随堂练习 2-15:(计算题)大东煤炭有限责任公司(增值税一般纳税人)11 月将本月自采煤炭 10 吨用于职工澡堂锅炉(不含税市场价格为 3 000 元/吨)。计算上述业务增值税销售额。

解析: 销售额 =3 000×10=30 000(元)

(三)折扣销售、现金折扣、销售折让与销售退回

折扣销售是因购买方需求量大等原因给予的价格优惠。现金折扣是为了鼓励购货方及时偿还货款而给予的折扣。销售折让通常由于货物的品种或质量等原因引起销售额的减少。销售退回是因质量、品种不符合要求等原因而发生的退货。其税务处理如表 2-14 所示。

表 2-14 折扣销售、现金折扣、销售销售折让与销售退回的税务处理

类型	举例	开票情形		计税销售额
折扣销售(商业折扣)	买 5 件,销售价格折扣 5%;买 10 件,折扣 10%	销售额、折扣额在同一张发票	均在金额栏注明	折后销售额
			销售额在金额栏,折扣额在备注栏注明	全额
现金折扣	2/10, 1/20, N/30, 10 天内付款,货款折扣 2%;20 天内货款折扣享 1%;30 天无折扣	按销售额全款开票		不减折扣额
销售折让与销售退回	因商品质量与合同要求不一致,给予价款 5% 折让	开具红字增值税专用发票		减除折让额
		未开具红字增值税专用发票		不减折让额

随堂练习 2-16:(计算题)家兴商场为增值税一般纳税人,决定在国庆期间进行商品促销。现有 3 种促销方案:

方案 1:将商品九折销售。

方案 2:凡购物满 100 元返还 10 元的现金。

解析:(1)方案 1 九折销售。

① 将折扣额和销售额开在同一张发票上:

$$销售额 =100\times90\%\div(1+13\%)-60\div(1+13\%)=26.55(元)$$

② 折扣额和销售额未开在同一张发票上:

$$销售额 =100\div(1+13\%)-60\div(1+13\%)=35.4(元)$$

（2）方案2返还现金。

$$销售额 = 100 \div (1+13\%) - 60 \div (1+13\%) = 35.4（元）$$

（四）以旧换新

1. 金银首饰

$$销售额 = 新货销售价格 - 旧货收购价格$$

2. 其他

$$销售额 = 新货销售价格$$

随堂练习2-17：（计算题）永华商场为一般纳税人，采取以旧换新方式销售洗衣机，每台零售价为3 390元，本月售出洗衣机100台，共收回100台旧洗衣机，每台旧洗衣机折价为200元，取得现金净收入331 000元。该业务增值税的销售额为多少？

解析： 增值税销售额＝销售额＝3 390×100÷（1+13%）=300 000（元）

（五）以物易物

以物易物的双方都应作购销处理，以各自发出的货物核算销售额并计算销项税额，以各自收到的货物按规定核算购货额并计算进项税额。

随堂练习2-18：（计算题）四川彩电厂、成都显像管厂均为增值税一般纳税人，彩电厂采取以物易物方式向显像管厂提供42寸彩电1 000台，每台含税售价为4 000元，显像管厂向彩电厂提供显像管2 000台，每台含税售价为1 900元。双方均已收到货物，且均开具普通发票。该彩电厂的销售额如何确定？

解析： 销售额＝4 000×1 000÷（1+13%）= 3 539 823.01（元）

（六）还本销售

在销售货物后，到一定期限由销售方一次或分次退还给购货方全部或部分价款。

销售额 = 货物的销售价格，不得从销售额中减除还本支出。

随堂练习2-19：（计算题）某企业生产销售打印机，每台生产成本1 000元，市场上同类商品不含税售价为1 500元/台。3月份采用还本销售方式销售打印机100台，不含税售价为1 800元/台，5年后全额一次还本。

解析： 销售额＝1 800×100=180 000（元）

（七）包装物押金

白酒、其他酒的包装物押金与其他货物的包装物押金的税务处理不同，如表2-15所示。

表2-15 不同包装物押金的税务处理

货物	取得时计税	逾期时
白酒、其他酒	√	
除白酒、其他酒		√

随堂练习2-20：（计算题）花都酒厂为一般纳税人，本月销售散装白酒10吨，出厂价格为4 000元/吨（不含税），销售额为40 000元。同时收取包装物押金4 520元，已单独设账核算，该业务的销售额是多少？

解析： 销售额 = 40 000+4 520÷（1+13%）= 44 000（元）

（八）进口货物

纳税人进口货物，以组成计税价格为计算其增值税的计税依据。

组成计税价格 = 关税完税价格 + 关税 + 消费税

三、增值税发票的查验

（一）查验平台

全国增值税发票查验平台。

（二）可查验发票

（1）使用增值税发票管理系统开具的发票。
（2）使用电子发票服务平台开具的发票。

（三）查验操作

第一步，登录增值税发票查验平台。
第二步，在页面中根据要求输入发票相关的查验项目信息，如图2-14所示。

图 2-14 发票查验界面

第三步，确认输入的信息无误后，单击查验按钮，系统自动弹出查验结果，发票校验信息与税务机关电子信息一致，则显示相关的发票详细信息。

第四步，若查询不到，则显示"不一致""查无此票"两种情况。

工作实例 2-2

实训资料：如图 2-15 所示，购入汽油取得一张增值税电子普通发票。

实训要求：请查验该发票真伪，如图 2-16 所示。

任务三　计算销售额及开具增值税发票

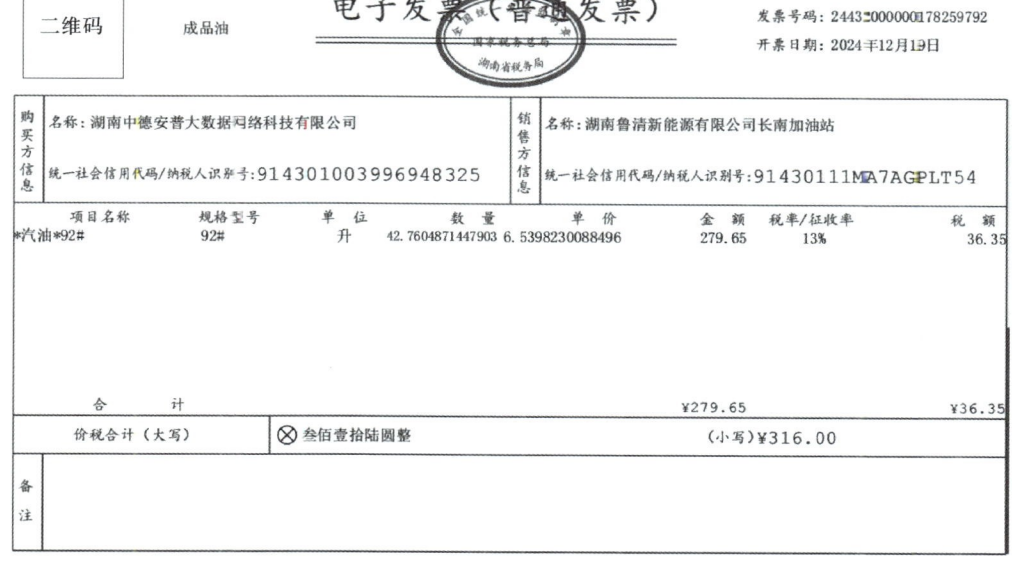

图 2-15　待查验的增值税电子普通发票

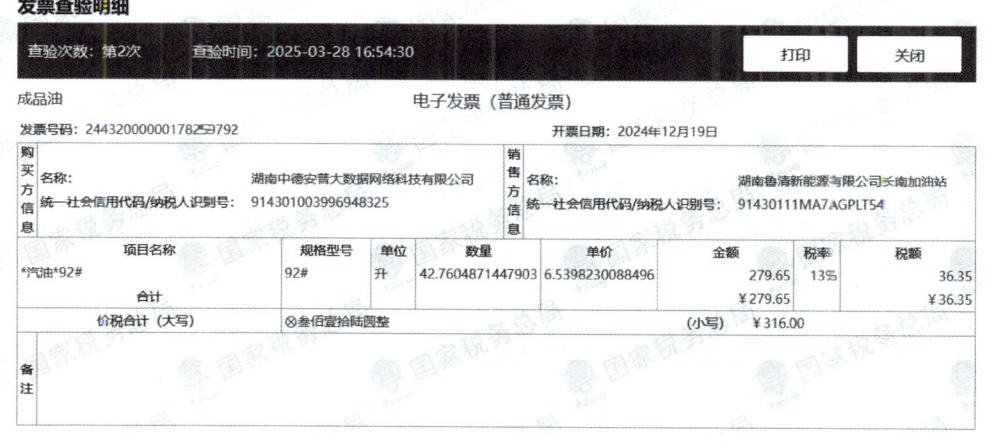

图 2-16　发票查验明细

一张发票，三方共赢

市民小张抱怨："路边车位的停车费每小时 6 元到 12 元不等，为公司办事要自己先掏钱，现在还都是扫码交费，发票也不知道找谁开。"这并非个例，不知道找谁开票、不知道在

063

哪开票、不知道怎么开票、开票等候时间长……

北京市丰台区税务局发挥税收大数据效能,对覆盖全市40%路侧停车位和20%停车场的北京静态交通投资运营有限公司,指导其升级"北京停车服务"公众号,增加"开具发票"直达窗口,实现停车费发票掌上办理,优化升级"北京停车导航"微信小程序,实现在线查询附近停车场及收费标准等功能,提供更精准的服务。

四、增值税专用发票的开具

头脑风暴: 小规模纳税人能开具增值税专用发票吗?

(一)蓝字增值税专用发票开具

蓝字增值税专用发票的开具要求如下:
(1)项目齐全,与实际交易相符。
(2)字迹清楚,不得压线、错格。
(3)发票联和抵扣联加盖发票专用章。
(4)按照增值税纳税义务的发生时间开具。
对不符合上列要求的专用发票,购买方有权拒收。

一般纳税人销售货物或者提供应税劳务可汇总开具专用发票。汇总开具专用发票的,同时使用防伪税控系统开具《销售货物或者提供应税劳务清单》,并加盖发票专用章。

> **温馨提示**
> 增值税电子专用发票采用电子签名代替发票专用章,增值税电子专用发票的票面上不再展示发票专用章。

头脑风暴: 哪些情形不得开具增值税专用发票?

随堂练习2-21:(单选题)一般纳税人发生的下列应税销售行为中,可以开具增值税专用发票的是(   )。

A. 房地产开发公司向演员王某销售住房
B. 商场向一般纳税人销售办公用笔记本电脑
C. 金店向消费者李某零售金项链
D. 超市向一般纳税人零售招待客户用的烟酒

答案: B

解析: 选项AC购买方为消费者,选项D商业企业一般纳税人零售的烟、酒、食品等消费品,不得开具增值税专用发票。原则上不能用则"不能领购",不能抵扣则"不得开具"。

工作实例2-3

实训资料:2024年5月31日,大连蓝天制造有限责任公司销售给大连机电大世界有限公司E型特种设备5台,不含税单价为13 000元。销售科业务员王刚开出增值税专用发票,由购买方采购员持发票至财务科办理货款转账结算手续。

大连蓝天制造有限责任公司相关资料见工作实例1-1。

大连机电大世界有限公司:批发零售业,增值税一般纳税人,纳税人识别号:912102021239777713,地址:甘井子区石砾11号,电话:0411-86566208,开户银行及账号:

中兴银行 210202123455596651。

实训要求：开具增值税专用发票，如图 2-17 所示，并按要求盖章。增值税专用发票一式三联，相同内容仅需填制第一联。

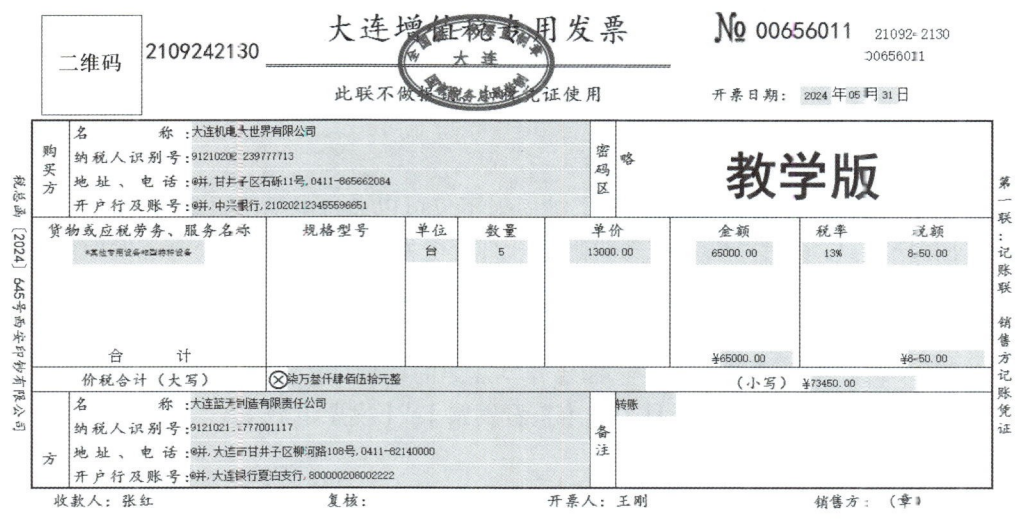

图 2-17　增值税专用发票记账联

（二）红字增值税专用发票开具

1. 申请条件

（1）红字增值税专用发票开具申请。纳税人开具增值税专用发票后，发生销货退回、开票有误、应税服务中止、销售折让等情形，或者开具增值税纸质专用发票后发生发票抵扣联、发票联均无法认证情形，需要开具红字专用发票的，须取得税务机关系统校验通过的《开具红字增值税专用发票信息表》。

（2）红字增值税专用发票信息表作废。《开具红字增值税专用发票信息表》填开错误且尚未使用的，纳税人可申请作废。

2. 办理材料

《开具红字增值税专用发票信息表》作废的办理材料如表 2-16 所示。

表 2-16　《开具红字增值税专用发票信息表》作废办理材料

适用情形	材料名称	数量	备注
申请开具红字发票信息表	《开具红字增值税专用发票信息表》	1 份	可通过互联网上传电子信息
作废开具红字发票信息表	已开具《开具红字增值税专用票信息表》	1 份	—
	《作废红字发票信息表申请表》	1 份	—

（三）全面数字化电子发票（以下简称"数电票"）

1. 数电票开具平台

试点纳税人通过"实人认证"等方式进行身份验证后，无须使用税控专用设备即可通过电子发票服务平台开具发票,无须进行发票验旧操作。

电子发票服务平台支持开具增值税纸质专用发票和增值税纸质普通发票(折叠票)。

2. 额度管理

税务机关对使用电子发票服务平台开具发票的试点纳税人开票实行发票总额度管理。

3. 交付

试点纳税人通过电子发票服务平台税务自动交付数电票,也可通过电子邮件、二维码等方式自行交付数电票。

4. 电子税务局数电票开具操作指引

电子发票服务平台全部功能上线后,纳税人不仅可以通过电脑网页端开具全电发票,还可以通过客户端、移动端手机 App 随时随地开具全电发票。纳税人登录电子发票服务平台后,可进行发票开具、交付、查验以及勾选等系列操作,享受"一站式"服务。

办理路径:电子税务局—【我要办税】—【开票业务】—【蓝字发票开具】—进入电子发票服务平台—【立即开票】—选择要开具发票的票种(电子发票或纸质发票)—【确定】—录入发票信息—【发票开具】—【查看发票】或【发票下载】。

任务四　一般纳税人进项税额的抵扣

进项税额,是一般纳税人购进货物、劳务、服务、无形资产、不动产支付或者负担的增值税额,与销售方收取的销项税额相对应。

进项税额的大小影响纳税人实际缴纳的增值税,故有准予抵扣的进项税额和不得抵扣的进项税额两种。

一、不得抵扣的进项税额

(1)适用简易计税方法计税项目对应的进项税额。

(2)免征增值税项目对应的进项税额。

(3)非正常损失项目对应的进项税额。

非正常损失是指因违反法律法规造成不动产被依法没收、销毁、拆除的情形。

> **温馨提示**
>
> 非正常损失货物在增值税中不得扣除(需做进项税额转出处理);在企业所得税中,经批准准予作为财产损失扣除。

(4)购进并用于集体福利或者个人消费的货物、服务、无形资产、不动产对应的进项税额。

(5)购进并直接用于消费的餐饮服务、居民日常服务和娱乐服务对应的进项税额。

(6)国务院规定的其他进项税额。

随堂练习 2-22:(多选题)一般纳税人购进(　　)项目的进项税额不得从销项税额中抵扣。

A. 因洪涝灾害毁损的外购商品
B. 因管理不善被盗窃的产成品所耗用的外购原材料
C. 公司招待客户购买的餐饮服务
D. 生产免税产品接受的加工劳务

答案：BCD。

解析：选项 A 进项税额可以抵扣。

二、准予抵扣的进项税额

（一）凭票抵扣

（1）取得的增值税专用发票上注明的增值税税额。
（2）从海关取得的海关进口增值税专用缴款书上注明的增值税税额。
（3）解缴税款的完税凭证上注明的增值税税额。

随堂练习 2-23：（计算题）大连营养加工企业为增值税一般纳税人，6 月支付广告设计费，取得增值税专用发票，发票上注明金额 3 万元。请计算准予抵扣的进项税额。

解析：进项税额 =3×6%=0.18（万元）

（二）农产品进项税额抵扣

1. 购入农产品取得的扣税凭证

（1）增值税普通发票（仅指农业生产者销售自产农产品适用免税政策开具的普通发票）。
（2）农产品收购发票。
（3）增值税专用发票。
（4）海关进口增值税专用缴款书。

2. 凭票扣除

（1）情形一：纳税人购进农产品，取得一般纳税人开具的增值税专用发票。

抵扣方式：以增值税专用发票上注明的增值税税额为进项税额。

随堂练习 2-24：（计算题）大连馥郁有限责任公司是农产品经销企业，为一般纳税人，3 月从农产品经销商（一般纳税人）处购买农产品，取得了一张 9% 的增值税专用发票，注明价款金额 20 000 元、税额 1 800 元。要求计算可抵扣进项税额。

解析：该企业可抵扣 1 800 元的进项税额。

（2）情形二：纳税人购进农产品，取得海关进口增值税专用缴款书。

抵扣方式：以海关进口增值税专用缴款书上注明的税额为进项税额。

随堂练习 2-25：（计算题）大连馥郁有限责任公司 4 月从外国农产品经销商处购买农产品，取得了一张海关进口增值税专用缴款书，注明完税价格 22 600 元、税额 2 034 元。要求计算可抵扣进项税额。

解析：该企业可抵扣 2 034 元的进项税额。

（3）情形三：纳税人购进农产品，按照简易计税方法依照 3% 征收率计算缴纳增值税的小规模纳税人取得增值税专用发票。

抵扣方式：自 2019 年 4 月 1 日起，以增值税专用发票上注明的金额和 9% 的扣除率计算进项税额。

随堂练习 2-26：（计算题）大连馥郁有限责任公司 5 月从农产品经销商（小规模纳税

人)处购买农产品,取得了一张3%的增值税专用发票,注明价款金额1 000元、税额30元,要求计算可抵扣进项税额。

解析: 该张专用发票可抵扣的进项税额 =1 000×9%=90(元),而非注明的税额30元。

(4)情形四:纳税人购进农产品,取得一般纳税人开具的增值税专用发票,且将此购进的农产品用于生产或委托受托加工增值税税率为13%的深加工产品。

抵扣方式:自2019年4月1日起,以增值税专用发票上注明的金额和10%的扣除率计算进项税额。

随堂练习2-27:(计算题)大连丰收农业有限责任公司是农产品深加工企业,为一般纳税人,6月从农产品经销商(一般纳税人)处购买农产品,取得了一张增值税专用发票,注明价款金额1 000元、税额90元,要求计算可抵扣进项税额。

解析: 该张专用发票可抵扣的进项税额 =1 000×10%=100(元)

(5)情形五:纳税人购进农产品,按照简易计税方法依照3%征收率计算缴纳增值税的小规模纳税人取得增值税专用发票,且将此购进的农产品用于生产或委托受托加工增值税税率为13%的深加工产品。

抵扣方式:自2019年4月1日起,以增值税专用发票上注明的金额和10%的扣除率计算进项税额。

随堂练习2-28:(计算题)大连丰收农业有限责任公司7月从农产品经销商(小规模纳税人)处购买农产品,取得了一张3%的增值税专用发票,注明价款金额1 000元、税额30元,要求计算可抵扣进项税额。

解析: 该张专用发票可抵扣的进项税额 =1 000×10%=100(元),而非注明的税额30.00元。

(6)情形六:纳税人向农业生产者购进的自产农产品,开具了农产品收购发票或自产农产品销售发票的(该发票指农业生产者销售自产自用农产品使用免征增值税项目而开具的普通发票)。

抵扣方式:自2019年4月1日起,以农产品收购发票或自产农产品销售发票上注明的农产品买价和9%的扣除率计算进项税额。

随堂练习2-29:(计算题)大连丰收农业有限责任公司8月从农业生产者处购买农产品,取得了一张农产品收购发票,票面注明农产品买价1 000元,要求计算可抵扣进项税额。

解析: 则该张发票可抵扣的进项税额 =1 000×9%=90(元)

(7)情形七:纳税人从批发、零售环节购进使用免征增值税政策的蔬菜、部分鲜活肉蛋而取得了普通发票。

特别注意:此时发票不能作为抵扣进项税额的凭证。

3. 核定扣除

自2012年7月1日起,以购进农产品为原料生产销售液体乳及乳制品、酒及酒精、植物油的增值税一般纳税人,其购进农产品无论是否用于生产上述产品,增值税进项税额均按照《农产品增值税进项税额核定扣除试点实施办法》的规定抵扣,按投入产出法、成本法、参照法核定扣除农产品增值税进项税额的,以销售货物的适用税率为扣除率。

(三)购进国内旅客运输服务进项税额

国内旅客运输服务,限于与本单位签订了劳动合同的员工,以及本单位作为用工单位接受的劳务派遣员工发生的国内旅客运输服务。其进项税额抵扣情况如表2-17所示。

表 2-17　购进国内旅客运输服务进项税额抵扣情形

取得凭证	抵扣依据	进项税额确定
增值税电子普通发票	电子普票	发票上注明的税额
旅客客运发票	注明旅客身份信息的航空运输电子客票行程单	（票价+燃油附加费）÷（1+9%）×9% 注意：不含机场建设费
	注明旅客身份信息的铁路车票	票面金额÷（1+9%）×9%
	注明旅客身份信息的公路、水路等其他客票	票面金额÷（1+3%）×3%

随堂练习 2-30：（计算题）哈尔滨精工制造有限责任公司为增值税一般纳税人，11 月报销员工上月差旅费，取得如下票据：火车票金额合计 3 815 元，境内机票行程单票款及燃油附加费合计 4 905 元，境外机票行程单金额合计 12 304 元，注明员工身份证号的汽车票合计 412 元，住宿费小规模纳税人开具的专用发票注明金额 700 元，餐费普通发票注明金额 560 元。要求：计算当月准予抵扣的进项税额。

解析： 火车票和机票允许抵扣进项税额 =（3 815+4 905）÷（1+9%）×9%=720（元）

境外机票、餐费均不允许抵扣进项税额。

汽车票允许抵扣进项税额 =412÷（1+3%）×3%=12（元）

住宿费允许抵扣进项税额 =700×3%=21（元）

当月允许抵扣的进项税额 =720+12+21=753（元）

（四）通行费进项税额

纳税人支付的道路通行费，按照收费公路通行费增值税电子普通发票上注明的增值税税额抵扣进项税额。

高速公路通行费可抵扣进项税额 = 增值税电子普通发票上注明的金额÷（1+3%）×3%

一级、二级公路通行费可抵扣进项税额 = 通行费发票上注明的金额÷（1-5%）×5%

桥、闸通行费可抵扣进项税额 = 桥、闸通行费发票上注明的金额÷（1+5%）×5%

典型案例

利用 ETC 通行费虚开电子发票

自 2018 年 12 月起，广西某物流有限公司通过网络平台代商家发布运输信息寻找货车，在货车完成运输订单后，该公司便向货车司机索要"票根网"所需验证码，并根据需要为自己或其他企业开具 ETC 通行费电子发票。同时，该团伙还从他人处购得 ETC 电子发票作为进项进行抵扣，然后采用虚假资金走账方式，向下游受票企业虚开增值税专用发票。广西公安经侦部门成功掌握该团伙涉嫌虚开 ETC 通行费电子发票的犯罪事实并发起集群打击，抓获犯罪嫌疑人 32 名。虚开 ETC 通行费电子发票，不论是为他人虚开、接受虚开还是介绍虚开，都是违法行为，切莫因贪小利而招大祸。

（五）加计抵减

1. 政策

允许生产性服务业（邮政服务、电信服务、现代服务）纳税人按照当期可抵扣进项税额加计10%，生活性服务业纳税人按照当期可抵扣进项税额加计15%，抵减应纳税额。

2. 前提条件

提供邮政服务、电信服务、现代服务、生活服务取得的销售额占全部销售额的比重超过50%。

3. 计算

$$当期计提加计抵减额 = 当期可抵扣进项税额 \times 10\%（或15\%）$$

$$当期可抵减加计抵减额 = 上期期末加计抵减额余额 + 当期计提加计抵减额 - 当期调减加计抵减额$$

只有当期可抵扣进项税额才能计提加计抵减额。

随堂练习 2-31：（计算题）海龙大酒店为增值税一般纳税人，适用进项加计抵减政策，2024年12月一般计税项目销项税额为200万元，当期可抵扣进项税额为100万元，上期留抵税额为10万元，计算当期可计提的加计抵减额。

解析： 可计提的加计抵减额 = 100×15% = 15（万元）

工作实例 2-4

实训资料： 大连明珠会展有限公司主要从事展览会的组织、策划招展等，提供境内外会议展览服务，适用6%增值税税率。5月提供境内会展服务的不含税收入为170万元，提供境外会展服务收入为190万元，属于免税项目。购入设备、办公用品等共计20万元（不含增值税），均取得增值税专用发票。5月初留抵增值税额为2 600元，5月末加计抵减额余额为零。

实训要求： 计算该企业5月进项税额、加计抵减额等，如表2-18所示。

表2-18　进项税额计算表

单位：元

本期销项税额	本期进项税额	期初留抵进项税额	应纳税额（一般计税法下）	加计抵减额
102 000	26 000	2 600	73 400	2 600
本期应纳增值税额	70 800			

三、进项税额转出

（一）适用情形

增值税一般纳税人购进货物、服务、无形资产、不动产，购进时已明确改变生产经营用途、属于不得抵扣事项的，不作进项税额处理。如果在购进时已抵扣了进项税额，需要在改变用途当期作进项税额转出处理。

（二）计算

进项税额转出有四种方法，分别适用不同情形，其计算也各有不同，如表2-19所示。

表 2-19 进项税额转出情形与计算

方法	适用情形	公式
按原抵扣转出	需转出的进项税额确定时	购进农产品的账面金额,应还原后再计算进项税额转出
按现在成本 × 税率转出	既有需要购进货物,又有交通运输等不同应税项目的进项税额转出,无法准确确定需转出的进项税额时	实际成本 × 税率 =(进价+运费+保险费+其他有关费用) × 适用的税率
公式分解计算不得抵扣的进项税额	进项税额无法在应税、免税项目之间准确划分,按销售额占比计算	不得抵扣的进项税额 = 当期无法划分的全部进项税额 × (当期简易计税方法十税项目销售额 + 免征增值税项目销售额) ÷ 当期全部销售额
不动产项目进项税额转出	已抵扣进项税额的不动产,发生非正常损失(如因违反法律法规造成不动产被依法没收、销毁、拆除的情形),或者改变用途,专用于简易计税方法计税项目、免征增值税项目、集体福利或者个人消费的	不动产项目进项税额转出 = 已抵扣进项税额 × 不动产净值率 不动产净值率 =(不动产净值 ÷ 不动产原值)× 100%

随堂练习 2-32:(计算题)四海贸易有限责任公司为增值税一般纳税人,3月向农民收购一批免税农产品,准备分类包装后销售,收购凭证上注明买价40万元;支付运输费用,取得的增值税专用发票上注明运费3万元,已作进项税额抵扣,后将其中的60%用于企业职工食堂。请计算进项税额转出及准予抵扣的进项税额。

解析: 进项税额转出 =(40×9%+3×9%)×60%=2.32(万元)

准予抵扣的进项税额 =(40×9%+3×9%)×(1−60%)=1.55(万元)

随堂练习 2-33:(计算题)抚顺聚达钢铁有限责任公司为增值税一般纳税人,4月库存钢管出现毁损,经查实是由企业管理不善导致的。钢管总成本为100万元,其中运费成本为1万元。请计算需转出的进项税额。

解析: 进项税额转出 =(100−1)×13%+1×9%=12.96(万元)

随堂练习 2-34:(计算题)古凤家具厂为增值税一般纳税人,兼营增值税应税项目和免税项目。5月应税项目取得不含税销售额1 200万元,免税项目取得销售额1 000万元;当月购进用于应税项目的材料,支付价款700万元;购进用于免税项目的材料,支付价款400万元。当月购进应税项目和免税项目共用的自来水,支付进项税额0.6万元;购进共用的电力,支付价款8万元。进项税额无法在应税项目和免税项目之间准确划分,当月购进项目均取得增值税专用发票且已抵扣。请计算当月需转出的进项税额。

解析: 进项税额转出 =(0.6+8×13%)×1 000÷(1 000+1 200)=0.75(万元)

随堂练习 2-35:(计算题)一般纳税人宏兴贸易有限公司6月购置一栋办公楼,取得增值税专用发票,价款为1 000万元,进项税额为90万元。7月纳税人将办公楼改造成员工食堂。假设不动产净值率为95%。请计算7月份的进项税额转出。

解析: 进项税额转出 =90×95%=85.5(万元)

四、转增进项税额

按照税法规定,不得抵扣且未抵扣进项税额的固定资产、无形资产、不动产,发生用途改变,用于允许抵扣进项税额的应税项目,可在用途改变的次月按照下列公式,依据合法有效的增值税扣税凭证,计算可以抵扣的进项税额。

可以抵扣的进项税额 = 固定资产、无形资产、不动产净值 ÷（1+适用税率）× 适用税率

随堂练习 2-36：（计算题）科隆生物科技有限责任公司是增值税一般纳税人,10 月将职工健身房里的一批电脑改用于生产车间,截至 10 月底已计提符合规定的折旧额 4.52 万元,该批电脑购进时取得的增值税专用发票注明价款为 10 万元、增值税税额为 1.3 万元。请计算次月转增进项税额。

解析： 在改变用途的次月（11 月）就上述业务可以抵扣的进项税额
=（11.3–4.52）÷（1+13%）× 13%=0.78（万元）

任务五　增值税征收管理

一、纳税义务发生时间

纳税人发生应税交易,其纳税义务发生时间通常为收讫销售款项或者取得索取销售款项凭据的当天;先开具发票的,为开具发票的当天。按销售结算方式分为如下情形,如表 2-20 所示。

表 2-20　增值税纳税义务发生时间一览

货款结算方式	增值税纳税义务发生时间
直接收款	不论货物是否发出,为收到销售额或取得索取销售额的凭据,并将提货单交给买方的当天
托收承付和委托银行收款方式	不论货款是否收到,为发出货物并办妥托收手续的当天
赊销和分期收款方式	不论款项是否收到,为书面合同约定的收款日期的当天;无书面合同的或者书面合同没有约定收款日期的,为货物发出的当天
预收货款方式	销售货物的,货物发出的当天;提供建筑服务、有形动产租赁、租赁服务采取预收款方式的,为收到预收款的当天
委托其他纳税人代销货物	收到代销清单或收到货款的当天,两者中的较早者;对于发出代销商品超过 180 天仍未收到代销清单及货款的,视同销售实现,一律征收增值税,其纳税义务发生时间为发出代销商品满 180 天的当天
发生视同应税交易	完成视同应税交易的当日

续表

货款结算方式	增值税纳税义务发生时间
从事金融商品转让	金融商品所有权转移当天
进口	报关进口的当天
扣缴义务	纳税义务发生的当天
先开发票	开具当天

随堂练习2-37：（单选题）采用赊销、分期收款结算方式的，增值税专用发票开具时限为（　　）。

A. 收到货款的当天　　　　　　　　B. 货物移送的当天
C. 合同约定的收款日期的当天　　　D. 取得索取销售款凭据的当天

答案：C。

解析：选项B、D分别为视同销售货物、应税行为的增值税专用发票开具时限。

随堂练习2-38：（计算题）沈阳实意配件厂为增值税一般纳税人，11月采用分期收款方式销售配件，合同约定不含税销售额为150万元，当月应收取60%的货款。由于购货方资金周转困难，本月实际收到货款50万元，该厂按照实际收款额开具了增值税专用发票。当月购进职工浴室使用的大型热水器一台，取得增值税专用发票，注明价款10万元。请计算当月该厂应纳增值税。

解析：采取分期收款方式销售货物，纳税义务发生时间为合同约定收款日期的当天。外购货物用于集体福利个人消费，其进项税额不得抵扣。

应交增值税=150×60%×13%=11.7（万元）

二、纳税期限

增值税的纳税期限分为按期纳税和按次纳税两种形式。不经常发生应税交易的纳税人，可以按次纳税。

增值税的计税期间分别为十日、十五日、一个月或者一个季度。纳税人的具体计税期间，由主管税务机关根据纳税人应纳税额的大小分别核定。

纳税人以一个月或者一个季度为一个计税期间的，自期满之日起十五日内申报纳税；以十日或者十五日为一个计税期间的，自次月一日起十五日内申报纳税。

扣缴义务人解缴税款的计税期间和申报纳税期限，依照前两款规定执行。

纳税人进口货物，应当按照海关规定的期限申报并缴纳税款。

随堂练习2-39：（单选题）纳税人以十五日为一个计税期间的，自次月一日起（　　）日内申报纳税。

A. 15　　　　　　　　　　　　　　B. 5
C. 10　　　　　　　　　　　　　　D. 30

答案：A。

解析：此题考核的是增值税按期纳税的规定。

三、纳税义务发生地点

纳税义务发生地点如表 2-21 所示。

表 2-21 纳税义务发生地点一览

纳税人			纳税地点
固定业户	一般情况		机构所在地或居住地
	总机构和分支机构不在同一县（市）的		分别向各自所在地
			经批准,可由总机构汇总向总机构所在地申报
	外出经营	报告外出经营事项	应税交易发生地
		未报告	机构所在地或居住地
非固定业户			应税交易发生地
自然人提供建筑服务,销售或租赁不动产,转让自然资源使用权			建筑服务发生地、不动产与自然资源所在地
进口货物			报关地海关
扣缴义务人			机构所在地或者居住地

随堂练习 2-40：（多选题）下列关于增值税纳税地点的表述中,正确的有（　　）。
A. 固定业户应当向其机构所在地的主管税务机关申报纳税
B. 非固定业户销售货物或者应税劳务,应当向发生地的主管税务机关申报纳税
C. 进口货物,应当向进口地海关申报纳税
D. 扣缴义务人应当向其机构所在地或者居住地的主管税务机关申报缴纳其扣缴的税款
答案：AD。
解析：非固定业户应向应税交易发生地税务机关申报纳税；进口货物,应当向报关地海关,而非进口地海关申报纳税。

税润民生

涉税事项"川渝通办"激发优化营商环境税动能

为便利川渝跨地区经营纳税人,川渝两地税务局联合推出川渝地区跨省电子缴库服务,两地纳税人通过电子方式就能直接缴纳税款。

"我们公司在成都,但是在重庆有工程项目,以前外出经营报验项目缴纳税款都需要到重庆办理。现在通过重庆电子税务局,用成都的银行账户签订三方协议后,直接能线上缴税。"四川卓景华苑环境建设工程有限公司的办税人员王某说。

四、预征预缴

增值税的四种预征预缴情形包括：跨县（市、区）提供建筑服务、提供异地不动产经营租赁服务、转让不动产、房地产开发企业销售自行开发的房地产项目。预征预缴的不同情形如表 2-22 所示。

增值税小规模纳税人适用 3% 预征率的预缴增值税项目，减按 1% 预征率预缴增值税。

表 2-22　预征预缴的情形一览

情形	计税方式	预征预缴			纳税申报
		预缴基数	预征率	预缴公式	增值税销项税额
跨县（市、区）建筑服务	简易计税	差额（扣分包）	3%	（总包－分包款）÷（1+3%）×3%	（总包－分包款）÷（1+3%）×3%
	一般计税	差额（扣分包）	2%	（总包款－分包款）÷（1+9%）×2%	总包款÷（1+9%）×9%
转让不动产（取得）	简易计税	差额（扣原价）	5%	（全额－原价）÷（1+5%）×5%	（全额－原价）÷（1+5%）×5%
	一般计税			（全额－原价）÷（1+5%）×5%	全额÷（1+9%）×9%
转让不动产（自建）	简易计税	全额	5%	全额÷（1+5%）×5%	全额÷（1+5%）×5%
	一般计税			全额÷（1+5%）×5%	全额÷（1+9%）×9%
不动产经营租赁	简易计税	全额	5%	全额÷（1+5%）×5%	全额÷（1+5%）×5%
	一般计税	全额	3%	全额÷（1+9%）×3%	全额÷（1+9%）×9%
房地产开发企业销售商品房	简易计税	全额	3%	全额÷（1+5%）×3%	全额÷（1+5%）×5%
	一般计税			全额÷（1+9%）×3%	（全额－地价）÷（1+9%）×9%

温馨提示

速记增值税预征政策规定要点的口诀

增值税预缴基数："建筑简易用差差，建筑一般用差全；取得简易用差差，取得一般用差全；自建出租用全全，房企简易用全全；房企一般用全差。"

增值税预征率：（一般计税方法、简易计税方法）"建 23，租 35，转让 5"。

随堂练习 2-41：（计算题）2024 年 12 月，成功服务有限责任公司（一般纳税人）将一栋办公楼对外转让，取得收入 2 800 万元。该办公楼是企业 2014 年购进的，购进时支付总价款 1 300 万元。该企业适用简易计税方法。请计算该企业应预缴的增值税税款（以上金额均为含税金额）。

解析：该企业应预缴税款 =（2 800-1 300）÷（1+5%）×5%=71.43（万元）

任务六　一般纳税人增值税纳税申报

一、销项税额确定

销项税额，是指纳税人发生应税销售行为按照不含税销售额和适用税率计算，并向购买方收取的增值税税额。销项税额的确定主要取决于销售额的确定。

当期销项税额 = 当期不含税销售额 × 税率

随堂练习 2-42：（计算题）大连蓝天制造有限责任公司为一般纳税人，2025 年 1 月提供装卸搬运和仓储服务，取得不含税收入 700 000 元；销售一台使用过的未抵扣过进项税额的装卸机器一台，含税售价为 30 900 元；当月购入新款装卸机器一台，取得的增值税专用发票注明价款 300 000 元，另支付员工出差火车票款 3 488 元，无其他购进业务。该公司当月适用进项税额加计抵减政策，上期加计抵减额无余额。请计算当月销售额、销项税额。

解析：当月适用一般计税方法的销售额为 700 000 元。

当月适用简易计税方法的销售额 =30 900÷（1+3%）=30 000（元）

当月销项税额 =700 000×6%=42 000（元）

二、进项税额抵扣

随堂练习 2-43：（计算题）承 [随堂练习 2-37]，该公司当月适用进项税额加计抵减政策，上期加计抵减额无余额。请计算当月可抵扣的进项税额、计提加计抵减额。

解析：当月可抵扣的进项税额 =300 000×13%+3 488÷（1+9%）×9%=39 288（元）

当月计提加计抵减额 =39 288×10%=3 928.8（元）

三、应纳税额计算

应纳税额 = 当期销项税额 − 当期准予抵扣的进项税额
　　　　 = 不含税销售额 × 适用税率 − 当期准予抵扣的进项税额

当期销项税额小于当期进项税额不足抵扣时，其不足部分可以结转下期继续抵扣。

随堂练习 2-44：（计算题）承 [随堂练习 2-37、2-38]，请计算当月该公司一般计税应纳税额、结转下期的加计抵减额、简易计税应纳税额及应纳税额。

解析：一般计税应纳税额 =42 000−39 288=2 712（元）

当月计提加计抵减额 3 928.8 大于 2 712，只能抵减 2 712，差额 1 216.8 应结转后期。

简易计税应纳税额 =30 000×2%=600（元）

应纳税额 =2 712−2 712+600=600（元）

四、纳税申报

（一）办税指南

1. 申请条件

增值税一般纳税人在规定的纳税期限内填报《增值税及附加税费申报表（一般纳税人适用）》附列资料及其他相关资料，向税务机关进行纳税申报。

2. 主要办理材料

《增值税及附加税费申报表（一般纳税人适用）》附列资料及其他相关资料。

（二）电子税务局操作指引

（1）单击【我要办税】—【税费申报及缴纳】，如图2-18所示。

图 2-18　税费申报及缴纳界面

或通过首页下方单击【我的待办】—【同步数据】—【办理】进入增值税一般纳税人申报表，如图2-19所示。

图 2-19　直接进入增值税一般纳税人申报界面

（2）单击【增值税申报】—【增值税一般纳税人申报】,如图 2-20 所示。

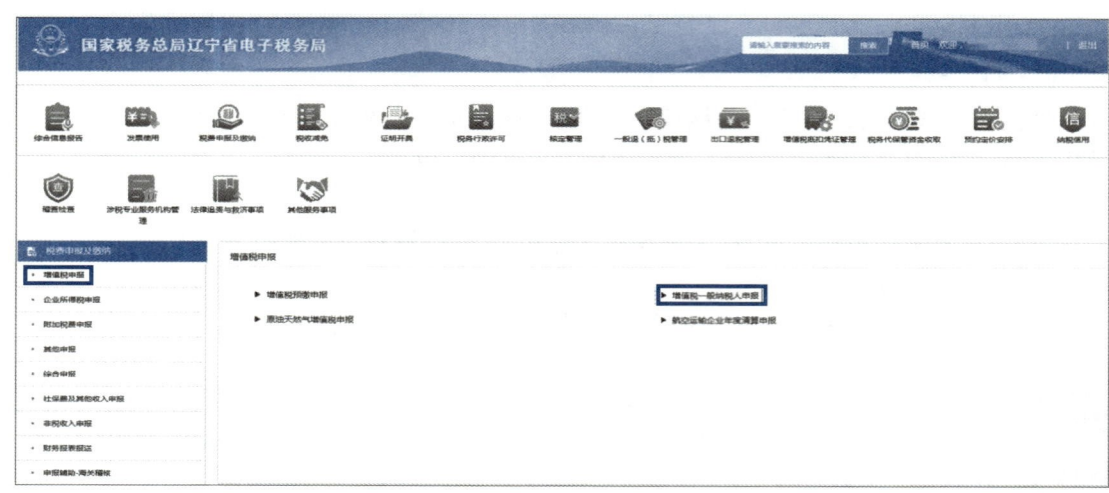

图 2-20　增值税一般纳税人申报界面

（3）若系统跳出提示加计抵减政策,有需求则单击【填写声明】,无需求则单击【关闭】；若系统没有跳出此提示,则可忽略此步骤,如图 2-21 所示。

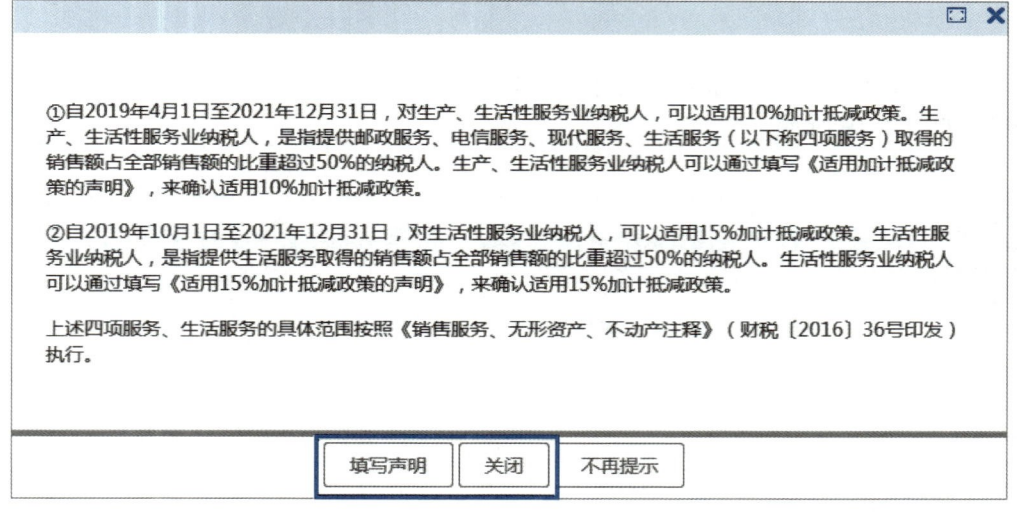

图 2-21　填写声明界面

（4）单击页面上方【发票信息提取】,系统会根据开具发票情况自动提取数据并赋值到对应栏次,如图 2-22 所示。

（5）发票提取后,单击主附表树的下拉箭头,核实附表一、附表二的提取数据,若与开票数据不一致可自行修改,同时按需求填写其他附表,如图 2-23 所示。

（6）表单数据填写完整后,单击【申报】,完成增值税申报,如图 2-24 所示。

任务六　一般纳税人增值税纳税申报

图 2-22　发票信息提取界面

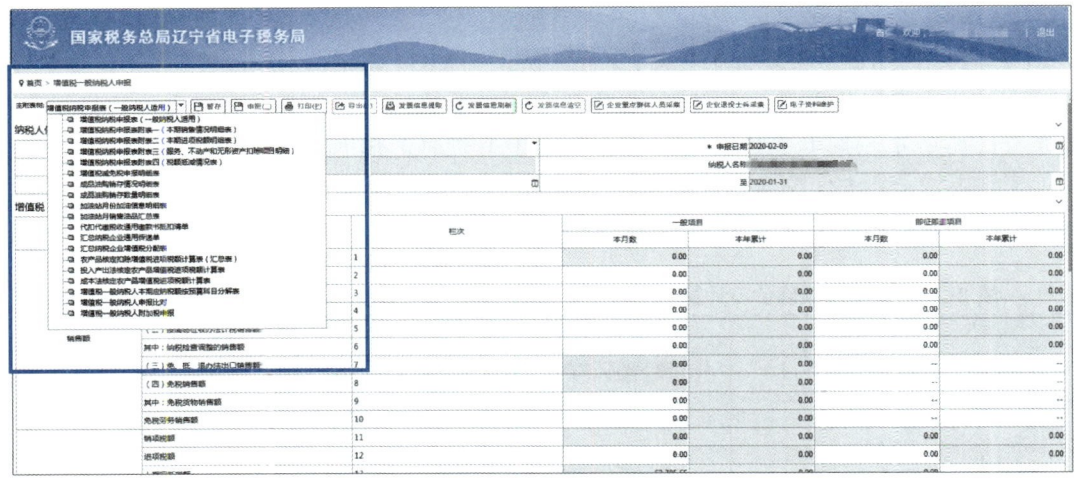

图 2-23　增值税申报表主、附表树界面

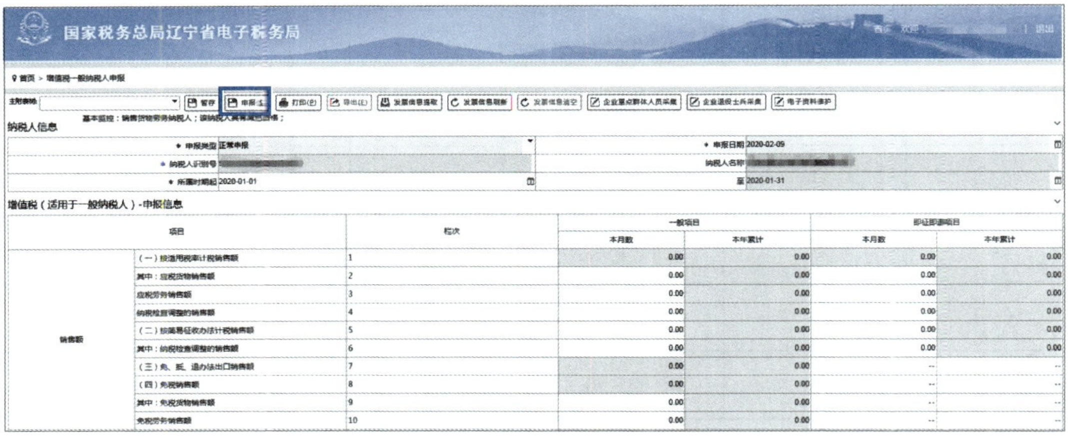

图 2-24　增值税申报界面

079

工作实例 2-5

实训资料：大连永庆食品有限公司于 2013 年 10 月注册成立，系增值税一般纳税人，属于有限责任公司，注册地和经营地均为大连市甘井子区夏泊路 50 号，电话：86403593，纳税人识别号：91210211336800127N，开户行账号：21021206711673333；法人代表：李永庆。公司主要从事副食品的加工制造，属食品制造业。

公司 2025 年 2 月份共发生如下 7 笔增值税的涉税业务：

（1）2 日，取得批发不含税收入 25.6 万元，开具增值税专用发票，适用 13% 税率。

（2）6 日，取得批发不含税收入 5 万元，开具增值税专用发票，适用 9% 税率。

（3）11 日，取得零售含税收入 57 948.72 元，开具增值税普通发票，适用 13% 税率。

（4）16 日，取得 7 726.5 元零售含税收入，所销商品同业务（3），消费者未索取发票。

（5）20 日，购进一批货物，取得的增值税专用发票注明价款 18 万元，适用 13% 税率，送货运费由销售方承担。

（6）27 日，从农民手中购进一批农产品，开具的收购凭证注明收购价 5 万元（用于生产销售 13% 税率的货物）；支付购货运费价税合计 0.218 万元，取得运输公司开具的增值税专用发票。

（7）29 日，购进一批现加工食品，支付价税合计 2.034 万元，对方开具增值税普通发票。

上述符合规定的发票均认证相符，并且已经申报抵扣。该企业无期初已认证相符未抵扣的增值税专用发票，该企业会计人员于 3 月 10 日进行纳税申报工作。

实训要求：销项税额确认与计算，如表 2-23 所示；进项税额确认与计算，如表 2-24 所示；应纳增值税计算，并完成纳税申报，如表 2-25 至表 2-27 所示。

表 2-23 销项税额确认与计算

业务编号	是否确认销项税额	销项税额计算
（1）	是	33 280
（2）	是	4 500
（3）	是	6 666.67
（4）	是	888.89
（5）	否	—
（6）	否	—
（7）	否	—
合计	—	45 335.56

表 2-24 进项税额确认与计算

业务编号	是否确认进项税额	进项税额计算
（1）	否	—
（2）	否	—
（3）	否	—
（4）	否	—
（5）	是	23 400.00
（6）	是	5 180.00
（7）	否	—
合计	—	28 580.00

应纳增值税税额 =45 335.56−28 580=16 755.56（元）

表 2-25 增值税及附加税费申报表

(一般纳税人适用)

根据国家税收法律法规及增值税暂行条例规定制定本表。纳税人不论有无销售额,均应按税务机关核定的纳税期限填写本表,并向当地税务机关申报。

税款所属时间:自 2025 年 2 月 1 日至 2025 年 2 月 28 日 填表日期:2025 年 3 月 10 日 金额单位:元(列至角分)

纳税人识别号	2	1	0	2	1	2	0	6	7	1	1	6	7	3	3	3	3			所属行业:副食品制造业
纳税人名称	大连永庆食品有限公司(公章)								法定代表人姓名	李永庆			注册地址	大连市甘井子区夏泊路50号				生产经营地址	大连市甘井子区夏泊路50号	
开户银行及账号	210212067116733333								登记注册类型	有限责任公司								电话号码	86403593	

	栏次	一般项目		即征即退项目	
项目		本月数	本年累计	本月数	本年累计
销售额	(一)按适用税率计税销售额	1	364 119.66			
	其中:应税货物销售额	2				
	应税劳务销售额	3				
	纳税检查调整的销售额	4				
	(二)按简易办法计税销售额	5				
	其中:纳税检查调整的销售额	6				
	(三)免、抵、退办法出口销售额	7	—	—	—	—
	(四)免税销售额	8	—	—	—	—
	其中:免税货物销售额	9	—	—	—	—
	免税劳务销售额	10	—	—	—	—

续表

项目		栏次	一般项目		即征即退项目	
			本月数	本年累计	本月数	本年累计
税款计算	销项税额	11	45 335.56			—
	进项税额	12	28 580.00			—
	上期留抵税额	13			—	—
	进项税额转出	14				
	免、抵、退应退税额	15			—	—
	按适用税率计算的纳税检查应补缴税额	16				
	应抵扣税额合计	17=12+13+14-15+16		—		
	实际抵扣税额	18（如17<11，则为17，否则为11）				
	应纳税额	19=11-18	16 755.56			
	期末留抵税额	20=17-18				
	简易计税办法计算的应纳税额	21			—	—
	按简易计税办法计算的纳税检查应补缴税额	22				
	应纳税额减征额	23				
	应纳税额合计	24=19+21-23	16 755.56			

续表

	项目	栏次	一般项目 本月数	一般项目 本年累计	即征即退项目 本月数	即征即退项目 本年累计
税款缴纳	期初未缴税额（多缴为负数）	25			—	—
	实收出口开具专用缴款书退税额	26		—	—	—
	本期已缴税额	27=28+29+30+31				
	①分次预缴税额	28		—	—	—
	②进口开具专用缴款书预缴税额	29		—	—	—
	③本期缴纳上期应纳税额	30		—		
	④本期缴纳欠缴税额	31				
	期末未缴税额（多缴为负数）	32=24+25+26-27			—	—
	其中：欠缴税额（≥0）	33=25+26-27	—	—	—	—
	本期应补（退）税额	34=24-28-29	16 755.56		—	—
	即征即退实际退税额	35				
	期初未缴查补税额	36			—	—
	本期入库查补税额	37			—	—
	期末未缴查补税额	38=16+22+36-37	9 182.61		—	—

续表

项目		栏次	一般项目		即征即退项目	
			本月数	本年累计	本月数	本年累计
附加税费	城市维护建设税本期应补（退）税额	39	3 935.40		—	—
	教育费附加本期应补（退）税额	40	2 623.60		—	—
	地方教育附加本期应补（退）税额	41	15 741.61		—	—

声明：此表是根据国家税收法律法规及相关规定填写的，本人（单位）对填报内容（及附带资料）的真实性、可靠性、完整性负责。

纳税人（签章）： 2025 年 3 月 10 日

经办人：
经办人身份证号：
代理机构签章：
代理机构统一社会信用代码：

受理人：
受理税务机关（章）：
受理日期： 年 月 日

表 2-26 增值税纳税申报表附列资料（一）

（本期销项税额明细）

税款所属时间：2025 年 2 月 1 日至 2025 年 2 月 28 日

纳税人名称：（公章）洪生永康食品有限公司

金额单位：元至角分

项目及栏次			开具增值税专用发票		开具其他发票		未开具发票		纳税检查调整		合计			扣除后	
			销售额	销项（应纳）税额	销售额	销项（应纳）税额	销售额	销项（应纳）税额	销售额	销项（应纳）税额	销售额	销项（应纳）税额	价税合计	服务、不动产和无形资产扣除项目本期实际扣除金额	含税（免税）销售额	销项（应纳）税额
			1	2	3	4	5	6	7	8	9=1+3+5+7	10=2+4+6+8	11=9+10	12	13=11-12	14=13÷(100%+税率或征收率)×税率或征收率
一、一般计税方法计税	全部征税项目	1 13%税率的货物及加工修理修配劳务	256 000.00	33 280.00	51 282.05	6 666.67	6 837.61	888.89			314 119.66	40 835.56	—	—	—	—
		2 13%税率的服务、不动产和无形资产											—	—	—	—
		3 9%税率的货物及加工修理修配劳务	50 000.00	4 500.00							50 000.00	4 500.00				
		4 9%税率的服务、不动产和无形资产	—		—		—		—							
		5 6%税率														
	其中：即征即退项目	6 即征即退货物及加工修理修配劳务	—		—		—		—				—	—	—	—
		7 即征即退服务、不动产和无形资产	—		—		—		—				—	—	—	—
二、简易计税方法计税	全部征税项目	8 6%征收率	—		—		—		—				—	—	—	—
		9a 5%征收率的货物及加工修理修配劳务	—		—		—		—				—	—	—	—

续表

项目及栏次		开具增值税专用发票		开具其他发票		未开具发票		纳税检查调整		合计			服务、不动产和无形资产扣除项目本期实际扣除金额	扣除后	
		销售额	销项（应纳）税额	销售额	销项（应纳）税额	销售额	销项（应纳）税额	销售额	销项（应纳）税额	销售额	销项（应纳）税额 合计	价税合计		含税（免税）销售额	销项（应纳）税额
		1	2	3	4	5	6	7	8	9=1+3+5+7	10=2+4+6+8	11=9+10	12	13=11-12	14=13÷(100%+税率或征收率)×税率或征收率
二、简易计税方法计税	全部征税项目	5%征收率的服务、不动产和无形资产 9b														
		4%征收率 10														
		3%征收率的货物及加工修理修配劳务 11														
		3%征收率的服务、不动产和无形资产 12														
		预征率 % 13a	—		—		—		—		—		—		—	—
		预征率 % 13b	—		—		—		—		—		—		—	—
		预征率 % 13c	—		—		—		—		—		—		—	—
	其中：即征即退项目	即征即退货物及加工修理修配劳务 14														
		即征即退服务、不动产和无形资产 15														
三、免抵退税		货物及加工修理修配劳务 16	—		—		—		—		—		—		—	—
		服务、不动产和无形资产 17	—		—		—		—		—		—		—	—
四、免税		货物及加工修理修配劳务 18	—		—		—		—		—		—		—	—
		服务、不动产和无形资产 19	—		—		—		—		—		—		—	—

表 2-27 增值税纳税申报表附列资料（二）

（本期进项税额明细）

税款所属时间：2025 年 2 月 1 日至 2025 年 2 月 28 日

纳税人名称：（公章）大连永庆食品有限公司　　　　　　　　　金额单位：元至角分

一、申报抵扣的进项税额				
项目	栏次	份数	金额	税额
（一）认证相符的增值税专用发票	1=2+3	2	182 000.00	23 580.00
其中：本期认证相符且本期申报抵扣	2	2	182 000.00	23 580.00
前期认证相符且本期申报抵扣	3			
（二）其他扣税凭证	4=5+6+7+8a+8b	1	50 000.00	5 000.00
其中：海关进口增值税专用缴款书	5			
农产品收购发票或者销售发票	6	1	50 000.00	4 500.00
代扣代缴税收缴款凭证	7			—
加计扣除农产品进项税额	8a	—	—	500.00
其他	8b			
（三）本期用于购建不动产的扣税凭证	9			
（四）本期用于抵扣的旅客运输服务扣税凭证	10			
（五）外贸企业进项税额抵扣证明	11			
当期申报抵扣进项税额合计	12=1+4+11		232 000.00	28 580.00
二、进项税额转出额				
项目	栏次		税额	
本期进项税额转出额	13=14 至 23 之和			
其中：免税项目用	14			
集体福利、个人消费	15			
非正常损失	16			
简易计税方法征税项目用	17			
免抵退税办法不得抵扣的进项税额	18			
纳税检查调减进项税额	19			
红字专用发票信息表注明的进项税额	20			
上期留抵税额抵减欠税	21			
上期留抵税额退税	22			
其他应作进项税额转出的情形	23			
三、待抵扣进项税额				
项目	栏次	份数	金额	税额
（一）认证相符的增值税专用发票	24	—	—	—
期初已认证相符但未申报抵扣	25			
本期认证相符且本期未申报抵扣	26			
期末已认证相符但未申报抵扣	27			
其中：按照税法规定不允许抵扣	28			
（二）其他扣税凭证	29=30 至 33 之和			
其中：海关进口增值税专用缴款书	30			
农产品收购发票或者销售发票	31			
代扣代缴税收缴款凭证	32			
其他	33			
	34			
四、其他				
项目	栏次	份数	金额	税额
本期认证相符的增值税专用发票	35			
代扣代缴税额	36		—	—

任务七　小规模纳税人增值税纳税申报

一、销售额的确定

（一）全额销售额

小规模纳税人以所有增值税应税销售行为（包括销售货物、劳务、服务、无形资产和不动产）合并计算销售额，判断是否达到免税标准。

为剔除偶然发生的不动产销售业务的影响，使纳税人更充分享受政策，明确小规模纳税人合计月销售额超过10万元（以1个季度为1个纳税期的，季度销售额超过30万元），但在扣除本期发生的销售不动产销售额后未超过10万元的，其销售货物、劳务、服务、无形资产取得的销售额，也可享受小规模纳税人免税政策。

（二）差额销售额

小规模纳税人适用增值税差额征税政策的，以差额后的余额为销售额，确定其是否可享受小规模纳税人免税政策。

💡 **头脑风暴**：小规模纳税人销售货物开具了增值税专用发票，能享受免征增值税优惠吗？

随堂练习2-45：（计算题）小规模纳税人大连枫林建筑有限责任公司按季度申报。2025年4月销售货物取得收入10万元；5月提供建筑服务取得收入20万元，向其他建筑企业支付分包款12万元；6月销售自建的不动产取得收入200万元。则该小规模纳税人2025年第二季度（4月—6月）差额后合计销售额为多少？哪些收入可以享受小规模纳税人增值税免税政策？哪些收入需依法缴纳增值税？

解析：2025年第二季度销售额=10+（20-12）+200=218（万元），超过30万元，但是扣除200万元不动产，差额后的销售额是18万元（10+20-12），不超过30万元，可以享受小规模纳税人免税政策。同时，纳税人销售不动产200万元应依法缴纳增值税。

二、应纳税额计算

（一）计算公式

$$应纳税额 = 不含税销售额 \times 征收率$$
$$= 含税销售额 \div (1+征收率) \times 征收率$$

（二）发生销售折让、中止、退回或开票有误等情形

小规模纳税人在2022年12月31日前已开具增值税发票，发生销售折让、中止、退回或开票有误等情形需要开具红字发票的，应开具对应征收率的红字发票或免税红字发票。

即：如果2022年12月31日之前按3%征收率开具了增值税发票，则应按照3%的征收率开具红字发票；如果2022年12月31日之前按1%征收率开具了增值税发票，则应按照1%征收率开具红字发票；如果2022年12月31日之前开具了免税发票，则开具免税红字发票。纳税人开票有误需要重新开具发票的，在开具红字发票后，重新开具正确的蓝字发票。

随堂练习2-46：（计算题）小规模纳税人嘉兴食品有限责任公司2025年4月—6月的

销售额分别是 6 万元、8 万元和 12 万元,请计算按月、按季需缴纳的增值税税额。

解析: 如果纳税人按月纳税,则 6 月的销售额超过了月销售额 10 万元的免税标准,需要缴纳增值税,4 月、5 月的 6 万元、8 万元能够享受免税。如果纳税人按季纳税,2025 年 2 季度销售额合计 26 万元,未超过季度销售额 30 万元的免税标准,因此,26 万元全部能够享受免税政策。

随堂练习 2-47:(计算题)小规模纳税人衡水建筑有限责任公司按季度申报。2025 年 4 月销售货物取得收入 100 000 元;5 月提供建筑服务取得收入 200 000 元,向其他建筑企业支付分包款 120 000 元;6 月销售自建的不动产取得收入 2 000 000 元。则该小规模纳税人 2025 年第二季度(4 月—6 月)应缴增值税为多少?

解析: $2\,000\,000 \times (1+5\%) \times 5\% = 105\,000$(元)

三、纳税申报

(一)办税指南

1. 申请条件

增值税小规模纳税人依照税收法律、法规、规章及其他有关规定,在规定的纳税期限内填报《增值税及附加税费申报表(小规模纳税人适用)》、附列资料和其他相关资料,向税务机关进行纳税申报。

2. 办理材料

《增值税及附加税费申报表(小规模纳税人适用)》及其附列资料原件,2 份。

(二)电子税务局操作指引

(1)单击【我要办税】—【税费申报及缴纳】,如图 2-25 所示。

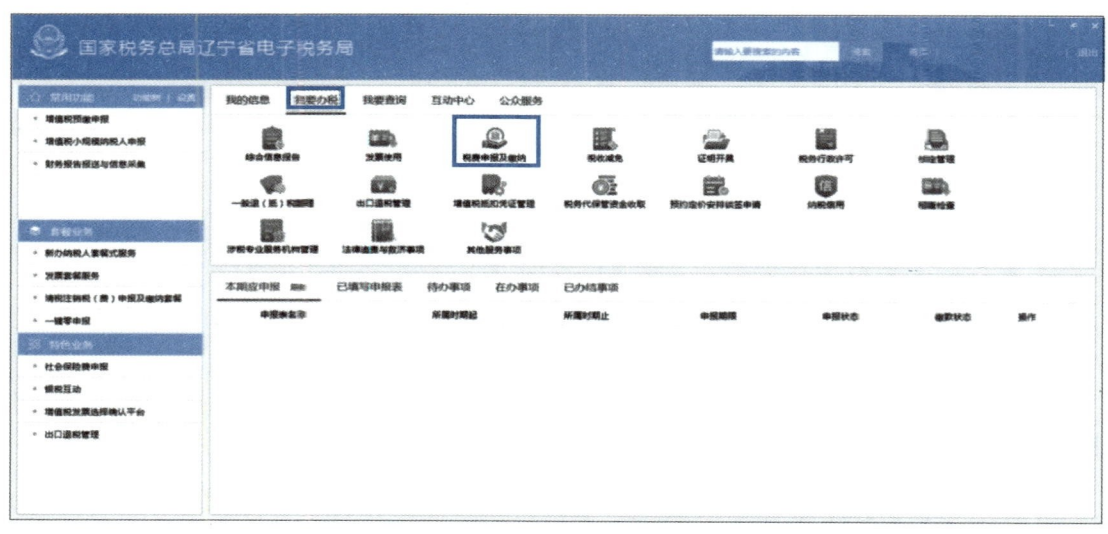

图 2-25 税费申报及缴纳界面

(2)单击【增值税申报】—【增值税小规模纳税人申报】,如图 2-26 所示。

(3)选择【所属时期类型】及【所属期起止时间】,如图 2-27 所示。

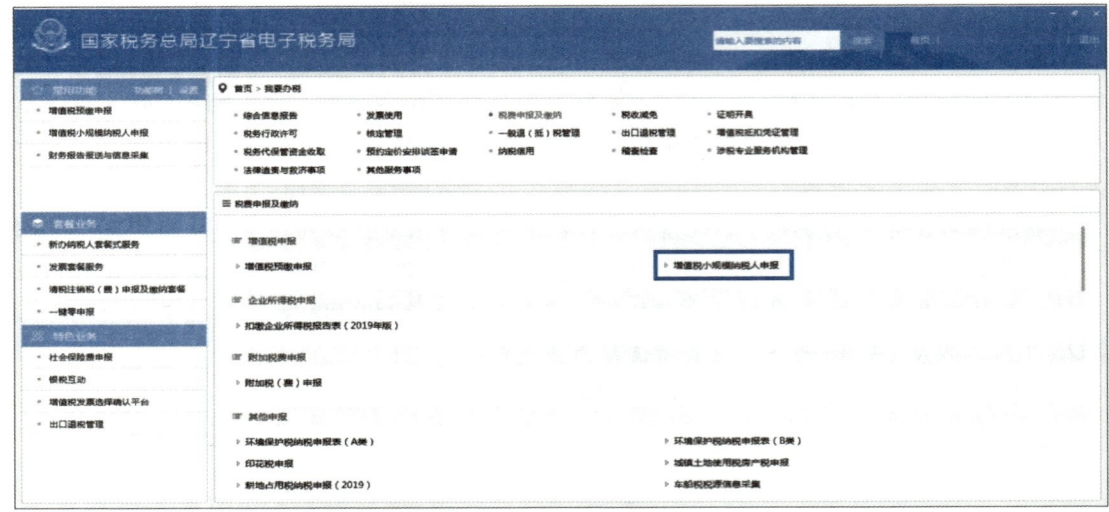

图 2-26 增值税小规模纳税人申报界面

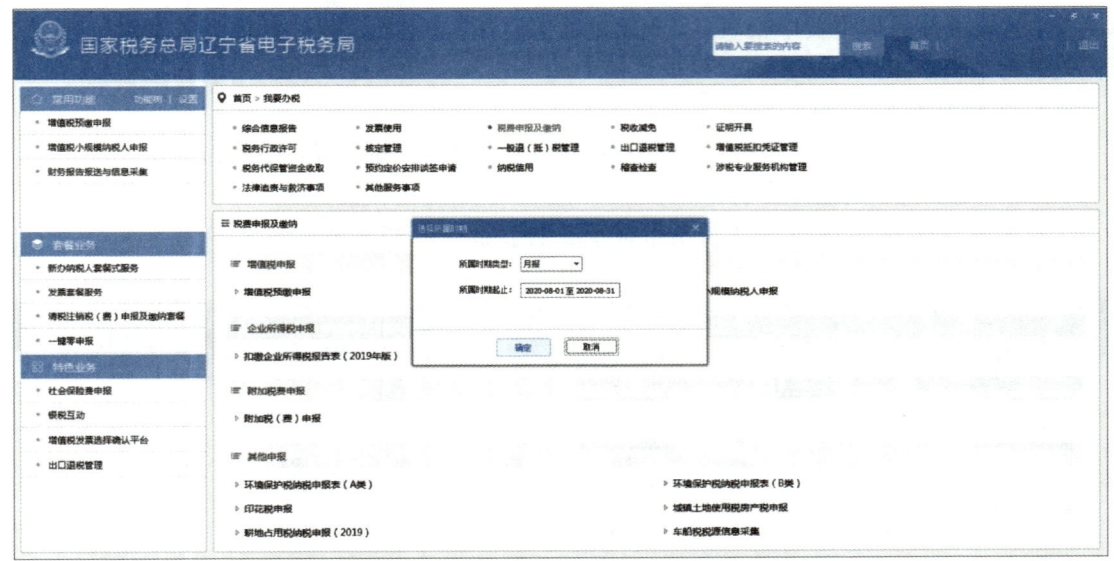

图 2-27 所属时期类型及所属期起止时间界面

（4）单击【发票信息提取】，系统会根据税控器具开具的发票信息自动提取数据。核实提取的数据，根据实际情况可对申报表内容进行填写修改，如图 2-28 所示。

（5）单击【表单列表】，根据实际情况填写对应的表单，如图 2-29 所示。

（6）录入受理信息，如图 2-30 所示。

（7）确认数据填写无误后，单击【检查】，对申报表进行检查，右侧出现检查结果，红色为未办结事项，依次单击对应提示；进行填写后，再次单击【检查】，直至右侧没有未办结事项提示，如图 2-31 所示。

（8）单击【申报】，完成小规模纳税人的增值税申报，如图 2-32 所示。

任务七 小规模纳税人增值税纳税申报

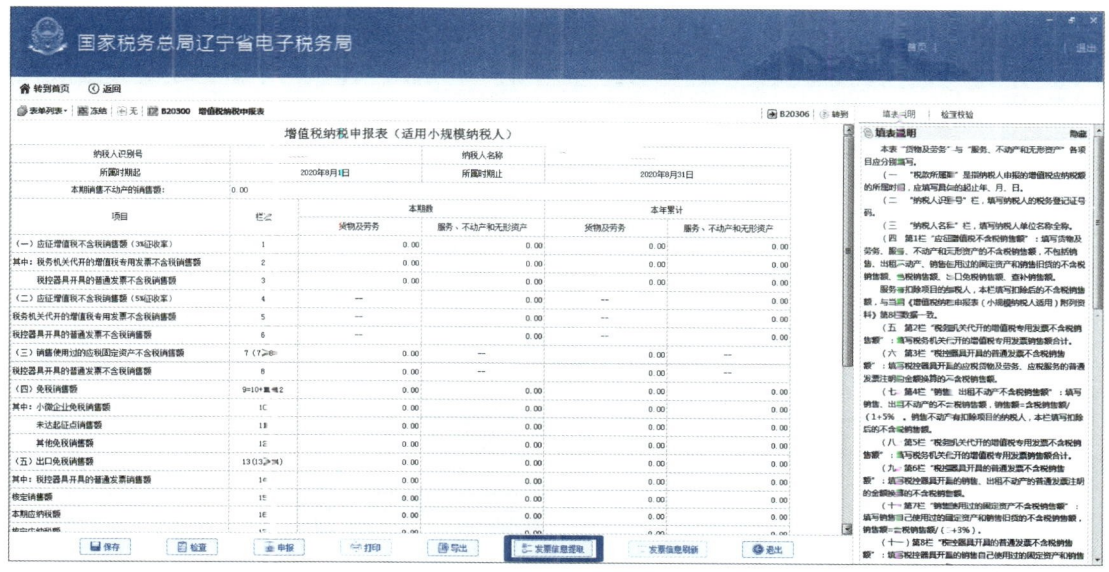

图 2-28 发票信息提取界面

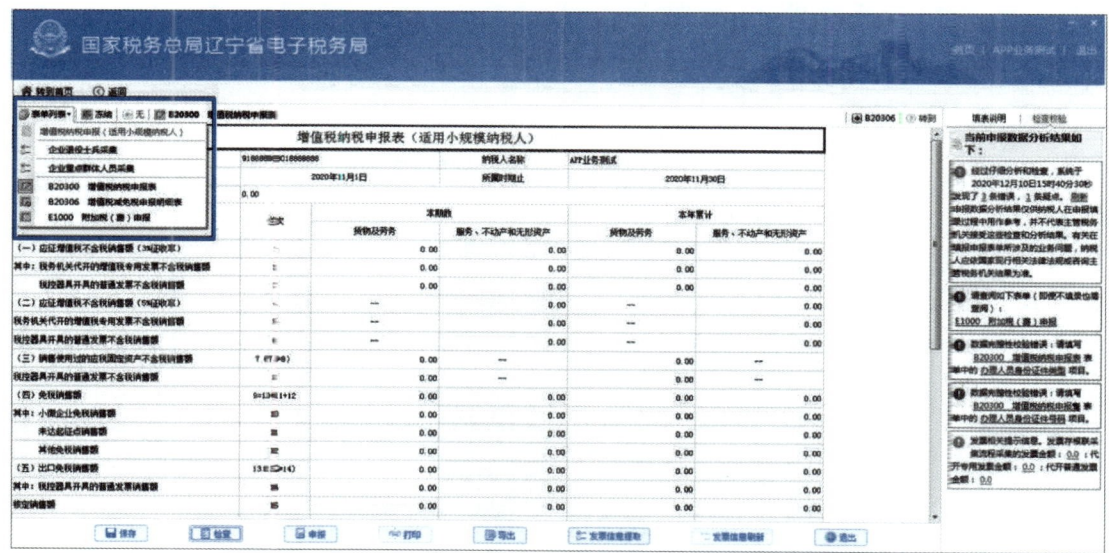

图 2-29 增值税纳税申报（小规模纳税人）表单列表界面

项目二 增值税纳税实务

图 2-30 增值税纳税申报(小规模纳税人)受理信息界面

图 2-31 增值税纳税申报(小规模纳税人)检查界面

任务七 小规模纳税人增值税纳税申报

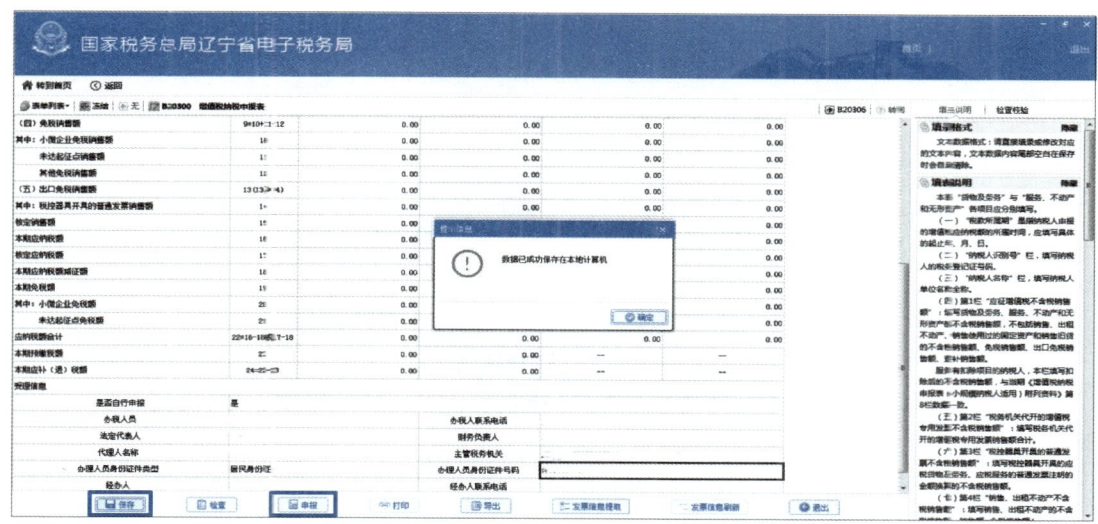

图 2-32 增值税纳税申报（小规模纳税人）保存与申报界面

（9）申报后在前台未审核前可在首页下方【已填写申报表】中单击【修改】,如图 2-33 所示。

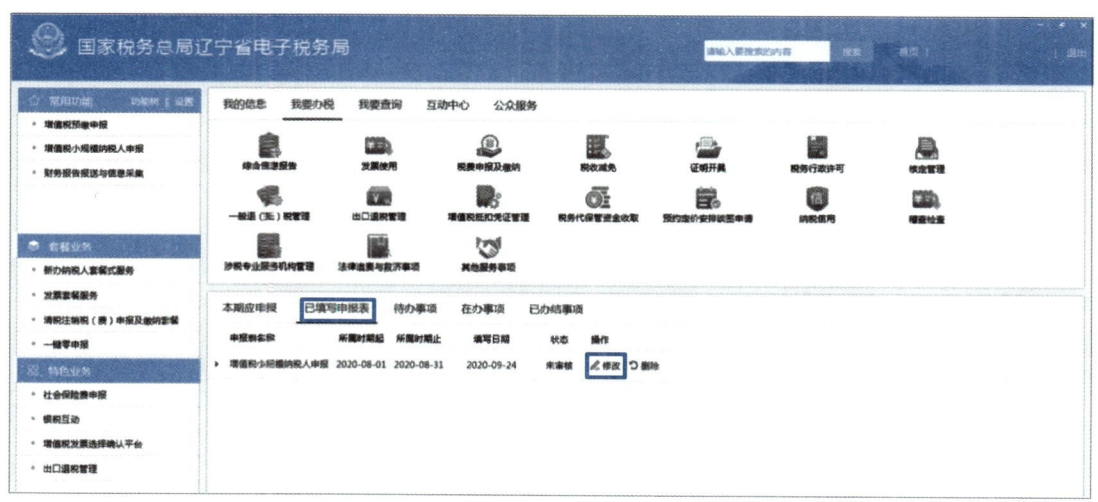

图 2-33 增值税纳税申报（小规模纳税人）修改界面

工作实例 2-6

实训资料：大连益丰电器有限公司为增值税小规模纳税人,纳税人识别号：210213577563873,按月纳税申报,2025 年 3 月 10 日进行 2 月份纳税申报。

该公司 2 月份有关业务如下：

（1）销售给大连仁莘商贸有限公司电烤箱两台,开具通用机打发票,发票显示销售额计 2 020 元。款项尚未收到。

（2）销售给大连金沙会展有限公司热水器一套,开具通用机打发票,发票显示销售额 2 804 元、安装费 226 元。上述款项已经通过银行转账收讫。

（3）销售给大连志方仓储公司冷库设备一套,开具通用机打发票,发票显示器价款连同安装费合计 68 680 元,款项尚未收到。

(4)销售自建不动产 100 000 元,开具增值税专用发票。

实训要求:计算企业应纳税销售额、增值税,如表 2-28 所示;填写增值税小规模纳税人纳税申报表,如表 2-29 所示(经办人:张芳芳,身份证号码:202027198509291535)。注:附加税费暂不考虑。

销售额合计 =(2 020+3 030+68 680)÷(1+1%)+100 000
　　　　　=173 000(元)

扣除本期发生的销售不动产的销售额 =(2 020+3 030+68 680)÷(1+1%)
　　　　　　　　　　　　　　　　 =73 000(元)

扣除本期发生的销售不动产的销售额 73 000 元,未超过 10 万元标准,则这部分销售货物取得的销售额免征增值税。

销售不动产需要按 5% 征收率缴纳增值税。

表 2-28　增值税计算表(小规模纳税人适用)

编号	应征增值税不含税销售额	征收率	本期应纳税额减征额	应纳税额
(1)	2 000	3%	—	—
(2)	3 000	3%	—	—
(3)	68 000	3%	—	—
(4)	100 000	3%		5 000

表 2-29　增值税及附加税费申报表
(小规模纳税人适用)

纳税人识别号(统一社会信用代码):210213577563873
纳税人名称:大连益丰电器有限公司　　　　　　　　　　金额单位:元(列至角分)
税款所属期:2025 年 2 月 1 日至 2025 年 2 月 28 日　　　填表日期:2025 年 3 月 10 日

	项目	栏次	本期数		本年累计	
			货物及劳务	服务、不动产和无形资产	货物及劳务	服务、不动产和无形资产
一、计税依据	(一)应征增值税不含税销售额(3% 征收率)	1			221 000.00	
	增值税专用发票不含税销售额	2				
	其他增值税发票不含税销售额	3			221 000.00	
	(二)应征增值税不含税销售额(5% 征收率)	4	—	100 000.00	—	100 000.00
	增值税专用发票不含税销售额	5	—		—	
	其他增值税发票不含税销售额	6	—		—	

续表

项目	栏次	本期数		本年累计	
		货物及劳务	服务、不动产和无形资产	货物及劳务	服务、不动产和无形资产
（三）销售使用过的固定资产不含税销售额	7（7≥8）		—		—
其中：其他增值税发票不含税销售额	8		—		—
（四）免税销售额	9=10+11+12	73 000.00		73 000.00	
其中：小微企业免税销售额	10	73 000.00		73 000.00	
未达起征点销售额	11				
其他免税销售额	12				
（五）出口免税销售额	13（13≥14）				
其中：其他增值税发票不含税销售额	14				
二、税款计算	本期应纳税额	15		5 000.00	5 630.00	5 000.00
	本期应纳税额减征额	16			4 420.00	
	本期免税额	17	2 190.00		2 190.00	
	其中：小微企业免税额	18	2 190.00		2 190.00	
	未达起征点免税额	19				
	应纳税额合计	20=15-16		5 000.00	2 210.00	5 000.00
	本期预缴税额	21			—	
	本期应补（退）税额	22=20-21		5 000.00	—	
三、附加税费	城市维护建设税本期应补（退）税额	23				
	教育费附加本期应补（退）费额	24				
	地方教育附加本期应补（退）费额	25				

声明：此表是根据国家税收法律法规及相关规定填写的,本人（单位）对填报内容（及附带资料）的真实性、可靠性、完整性负责。

纳税人（签章）：2025年3月10日

经办人：	受理人：
经办人身份证号：	
代理机构签章：	受理税务机关（章）：
代理机构统一社会信用代码：	受理日期：　年　月　日

一般纳税人增值税纳税申报案例

项目三

消费税纳税实务

思维导图

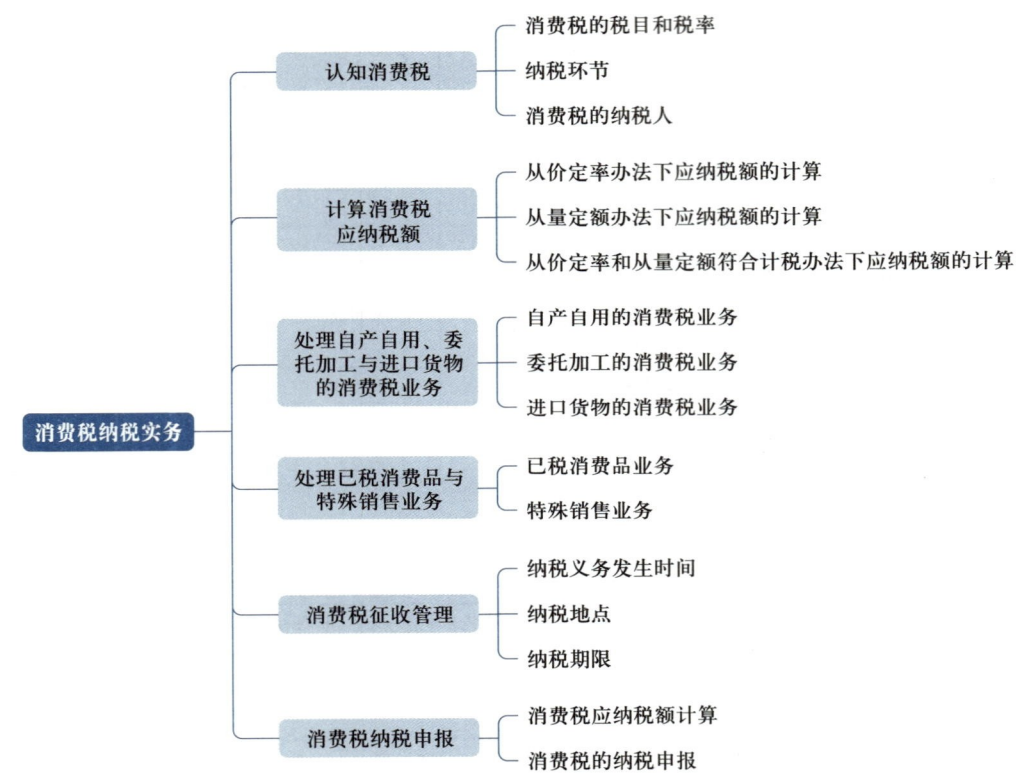

学习目标

素质目标：
1. 形成对我国社会发展大局、消费税绿色税收功能的基本认识。
2. 形成注重环保、节约资源、低碳生活、节俭戒奢的价值理念。
3. 形成脚踏实地、勤奋努力，不盲目攀比物质享受、不追求奢侈品的消费习惯。

知识目标：

1. 了解消费税立法的目的和消费税纳税申报表适用对象、编报要求及编报依据。
2. 理解消费税与增值税的异同。
3. 熟悉消费税的纳税环节。
4. 掌握消费税征税范围、纳税人、税率、纳税义务发生时间和纳税地点。

技能目标：

1. 能够判断消费税纳税人、征税对象、税率、纳税申报方式。
2. 能够准确处理外购已税消费品与视同销售的消费税业务。
3. 能够正确处理委托加工与进口货物的消费税业务。
4. 能够准确计算从价、从量、复合计税方法下消费税应纳税额。
5. 能够熟练使用电子税务局纳税申报模块完成酒类及小汽车消费税的纳税申报。

项目导入

电子烟消费税落地，"控烟"路径愈加清晰

根据《2022年电子烟产业出口蓝皮书》披露的数据，我国电子烟制造及品牌企业超过1 500家，超过7成企业以产品出口海外为主，2021年出口达到顶峰1 383亿元，2023年电子烟出口金额达792亿元。2019年国家烟草专卖局、国家市场监督管理总局发布通告，要求不得向未成年人销售电子烟，不得通过互联网销售电子烟，不得通过互联网发布电子烟广告。2022年为全球及中国电子烟监管元年，财政部、海关总署、税务总局联合发布《财政部 海关总署 税务总局关于对电子烟征收消费税的公告》（2022年第33号，简称33号公告），明确对电子烟征收消费税的征收标准与税率，这既是税收制度改革的新举措，又是加强行业监管的新动作，有利于更好地发挥消费税引导健康消费的作用。

请思考：电子烟属于消费税的哪个税目？

任务一　认知消费税

一、消费税的税目和税率

消费税，是对我国境内从事生产、委托加工和进口应税消费品的单位和个人，就其销售额或销售数量，在特定环节征收的一种税。简单地说，消费税就是对特定的消费品和消费行为征收的一种税。其目的是调节经济结构，促进节能环保，有效增加国家财政收入。

我国现行消费税的税目共有15个，其中烟、酒、成品油及小汽车四个税目下又设置了若干个子目。

为适应不同应税消费品的实际情况，消费税实行从价定率的比例税率、从量定额的定额税率和从价定率与从量定额相结合的复合税率三种形式。不同税目适用不同的税率，如表3-1所示。

表 3-1 消费税税目税率(税额)

税目	税率	备注
一、烟 　1. 卷烟 　（1）甲类卷烟(生产、委托加工或进口环节) 　（2）乙类卷烟(生产、委托加工或进口环节) 　（3）批发环节 　2. 雪茄烟 　3. 烟丝 　4. 电子烟 　（1）生产(进口)环节 　（2）批发环节	56%+0.003 元/支 36%+0.003 元/支 11%+0.005 元/支 36% 30% 36% 11%	（1）甲类卷烟是指每标准条(200 支,下同)调拨价 ≥ 70 元(不含增值税,下同)的卷烟。 （2）乙类卷烟是指每标准条调拨价 <70 元(不含增值税)的卷烟。 （3）自 2022 年 11 月 1 日起,将电子烟纳入消费税征收范围。电子烟是指用于产生气溶胶供人抽吸等的电子传输系统,包括烟弹、烟具以及烟弹与烟具组合销售的电子烟产品。烟弹是指含有雾化物的电子烟组件。烟具是指将雾化物雾化为可吸入气溶胶的电子装置。 （4）烟叶不属于本税目征税范围
二、酒 　1. 白酒 　2. 黄酒 　3. 啤酒 　（1）甲类啤酒 　（2）乙类啤酒 　4. 其他酒	20%+0.5 元/500 g (或 500 ml) 240 元/吨 250 元/吨 220 元/吨 10%	（1）甲类啤酒:出厂价(含包装物及押金) ≥ 3 000 元(不含增值税,下同)的啤酒。 （2）乙类啤酒:出厂价 <3 000 元的啤酒。 （3）娱乐业、饮食业自制啤酒,一律按 250 元/吨征税。 （4）果啤属于啤酒税目。 （5）调味料酒不属于消费税的征税范围。 （6）葡萄酒属于"其他酒"
三、高档化妆品	15%	（1）包括高档美容、修饰类化妆品、高档护肤类化妆品和成套化妆品。 （2）高档美容、修饰类化妆品和高档护肤类化妆品是指生产(进口)环节销售(完税)价格(不含增值税)在 10 元/毫升(克)或 15 元/片(张)及以上的美容、修饰类化妆品和护肤类化妆品。 （3）舞台、戏剧、影视演员化妆用的上妆油、卸妆油、油彩,不属于本税目的征收范围
四、贵重首饰及珠宝玉石 　1. 金银首饰、铂金首饰和钻石及钻石饰品 　2. 其他贵重首饰和珠宝玉石	 5% 10%	（1）与金、银、铂金、钻石相关的首饰和饰品在零售环节纳税,税率为 5%。 （2）其他与金、银、铂金、钻石无关的贵重首饰及珠宝玉石在生产、进口、委托加工环节纳税,税率为 10%。 （3）对宝石坯应按规定征收消费税
五、鞭炮、焰火	15%	体育用的发令纸、鞭炮药引线,不按本税目征收

续表

税目	税率	备注
六、成品油 1. 汽油 2. 柴油 3. 航空煤油 4. 石脑油 5. 溶剂油 6. 润滑油 7. 燃料油	1.52 元/升 1.2 元/升 1.2 元/升 1.52 元/升 1.52 元/升 1.52 元/升 1.2 元/升	（1）以汽油、汽油组分调和生产的甲醇汽油、乙醇汽油属于汽油征收范围。 （2）以柴油、柴油组分调和生产的生物柴油属于柴油征收范围。 （3）航空煤油和航天煤油暂缓征收消费税。 （4）润滑脂应当征收消费税。 （5）变压器油、导热类油等绝缘油类产品不属于润滑油，不征收消费税。 （6）催化料、焦化料属于燃料油的征收范围，应当征收消费税
七、小汽车 1. 乘用车 （1）气缸容量 ≤ 1.0 升的 （2）1.0 升 < 气缸容量 ≤ 1.5 升的 （3）1.5 升 < 气缸容量 ≤ 2.0 升的 （4）2.0 升 < 气缸容量 ≤ 2.5 升的 （5）2.5 升 < 气缸容量 ≤ 3.0 升的 （6）3.0 升 < 气缸容量 ≤ 4.0 升的 （7）气缸容量 >4.0 升的 2. 中轻型商用客车 3. 超豪华小汽车（零售环节）	 1% 3% 5% 9% 12% 25% 40% 5% 10%	（1）包括9座内（含9座）乘用车、10~23座内（含23座）中轻型商用客车。 （2）车身长度大于7米（含），并且座位在10~23座（含）以下的商用客车，不属于中轻型商用客车征税范围，不征收消费税。 （3）对于购进乘用车或中轻型商用客车整车改装生产的汽车，应按规定征收消费税。 （4）电动汽车、沙滩车、雪地车、卡丁车、高尔夫车等均不属于本税目征税范围，不征消费税。 （5）对超豪华小汽车除了在进口环节或生产环节征收消费税外，在零售环节加征10%的消费税；"超豪华小汽车"是指每辆零售价格 130 万元（不含增值税）及以上的乘用车和中轻型商用客车
八、摩托车 1. 气缸容量在 =250 ml 的 2. 气缸容量在 >250 ml 的	 3% 10%	气缸容量 <250 ml 的小排量摩托车不征收消费税
九、高尔夫球及球具	10%	包括高尔夫球、高尔夫球杆、高尔夫球包（袋），高尔夫球杆的杆头、杆身和握把
十、高档手表	20%	高档手表是指销售价格（不含税）每只 ≥ 10 000 元的各类手表
十一、游艇	10%	包括艇身长度大于8米（含）小于90米（含），内置发动机，可以在水上移动，一般为私人或团体购置，主要用于水上运动和休闲娱乐等非营利活动的各类机动艇

续表

税目	税率	备注
十二、木制一次性筷子	5%	又称卫生筷子,以木材为原料,制成后一次性使用的筷子,包括未经打磨、倒角的一次性筷子
十三、实木地板	5%	包括各类规格的实木地板、实木指接地板、实木复合地板及用于装饰墙壁、天棚的侧端面为榫、槽的实木装饰板以及未经涂饰的素板
十四、电池	4%	(1)包括原电池、蓄电池、燃料电池、太阳能电池和其他电池。 (2)自2015年2月1日起,对无汞原电池、金属氢化物镍蓄电池(又称"氢镍蓄电池"或"镍氢蓄电池")、锂原电池、锂离子蓄电池、太阳能电池、燃料电池和全钒液流电池免征消费税
十五、涂料	4%	对施工状态下挥发性有机物(VOC)含量≤420 g/L的涂料免征消费税

税润民生

消费税促进健康消费

在促进居民健康方面,现代化卫生财政政策扮演着非常重要的角色,其中税收政策被认为是重要的行为调控工具,可有效减少吸烟、饮酒等成瘾性健康风险行为的发生。世界卫生组织(WHO)提出消费税是最有效的促进健康的税收措施,并将对烟、酒、含饮料等征收的消费税称为"健康税"。

随堂练习3-1:(多选题)下列各项中,不属于消费税征税范围的有(   )。
A. 施工状态下挥发性有机物含量低于420克/升的涂料
B. 太阳能电池
C. 汽车轮胎
D. 酒精
答案:CD。
解析:选项A、B,免征消费税;选项C、D,不属于消费税征税范围。

随堂练习3-2:(单选题)下列应税消费品中,实行从量定额计征消费税的是(   )。
A. 涂料   B. 卷烟   C. 电池   D. 黄酒
答案:D。
解析:选项A、C实行从价计征消费税,选项B实行复合计征消费税。

随堂练习 3-3：（多选题）下列应税消费品中，采取比例税率和定额税率复合征收形式的有（　　　　）。

A. 白酒　　　　　B. 雪茄烟　　　　　C. 卷烟　　　　　D. 黄酒

答案：AC。

解析：选项 B，执行比例税率；选项 D，执行定额税率。

二、纳税环节

消费税一般是单一环节纳税，其纳税环节分为以下几种情况，如表 3-2 所示。

表 3-2　消费税的征税范围和纳税环节

应税消费品	征税环节
1. 金银首饰、铂金首饰、钻石及钻石饰品	零售环节纳，其他环节不纳。 范围：仅限于金基、银基合金首饰以及金、银和金基、银基合金的镶嵌首饰；铂金首饰；钻石及钻石饰品
2. 卷烟、电子烟	双环节：生产、委托加工、进口 + 批发环节
3. 超豪华小汽车	双环节：生产、委托加工、进口 + 零售环节
4. 其他应税消费品	生产环节，由生产者于销售时纳税
	委托加工，除受托方为个人外，由受托方在向委托方交货时代收代缴
	进口，由进口报关者于报关进口时缴纳
5. 自产自用的应税消费品	用于连续生产应税消费品的，不纳税
	用于其他方面的（生产非应税消费品、在建工程、管理部门、非生产机构，提供劳务以及用于馈赠、赞助、集资、广告、样品、职工福利、奖励等方面），于移送使用时纳税

随堂练习 3-4：（单选题）下列各项中，在零售环节缴纳消费税的是（　　　　）。

A. 卷烟　　　　　B. 粮食白酒　　　　　C. 翡翠手镯　　　　　D. 钻石胸针

答案：D。

解析：在零售环节缴纳消费税的分别是金银首饰、超豪华小汽车。

三、消费税的纳税人

1. 一般规定

在中华人民共和国境内生产、委托加工和进口应税消费品的单位和个人，国务院确定的销售应税消费品的其他单位和个人，为消费税的纳税人。单位是指企业、行政单位、事业单位、军事单位、社会团体及其他单位。个人是指个体工商户及其他个人。

"国务院确定的销售《中华人民共和国消费税暂行条例》（简称《消费税暂行条例》）规定的消费品的其他单位和个人"是指金银首饰、钻石及钻石饰品、铂金首饰的零售商以及卷烟的批发商、超豪华小汽车零售商等。

2. 具体规定

结合消费税的纳税环节，消费税的纳税人具体包括：

（1）生产、销售金银首饰、钻石及钻石饰品、铂金首饰以外的应税消费品的单位和个人。

（2）委托加工应税消费品的单位和个人。

（3）进口应税消费品的单位和个人。

（4）批发应税消费品的单位和个人。

（5）零售金银首饰、钻石及钻石饰品、铂金首饰和超豪华小汽车的单位和个人。

其中，委托加工的应税消费品，委托方为消费税纳税人，其应纳消费税由受托方（受托方为个人除外）在向委托方交货时代收代缴税款。

3. 特殊规定

（1）跨境电子商务零售进口商品按照货物征收进口环节消费税，购买跨境电子商务零售进口商品的个人作为纳税义务人，电子商务企业、电子商务交易平台企业或物流企业可作为代收代缴义务人。

（2）电子烟生产环节纳税人，是指取得烟草专卖生产企业许可证，并取得或经许可使用他人电子烟产品注册商标（简称"持有商标"）的企业。通过代加工方式生产电子烟的，由持有商标的企业缴纳消费税。电子烟批发环节纳税人，是指取得烟草专卖批发企业许可证并经营电子烟批发业务的企业。电子烟进口环节纳税人，是指进口电子烟的单位和个人。

随堂练习3-5：（单选题）下列企业中，不属于消费税纳税人的是（　　　）。

A. 生产高档化妆品的日化厂　　　　B. 从事白酒批发的商贸企业

C. 零售金银首饰的首饰店　　　　　D. 委托加工烟丝的卷烟厂

答案： B。

解析： 消费税的纳税人是在中华人民共和国境内生产、委托加工和进口应税消费品的单位和个人，如果是白酒生产、委托加工或进口企业，则属于消费税纳税人。

任务二　计算消费税应纳税额

一、从价定率办法下应纳税额的计算

绝大多数的应税消费品实行从价计征，适用比例税率，计税依据为应税消费品的销售额，其计税公式为：

$$应纳税额 = 销售额 \times 比例税率$$

（一）销售额的基本规定

销售额，是纳税人销售应税消费品向购买方收取的全部价款和价外费用，含消费税但不含增值税。

1. 价外费用

价外费用，是指价外向购买方收取的手续费、补贴、基金、集资费、返还利润、奖励费、违约金、滞纳金、延期付款利息、赔偿金、代收款项、代垫款项、包装费、包装物租金、储备费、优质费、运输装卸费以及其他各种性质的价外收费。

但下列项目不包括在内：

（1）同时符合两项条件的代垫运输费用：

① 承运部门的运输费用发票开具给购买方的。
② 纳税人将该项发票转交给购买方的。
（2）同时符合三项条件代为收取的政府性基金或者行政事业性收费：
① 由国务院或者财政部批准设立的政府性基金，由国务院或者省级人民政府及其财政、价格主管部门批准设立的行政事业性收费。
② 收取时开具省级以上财政部门印制的财政票据。
③ 所收款项全额上缴财政。

> **温馨提示**
> 在一般情况下，消费税的销售额与增值税的销售额为同一销售额。

随堂练习3-6：（多选题）纳税人销售应税消费品收取的下列款项中，应并入当期销售额的有（　　）。

A．集资款　　　　B．增值税销项税额　　　C．包装费　　　D．装卸费

答案：ACD。
解析：增值税和消费税的销售额规定基本相同，销项税额不计入销售额。

2. 白酒的品牌使用费

白酒生产企业向商业销售单位收取的"品牌使用费"是随着应税白酒的销售而向购货方收取的，属于应税白酒销售价款的组成部分，因此，不论企业采取何种方式或以何种名义收取价款，均应并入白酒的销售额中缴纳消费税。

3. 含增值税销售额的换算

如果纳税人应税消费品的销售额中未扣除增值税税款，或者因不得开具增值税专用发票而发生价款和增值税款合并收取的，在计算消费税时，应当换算为不含增值税税款的销售额。换算公式为：

应税消费品的销售额 = 含增值税的销售额 ÷（1+ 增值税税率或征收率）

4. 包装物销售收入

应税消费品连同包装物销售的，无论包装物是否单独计价以及在会计上如何核算，均应并入应税消费品的销售额中缴纳消费税。

5. 包装物押金收入

包装物押金增值税、消费税的处理异同，如表3-3所示。

表3-3　包装物押金增值税、消费税的处理异同

应税消费品		增值税		消费税	
		取得时	逾期或12个月以上时	取得时	逾期或12个月以上时
酒类	其他酒类	√	×	√	×
	啤酒、黄酒（成品油也按此规定）	×	√	×	×
其他应税消费品（成品油除外）		×	√	×	√

注："√"表示销售额中含包装物押金收入，"×"表示不含。

> **温馨提示**
> 啤酒、黄酒、成品油是从量征收消费税,故而包装物押金对其消费税无影响。

随堂练习 3-7:(多选题)纳税人销售应税消费品收取的下列款项,应并入当期销售额的有( )。

A. 未逾期的啤酒包装物押金
B. 包装费租金
C. 增值税销项税额
D. 白酒品牌使用费

答案:BD。

解析:选项 A 除非是白酒、其他酒的包装物押金,会在收取当期计入当期销售额计征消费税。

(二)消费税的计算

随堂练习 3-8:(计算题)大连顺达酒厂 5 月生产 240 吨葡萄酒,对外销售 140 吨,取得不含增值税销售额 1 000 万元,增值税税额为 130 万元。请计算该酒厂当月销售葡萄酒应纳消费税。

解析:葡萄酒属于其他酒,采用从价计征,计税依据为不含增值税销售额。

当月应纳消费税 =1 000 × 10%=100(万元)

随堂练习 3-9:(计算题)大连元顺木业有限公司是增值税一般纳税人,3 月销售木制一次性筷子,取得不含税收入 12 万元。另外没收逾期未退还的木制一次性筷子包装物押金 0.23 万元。请计算该企业当月应纳消费税。

解析:当月应纳消费税 =12 × 5%+0.23 ÷(1+13%)× 5%=0.61(万元)

二、从量定额办法下应纳税额的计算

现行消费税的征税范围中,啤酒、黄酒和成品油三种消费品实行从量计征,适用定额税率,计税依据为应税消费品的销售数量,其计税公式为:

$$应纳税额 = 销售数量 \times 定额税率$$

销售数量是指纳税人生产、加工和进口应税消费品的数量。不同情况有不同具体规定,如表 3-4 所示。

表 3-4 消费税计税销售数量的确定

情形	计税销售数量
销售应税消费品的	应税消费品的销售数量
自产自用应税消费品的	应税消费品的移送使用数量
委托加工应税消费品的	纳税人收回的应税消费品数量
进口应税消费品的	海关核定的应税消费品的进口数量

随堂练习 3-10:(计算题)大连顺达酒厂生产 150 吨啤酒,销售 100 吨,取得不含增值税销售额 30 万元,增值税税额为 3.9 万元,另开收据收取包装物押金 2 万元。请计算该酒厂当月销售啤酒应纳消费税。

解析：啤酒是从量计征消费税，销售数量为计税依据。每吨啤酒出厂价在3 000元（含包装物及押金，不含增值税）及以上的为甲类啤酒，单位税额为每吨250元；否则为乙类啤酒，单位税额为每吨220元。

啤酒每吨出厂价=[300 000+20 000÷(1+13%)]÷100=3 176.99（元）>3 000元，为甲类啤酒。

大连顺达酒厂当月应纳消费税税额=100×250=25 000（元）

实行从量定额办法计算应纳税额的应税消费品，要注意计量单位的换算标准，如表3–5所示。

表3–5 计量单位换算标准

序号	名称	计算单位的换算标准
1	黄酒	1吨=962升
2	啤酒	1吨=988升
3	汽油	1吨=1 388升
4	柴油	1吨=1 176升
5	航空煤油	1吨=1 246升
6	石脑油	1吨=1 385升
7	溶剂油	1吨=1 282升
8	润滑油	1吨=1 126升
9	燃料油	1吨=1 015升

随堂练习3–11：（计算题）大连石化分公司销售自产汽油800吨。已知汽油的消费税税率为1.52元/升，1吨=1 388升。请计算该石化公司当月应缴纳的消费税税额。

解析：当月应缴纳的消费税税额=800×1 388×1.52=1 687 808（元）

三、从价定率和从量定额复合计税办法下应纳税额的计算

现行消费税的征税范围中，只有卷烟、白酒采用复合计征方法。

应纳消费税税额 = 销售额 × 比例税率 + 销售数量 × 定额税率

随堂练习3–12：（计算题）大连顺达酒厂9月份销售自产M型白酒20吨，取得含增值税销售额2 260 000元。已知，增值税税率为13%；消费税比例税率为20%，定额税率为0.5元/500克。计算该酒厂当月销售自产M型白酒应缴纳的消费税税额。

解析：销售额为含增值税金额，应当换算为不含税金额。

当月应缴纳的消费税税额=2 260 000÷(1+13%)×20%+20×2 000×0.5=420 000（元）

任务三　处理自产自用、委托加工与进口货物的消费税业务

一、自产自用的消费税业务

（一）税务处理

自产自用应税消费品可用于连续生产应税消费品或者用于其他方面，具体处理如表3-6所示。

表3-6　自产自用应税消费品的税务处理

情形	税务处理	内涵
用于连续生产应税消费品	不纳消费税	作为生产最终应税消费品的直接材料并构成最终产品实体的应税消费品
用于其他方面的应税消费品	于移送使用时缴纳消费税	（1）生产非应税消费品、在建工程。用于生产非应税消费品，是指把自产的应税消费品用于生产税目税率（额）表所列15类产品以外的产品。 （2）管理部门、非生产机构。 （3）提供劳务。 （4）馈赠、赞助、集资、广告、样品、职工福利、奖励等方面

随堂练习3-13：（多选题）下列消费品中，移送使用时应视同销售缴纳消费税的是（　　）。

A. 炼油厂用于职工福利的自产汽车
B. 汽车厂用于管理部门的自产汽车
C. 日化厂作为样品赠送客户的自产高档化妆品
D. 卷烟厂用于生产卷烟的自产烟丝

答案： ABC。

解析： 选项D无须缴纳消费税。

自产自用应税消费品用于其他方面的增值税、消费税的处理存在差异，如表3-7所示。

表3-7　自产自用应税消费品用于其他方面增值税、消费税的处理异同

行为	是否视同销售	
	增值税	消费税
用于连续生产应税消费品	×	×
用于连续生产非应税消费品	×	√
用于馈赠、赞助、集资、广告、样品、职工福利、奖励等	√	√

续表

行为	是否视同销售	
	增值税	消费税
用于本企业在建工程（福利等除外）	× 2016年5月1日后不再视同销售	√
用于换取生产资料或消费资料、用于投资入股、抵偿债务	√ 注意：平均销售价格	√ 注意：最高销售价格

随堂练习3-14：(多选题)下列行为中，既缴纳增值税又缴纳消费税的有（　　　　）。
A. 酒厂将自产的白酒赠送给协作单位
B. 卷烟厂将自产的烟丝移送用于生产卷烟
C. 日化厂将自产的高档香水精移送用于生产普通护肤品
D. 地板厂将生产的新型实木地板奖励给有突出贡献的职工

答案：AD。
解析：选项AD属于视同销售，选项BC属于自产货物用于连续生产应税货物，在移送使用环节不缴纳增值税和消费税。

（二）应纳税额的计算

自产自用于其他方面的应税消费品，按照纳税人生产的同类消费品销售价格计算应纳消费税，如果当月同类消费品各期销售价格高低不同，应按销售数量加权平均计算。

若自产自用于其他方面的应税消费品没有同类消费品销售价格，按照组成计税价格计算消费税，如表3-8所示。

组成计税价格＝成本＋利润＋消费税税额

实行从价计税的消费税应纳税额＝组成计税价格×消费税比例税率

实行复合计税的消费税应纳税额＝组成计税价格×消费税比例税率＋自产自用数量×定额税率

表3-8　自产自用于其他方面的组成计税价格

征税方式	消费税组成计税价格	增值税组成计税价格	成本利润率
从价定率	（成本＋利润）÷（1－消费税比例税率）		按消费税中应税消费品的成本利润率
从量定额（啤酒、黄酒、成品油）	按自产自用数量征消费税	成本＋利润＋消费税税额	—
复合计税（卷烟、白酒）	（成本＋利润＋自产自用数量×消费税定额税率）÷（1－消费税比例税率）		按消费税中应税消费品的成本利润率

上述公式中的成本，是指应税消费品的生产成本。利润是根据应税消费品的全国平均成本利润率计算的利润。应税消费品全国平均成本利润率由国家税务总局确定，如表3-9所示。

表 3–9 应税消费品全国平均成本利润率

序号	种类	成本利润率 /%	序号	种类	成本利润率 /%
1	甲类卷烟	10	11	摩托车	6
2	乙类卷烟	5	12	乘用车	8
3	雪茄烟	5	13	中轻型商用客车	5
4	烟丝	5	14	高尔夫球及球具	10
5	粮食白酒	10	15	高档手表	20
6	薯类白酒	5	16	游艇	10
7	其他酒	5	17	木制一次性筷子	5
8	化妆品	5	18	实木地板	5
9	鞭炮、焰火	5	19	电池	4
10	贵重首饰及珠宝玉石	6	20	涂料	7

随堂练习 3-15：（计算题）大连日化厂 5 月将一批自产高档化妆品用于馈赠客户，该批高档化妆品生产成本为 17 000 元，无同类高档化妆品销售价格，已知消费税税率为 15%；成本利润率为 5%。请计算大连日化厂当月该笔业务应缴纳消费税税额。

解析：应纳消费税 =17 000×（1+5%）÷（1-15%）×15%=3 150（元）

随堂练习 3-16：（计算题）大连石化分公司 5 月销售自产汽油 600 吨，办公用小汽车领用自产汽油 1 吨，向子公司无偿赠送自产汽油 0.5 吨。已知汽油的消费税税率为 1.52 元/升，1 吨 =1 388 升。请计算该石化分公司当月上述业务应缴纳消费税税额。

解析：应纳消费税 =（800+1+0.5）×1 388×1.52=1 690 972.64（元）

随堂练习 3-17：（计算题）大连顺达酒厂 5 月将新研制的白酒 2 吨发给员工作为福利，该批白酒生产成本为 30 000 元，无同类白酒销售价格。已知，消费税比例税率为 20%，定额税率为 0.5 元 /500 克，成本利润率为 5%。请计算该酒厂当月该笔业务的消费税。

解析：组成计税价格 =［30 000×（1+5%）+2×2 000×0.5］÷（1-20%）=41 875（元）

应纳消费税 =41 875×20%+2×2 000×0.5=10 375（元）

工业企业以外的单位和个人的下列行为视为应税消费品的生产行为，按规定征收消费税：

（1）将外购的消费税非应税产品以消费税应税产品对外销售的。

（2）将外购的消费税低税率应税产品以高税率应税产品对外销售的。

二、委托加工的消费税业务

（一）委托加工应税消费品的确定

委托加工的应税消费品，是指由委托方提供原料和主要材料，受托方只收取加工费和代垫部分辅助材料加工的应税消费品。

对于以下情形不得作为委托加工应税消费品：

（1）由受托方提供原材料生产的应税消费品。
（2）受托方先将原材料卖给委托方，然后再接受加工的应税消费品。
（3）由受托方以委托方名义购进原材料生产的应税消费品。

上述情形，不论纳税人在财务上是否作销售处理，都不得作为委托加工应税消费品，而应当按照销售自制应税消费品缴纳消费税。

随堂练习 3-18：（单选题）根据《消费税暂行条例》的规定，委托加工的特点是（　　）。
A. 委托方提供原料或主要材料，受托方代垫部分辅助材料并收取加工费
B. 委托方支付加工费，受托方提供原料或主要材料
C. 委托方支付加工费，受托方以委托方名义购买原料或主要材料
D. 委托方支付加工费，受托方购买原料或主要材料卖给委托方再接受加工

答案： A。

解析： 选项 BCD 为应作为受托方销售自制应税消费品计征消费税。

（二）代收代缴消费税的规定

委托加工的应税消费品，除受托方为个人外，由受托方在向委托方交货时代收代缴消费税。对委托个人（含个体工商户）加工应税消费品，由委托方收回后在委托方所在地缴纳消费税。

随堂练习 3-19：（判断题）委托加工应税消费品，由受托方代收代缴消费税。（　　）

答案： ×。

解析： 受托方为个人的，由委托方向其机构所在地主管税务机关申报纳税。

（三）代收代缴消费税的计算

（1）受托方有同类消费品销售价格的，按照受托方同类消费品的销售价格计算纳税。同类消费品的销售价格，是指受托方（代收代缴义务人）当月销售的同类消费品的销售价格，如果当月同类消费品各期销售价格高低不同，应按销售数量加权平均计算。

（2）受托方没有同类消费品销售价格的，按组成计税价格计税，如表 3-10 所示。

表 3-10　委托加工应税消费品的组成计税价格

第一顺序	第二顺序	
受托方同类应税消费品的售价	从价定率	（材料成本＋加工费）÷（1－消费税比例税率）
	复合计税	（材料成本＋加工费＋委托加工数量×消费税定额税率）÷（1－消费税比例税率）

其中，材料成本是不含增值税的材料成本。委托加工应税消费品的纳税人，必须在委托加工合同上如实注明（或以其他方式提供）材料成本，凡未提供材料成本的，受托方主管税务机关有权核定其材料成本。加工费包括代垫辅助材料的成本，但不包括随加工费收取的增值税和代收代缴的消费税。

$$从价计税的应纳消费税 = 组成计税价格 \times 消费税比例税率$$

$$复合计税的应纳消费税 = 组成计税价格 \times 消费税比例税率 + 委托加工数量 \times 定额税率$$

随堂练习 3-20：（计算题）大连逸然卷烟厂 10 月受托为神仙烟草公司加工烟丝，收取加工费，开具的增值税专用发票注明金额 21 000 元、税额 2 730 元，神仙烟草公司提供材料成

本140 000元;大连逸然卷烟厂无同类烟丝销售价格,已知,烟丝消费税税率为30%。请计算大连逸然卷烟厂当月该笔业务应代收代缴消费税税额。

解析:应代收代缴的消费税=(140 000+21 000)÷(1−30%)×30%=69 000(元)

随堂练习3-21:(计算题)大连元顺木业有限公司受托为大连云达实木厂加工一批实木地板,收取不含增值税加工费15万元,大连云达提供的原材料成本是80万元,且无同类产品的市场销售价格,实木地板的消费税税率为5%。请计算大连元顺木业有限公司该项业务应该代收代缴的消费税。

解析:该代收代缴的消费税=(80+15)÷(1−5%)×5%=5(万元)

三、进口货物的消费税业务

进口的应税消费品的消费税由海关代征,按照组成计税价格和规定的税率计算。进口应税消费品消费税和增值税的组成计税价格有相同和不同之处,如表3−11所示。

表3−11 进口应税消费品消费税和增值税的组成计税价格异同

计税方式	消费税	增值税
从价定率	(关税完税价格+关税)÷(1−消费税比例税率)	
从量定额(啤酒、黄酒、成品油)	进口数量×消费税定额税率	关税完税价格+关税+消费税税额
复合计税(卷烟、白酒)	(关税完税价格+关税+进口数量×消费税定额税率)÷(1−消费税比例税率)	

从价计税的应纳消费税=组成计税价格×消费税比例税率
复合计税的应纳消费税=组成计税价格×消费税比例税率+进口数量×消费税定额税率

随堂练习3-22:(计算题)大连远达商贸公司2月从国外进口一批粮食白酒(合计5 000千克),已知该批粮食白酒的关税完税价格为900 000元,按规定应缴纳关税180 000元,粮食白酒的消费税税率为20%,定额消费税为0.5元/500克。请计算该批粮食白酒进口环节应缴纳的消费税税额。

解析:组成计税价格=(900 000+180 000+5 000×0.5×2)÷(1−20%)=1 356 250(元)
应纳消费税=1 356 250×20%+5 000×0.5×2=276 250(元)

任务四 处理已税消费品与特殊销售业务

一、已税消费品业务

为了避免重复征税,现行消费税政策规定,对外购、进口应税消费品和委托加工收回的应税消费品连续生产应税消费品销售的,计算征收消费税时,应按当期生产领用数量计算准予扣除的应税消费品已纳的消费税税款。

（一）消费税扣除范围

（1）外购或委托加工收回的已税烟丝生产的卷烟。

（2）外购或委托加工收回的已税高档化妆品为原料生产的高档化妆品。

（3）外购或委托加工收回的已税珠宝、玉石为原料生产的贵重首饰及珠宝、玉石。

（4）外购或委托加工收回的已税鞭炮、焰火为原料生产的鞭炮、焰火。

（5）外购或委托加工收回的已税杆头、杆身和握把为原料生产的高尔夫球杆。

（6）外购或委托加工收回的已税木制一次性筷子为原料生产的木制一次性筷子。

（7）外购或委托加工收回的已税实木地板为原料生产的实木地板。

（8）外购或委托加工收回的已税汽油、柴油、石脑油、燃料油、润滑油为原料连续生产应税成品油。

（9）外购葡萄酒连续生产应税葡萄酒。

（10）啤酒生产集团内部企业间用啤酒液连续灌装生产的啤酒。

随堂练习3-23：（多选题）下列情形中，准予抵扣已纳消费税的有（　　　　）。

A. 外购已税珠宝、玉石原料生产的金银首饰

B. 外购已税素板原料生产的实木地板

C. 外购已税高档化妆品原料生产的高档化妆品

D. 外购已税鞭炮、焰火原料生产的鞭炮、焰火

答案：BCD。

解析：选项A改在零售环节征收消费税的金银首饰（金银镶嵌首饰），在计税时一律不得扣除外购珠宝、玉石的已纳消费税税款。

（二）已纳消费税扣除政策

（1）外购已税消费品按生产领用数量抵扣已纳消费税。

当期准予扣除的外购应税消费品已纳税款 = 当期准予扣除的外购应税消费品买价 × 适用税率

当期准予扣除的外购应税消费品买价 = 期初库存的买价 + 当期购进的买价 − 期末库存的买价

外购已税消费品的买价为发票（含销货清单）注明的应税消费品销售额（不包括增值税税款）。

随堂练习3-24：（计算题）大连逸然卷烟厂10月初库存外购烟丝买价为37万元，本月外购烟丝买价为126万元，月末库存外购烟丝买价为30万元，库存减少的外购烟丝全部领用用于生产卷烟。已知烟丝消费税税率为30%。请计算该卷烟厂当月准予扣除外购烟丝已纳消费税税款。

解析：当月准予扣除的外购烟丝已纳消费税税款 =（37+126−30）× 30% = 39.9（万元）

（2）委托加工收回的已税消费品按生产领用数量抵扣已纳消费税。

当期准予扣除的委托加工应税消费品已纳税款 = 期初库存的委托加工应税消费品已纳税款 + 当期收回的委托加工应税消费品已纳税款 − 期末库存的委托加工应税消费品已纳税款

（3）纳税人用外购的已税珠宝、玉石生产的改在零售环节征收消费税的金银首饰（镶

嵌首饰），在计税时一律不得扣除外购珠宝、玉石的已纳税款。

（三）委托加工收回的应税消费品税务处理

委托加工收回的应税消费品税务处理的有关规定，如表 3-12 所示。

表 3-12　委托加工收回的应税消费品税务处理

情形	税务处理
以不高于受托方的计税价格出售的，为直接出售	不再缴纳消费税
委托方以高于受托方的计税价格出售的，不属于直接出售	按规定缴纳消费税，在计税时准予扣除受托方已代收代缴的消费税

随堂练习 3-25：（计算题）大连日化厂以委托加工收回的已税高档化妆品为原料继续加工高档化妆品。当月销售高档化妆品取得不含税收入 280 万元，委托加工收回已税高档化妆品期初库存已纳消费税 30 万元，当期收回已纳消费税 10 万元，期末库存已纳消费税 20 万元。请计算该日化厂当月应纳消费税税额。

解析：该企业当月应纳消费税 =280×15%-（30+10-20）=22（万元）

二、特殊销售业务

（一）特殊销售模式的业务处理

1. 自设非独立核算门市部销售应税消费品的情形

纳税人通过自设非独立核算门市部销售的自产应税消费品，应当按照门市部对外销售额或者销售数量征收消费税。

随堂练习 3-26：（计算题）大连远顺摩托车有限公司为增值税一般纳税人，6 月份将生产的应税摩托车 30 辆，以每辆出厂价 12 000 元（不含增值税）给自设非独立核算的门市部；门市部又以每辆 15 820 元（含增值税）全部销售给消费者。请计算该公司 6 月份应缴纳的消费税。

解析：当月应纳消费税 =15 820÷（1+13%）×30×10%=42 000（元）

> **温馨提示**
> 消费税的计税销售额为不含增值税的销售额。

2. 应税消费品用于"换、投、抵"的销售情形

纳税人用于换取生产资料和消费资料、投资入股和抵偿债务等方面的应税消费品，应当以纳税人同类应税消费品的最高销售价格作为计税依据计算消费税。

随堂练习 3-27：（多选题）下列行为中，应当以纳税人同类应税消费品的最高销售价格作为计税依据的有（　　　　）。

A. 将自产应税消费品用于对外捐赠
B. 将自产应税消费品用于投资入股
C. 将自产应税消费品用于换取生产资料

D. 将自产应税消费品用于抵偿债务

答案：BCD。

解析：选项 A 属于自产用于其他方面，按照纳税人生产的同类消费品的销售价格计算纳税；没有同类消费品销售价格的，按照组成计税价格计算纳税。

随堂练习 3-28：(计算题) 大连汽车制造厂为增值税一般纳税人，10 月将 1 辆生产成本 5 万元的自产小汽车用于抵偿债务，同型号小汽车含增值税平均售价为 11.3 万元/辆，含增值税最高售价为 13.56 万元/辆。已知增值税税率为 13%，消费税税率为 5%。请计算该汽车厂当月该笔业务应缴纳的消费税税额。

解析："换、抵、投"按最高销售价格计征消费税；商品销售额含增值税，应当换算为不含税销售额。

当月应缴纳的消费税 =13.56÷(1+13%)×5%=0.6（万元）

3. 套装产品销售情形

纳税人将自产的应税消费品与外购或自产的非应税消费品组成套装销售的，以套装产品的不含增值税销售额（全额）计算消费税。

随堂练习 3-29：(计算题) 大连日化厂既生产高档化妆品又生产护肤品。8 月该厂销售高档化妆品取得不含增值税销售收入 100 万元，销售护肤品取得不含增值税销售收入 80 万元，将高档化妆品与护肤品组成礼盒成套销售，取得不含增值税销售额 50 万元。已知高档化妆品的消费税税率为 15%，增值税税率为 13%。请计算该日化厂当月应纳消费税。

解析：将高档化妆品与普通化妆品组成礼盒成套销售的，依销售额全额计算消费税。

当月应纳的消费税 =(100+50)×15%=22.5（万元）

4. 电子烟的代销及代加工业务

电子烟生产环节纳税人采用代销方式销售电子烟的，按照经销商（代理商）销售给电子烟批发企业的销售额计算纳税。

随堂练习 3-30：(计算题) 大连逸然电子烟生产企业持有电子烟商标 A 生产电子烟产品。5 月生产持有商标的电子烟产品并销售给电子烟批发企业，取得不含税销售额 100 万元，同时委托经销商（代理商）销售同一电子烟产品，经销商（代理商）销售给电子烟批发企业取得不含税销售额 110 万元。请计算该电子烟生产企业应纳消费税。

解析：当月应纳消费税 =100×36%+110×36%=75.6（万元）

> **温馨提示**
> 电子烟生产企业将持有商标的电子烟销售给电子烟批发企业，自行申报缴纳消费税。

电子烟生产环节纳税人从事电子烟代加工业务的，应当分开核算持有商标电子烟的销售额和代加工电子烟的销售额；未分开核算的，一并缴纳消费税。

(二) 金银首饰、铂金首饰、钻石及钻石饰品零售的消费税处理

金银首饰、铂金首饰、钻石及钻石饰品（简称"金银铂钻"）的计税销售额是不含增值税的销售额，其税务处理规定如表 3-13 所示。

表 3-13　金银铂钻的消费税计税销售额处理

业务情形	计税销售额
金银首饰与其他产品组成成套消费品销售	销售额全额
金银首饰连同包装物销售	包装物应并入金银首饰的销售额,计征消费税
带料加工的金银首饰	按受托方销售同类金银首饰的销售价格确定计税依据征收消费税。 没同类金银首饰销售价格的,按组成计税价格计算纳税
以旧换新(含翻新改制)销售金银首饰	实际收取的不含增值税的全部价款

对既销售金银首饰,又销售非金银首饰的生产、经营单位,应将两类商品划分清楚,分别核算销售额。凡划分不清楚或不能分别核算的,在生产环节销售的,一律从高适用税率征收消费税;在零售环节销售的,一律按金银首饰征收消费税。

随堂练习 3-31:(计算题)大连富贵金店(中国人民银行批准的金银首饰经销单位)为增值税一般纳税人,2 月采取"以旧换新"方式销售 24K 纯金项链 1 000 条,每条新项链对外零售价格为 3 000 元,旧项链作价 2 800 元,从消费者手中每条收取新旧项链差价款 200 元。请计算该金店本月应纳消费税。

解析:金银首饰以旧换新,以实际收到的不含增值税的全部价款作为计税依据,计算消费税。

应纳消费税合计 =1 000 × 200 ÷ (1+13%) × 5%=8 849.56(元)

(三) 超豪华小汽车的消费税处理

自 2016 年 12 月 1 日起,超豪华小汽车在零售环节加征 10% 的消费税。其税务处理如表 3-14 所示。

表 3-14　超豪华小汽车的消费税处理

一般情况	消费税
国内汽车生产企业直接销售给消费者的超豪华小汽车	不含增值税销售额 ×(生产环节消费税税率 + 零售环节消费税税率)
我国驻外使领馆工作人员、外国驻华机构及人员、非居民常住人员、政府间协议规定等应税(消费税)进口自用,且完税价格 130 万元及以上的超豪华小汽车	不含增值税销售额 ×(进口环节消费税税率 + 零售环节消费税税率)

随堂练习 3-32:(计算题)比亚迪大连 4S 店为增值税一般纳税人,3 月销售 A 牌小汽车 6 辆,不含增值税的销售价格为 150 万元/辆;销售 B 牌小汽车 88 辆,不含增值税的销售价格为 48 万元/辆。请计算该企业当月应纳消费税。

解析:A 牌小汽车属于超豪华小汽车,B 牌小汽车不属于超豪华小汽车。

应纳消费税 =150 × 10% × 6=90(万元)

(四) 卷烟、电子烟批发的消费税处理

卷烟在批发环节加征一道复合计征的消费税,电子烟在批发环节加征一道比例税率的消费税。

(1) 卷烟、电子烟批发企业应将卷烟、电子烟销售额与其他商品销售额分开核算,未分开核算的,一并征收消费税。

(2) 卷烟、电子烟批发企业兼营卷烟、电子烟批发和零售业务的,应当分别核算批发和零售环节的销售额、销售数量;未分别核算批发和零售环节销售额、销售数量的,按照全部销售额、销售数量计征批发环节消费税。

(3) 卷烟、电子烟批发企业销售给卷烟、电子烟批发企业以外的单位和个人的卷烟于销售时纳税。卷烟、电子烟批发企业之间销售的卷烟不缴纳消费税。

(4) 卷烟批发企业的机构所在地,总机构与分支机构不在同一地区的,由总机构申报纳税。

任务五　消费税征收管理

一、消费税的纳税义务发生时间

(1) 不同销售结算方式的纳税义务发生时间如下:

① 纳税人采取赊销和分期收款结算方式的,为书面合同约定的收款日期的当天;书面合同没有约定收款日期或无书面合同的,为发出应税消费品的当天。

② 纳税人采取预收货款结算方式的,为发出应税消费品的当天。

③ 纳税人采取托收承付和委托银行收款方式销售的应税消费品,为发出应税消费品并办妥托收手续的当天。

④ 纳税人采取其他结算方式的,为收讫销售款或者取得索取销售款凭据的当天。

(2) 纳税人自产自用应税消费品的,为移送使用的当天。

(3) 委托加工应税消费品的,为纳税人提货的当天。

(4) 进口应税消费品的,为报关进口的当天。

随堂练习3-33:(单选题)下列关于消费税纳税义务发生时间的表述中,不正确的是(　　)。

A. 委托加工应税消费品的,为纳税人提货的当天

B. 采取托收承付方式销售应税消费品的,为收到货款的当天

C. 进口应税消费品的,为报关进口的当天

D. 自产自用应税消费品的,为移送使用的当天

答案: B。

解析: 采取托收承付方式销售应税消费品的,为发出应税消费品并办妥托收手续的当天。

二、消费税的纳税地点

消费税纳税地点的有关规定,如表3-15所示。

表 3-15 消费税的纳税地点

情形	纳税地点
自产自销以及自产自用	纳税人机构所在地或者居住地
委托加工	除委托个人加工外,由受托方向所在地主管税务机关代收代缴消费税税款
进口	报关地海关
到外县(市)销售或委托外县(市)代销	纳税人机构所在地或居住地
总分支机构不在同一县(市)的,但在同一省(自治区、直辖市)范围内	经审批同意,可以向总机构所在地主管税务机关

随堂练习 3-34:(多选题)大连日化厂为增值税一般纳税人,机构所在地在大连市。2025 年 2 月,在大连市销售货物一批;在天津市海关报关进口货物一批;接受沈阳市客户委托加工应缴纳消费税的货物一批。上述业务纳税地点的表述中,正确的有(　　)。

　　A. 委托加工货物应向沈阳市税务机关申报缴纳消费税
　　B. 委托加工货物应向大连市税务机关解缴代收的消费税
　　C. 进口货物应向天津市海关申报缴纳增值税
　　D. 销售货物应向大连市税务机关申报缴纳增值税
答案:BCD。
解析:选项 A 应向大连市税务机关申报缴纳消费税。

三、纳税期限

消费税纳税期限与增值税纳税期限的相关规定一致。

任务六　消费税纳税申报

一、消费税的应纳税额计算

工作实例 3-1

　　实训资料:大连逸仙卷烟厂是一般纳税人,纳税人识别号:91210213219897123N,适用 13% 增值税税率,主要生产高档卷烟,卷烟确定适用税率时,按照"每条"卷烟的价格确定,不含税售价高于 70 元/条的,适用 56% 的比例税率;不含税售价不足 70 元/条的,适用 36% 的比例税率。2025 年 6 月 12 日进行 5 月份消费税的纳税申报:
　　(1)5 月 1 日,结存外购烟丝 20 万元。
　　(2)5 月 3 日,购进已税烟丝,取得的增值税专用发票上注明价款 10 万元,已验收入库(业务①)。

（3）5月6日，发往大连五一烟丝厂烟叶20万元，委托加工烟丝。加工费为8万元（不含税），对方开具增值税专用发票，烟丝厂无同类产品市场售价（业务②）。

（4）5月20日，6日委托加工烟丝收回，收回烟丝直接出售一半取得含税收入22.6万元，领用另一半用于生产卷烟，共产出50箱。

（5）5月27日，销售自产卷烟50箱，共取得不含税收入100万元（业务③）。

（6）5月27日，成本价销售外购烟丝取得收入10万元，开具增值税专用发票（业务④）。

（7）5月28日，没收27日销售卷烟逾期未收回的包装物押金2.26万元（业务⑤）。

（8）5月29日，收回委托个体户张成加工烟丝，直接出售取得不含税收入3.5万元（发出烟叶成本2万元，支付加工费0.106万元，张成自产同类烟丝的市场售价为3万元），开具增值税专用发票（业务⑥）。

（9）5月31日，结存外购烟丝5万元。

实训要求：完成消费税的相关计算和申报工作，如表3-16所示。

表3-16 业务判断与消费税计算

业务编号	业务描述	业务判断（"√"或"×"）	金额计算
业务①	继续用于应税消费品生产的外购烟丝负担的消费税可以扣除	√	—
	外购烟丝负担的消费税一律允许扣除	×	—
业务②	委托方代收代缴消费税金额	—	120 000.00
业务③	销售自产卷烟应交消费税	—	567 500.00
业务④	销售外购烟丝应交消费税	—	0
业务⑤	没收卷烟包装物押金应交消费税	—	11 200.00
业务⑥	委托个体户加工烟丝应交消费税	—	9 000.00

二、消费税的纳税申报

（一）办税指南

1. 申请条件

在中华人民共和国境内生产、委托加工和进口规定的消费品的单位和个人，以及国务院确定的销售特定消费品的其他单位和个人，依据相关税收法律、法规、规章及其他有关规定，在规定的纳税申报期限内填报《消费税及附加税费申报表》和其他相关资料，同税务机关进行纳税申报。

2. 主要办理材料

《消费税及附加税费申报表》及附列资料原件，2份。

"消费税及附加税费申报表"是主表，7张附表中有4张通用附表："本期准予扣除税额计算表""本期减（免）税额明细表""本期委托加工收回情况报告表""消费税附加税费计算表"；1张成品油消费税纳税人填报的专用附表："本期准予扣除税额计算表（成品油消费税纳税人适用）";2 张卷烟消费税纳税人填报的专用附表:"卷烟批发企业月份销售明细清单（卷烟批发环节消费税纳税人适用）""卷烟生产企业合作生产卷烟消费税情况报告表（卷烟生产环节消费税纳税人适用）"。成品油消费税纳税人、卷烟消费税纳税人需要填报的专用附表，其他纳税人不需要填报，系统也不会带出。

（二）电子税务局操作指引

（1）单击【我要办税】—【税费申报及缴纳】，如图3-1所示。

（2）单击【消费税申报】，根据业务需求，填写具体的申报表，如图3-2所示。

（3）按照税种认定信息，选择【所属时期类型】及【所属期起止】时间，如图3-3所示。

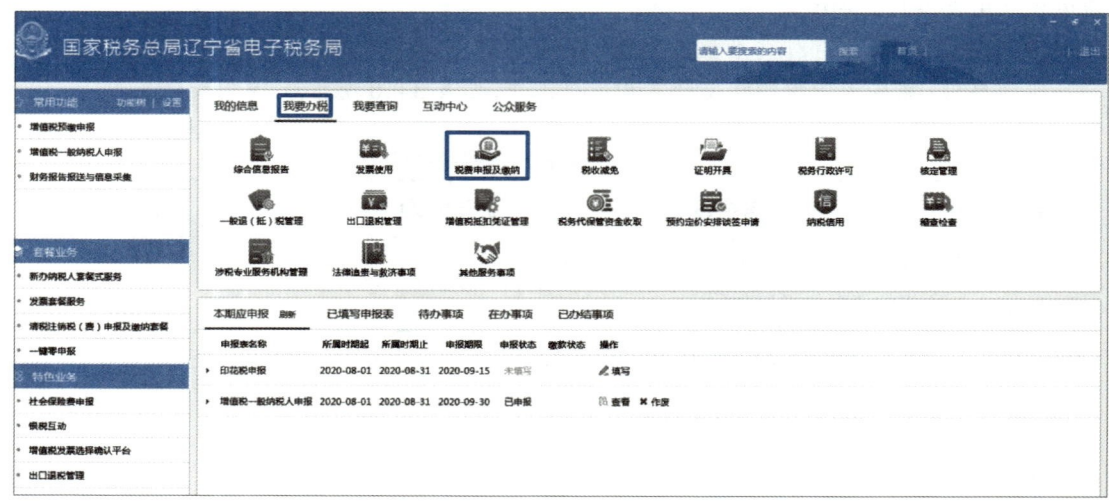

图3-1 税费申报及缴纳界面

图3-2 消费税申报界面

任务六　消费税纳税申报

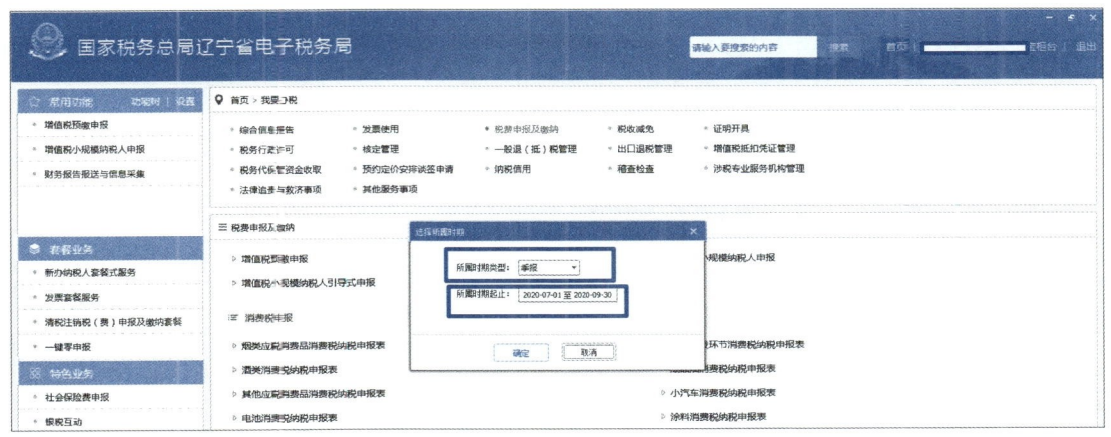

图 3-3　所属时期类型及所属期起止时间界面

（4）进入申报表后，按照实际情况填写申报表和办理人员信息，如图 3-4 所示。

（5）确认数据填写无误后，单击【检查】，对申报表进行检查，右侧出现检查结果，红色为未办结事项，依次单击对应提示，进行填写后，再次单击【检查】，直至右侧没有未办结事项提示，如图 3-5 所示。

（6）单击【申报】，完成消费税申报，系统弹出"申报成功"，再单击【确定】，如图 3-6 所示。

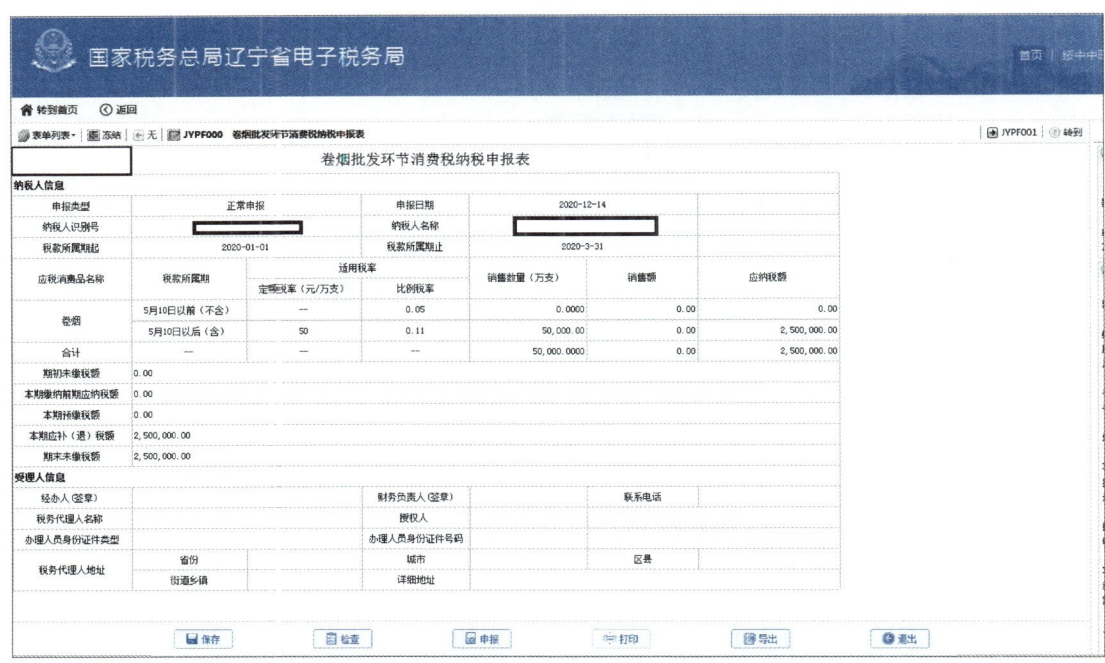

图 3-4　消费税纳税申报表界面

项目三 消费税纳税实务

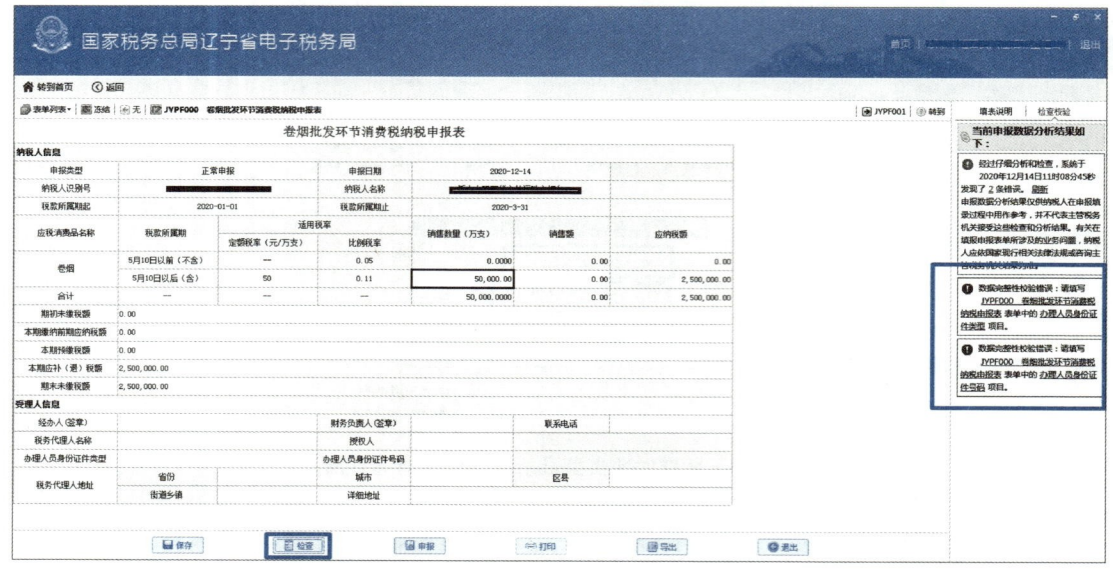

图 3-5　消费税纳税申报检查界面

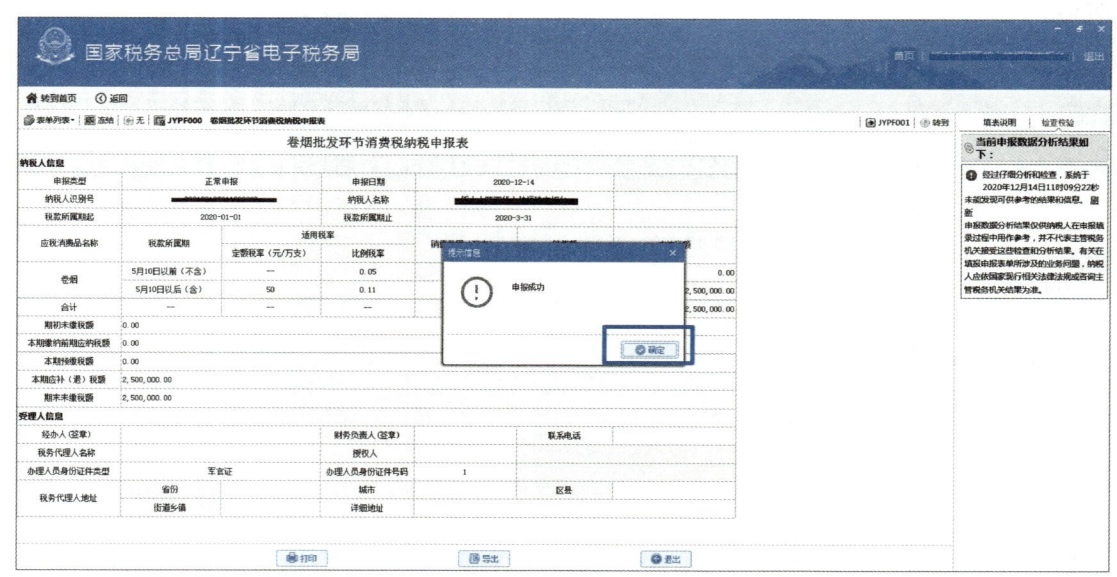

图 3-6　消费税纳税申报成功界面

工作实例 3-2

实训资料：接工作实例 3-1。

实训要求：完成消费税的纳税申报工作，如表 3-17、表 3-18 所示。

表3-17 消费税及附加税费申报表

税款所属期：自2025年5月1日至2025年5月31日
纳税人识别号（统一社会信用代码）：912102132198971 23N
纳税人名称：大连逸仙卷烟厂
金额单位：人民币元（列至角分）

应税消费品名称	适用税率		计量单位	本期销售数量	本期销售额	本期应纳税额
	定额税率	比例税率				
	1	2	3	4	5	6=1×4+2×5
甲类卷烟	30元/万支	56%		250	1 020 000.00	578 700.00
乙类卷烟	30元/万支	36%				
雪茄烟	—	36%				
烟丝	—	30%			335 000.00	100 500.00
合计	—	—	—	—	—	679 200.00

	栏次	本期税费额
本期减（免）税额	7	
期初留抵税额	8	
本期准予扣除税额	9	144 000.00
本期应扣除税额	10=8+9	144 000.00
本期实际扣除税额	11[10<（6-7），则为10，否则为6-7]	144 000.00
期末留抵税额	12=10-11	
本期预缴税额	13	
本期应补（退）税额	14=6-7-11-13	535 200.00
城市维护建设税本期应补（退）税额	15	37 464.00
教育费附加本期应补（退）费额	16	16 056.00
地方教育附加本期应补（退）费额	17	10 704.00

声明：此表是根据国家税收法律法规及相关规定填写的，本人（单位）对填报内容（及附带资料）的真实性、可靠性、完整性负责。

纳税人（签章）：　　　　　　　　　　2025年6月12日

经办人：	受理人：
经办人身份证号：	受理税务机关（章）：
代理机构签章：	
代理机构统一社会信用代码：	受理日期：　　年　月　日

表 3–18 本期准予扣除税额计算表　　金额单位：元（列至角分）

准予扣除项目				合计
一、本期准予扣除的委托加工应税消费品已纳税款计算		期初库存委托加工应税消费品已纳税款	1	
		本期收回委托加工应税消费品已纳税款	2	69 000.00
		期末库存委托加工应税消费品已纳税款	3	
		本期领用不准予扣除委托加工应税消费品已纳税款	4	
		本期准予扣除委托加工应税消费品已纳税款	5=1+2-3-4	69 000.00
二、本期准予扣除的外购应税消费品已纳税款计算	（一）从价计税	期初库存外购应税消费品买价	6	200 000.00
		本期购进应税消费品买价	7	100 000.00
		期末库存外购应税消费品买价	8	50 000.00
		本期领用不准予扣除外购应税消费品买价	9	
		适用税率	10	30%
		本期准予扣除外购应税消费品已纳税款	11=(6+7-8-9)×10	75 000.00
	（二）从量计税	期初库存外购应税消费品数量	12	
		本期外购应税消费品数量	13	
		期末库存外购应税消费品数量	14	
		本期领用不准予扣除外购应税消费品数量	15	
		适用税率	16	
		计量单位	17	
		本期准予扣除的外购应税消费品已纳税款	18=(12+13-14-15)×16	
三、本期准予扣除税款合计			19=5+11+18	144 000.00

消费税纳税
申报实训案例

项目四

城建税及附加纳税实务

思维导图

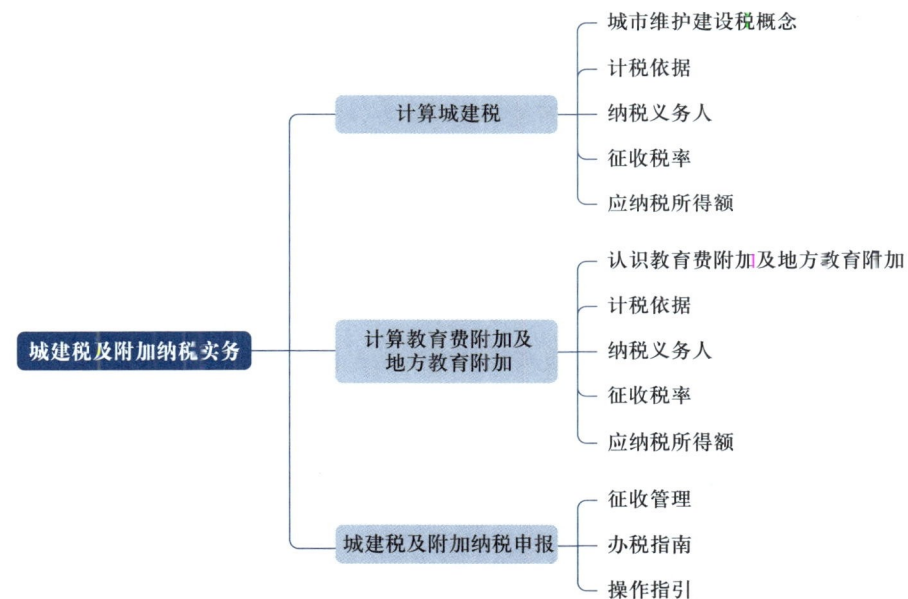

 学习目标

素质目标：
1. 具备促进城市建设和教育事业发展的主人翁意识。
2. 形成严谨细致的工作作风、诚信纳税的习惯。
3. 培养良好的团队合作精神、内外部沟通水平。

知识目标：
1. 了解城市维护建设税、教育费附加及地方教育附加与增值税、消费税的关系。
2. 理解城市维护建设税、教育费附加及地方教育附加的征收意义。
3. 熟悉城市维护建设税、教育费附加及地方教育附加的税收优惠政策。
4. 掌握城市维护建设税、教育费附加及地方教育附加应纳税额的计算方法、纳税义务发生时间、纳税地点、纳税期限。

技能目标：
1. 能够准确判断城市维护建设税及附加的纳税人身份、征税对象、适用税率以及纳税申报方式。
2. 能够准确计算城市维护建设税及附加的应纳税额。
3. 能够熟练使用电子税务局系统，与增值税、消费税同步高效申报城市维护建设税及附加。

项目导入

城市维护建设税的前世今生

1984年9月18日，财政部《国营企业第二步利改税试行办法》获批转，明确增设城市维护建设税，但暂缓开征。1985年2月8日，国务院发布《中华人民共和国城市维护建设税暂行条例》，正式以行政法规的形式，向缴纳增值税、消费税、营业税（2016年并入增值税）的单位和个人，开始征收城市维护建设税。开征城市维护建设税后，规范了之前规定的城建资金渠道，完善了城建资金来源。城市维护建设税对组织财政收入、加强城市维护建设发挥了重要作用。

2016年起，城市维护建设税收入改为由预算统筹安排，不再指定专项用途。2019年12月23日，《中华人民共和国城市维护建设税法（草案）》首次提请全国人大常委会审议。2020年8月11日全国人大常委会通过《中华人民共和国城市维护建设税法》，自2021年9月1日起正式施行。

请思考：你身边的哪些项目是由城市维护建设税负担的？

任务一　计算城市维护建设税

一、城市维护建设税概念

城市维护建设税（以下简称"城建税"）是对缴纳增值税和消费税的单位和个人征收的一种附加税，是地方税收的组成部分，主要用于地方城市的维护与建设支出。

随堂练习4-1：（单选题）根据城建税的规定，纳税人向税务机关实际缴纳的下列税款中，应作为城建税计税依据的是（　　）。
A. 房产税税款　　　　　　　　　　B. 消费税税款
C. 土地增值税税款　　　　　　　　D. 车船税税款
答案： B
解析： 除了选项B，增值税也是城建税的计税依据。

二、计税依据

城建税以纳税人实际缴纳的增值税、消费税税额为计税依据，在缴纳增值税、消费税的地点，随同增值税、消费税一起缴纳。

三、纳税义务人

凡缴纳增值税、消费税的单位和个人,为城建税的纳税人。增值税、消费税的代扣代缴、代收代缴义务人同时也是城建税的代扣代缴、代收代缴义务人。

四、税率

城建税的税率是指纳税人应缴纳城市维护建设税税额与纳税人实际缴纳的增值税和消费税税额之间的比率。城建税采用地区差别比例税率,共分三档,如表4-1所示。

表4-1 城建税的税率

档次	纳税人所在地	税率
1	城市市区	7%
2	县城、建制镇	5%
3	不在城市市区、县城或建制镇	1%

温馨提示

开采海洋石油资源的中外合作油(气)田所在地在海上的,其城建税适用1%的税率。

税润民生

重点群体创业就业税收优惠政策

自2023年1月1日至2027年12月31日,企业招用脱贫人口,以及在人力资源社会保障部门公共就业服务机构登记失业半年以上且持《就业创业证》或《就业失业登记证》(注明"企业吸纳税收政策")的人员,与其签订1年以上期限劳动合同并依法缴纳社会保险费的,自签订劳动合同并缴纳社会保险当月起,在3年内按实际招用人数予以定额依次扣减增值税、城市维护建设税、教育费附加、地方教育附加和企业所得税优惠。定额标准为每人每年6 000元,最高可上浮30%。

五、应纳税所得额

城建税纳税人的应纳税额计算公式如下:

应纳城建税 =(实际缴纳的增值税 + 实际缴纳的消费税)× 适用税率

> **温馨提示**
>
> 纳税人违反增值税、消费税有关规定,被查补增值税、消费税和被处以罚款时,也应对其偷漏的城建税进行补税和罚款。
>
> 纳税人违反增值税、消费税有关规定,而加收的滞纳金和罚款,不作为城建税的计税依据。
>
> 出口产品退还增值税、消费税的,不退还已缴纳的城建税;进口产品需征收增值税、消费税的,不征收城建税,简称城建税"进口环节不征,出口环节不退"。
>
> 对实行增值税期末留抵退税的纳税人,允许其从城建税依据中扣除退还的增值税税额。

随堂练习 4-2:(单选题)10 月,宝丰机械制造有限公司向税务机关实际缴纳增值税 500 万元;向海关缴纳进口环节增值税 200 万元、消费税 260 万元。已知城建税适用税率为 7%,下列关于宝丰机械制造有限公司当月应缴纳城建税税额的算式中,正确的是(   )。

A. 500×7%=35(万元)   B. (500+200+260)×7%=67.2(万元)
C. (500+200)×7%=49(万元)   D. (500+260)×7%=53.2(万元)

答案:A。

解析:城建税的计税依据为向税务机关实际缴纳的增值税、消费税税额;进口环节缴纳的增值税不作为城建税的计税依据。

随堂练习 4-3:(单选题)位于市区的大连明珠会展有限公司为增值税一般纳税人,8 月应纳增值税 320 万元,出口货物"免抵退"税额 380 万元;本月税务检查时发现的一笔内销货物少计消费税,被查补消费税 5 万元并加收滞纳金。8 月该企业应纳城市维护建设税(   )万元。

A. 4   B. 4.55   C. 22.40   D. 26.95

答案:B。

解析:该企业出口应退税额 320 万元,免抵税额=380−320=60(万元)。被查补增值税应计入城建税计税依据。该企业应纳城建税=(60+5)×7%=4.55(万元)。

任务二　计算教育费附加及地方教育附加

一、教育费附加及地方教育附加认知

(一)教育费附加

教育费附加是国家为扶持教育事业发展,计征用于教育的政府性基金。

(二)地方教育附加

地方教育附加是指省、自治区、直辖市人民政府根据国务院的有关规定,可以决定开征用于教育的地方附加费。

二、计税依据

纳税人"实缴"的"增值税、消费税"税额为计征依据,与增值税、消费税同时缴纳。

三、纳税义务人

增值税、消费税的纳税人为教育费附加、地方教育附加的缴费人。增值税、消费税的代扣代缴、代收代缴义务人同时也是教育费附加、地方教育附加的代扣代缴、代收代缴义务人。

四、税率

教育费附加费率为3%,地方教育附加费率为2%。

五、应纳税所得额

应纳税额计算公式如下:

$$应纳教育费附加 = 实纳增值税与消费税 \times 3\%$$
$$应纳地方教育附加 = 实纳增值税与消费税 \times 2\%$$

> **温馨提示**
>
> 对海关进口的产品征收的增值税、消费税,不征收两费附加。
>
> 出口产品退还增值税、消费税的,不退还已缴纳的两费附加;进口产品需征收增值税、消费税的,不征收两费附加,简称"进口环节不征,出口环节不退"。
>
> 对国家重大水利工程建设基金免征两费附加。

随堂练习4-4:宝康制造有限公司为增值税一般纳税人,12月向税务机关实际缴纳增值税260 000元、消费税750 000元、城建税70 700元。公司当月应缴纳教育费附加和地方教育附加(　　　)元。

A. 41 035　　　　　B. 16 535　　　　　C. 50 500　　　　　D. 54 035

答案:C。

解析:教育费附加、地方教育附加的计征依据为纳税人"实际缴纳的增值税、消费税税额之和"。该公司当月应缴纳教育费附加和地方教育附加 =(260 000+750 000)×(3%+2%)= 50 500(元)。

税润民生

小微企业"六税两费"减免政策升级

为了支持小微企业和个体工商户发展,稳定预期、提振信心,自2023年1月1日至2027年12月31日,对增值税小规模纳税人、小型微利企业和个体工商户减半征收资源税(不含水资源税)、城市维护建设税、房产税、城镇土地使用税、印花税(不含证券交易印花税)、耕地占用税和教育费附加、地方教育附加。纳税人通过填写申报表单即可享受减免优惠。

工作实例 4-1

实训资料：大连明珠会展有限公司位于大连市区。2025年2月份，该公司应缴纳增值税10 000元、消费税15 000元，另补缴2024年12月份漏缴增值税3 000元，缴纳税收滞纳金3元。大连市地方教育附加征收率为2%。

实训要求：计算企业应交城建税、教育费附加和地方教育附加金额，如表4-2所示。

表4-2 城建税及附加计算　　　　　　　　　金额单位：元

应交税（费）种类	计税基数	适用税率	应纳税（费）金额
应交城建税	28 000	7%	1 960
应交教育费附加	28 000	3%	840
应交地方教育附加	28 000	2%	560

任务三　城建税及附加纳税申报

一、征收管理

城建税及附加的纳税义务发生时间、地点与增值税、消费税一致，在缴纳增值税、消费税时，应当在两税同一缴纳地点、同一缴纳期限内，一并缴纳。

二、办税指南

自2021年5月1日起，海南、陕西、大连和厦门开展增值税、消费税分别与城市维护建设税、教育费附加、地方教育附加申报表整合试点，自2021年8月1日起全国推行。增值税、消费税分别与城市维护建设税、教育费附加、地方教育附加申报表整合，启用《增值税及附加税费申报表（一般纳税人适用）》《增值税及附加税费申报表（小规模纳税人适用）》《增值税及附加税费预缴表》及其附列资料和《消费税及附加税费申报表》。

1. 申请条件

缴纳增值税、消费税的单位和个人，都应申报缴纳城市维护建设税、教育费附加和地方教育附加。

2. 办理材料

附加税费申报的办理材料如表4-3所示。

表4-3 附加税费申报办理材料

适用情形	材料名称	数量	备注
增值税一般纳税人申报	《增值税及附加税费申报表（一般纳税人适用）》原件	2份	无
增值税小规模纳税人申报	《增值税及附加税费申报表（小规模纳税人适用）》原件	2份	无
增值税预缴申报	《增值税及附加税费预缴表》原件	2份	无

续表

适用情形	材料名称	数量	备注
消费税纳税人申报	《消费税及附加税费申报表》原件	2份	无
重点群体从事个体经营	《重点群体或自主就业退役士兵创业信息表》	1份	无
企业招用重点群体	《重点群体或自主就业退役士兵就业信息表》	1份	无

三、电子税务局操作指引

（1）单击【我要办税】—【税费申报及缴纳】，如图4-1所示。

图4-1 税费申报及缴纳界面

（2）单击【附加税费申报】—【附加税（费）申报】，如图4-2所示。

图4-2 附加税费申报界面

（3）选择【所属时期类型】和【所属时期起止】，如图4-3所示。

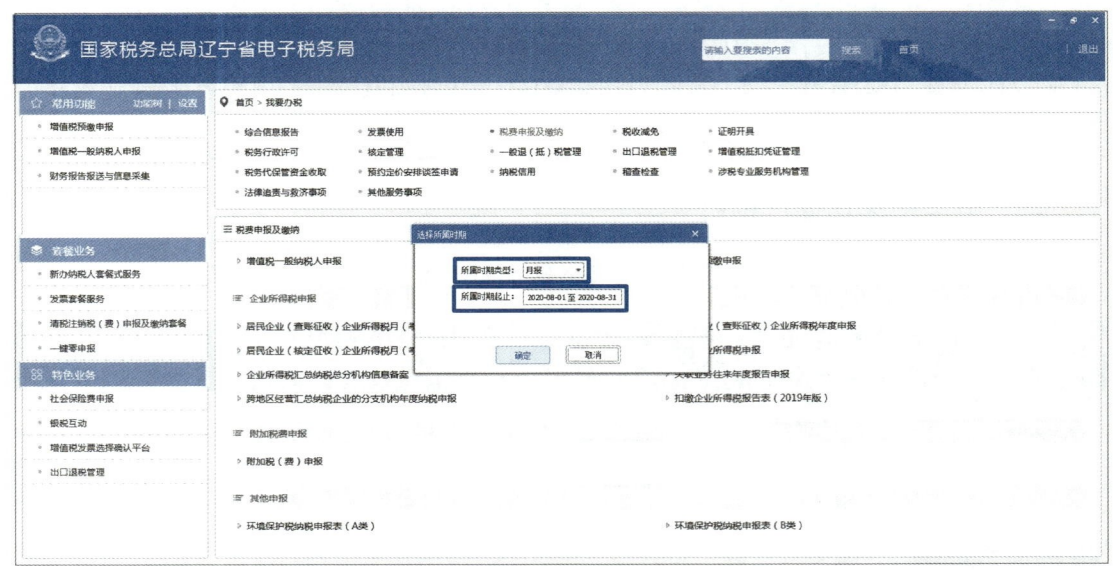

图4-3 所属时期类型和所属时期起止界面

（4）【申报表信息】会根据已申报的增值税及消费税信息，自动带出计税依据，根据实际情况可进行填写修正表单内数据，如图4-4所示。

图4-4 附加税（费）申报表信息界面

（5）确认数据填写无误后，单击【检查】，对申报表进行检查，右侧出现检查结果，红色为未办结事项，依次点击对应提示。进行填写后，再次单击【检查】，如图4-5所示。直至右侧没有未办结事项提示，单击【申报】，申报成功，如图4-6所示。

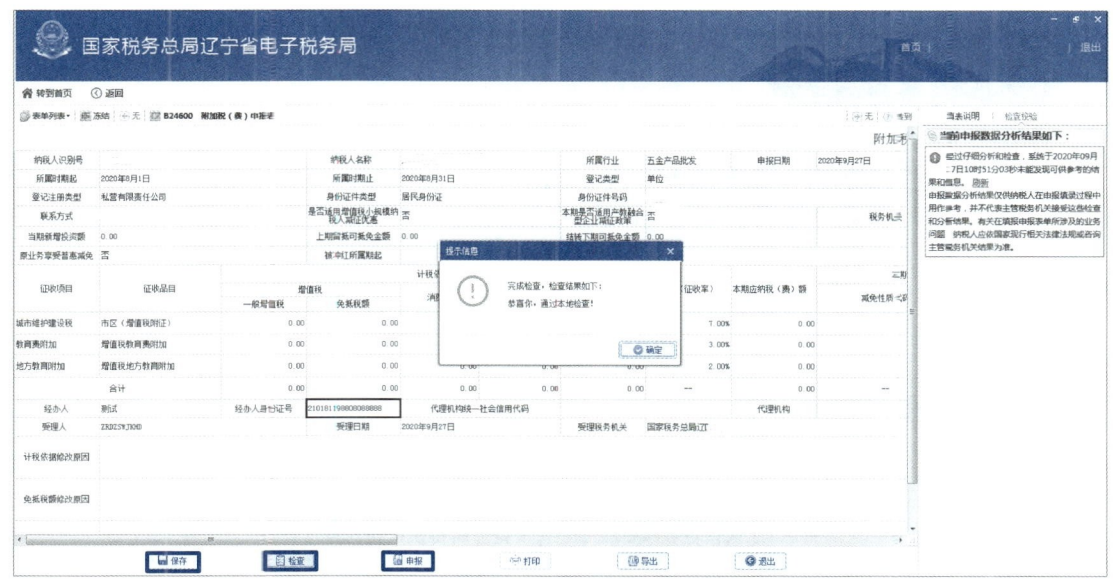

图 4-5　附加税（费）申报检查界面

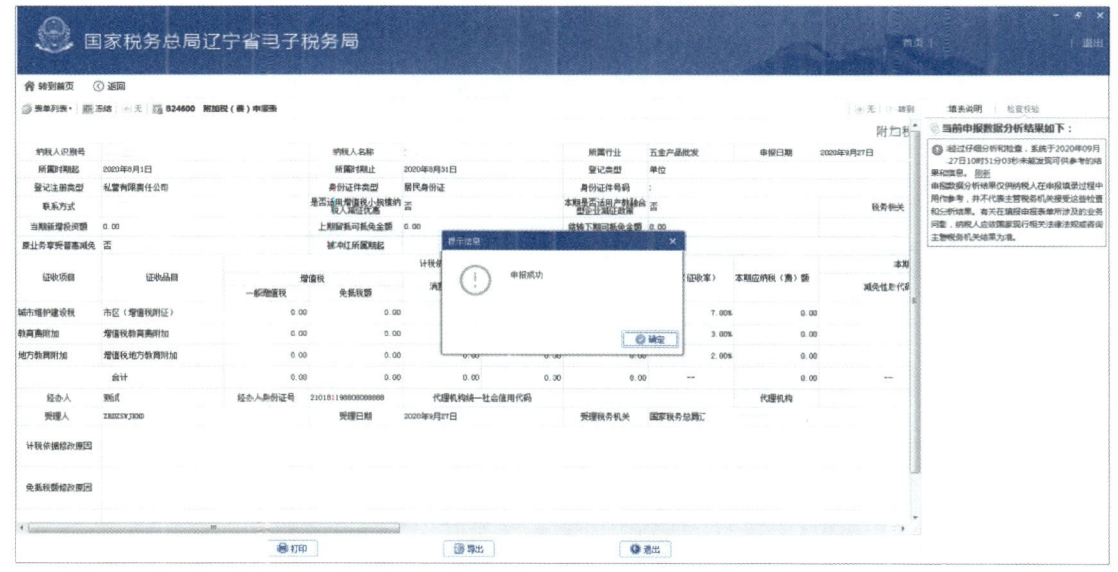

图 4-6　附加税（费）申报成功界面

工作实例 4-2

实训资料：见项目二任务六工作实例 2-6 实训资料（应纳增值税 16 755.56 元）。

实训要求：进行大连永庆食品有限公司附加税费的纳税申报，如表 2-25（增值税及附加税费申报表）所示。

工作实例 4-3

实训资料：见项目三任务六工作实例 3-1 和 3-2 实训资料（应纳消费税 535 200.00 元）。

实训要求：进行大连逸仙卷烟厂附加税费的纳税申报，如表 3-17 所示。

项目五

企业所得税纳税实务

思维导图

```
企业所得税纳税实务
├── 认识企业所得税
│   ├── 企业所得税纳税人
│   ├── 企业所得税征税对象
│   └── 企业所得税税率
├── 确认企业所得税收入
│   ├── 收入总额
│   └── 不征税收入与免税收入
├── 确定企业所得税扣除项目
│   ├── 税前扣除项目
│   ├── 税前扣除标准
│   └── 不得税前扣除项目
├── 资产所得税处理
│   ├── 资产的计税基础与净值
│   └── 固定资产、生物资产、无形资产、长期待摊费用、投资资产、存货的税务处理
├── 弥补亏损与税收优惠
│   ├── 弥补亏损
│   └── 税收优惠
├── 计算企业所得税应纳税额
│   ├── 应纳税所得额计算
│   └── 应纳税额计算
└── 企业所得税纳税申报
    ├── 征收管理
    ├── 预缴纳税申报办理
    └── 年度汇算清缴纳税申报办理
```

学习目标

素质目标：

1. 具备爱岗敬业的职业精神，形成纳税是企业应尽社会责任的担当意识。
2. 形成诚信纳税的意识，自觉遵守税法规定，维护税收秩序。
3. 形成团队协作能力和与税务机关的沟通能力，养成主动学习纳税新政策的习惯。

知识目标：

1. 了解企业所得税的税率、征税范围、居民企业和非居民企业的认定、纳税人的确定。
2. 理解企业所得税的扣除项目、税收优惠政策、资产的税务处理方法、税会差异产生的原因。
3. 熟悉企业所得税年度纳税申报表的类型、适用对象及年度纳税申报表（A类）表单的构成、税前补亏方法。
4. 掌握企业所得税直接法和间接法、应纳税所得额及应纳税额的计算公式、纳税义务发生时间、纳税地点、纳税期限。

技能目标：

1. 能够根据企业业务特点准确判断企业所得税年度纳税申报表应填报的表单并完成表单勾选。
2. 能够根据企业实际情况对《企业基础信息表》应填写的项目作出准确判断，并进行规范填写。
3. 能够熟练填报企业所得税年度纳税申报表中有关一般企业收入明细表、成本支出明细表及期间费用明细表等表单。
4. 能够熟练完成《纳税调整项目明细表》及其附表的填报。
5. 能够正确填写《企业所得税弥补亏损明细表》。
6. 能够准确计算企业所得税应纳税额，并熟练完成企业所得税月（季）度预缴、汇算清缴。

项目导入

为积极进行税收普法，营造学法、守法、用法的浓厚氛围，2023年12月1日至7日全国开展"宪法宣传周"，国家税务机关以简单易懂的思维导图、动画等方式介绍、普及《中华人民共和国企业所得税法》（简称《企业所得税法》）等税收法律法规，宣传新的组合式税费支持政策，缓解企业困境、保障市场主体、稳定就业，有效推动高质量发展。

请思考：你喜欢哪些税法宣传形式？

任务一　认识企业所得税

一、企业所得税纳税人

（一）企业所得税

企业所得税，是国家对我国境内的企业和其他取得收入的组织的生产经营所得和其他所得征收的一种直接税。

（二）纳税义务人

在中华人民共和国境内，企业和其他取得收入的组织（以下统称"企业"）为企业所得税的纳税人，包括各类企业、事业单位、社会团体、民办非企业单位和从事经营活动的其他组织。个人独资企业、合伙企业不适用《企业所得税法》,由其自然人缴纳个人所得税。

企业所得税采取收入来源地管辖权和居民管辖权相结合的双重管辖权,据此企业分为居民企业和非居民企业,分别承担不同的纳税责任。

1. 居民企业

居民企业,是指依法在中国境内成立,或者依照外国(地区)法律成立但实际管理机构在中国境内的企业。

2. 非居民企业

非居民企业,是指依照外国(地区)法律成立且实际管理机构不在中国境内,但在中国设立机构、场所的,或者在中国境内未设立机构、场所,但有来源于中国境内所得的企业。

💡**头脑风暴**:什么是实际管理机构?什么是设立机构、场所?两者是否相同?

随堂练习 5-1:(单选题)下列各项中,属于非居民企业的是(   )。

A. 依照外国法律成立,实际管理机构在境内的 A 公司
B. 依照中国法律成立,有来源于境外所得的 B 公司
C. 依照外国法律成立且实际管理机构在境外,但在境内设立机构、场所的 C 公司
D. 依照中国法律成立,实际管理机构在境内的 D 公司

答案:C。

解析:B 公司、D 公司"依照中国法律成立",注册地在境内的,以企业登记注册地为标准确定,是居民企业。A 公司注册地在境外,以实际管理机构所在地为标准确定,"实际管理机构在境内",是居民企业。

(三)扣缴义务人

非居民企业在中国境内未设立机构、场所的,或者虽设立机构、场所但所取得的所得与其所设机构、场所没有实际联系的,其来源于中国境内的所得应缴纳的所得税实行源泉扣缴,以支付人为扣缴义务人。

此外,对非居民企业在中国境内取得工程作业和劳务所得应缴纳的所得税,县级以上税务机关可以指定工程价款或者劳务费的支付人为扣缴义务人,并同时告知其所扣税款的计算依据、计算方法、扣缴期限。

税款由扣缴义务人在每次支付或者到期应支付时,从支付或者到期应支付的款项中扣缴。扣缴义务人每次代扣的税款,应当自代扣之日起 7 日内缴入国库,并向所在地税务机关报送扣缴企业所得税报告表。

扣缴义务人未依法扣缴或无法履行扣缴义务的,由纳税人在所得发生地缴纳税款。若在中国境内存在多处所得发生地的,由纳税人选择其中一地申报缴纳企业所得税。

二、企业所得税征税对象

(一)居民企业与非居民企业的征税对象

居民企业承担无限纳税义务,非居民企业仅承担有限纳税义务,其征税对象各有不同,如表 5-1 所示。

"有实际联系",是指非居民企业在中国境内设立的机构、场所拥有据以取得所得的股权、债券,以及拥有、管理、控制据以取得所得的财产等。

表 5-1 居民企业与非居民企业的征税对象

企业类型		征税对象
居民企业	依照中国法律、法规在中国境内成立的企业	来源于中国境内、境外的所得
	依照外国（地区）法律成立但实际管理机构在中国境内的企业	
非居民企业	在中国境内设立机构、场所的企业	（1）所设机构、场所取得的来源于中国境内的所得。 （2）发生在境外但与其所设机构、场所有实际联系的所得
	未设立机构、场所或取得所得与所设立机构、场所无关的企业	仅来源于中国境内的所得

头脑风暴： 发生于中国境外的所得如何纳税？

（二）所得来源地确认

来源于中国境内、境外的所得，按照以下原则确定，如表 5-2 所示。

表 5-2 所得来源地确定依据

取得所得情形	来源地确定依据
销售货物所得	按照交易活动发生地确定
提供劳务所得	按照劳务发生地确定
转让财产所得	不动产转让所得按照不动产所在地确定。 动产转让所得按照转让动产的企业或者机构、场所所在地确定。 权益性投资资产转让所得按照被投资企业所在地确定
股息、红利等权益性投资所得	按照分配所得的企业所在地确定
利息所得、租金所得、特许权使用费所得	按照负担、支付所得的企业或者机构、场所所在地确定，或者按照负担、支付所得的个人住所地确定
其他所得	由国务院财政、税务主管部门确定

随堂练习 5-2：（单选题）下列关于所得来源地确定的表述中，错误的是（　　）。

A. 股息所得，按照分配所得的企业所在地确定
B. 权益性投资资产转让所得，按照被投资企业所在地确定
C. 销售货物所得，按照交易活动发生地确定
D. 动产转让所得，按照受让动产的企业所在地确定

答案： D。
解析： 选项 D，按照转让动产的企业所在地确定。

随堂练习 5-3：（业务分析题）请根据下列业务场景，分别对所得来源地进行判断。

（1）居民企业奥瑞琪建材有限公司将其持有的居民企业联荣燃料化工有限公司的 30%

股权进行转让,受让方是位于北京的天珑实业有限公司,获得转让所得1 000万元。

(2)沈阳洪答橡塑有限公司在沈阳市销售货物给位于淄博市的客户,销售额为500万元。

(3)盛源技术咨询服务中心在沈阳市提供技术咨询服务给位于大连的客户,服务费总额为300万元。

(4)房天下有限公司将其位于锦州市的一处房产转让给位于郑州的买家,转让价格为800万元。

(5)盛世教育科技有限公司在抚顺市设立分支机构,该分支机构从丹东市的一家公司处取得股息收入200万元。

解析:所得来源地分析如下:

(1)动产转让所得按转让动产的企业所在地确定。因此,这笔1 000万元转让所得来源于奥瑞琪建材有限公司所在地。

(2)销售货物所得按照交易活动发生地确定。在此案例中,交易活动发生地是货物的销售地沈阳市。因此,这笔500万元的销售货物所得应来源于沈阳市。

(3)提供劳务所得按照劳务发生地确定。在此案例中,劳务发生地是技术咨询服务提供的地点,即盛源技术咨询服务中心所在地沈阳市。因此,这笔300万元的提供劳务所得应来源于沈阳市。

(4)转让不动产所得按照不动产所在地确定。在此案例中,不动产所在地是房产的所在地锦州市。因此,这笔800万元的转让不动产所得应来源于锦州市。

(5)股息所得按照分配股息的企业所在地确定。在此案例中,分配股息的企业是丹东市的公司。因此,这笔200万元的股息所得应来源于丹东市。

三、企业所得税税率

企业所得税实行比例税率,其税率根据企业的类型和所得情况有所不同,如表5-3所示。

表5-3 企业所得税税率简表

分类	税率	适用情形
基本税率	25%	(1)居民企业:来源于境内、境外的所得。 (2)非居民企业:境内所设机构、场所取得的所得;发生在境外,但与其所设机构、场所有实际联系的所得
低税率	20% 实际按10%征收	(1)在中国境内未设立机构、场所的非居民企业:在境内取得的所得。 (2)在中国境内设立机构、场所非居民企业:取得与所设机构、场所无实际联系的所得
优惠税率	20%	小型微利企业
	15%	(1)高新技术企业。 (2)技术先进型服务企业。 (3)设在西部地区,以《西部地区鼓励类产业目录》中产业项目为主营业务的企业。 (4)注册在海南自由贸易港的企业

企业所得税优惠税率,是针对特定类型企业或特定地区的企业所实施的一种优惠措施,旨在鼓励企业发展、促进产业升级和区域经济发展。

(一) 小型微利企业(20%)

小型微利企业,是指从事国家非限制和禁止行业,且同时符合年度应纳税所得额不超过一定标准(300万元)、从业人数不超过一定数量(300人)、资产总额不超过一定额度(5 000万元)三个条件的企业。小型微利企业不仅可以获得20%的优惠税率,还可享受减计应纳税所得额的优惠,如表5-4所示。

表5-4 小型微利企业所得税应纳税所得额优惠

执行期间	应纳税所得额不超过100万元的部分	应纳税所得额超过100万元,但不超过300万元的部分
2019年1月1日—2021年12月31日	减按25%计入应纳税所得额	减按50%计入应纳税所得额
2021年1月1日—2022年12月31日	减按12.5%计入应纳税所得额	减按50%计入应纳税所得额
2023年1月1日—2027年12月31日	减按25%计入应纳税所得额	

从业人数包含与企业建立劳动关系的职工人数和企业接受的劳务派遣用工人数。从业人数、资产总额应按企业全年的季度平均值确定。年中开业或终止经营活动的,以其实际经营期作为一个纳税年度。

(二) 高新技术企业(15%)

高新技术企业,是指在中国境内(不包括港、澳、台地区)注册的企业,近三年内通过自主研发、受让、受赠、并购等方式,或通过5年以上的独占许可方式,对其主要产品(服务)的核心技术拥有自主知识产权,且在《国家重点支持的高新技术领域》规定范围内的企业。

(三) 技术先进型服务企业(15%)

技术先进型服务企业,是指从事信息技术外包服务、技术性业务流程外包服务、技术性知识流程外包服务等业务的企业,且需满足一系列条件,如注册地及实际经营地在中国境内,近一个会计年度从事《技术先进型服务业务认定范围(试行)》中的技术先进型服务业务收入总额占本企业当年总收入的50%以上。

(四) 西部地区鼓励类企业(15%)

自2021年1月1日至2030年12月31日,对设在西部地区,以《西部地区鼓励类产业目录》中规定的产业项目为主营业务,且其主营业务收入占企业收入总额60%以上的企业,经企业申请,税务机关审核确认后,可以减按15%的税率征收企业所得税。这一政策旨在促进西部地区经济发展,加快产业结构调整和优化升级。

(五) 注册在海南自由贸易港的企业(15%、免征)

对注册在自贸港并实质性运营的鼓励类产业企业,减按15%的税率征收企业所得税。上述鼓励类产业企业,是指以海南自由贸易港鼓励类产业目录中规定的产业项目为主营业务,且其主营业务收入占企业收入总额 60% 以上的企业。对于在海南自由贸易港设立的旅游业、现代服务业、高新技术产业企业新增境外直接投资取得的所得,免征企业所得税。

税润民生

发挥税收职能作用,助力中小企业向新而进

上海市深入开展优质中小企业梯度培育工作,截至 2023 年年末,已累计培育创新型中小企业超 2 万家。成立于 1990 年的富申冷机是一家饮料销售设备的专业制造企业,多次被评为"上海高新技术企业""外商投资先进企业"。财务总监何立说,近三年公司研发投入超过 600 万元,同时享受各类税费减免超过 100 万元,在税费优惠等政策支持下,推出台式冷藏柜、商用机械式关东煮等产品,投入市场后反馈很好。

随堂练习 5-4:(多选题)下列关于企业所得税税率的表述中,正确的有(　　)。
A. 居民企业的企业所得税税率为 25%
B. 小型微利企业的企业所得税税率为 25%
C. 非居民企业在中国境内设立机构、场所取得的所得,其税率通常为 25%
D. 特定类型的企业的所得可以享受税收优惠政策

答案: ACD。
解析: 选项 B 应为 20% 的企业所得税优惠税率。

任务二　确认企业所得税收入

一、收入总额

(一)一般收入的确认

1. 具体内容

企业的一般收入包含销售货物收入、提供劳务收入、转让财产收入、权益性投资收益、利息收入、租金收入、特许权使用费收入、接受捐赠收入和其他收入,如表 5-5 所示。

> **温馨提示**
> 收入总额 = 营业收入 + 投资收益 + 营业外收入
> 　　　　 = 销售货物收入 + 提供劳务收入 + 转让财产收入 + 股息、红利等权益性投资收益 + 利息收入 + 租金收入 + 特许权使用费收入 + 接受捐赠收入 + 其他收入

表 5-5 企业所得税的收入类型及其内容

类型	内容
销售货物收入	企业销售商品、产品、原材料、包装物、低值易耗品以及其他存货取得的收入
提供劳务收入	企业从事建筑安装、修理修配、交通运输、仓储租赁、金融保险、邮电通信、咨询经纪、文化体育、科学研究、技术服务、教育培训、餐饮住宿、中介代理、卫生保健、社区服务、旅游、娱乐、加工以及其他劳务服务活动取得的收入
转让财产收入	企业转让固定资产、生物资产、无形资产、股权、债权等财产取得的收入
股息、红利等权益性投资收益	企业因权益性投资从被投资方取得的收入
利息收入	企业将资金提供他人使用但不构成权益性投资,或者因他人占用本企业资金取得的收入,包括存款利息、贷款利息、债券利息、欠款利息等收入
租金收入	企业提供固定资产、包装物或者其他有形资产的使用权取得的收入
特许权使用费收入	企业提供专利权、非专利技术、商标权、著作权以及其他特许权的使用权取得的收入
接受捐赠收入	企业接受的来自其他企业、组织或者个人无偿给予的货币性资产、非货币性资产
其他收入	企业取得《企业所得税法》具体列举的收入外的其他收入,包括企业资产溢余收入、逾期未退包装物押金收入、确实无法偿付的应付款项、已作坏账损失处理后又收回的应收款项、债务重组收入、补贴收入、违约金收入、汇兑收益等
视同销售收入	企业发生非货币性资产交换,以及将货物、财产、劳务用于捐赠、偿债、赞助、集资、广告、样品、职工福利或者利润分配等用途的

随堂练习 5-5:(多选题)纳税人发生的下列行为中,应视同销售确认收入的有( )。
A. 将货物用于偿还债务   B. 将货物用于广告
C. 将货物用于捐赠   D. 将货物用于换入设备
答案: ABCD。
解析: 企业所得税比增值税的视同销售范畴更广。

2. 确认时间

在满足收入确认条件的基础上,不同类型的收入确认时间不同,如表 5-6 所示。

表 5-6 收入确认时间

收入类型		确认时间
销售货物收入	采用托收承付方式	办妥托收手续时 注意:增值税还需发出货物
	采用预收款方式	发出商品时
	商品需要安装检验的	(1)一般情况:购买方接受商品以及安装和检验完毕时。 (2)安装程序较简单:可在发出商品时确认
	采用支付手续费方式委托代销的	收到代销清单时
	采用分期付款方式	按照合同约定的收款日期确认 注意:增值税还包括未约定的以发出商品时确认

续表

收入类型	确认时间
提供劳务收入	一般按照完工进度进行确认（详见视野拓展）
股息、红利等权益性投资收益	按照被投资方作出利润分配决定的日期确认
利息收入	按照合同约定应付日期确认
租金收入	
特许权使用费收入	
接受捐赠收入	实际收到捐赠日

> **温馨提示**
>
> 出售、出租财产以及持有财产期间获得分红的收入确认有所不同，如表 5-7 所示。
>
> 表 5-7　区分出售、出租财产或持有财产分红的不同
>
> | 财产类型 | 出售情形 | 出租、持有分红情形 |
> | --- | --- | --- |
> | 生产设备 | 转让财产收入 | 租金收入 |
> | 专利权 | | 特许权使用费收入 |
> | 股权 | | 股息、红利等权益性投资收益 |

随堂练习 5-6：（多选题）下列各项中，属于转让财产收入的有（　　）。

A. 销售包装物取得的收入　　B. 转让无形资产取得的收入
C. 转让股权取得的收入　　　D. 提供专利权使用权取得的收入

答案：BC。

解析：选项 A 属于销售货物收入，选项 D 属于特许权使用费收入。

（二）特殊收入的确认

1. 售后回购方式销售商品

销售的商品按售价确认收入，回购的商品作为购进商品处理。有证据表明不符合销售收入确认条件的，如以销售商品方式进行融资，收到的款项应确认为负债。回购价格大于原售价的，差额应在回购期间确认为利息费用。

2. 以旧换新方式销售商品

按照销售商品收入的确认条件确认收入，回收的商品作为购进商品处理。

3. 各类折扣情况下销售商品

（1）商业折扣。按照扣除商业折扣后的金额确定销售商品收入金额。

（2）现金折扣。按照扣除现金折扣前的金额确定销售商品收入金额，现金折扣在实际发生时作为财务费用扣除。

（3）销售折让。已经确认销售收入的售出商品发生销售折让和销售退回，应当在发生

当期冲减当期销售商品收入。

随堂练习 5-7：（计算题）一款护颈枕不含增值税售价为 100 元，销售方给予 2% 的折扣，请分别计算三种折扣情况下应确认的收入额。

解析： 商业折扣下确认收入 98 元；现金折扣下确认收入 100 元；销售折让下冲减收入 2 元。

4. 买一赠一等方式组合销售商品

此类销售中的赠品不属于捐赠，将总销售额按各商品公允价值的比例进行分摊，确认各项销售收入。

随堂练习 5-8：（计算题）乐尔乐超市电热水壶不含增值税单价为 100 元，购买则附赠清洁剂一个（同期同类不含增值税单价为 10 元），共确认收入 100 元。应该如何将该笔收入进行分摊？

解析： 电热水壶收入 =100×100÷（100+10）=90.91（元）
　　　　 清洁剂收入 =100×10÷（100+10）=9.09（元）

5. 企业受托加工制造大型机械设备、船舶、飞机等，以及从事建筑、安装、装配业务或者提供劳务等，持续时间超过 12 个月的

按照纳税年度内完工进度或者完成的工作量确认收入的实现。

6. 采取产品分成方式取得收入

以企业分得产品的时间确认收入的实现，其收入额按照产品的公允价值确定。

随堂练习 5-9：（单选题）11 月 1 日，大连西华建筑公司与其客户签订一项销售合同，采用预收款方式销售一批商品，并于 11 月 10 日收到全部价款。大连西华建筑公司 11 月 20 日发出商品，其客户 11 月 21 日收到该批商品。下列关于大连西华建筑公司上述销售收入确认时间的表述中，正确的是（　　）。

A. 于 11 月 10 日确认销售收入　　B. 于 11 月 21 日确认销售收入
C. 于 11 月 20 日确认销售收入　　D. 于 11 月 1 日确认销售收入

答案： C。

解析： 采用预收款方式的，其收入确认时间为发出商品时。

典型案件

不符合税费优惠政策享受条件的企业骗取税款被移送司法部门处理

近期，厦门市税务局按照税务总局工作部署，加强对税费优惠政策落实领域的监督执纪工作，1 名税务人员帮助不符合税费优惠政策享受条件的企业骗取税款被移送司法部门处理。

经查，厦门市某区税务局税源管理二科二级主办林某内外勾结，在明知企业不符合税费优惠政策享受条件的情况下，利用其担任税源管理员的职务便利，违规予以审核通过，并从骗取的税款中分成牟利。林某涉嫌犯罪问题已移送司法部门处理。

二、不征税收入与免税收入

应税收入、不征税收入和免税收入均应计入收入总额。

(一)不征税收入

不征税收入,是指从性质和根源上不属于企业营利性活动带来的经济利益、不作为应纳税所得额组成部分的收入,不应列为征收范围的收入。

收入总额中的下列收入列为不征税收入:

1. 财政拨款

这是指各级人民政府对纳入预算管理的事业单位、社会团体等组织拨付的财政资金,但国务院和国务院财政、税务主管部门另有规定的除外。

2. 依法收取并纳入财政管理的行政事业性收费、政府性基金

这是指政府及其所属部门根据法律、行政法规的规定,为支持公共事业发展,向公民、法人和其他组织收取的费用,具有专项用途并纳入财政管理。

3. 国务院规定的其他不征税收入

这是指企业取得的由国务院财政、税务主管部门规定专项用途并经国务院批准的财政性资金,如全国社会保障基金取得的直接股权投资收益、股权投资基金收益。

(二)免税收入

(1)国债利息收入免税。

(2)符合条件的居民企业之间的股息、红利等权益性投资收益。未上市居民企业与上市居民企业之间权益性投资收益应税免税比较如表5-8所示。

表5-8 居民企业之间的股息、红利等权益性投资收益应税免税比较

被投资企业性质	持有时间	是否免税
未上市居民企业	不限制	免税
上市居民企业	大于等于12个月	免税
	小于12个月	不免税

(3)符合条件的非营利组织从事非营利性活动取得的收入给予免税,但从事营利性活动取得的收入应依法征税。

(4)下列所得免征企业所得税:

① 外国政府向中国政府提供贷款取得的利息所得。

② 国际金融组织向中国政府和居民企业提供优惠贷款取得的利息所得。

(5)对企业取得的2012年及以后年度发行的地方政府债券利息收入,免征企业所得税。

(6)对企业投资者持有2024年—2027年发行的铁路债券取得的利息收入,减半征收企业所得税。

随堂练习5-10:(单选题)下列各项中,应当计入应纳税所得额的是(   )。

A. 全国社会保障基金取得的直接股权投资收益

B. 转让企业债券取得的收入

C. 企业购买国债取得的利息收入

D. 县级以上人民政府将国有资产无偿划入企业并指定专门用途并按规定进行管理

答案：B。

解析：选项 A、D 属于不征税收入；选项 C 属于免税收入。

💡 **头脑风暴**：不征税收入与免税收入的区别与联系有哪些？

任务三　确定企业所得税扣除项目

一、不得税前扣除项目

（1）向投资者支付的股息、红利等权益性投资收益款项。
（2）企业所得税税款。
（3）税收滞纳金。
（4）罚金、罚款和被没收财物的损失。

> **温馨提示**
>
> 违反"公法"税前不得扣除：税收滞纳金、罚款、罚金、被没收财物的损失。
> 违反"私法"税前据实扣除：合同违约金、银行罚息、法院判决由企业承担的诉讼费。

（5）不符合规定的捐赠支出。
（6）赞助支出，具体是指企业发生的与生产经营活动无关的各种非广告性质的赞助支出。
（7）未经核定的准备金支出。
（8）企业之间支付的管理费、企业内营业机构之间支付的租金和特许权使用费，以及非银行企业内营业机构之间支付的利息。
（9）与取得收入无关的其他支出。

> **典型案件**
>
> ### 巨额费用藏蹊跷，账实核查揭谜底
>
> 2023 年 5 月，企业所得税汇算清缴工作结束后，罗湖区税务局征管部门的税务人员在分析企业申报信息时，一家名为 H 公司的申报表引起了他们的注意。
>
> 核查结果表明，从 2019 年至 2022 年，该公司税前扣除的 1.99 亿元贷款利息费用，与其咨询服务主营业务及收入并无关联，不能税前列支。列支的利息费用中有 200 万元未实际支付和取得发票，也不符合税前列支规定。随后，税务人员对 H 公司财务人员进行细致的更正申报辅导，对企业违规列支的 2.01 亿元利息费用依规定作了调减处理。H 公司按照税务人员的指导，对相关账目重新进行调整，调减后企业可弥补亏损额降为零。

二、准予扣除的项目

（一）税前扣除项目的原则

企业申报的扣除项目和金额要真实、合法。除税收法规另有规定外,税前扣除一般应遵循以下原则：

（1）权责发生制原则。企业费用应在发生的所属期扣除,而不是在实际支付时确认扣除。

（2）配比原则。企业发生的费用应当与收入配比扣除;除特殊规定外,企业发生的费用不得提前或滞后申报扣除。

（3）相关性原则。企业可扣除的费用从性质和根源上必须与取得应税收入直接相关。

（4）确定性原则。企业可扣除的费用不论何时支付,其金额必须是确定的。

（5）合理性原则。符合生产经营活动常规,应当计入当期损益或者有关资产成本的必要和正常的支出。

（二）税前扣除项目的范围

企业实际发生的与取得收入有关的、合理的支出,包括成本、费用、税金、损失和其他支出,准予在计算应纳税所得额时扣除。

（1）成本,指生产经营成本。

（2）费用,指三项期间费用（销售费用、管理费用、财务费用）。

（3）税金,不包括可抵扣的增值税、企业所得税,如表 5-9 所示。

表 5-9 税金的扣除情形

情形		税费
不得扣除		增值税、企业所得税
可以扣除	计入税金及附加在当期扣除	消费税、资源税、土地增值税、出口关税、城市维护建设税及教育费附加、房产税、车船税、城镇土地使用税、印花税、环境保护税
	发生当期计入相关资产成本,在以后各期分摊扣除	车辆购置税、契税、进口关税、耕地占用税、不得抵扣的增值税

（4）损失,指企业在生产经营活动中发生的固定资产和存货的盘亏、毁损、报废损失、转让财产损失、呆账损失、坏账损失以及其他损失等。

（5）其他支出。

三、税前扣除标准

（一）工资、薪金支出和四项经费的扣除

（1）企业发生的合理的工资、薪金支出,准予扣除。

（2）四项经费的扣除。

职工福利费、工会经费、职工教育经费、党组织工作经费按比例扣除,如表 5-10 所示。

表 5-10 四项经费的扣除规定

费用名称	扣除规定	超额部分是否结转扣除
职工福利费	不超过工资、薪金总额 14% 的部分,准予扣除	不予结转扣除
工会经费	不超过工资、薪金总额 2% 的部分,准予扣除	不予结转扣除
职工教育经费	不超过工资、薪金总额 8% 的部分,准予扣除	准予以后结转扣除
党组织工作经费（以实际发生金额为准）	国有企业（包括国有独资、全资和国有资本绝对控股、相对控股企业）纳入管理费用的党组织工作经费,实际支出不超过工资、薪金总额 1% 的部分,准予扣除	可结转下一年度使用。但累计结转超过上一年度职工工资总额 2% 的,当年不再从管理费用中安排
	非公有制企业党组织工作经费纳入企业管理费列支,不超过职工年度工资、薪金总额 1% 的部分,准予扣除	—

（3）企业实际发生的合理的劳动保护支出,准予扣除。

随堂练习 5-11：（单选题）大连伍东机械制造厂全年合理工资薪金支出为 100 万元,发生职工福利费 18 万元、职工教育经费 1.5 万元。已知,在计算企业所得税应纳税所得额时,职工福利费支出、职工教育经费支出的扣除比例分别为工资、薪金总额的 14% 和 8%。该厂计算企业所得税应纳税所得额时,其准予扣除的职工福利费和职工教育经费合计为（　　）万元。

A. 15.5　　　　B. 22　　　　C. 19.5　　　　D. 26

答案：A。

解析：$100 \times 14\% + 1.5 = 15.5$（万元）

（二）保险费扣除

一般来说,按规定的范围和标准为职工缴纳的社会保险费准予扣除。缴纳的商业保险费若与企业的生产经营有关,准予扣除。各类保险费的扣除规定如表 5-11 所示。

表 5-11 各类保险费的扣除规定总结

保险名称	扣除规定
"五险一金"	准予扣除
补充养老保险／补充医疗保险	分别不超过工资、薪金总额 5% 的部分,准予扣除
企业财产保险	准予扣除
雇主责任险、公众责任险	准予扣除
特殊工种人身安全保险	准予扣除
职工因公出差乘坐交通工具发生的人身意外保险费	准予扣除
其他商业保险	不得扣除

随堂练习 5-12：（计算题）大连西华建筑公司本年度会计利润为 1 000 万元，支出中包括：合理的工资薪金总额 1 000 万元，按规定标准为职工缴纳基本社会保险费 150 万元，为受雇的全体员工支付补充养老保险费 80 万元、补充医疗保险费 120 万元，为公司高管购买重大疾病险缴纳商业保险费 30 万元。不考虑其他因素，请计算支出项目的扣除限额。

解析：计算结果如表 5-12 所示。

表 5-12　计算结果　　　　　　　　　　　　　　　　　　单位：万元

项目	金额	扣除限额
合理的工资薪金	1 000	—
基本社会保险费	150	—
补充养老保险费	80	50
补充医疗保险费	120	50
为公司高管缴纳商业保险费	30	—

（三）借款费用

企业在生产经营活动中发生的合理的借款费用，不需要资本化的，准予扣除；需要资本化的，应当计入资产成本，不得单独作为财务费用扣除。

（四）利息费用

（1）非金融企业向金融企业借款的利息支出、金融企业的各项存款利息支出和同业拆借利息支出、企业经批准发行债券的利息支出，可据实扣除。

（2）非金融企业向非金融企业借款的利息支出，不超过按照金融企业同期同类贷款利率计算的数额的部分可据实扣除，超过部分不予扣除。

💡 **头脑风暴**：金融企业只包括我们生活中常见的商业银行吗？

（3）在规定期限内未缴足应缴资本额的，该企业对外借款所发生的利息相当于投资者实缴资本额与在规定期限内应缴资本额的差额应计付的利息，不属于合理的支出，不得扣除。

（4）企业向股东或其他与企业有关联关系的自然人借款的利息支出，应计算企业所得税扣除额。企业向除股东或其他与企业有关联关系的自然人以外的内部职工或其他人员借款的利息支出，其借款情况同时符合以下条件的，其利息支出在不超过按照金融企业同期同类贷款利率计算的数额的部分，准予扣除：

① 企业与个人之间的借贷是真实、合法、有效的，并且不具有非法集资目的或其他违反法律、法规的行为。

② 企业与个人之间签订了借款合同。

随堂练习 5-13：（单选题）2025 年 3 月月初，大连西华建筑公司向金融企业借入流动资金 900 万元，期限为 3 个月，年利率为 6%；向非金融企业宝丰机械制造有限公司借入同类借款 1 800 万元，期限为 3 个月，年利率为 12%。其准予扣除的利息费用为（　　）。

A. 1 800×12%÷12×3=54（万元）
B. 900×6%÷12×3+1 800×12%÷12×3=67.5（万元）
C. 900×6%÷12×3=13.5（万元）
D. 900×6%÷12×3+1 800×6%÷12×3=40.5（万元）

答案：D。

解析：企业计算利息支出时，不超过金融企业同期同类贷款利率计算的数额。

（五）租赁费

（1）以经营租赁方式租入固定资产发生的租赁费支出，按照租赁期限均匀扣除。

（2）以融资租赁方式租入固定资产发生的租赁费支出，按照规定构成融资租入固定资产价值的部分应当提取折旧费用，分期扣除。

💡 **头脑风暴**：经营租赁和融资租赁的区别有哪些？

（六）业务招待费

企业发生的与生产经营活动有关的业务招待费支出，按照发生额的60%扣除，但最高不得超过当年销售（营业）收入的5‰。

销售（营业）收入为不含增值税的收入，包括销售货物收入、让渡资产使用权（收取资产租金或使用费）收入、提供劳务收入等主营业务收入，还包括其他业务收入、视同销售收入等，但不包括营业外收入、转让固定资产或无形资产所有权收入（转让固定资产或无形资产所有权收入在会计上计入资产处置损益）、投资收益（从事股权投资业务的企业除外）。

> **温馨提示**
> 对于一般企业来说，销售（营业）收入 = 主营业务收入 + 其他业务收入 – 视同销售收入。

随堂练习5-14：（计算题）大连西华建筑公司本年取得销售收入5 000万元，发生与生产经营活动有关的业务招待费支出40万元。请计算准予扣除的业务招待费支出。

解析：① 发生额的60%=40×60%=24（万元）
② 当年销售（营业）收入的5‰=5 000×5‰=25（万元）
①＜②，因此24万元准予扣除。

（七）广告费和业务宣传费

1. 一般规定

广告费和业务宣传费不超过当年销售（营业）收入15%的部分，准予扣除；超过部分，准予在以后纳税年度结转扣除。

2. 特殊规定

（1）对化妆品制造或销售、医药制造和饮料制造（不含酒类制造）企业发生的广告费和业务宣传费支出，不超过当年销售（营业）收入30%的部分，准予扣除；超过部分，准予在以后纳税年度结转扣除。

（2）烟草企业的烟草广告费和业务宣传费支出，一律不得扣除。

随堂练习5-15：（计算题）沈阳北宸服饰公司为居民企业，本年会计利润为2 000万元，发生的部分财务资料如下：

（1）取得羽绒服销售收入 8 000 万元。

（2）转让一项羽绒服保暖技术的所有权,取得符合税收优惠条件的技术所有权转让收入 800 万元,发生与之相关的转让成本及税费 100 万元。

（3）取得国债利息收入 135 万元、石化公司债券利息收入 180 万元。

（4）发生符合条件的广告费和业务宣传费支出 1 500 万元。

请计算准予抵扣的广告费和业务宣传费。

解析：收入类型及归属如表 5-13 所示。

表 5-13 收入类型及归属

业务	收入类型	是否计入销售（营业）收入
羽绒服销售收入	销售货物收入	√
转让羽绒服保暖技术所有权收入	财产转让收入	×
国债利息收入	利息收入	×
债券利息收入	利息收入	×

综上,当年销售（营业）收入为 8 000 万元。

广告费和业务宣传费支出税法扣除限额 =8 000×15%=1 200（万元）

实际发生额 1 500 万元 > 限额 1 200 万元,税前按限额扣除 1 200 万元。

广告费和业务宣传费支出的纳税调增额 =1 500-1 200=300（万元）

（八）公益性捐赠

1. 公益性捐赠的范围

（1）企业通过公益性社会组织或者县级以上人民政府及其部门,用于符合法律规定的慈善活动、公益事业的捐赠。

（2）自 2021 年 1 月 1 日起,企业或个人通过公益性群众团体用于符合法律规定的公益慈善事业捐赠支出,准予按税法规定扣除。

2. 扣除规则

（1）企业当年发生以及以前年度结转的公益性捐赠支出,不超过年度利润总额 12% 的部分,准予扣除;超过部分,准予结转以后 3 年内扣除。企业在对公益性捐赠支出计算扣除时,应先扣除以前年度结转的捐赠支出,再扣除当年发生的捐赠支出。

（2）自 2019 年 1 月 1 日至 2025 年 12 月 31 日,用于目标脱贫地区的扶贫捐赠支出,准予在计算企业所得税应纳税所得额时据实扣除。企业同时发生扶贫捐赠支出和其他公益性捐赠支出,在计算公益性捐赠支出年度扣除限额时,符合条件的扶贫捐赠支出不计算在内。

3. 公益性捐赠金额的确定

企业在非货币性资产捐赠过程中发生的运费、保险费、人工费用等相关支出,凡纳入国家机关、公益性社会组织开具的公益捐赠票据记载的数额中的,作为公益性捐赠支出按照规定在税前扣除;上述费用未纳入公益性捐赠票据记载的数额中的,作为企业相关费用按照规定在税前扣除。

随堂练习 5-16:（单选题）大连西华建筑公司本年利润总额为 600 万元,通过当地乡政府向文化事业捐款 55 万元,通过公益性社会组织向教育事业捐款 10 万元。则准予扣除的公益性捐赠支出为（　　）万元。

A. 10　　　　　B. 72　　　　　C. 65　　　　　D. 55

答案：A。

解析：通过当地乡政府捐赠不属于公益性捐赠,不得税前扣除；公益性捐赠扣除限额 =600×12%=72（万元）,通过公益性社会组织向教育事业的捐款 10 万元未超过限额,准予全额在税前扣除。

（九）资产损失

企业当期发生的固定资产和流动资产盘亏、毁损净损失,由其提供清查盘存资料经主管税务机关审核后,准予扣除。扣除金额为企业发生的损失金额,减除责任人赔偿和保险赔款后的余额。

企业因存货盘亏、毁损、报废等原因不得从销项税额中抵扣的进项税额,应视同企业财产损失,准予与存货损失一起在所得税前按规定扣除；存货因不可抗力损失或者发生合理损耗,对应的进项税额仍然可以抵扣,不作损失处理。

企业已经作为损失处理的资产,在以后纳税年度又全部收回或者部分收回时,应当计入当期收入。

随堂练习 5-17:（计算题）2025 年 1 月,大连西华建筑公司（一般纳税人）因管理不善损失原材料一批,成本为 30 万元,取得保险公司赔款 8 万元；另因自然灾害损失存货一批,成本为 20 万元。已知增值税税率为 13%,进项税额均已抵扣。请计算税前可以扣除的损失金额。

解析：因管理不善损失的原材料,对应的进项税额不得抵扣,税前可以扣除的损失 =30×（1+13%）-8=25.9（万元）；因自然灾害损失的存货,对应的进项税额可以抵扣,税前可以扣除的损失为 20 万元；税前可以扣除的损失合计为 45.9 万元。

（十）其他扣除项目

1. 环境保护专项资金

企业依照法律、行政法规的有关规定提取的用于环境保护、生态恢复等方面的专项资金,准予扣除；上述专项资金提取后改变用途的,不得扣除。

2. 汇兑损失

企业在货币交易中以及纳税年度终了时,将人民币以外的货币性资产、负债按照期末即期人民币汇率中间价折算为人民币时产生的汇兑损失,除已经计入有关资产成本以及与向所有者进行利润分配相关的部分外,准予扣除。

3. 手续费及佣金支出

企业发生与生产经营有关的手续费及佣金支出,按照以下规定扣除,如表 5-14 所示。

表 5-14　不同类型企业手续费及佣金扣除标准

企业类型	手续费及佣金扣除标准
保险企业	按当年全部保费收入扣除退保金等后余额的 18% 计算限额扣除；超过部分准予结转以后年度扣除

续表

企业类型	手续费及佣金扣除标准
从事代理服务,主营业务收入为手续费、佣金的企业(证券、期货、保险代理)	取得该类收入而实际发生的营业成本,准予据实扣除
其他企业	按与具有合法经营资格"中介服务机构和个人"所签订合同确认收入金额的"5%"计算限额

💡 **头脑风暴**：允许在以后纳税年度结转扣除的费用有哪些？

4. 有关资产的费用

（1）企业转让各类固定资产发生的费用,允许扣除。

（2）企业按规定计算的固定资产折旧费、无形资产和递延资产的摊销费,准予扣除。

5. 总机构分摊的费用

非居民企业在中国境内设立的机构、场所,就其中国境外总机构发生的与该机构、场所生产经营有关的费用,能够提供总机构出具的费用汇集范围、定额、分配依据和方法等证明文件,并合理分摊的,准予扣除。

6. 依照有关法律、行政法规和国家有关税法规定准予扣除的其他项目

如会员费、合理的会议费、差旅费、违约金、诉讼费用等。

任务四 资产所得税处理

一、资产的计税基础与净值

资产的计税基础,是指企业收回资产账面价值过程中,计算应纳税所得额时按照税法规定可以从应税经济利益中抵扣的金额。

税法规定,固定资产、生物资产、无形资产、长期待摊费用、投资资产、存货等资产,均以历史成本作为计税基础。历史成本是企业在取得该项资产时实际发生的支出。企业持有各项资产期间,若资产价值发生增值或减值,除国务院财政、税务主管部门明确允许确认损益外,不得调整该资产的计税基础。

企业转让资产时,其净值允许在计算应纳税所得额时予以扣除。净值是指该资产或财产的计税基础减去已按规定扣除的折旧、折耗、摊销、准备金等后的余额。企业重组时一般应在交易发生时确认相关资产转让所得或损失,并应依据交易价格重新确定相关资产的计税基础。

二、固定资产的税务处理

固定资产包括房屋、建筑物、机器、机械、运输工具以及其他与生产经营活动有关的设备、器具、工具等。

（一）固定资产的计税基础

根据取得的方式不同,固定资产计税基础的确定方法也有所差异,如表5-15所示。

表 5-15 各类固定资产的计税基础

取得方式		计税基础
外购		购买价款 + 支付的相关税费 + 直接归属于使用该资产达到预定用途发生的其他支出
自行建造		竣工结算前发生的支出
融资租入	租赁合同约定付款总额	合同约定的付款总额 + 签订合同中发生的相关费用
	租赁合同未约定付款总额	公允价值 + 签订合同中发生的相关费用
盘盈		同类固定资产的"重置完全价值"
捐赠、投资、非货币性资产交换、债务重组		公允价值 + 支付的相关税费
改建		以改建支出增加计税基础

（二）固定资产的折旧范围

在计算应纳税所得额时，企业按照税法规定计算的固定资产折旧，准予扣除；但下列固定资产不得计算折旧扣除：

（1）房屋、建筑物以外未投入使用的固定资产。
（2）以经营租赁方式租入的固定资产。
（3）以融资租赁方式租出的固定资产。

温馨提示

以经营租赁方式租入的资产，由出租人计提折旧，承租人不得计提折旧；以融资租赁方式租出的资产，由承租人计提折旧，出租人不得计提折旧。

（4）已足额提取折旧仍继续使用的固定资产。
（5）与经营活动无关的固定资产。
（6）单独估价作为固定资产入账的土地。
（7）其他不得计提折旧扣除的固定资产。

随堂练习 5-18：（单选题）在计算企业所得税应纳税所得额时，下列固定资产中，不得计算折旧扣除的是（　　）。

A. 未投入使用的办公楼　　　　B. 以经营租赁方式租出的厂房
C. 以经营租赁方式租入的小汽车　D. 以融资租赁方式租入的生产设备

答案：C。
解析：选项 C 未取得固定资产的所有权，故而不得计提折旧。

（三）固定资产的折旧方法

固定资产按照直线法计算的折旧，准予扣除。企业应当自固定资产投入使用月份的次月起计算折旧；停止使用的固定资产，应当自停止使用月份的次月起停止计算折旧。

企业应当根据固定资产的性质和使用情况，合理确定固定资产的预计净残值。固定资产的预计净残值一经确定，不得变更。

（四）固定资产的最低折旧年限

除国务院财政、税务主管部门另有规定外，固定资产的最低折旧年限如表 5-16 所示。

表 5-16　固定资产的最低折旧年限规定　　　　　　　　　　　　单位：年

固定资产类型	最低折旧年限
房屋、建筑物	20
飞机、火车、轮船、机器、机械和其他生产设备	10
器具、工具、家具	5
飞机、火车、轮船以外的运输工具	4
电子设备	3

随堂练习 5-19：（多选题）下列关于企业固定资产折旧的处理中，不正确的有（　　）。

A. 2024 年 3 月 5 日购进一台起重机，2024 年 4 月 5 日投入使用，自 2024 年 4 月起计算折旧

B. 因生产经营调整，于 2024 年 8 月 1 日停止使用一批设备，自 2024 年 9 月起停止计算折旧

C. 2024 年 4 月 1 日以融资租赁方式租出一架小型喷气式飞机，之后继续对该飞机计提折旧

D. 2024 年 7 月以经营租赁方式租入一辆大型巴士，在计算企业所得税时，对该巴士计提折旧

答案：ACD。

解析：企业应当自固定资产投入使用月份的次月起计算折旧；停止使用的固定资产，应当自停止使用月份的次月起停止计算折旧。企业以经营租赁方式租入的固定资产、以融资租赁方式租出的固定资产，不得计算折旧扣除。

（五）固定资产的加速折旧

1. 一次性税前扣除政策

企业在 2018 年 1 月 1 日至 2027 年 12 月 31 日期间新购进的设备、器具，单位价值不超过 500 万元的，允许一次性计入当期成本费用，在计算应纳税所得额时扣除，不再分年度计算折旧。其特指房屋、建筑物以外的固定资产。

2. 加速折旧适用范围

税法规定，由于技术进步、产品更新换代较快的固定资产和常年处于强震动、高腐蚀状态的固定资产可以采用加速折旧方法。自 2019 年 1 月 1 日起，全部制造业企业新购进的固定资产适用固定资产加速折旧优惠。

3. 加速折旧方法

（1）缩短折旧年限方法，要求最低折旧年限不得低于法定折旧年限的 60%。

（2）加速折旧方法，可以采取双倍余额递减法或者年数总和法。

税务促"新"助企发展

2024 年 4 月 19 日，河北鸡泽县税务局工作人员带领税务专家服务团队到河北峰睿模

具科技有限公司调研时,了解到该公司近期新购进一批设备,正在安装调试。为帮助企业及时了解税收优惠政策,税务专家服务团队为这家企业的负责人专题辅导了固定资产加速折旧及新购进500万元以下设备一次性扣除等税收政策。

税务部门进企业调研,一般都是了解企业经营状况、产品生产工艺和税费优惠政策享受情况,宣传辅导研发费用加计扣除、社保费等相关税费优惠政策,征询企业办税诉求和意见建议。

三、生物资产的税务处理

(一)类型

生物资产,是指有生命的动物和植物。生物资产分为消耗性生物资产、生产性生物资产和公益性生物资产,如表5-17所示。只有生产性生物资产可以计提折旧。

表5-17 三种生物资产对比

类型	消耗性生物资产	生产性生物资产	公益性生物资产
持有目的	为出售而持有的或在将来收获为农产品	为产出农产品、提供劳务或出租等目的而持有	以防护、环境保护为主要目的
典型案例	生长中的农田作物、蔬菜、用材林以及存栏待售的牲畜	经济林、薪炭林、产畜和役畜	防风固沙林、水土保持林和水源涵养林

(二)生产性生物资产的计税基础

(1)外购的生产性生物资产,以购买价款和支付的相关税费为计税基础。

(2)通过捐赠、投资、非货币性资产交换、债务重组等方式取得的生产性生物资产,以该资产的公允价值和支付的相关税费为计税基础。

(三)生产性生物资产的折旧方法

生产性生物资产按照直线法计算的折旧,准予扣除。

企业应当自生产性生物资产投入使用月份的次月起计算折旧;停止使用的生产性生物资产,应当自停止使用月份的次月起停止计算折旧。企业应当根据生产性生物资产的性质和使用情况,合理确定生产性生物资产的预计残值,一经确定,不得变更。

(四)生产性生物资产的最低折旧年限

林木类的最低折旧年限为10年;畜类的最低折旧年限为3年。

四、无形资产的税务处理

无形资产,是指企业长期使用、但没有实物形态的资产,包括专利权、商标权、著作权、土地使用权、非专利技术、商誉等。

(一)无形资产的计税基础

不同方式取得的无形资产,其计税基础也不相同,如表5-18所示。

(二)无形资产的摊销范围

在计算应纳税所得额时,企业按照规定计算的无形资产摊销费用,准予扣除。

下列无形资产不得计算摊销费用扣除:

(1)自行开发的支出已在计算应纳税所得额时扣除的无形资产。

表 5-18　各类无形资产的计税基础

取得方式	计税基础
外购	购买价款 + 支付的相关税费 + 直接归属于使该资产达到预定用途发生的其他支出
自行开发	符合资本化条件后至达到预定用途前发生的支出
捐赠、投资、非货币性资产交换、债务重组	公允价值 + 支付的相关税费

（2）自创商誉。
（3）与经营活动无关的无形资产。
（4）其他不得计算摊销费用扣除的无形资产。

（三）无形资产的最低摊销年限

无形资产的摊销，采取直线法计算。无形资产的摊销年限不得低于 10 年。

作为投资或者受让的无形资产，有关法律规定或者合同约定了使用年限的，可以按照规定或者约定的使用年限分期摊销。

外购商誉的支出，在企业整体转让或者清算时，准予扣除。

五、长期待摊费用的税务处理

长期待摊费用是指企业发生的应在 1 个年度以上或几个年度进行摊销的费用。

企业发生的下列支出作为长期待摊费用，按照规定摊销的，准予扣除。

（1）已足额提取折旧的固定资产的改建支出，按照固定资产预计尚可使用年限分期摊销。
（2）租入固定资产的改建支出，按照合同约定的剩余租赁期限分期摊销。
（3）固定资产的大修理支出，按照固定资产尚可使用年限分期摊销。
（4）其他应当作为长期待摊费用的支出，自支出发生月份的次月起分期摊销，摊销年限不得低于 3 年。

随堂练习 5-20：（单选题）2020 年 12 月，沈阳绿叶广告传媒有限公司租赁商铺一间，租赁合同约定租赁期限为 8 年，2024 年 12 月进行改建，发生改建支出 40 万元。根据企业所得税法律制度的规定，该改建支出可以作为长期待摊费用在（　　）内摊销。

A. 2 年　　　　　　B. 4 年　　　　　　C. 6 年　　　　　　D. 一次性扣除

答案： B。

解析： 租入固定资产的改建支出，按照合同约定的剩余租赁期限 4 年（8-4）分期摊销。

六、投资资产的税务处理

投资资产，是指企业对外进行权益性投资和债权性投资而形成的资产。

企业对外投资期间，投资资产的成本在计算应纳税所得额时不得扣除。企业在转让或者处置投资资产时，投资资产的成本准予扣除。

企业通过支付现金方式取得的投资资产，以购买价款为成本；通过支付现金以外的方式取得的投资资产，以该资产的公允价值和支付的相关税费为成本。

七、存货的税务处理

存货，是指企业持有以备出售的产品或者商品、处在生产过程中的在产品、在生产或者提供劳务过程中耗用的材料和物料等。

（一）存货的成本

企业使用或者销售存货，按照规定计算的存货成本，准予在计算应纳税所得额时扣除。存货按照以下方式确定成本：

（1）通过支付现金方式取得的存货，以购买价款和支付的相关税费为成本。
（2）通过支付现金以外的方式取得的存货，以该存货的公允价值和支付的相关税费为成本。
（3）生产性生物资产收获的农产品，以产出或者采收过程中发生的材料费、人工费和分摊的间接费用等必要支出为成本。

（二）存货的计价方法

企业使用或者销售的存货的成本计算方法，可以在先进先出法、加权平均法、个别计价法中选用一种。计价方法一经选用，不得随意变更。

任务五　弥补亏损与税收优惠

一、弥补亏损

税法口径的亏损，是指每一纳税年度企业的收入总额减除不征税收入、免税收入和各项扣除后小于零的数额，是企业财务报表中的亏损报经主管税务机关按税法规定核实调整后的金额。

税法规定，企业纳税年度发生的亏损可以用下一年度的税前所得弥补，下一年度税前所得不足以弥补的，可以逐年延续弥补，先亏先补，但最长不得超过5年。

自2018年1月1日起，当年具备高新技术企业或科技型中小企业资格的企业，其具备资格年度之前5个年度发生的尚未弥补完的亏损，准予结转以后年度弥补，最长结转年限由5年延长至10年。

> **温馨提示**
>
> 境外营业机构的亏损不得抵减境内营业机构的盈利。

随堂练习5-21：（业务分析题）大连蓝天实业有限公司是2018年在我国境内成立的居民企业，适用企业所得税税率为25%。2018年至2024年的盈亏情况如表5-19所示。请分析该公司亏损弥补情况。

表5-19　2018年至2024年的盈亏情况　　　　　　　　　　　　单位：万元

项目	2018年	2019年	2020年	2021年	2022年	2023年	2024年
未弥补亏损前的所得	−120	100	−220	120	100	−100	350

解析： 2018年的亏损，可用2019年—2023年的所得弥补，2021年弥补后剩余100万元。

2020年的亏损，可用2021年—2025年的所得弥补，2024年弥补后剩余330万元。

2023年的亏损，可用2024年—2028年的所得弥补，2024年弥补后剩余230万元。

二、税收优惠

企业所得税的税收优惠方式包括免税、减税、加计扣除、加速折旧（在资产的所得税处理环节已介绍）、减计收入、税额抵免等。企业兼营不同项目的，其优惠项目应当单独计算所得，并合理分摊企业的期间费用；没有单独计算的，不得享受企业所得税优惠。

（一）减免税所得

1. 农、林、牧、渔业减、免税所得

（1）企业从事下列项目的所得，免征企业所得税：

① 蔬菜、谷物、薯类、油料、豆类、棉花、麻类、糖料、水果、坚果的种植。

② 农作物新品种的选育。

③ 中药材的种植。

④ 林木的培育和种植。

⑤ 牲畜、家禽的饲养。

⑥ 林产品的采集。

⑦ 灌溉、农产品初加工、兽医、农技推广、农机作业和维修等农、林、牧、渔服务业项目。

⑧ 远洋捕捞。

（2）企业从事下列项目的所得，减半征收企业所得税：

① 花卉、茶以及其他饮料作物和香料作物的种植。

② 海水养殖、内陆养殖。

2. 符合条件的技术转让所得

一个纳税年度内，居民企业转让技术所有权所得不超过500万元的部分，免征企业所得税；超过500万元的部分，减半征收企业所得税。

$$技术转让所得 = 技术转让收入 - 技术转让成本 - 相关税费$$

3. "三免三减半"

（1）企业从事国家重点扶持的公共基础设施项目的投资经营所得，自项目取得第一笔生产经营收入所属纳税年度起，第1年至第3年免征企业所得税，第4年至第6年减半征收企业所得税。但是，企业承包经营、承包建设和内部自建自用上述项目的，不得享受上述企业所得税优惠。

（2）企业从事符合条件的环境保护、节能节水项目的所得，自项目取得第一笔生产经营收入所属纳税年度起，第1年至第3年免征企业所得税，第4年至第6年减半征收企业所得税。

4. 集成电路生产企业或项目、集成电路相关企业和软件

自2020年1月1日起，对于国家鼓励的集成电路生产企业或项目，给予税收优惠，如表5-20所示。

对于按照集成电路生产企业享受税收优惠政策的，优惠期自获利年度起计算；对于按照集成电路生产项目享受税收优惠政策的，优惠期自项目取得第1笔生产经营收入所属纳税年度起计算，集成电路生产项目需单独进行会计核算、计算所得，并合理分摊期间费用。

表 5-20 不同种类集成电路的税收优惠

分类	税收优惠	关键词
集成电路线宽小于 28 纳米（含），且经营期在 15 年以上	第 1 年至第 10 年免征企业所得税	"十免"
集成电路线宽小于 65 纳米（含），且经营期在 15 年以上	第 1 年至第 5 年免征企业所得税，第 6 年至第 10 年按照 25% 的法定税率减半征收企业所得税	"五免五减半"
集成电路线宽小于 130 纳米（含），且经营期在 10 年以上	第 1 年至第 2 年免征企业所得税，第 3 年至第 5 年按照 25% 的法定税率减半征收企业所得税	"两免三减半"

对于企业国家鼓励的集成电路设计、装备、材料、封装、测试企业和软件企业，自获利年度起，第 1 年至第 2 年免征企业所得税，第 3 年至第 5 年按照 25% 的法定税率减半征收企业所得税（"两免三减半"）。

5. 免税

（1）自 2022 年 1 月 1 日起，对非营利性科研机构、高等学校接收企业、个人和其他组织机构的研究资金收入，免征企业所得税。

（2）从 2014 年 11 月 17 日起，对合格境外机构投资者、人民币合格境外机构投资者取得来源于中国境内的股票等权益性投资资产转让所得，暂免征收企业所得税。

6. 非居民企业减免税所得

在中国境内未设立机构、场所的，或者虽设立机构、场所但取得的所得与其所设机构、场所没有实际联系的非居民企业，其取得的来源于中国境内的所得，减按 10% 的税率征收企业所得税。

该类非居民企业取得下列所得免征企业所得税：

（1）外国政府向中国政府提供贷款取得的利息所得。

（2）国际金融组织向中国政府和居民企业提供优惠贷款取得的利息所得。

（3）经国务院批准的其他所得。

（二）加计扣除

1. 新技术、新产品、新工艺的研发费用

研究开发费用的加计扣除，是指企业为开发新技术、新产品、新工艺发生的研究开发费用。企业开展研发活动中实际发生的研发费用，未形成无形资产计入当期损益的，在按规定据实扣除的基础上，自 2023 年 1 月 1 日起，再按照实际发生额的 100% 在税前加计扣除；形成无形资产的，自 2023 年 1 月 1 日起，按照无形资产成本的 200% 在税前摊销。

其中，研发活动范围，是指企业为获得科学与技术新知识，创造性运用科学技术新知识，或实质性改进技术、产品（服务）、工艺而持续进行的具有明确目标的系统性活动。企业允许税前加计扣除的研发费用及不适用税前加计扣除政策的活动、行业如表 5-21 所示。

针对委托外单位进行研发、合作研发等特殊情况，税收优惠处理方式也有所不同，如表 5-22 所示。

表 5-21　允许税前加计扣除及不适用税前加计扣除的情形

允许税前加计扣除	不适用税前加计扣除的活动	不适用税前加计扣除的行业
（1）人员人工费用。 （2）直接投入费用。 （3）折旧费用。 （4）无形资产摊销。 （5）新产品设计费、新工艺规程制定费、新药研制的临床试验费、勘探开发技术的现场试验费。 （6）其他相关费用。 （7）财政部和国家税务总局规定的其他费用	（1）企业产品（服务）的常规性升级。 （2）对某项科研成果的直接应用，如直接采用公开的新工艺、材料、装置、产品、服务或知识等。 （3）企业在商品化后为顾客提供的技术支持活动。 （4）对现存产品、服务、技术、材料或工艺流程进行的重复或简单改变。 （5）市场调查研究、效率调查或管理研究。 （6）作为工业（服务）流程环节或常规的质量控制、测试分析、维修维护。 （7）社会科学、艺术或人文学方面的研究	（1）烟草制造业。 （2）住宿和餐饮业。 （3）批发和零售业。 （4）房地产业。 （5）租赁和商务服务业。 （6）娱乐业。 （7）财政部和国家税务总局规定的其他行业不适用税前加计扣除政策

表 5-22　特殊情况下研发费用加计扣除的处理方式

研发类型	研发费用加计扣除处理方式
委外研发	企业委托外部机构或个人进行研发活动所发生的费用，按照费用实际发生额的80%计入委托方研发费用并计算加计扣除，受托方不得再进行加计扣除。委托外部研究开发费用实际发生额应按照独立交易原则确定。委托方与受托方存在关联关系的，受托方应向委托方提供研发项目费用支出明细情况
委托境外进行研发活动	按照费用实际发生额的80%计入委托方的委托境外研发费用。委托境外研发费用不超过境内符合条件的研发费用三分之二的部分，可以按规定在企业所得税前加计扣除。上述费用实际发生额应按照独立交易原则确定。委托方与受托方存在关联关系的，受托方应向委托方提供研发项目费用支出明细情况
合作研发	企业共同合作开发的项目，由合作各方就自身实际承担的研发费用分别计算加计扣除
集中研发	企业集团根据生产经营和科技开发的实际情况，对技术要求高、投资数额大，需要集中研发的项目，其实际发生的研发费用，可以按照权利和义务相一致、费用支出和收益分享相配比的原则，合理确定研发费用的分摊方法，在受益成员企业间进行分摊，由相关成员企业分别计算加计扣除

随堂练习 5-22：（单选题）大连伍东机械制造厂是居民企业，以机械制造为主营业务。本年利润总额为500万元，实际发生未形成无形资产计入当期损益的研究开发费用50万元，无其他纳税调整项目。允许扣除的研究开发费用为（　　）万元。

　　A. =100　　　　B. =462.5　　　　C. =475　　　　D. =550

答案： A。

解析： 制造业企业开展研发活动中实际发生的研发费用，未形成无形资产计入当期损益的，在按规定据实扣除的基础上，再按照实际发生额的100%在税前加计扣除。允许扣除金额 =50+50×100%=100（万元）。

典型案件

依法查处虚报研发费用加计扣除偷税案件

国家税务总局阜阳市税务局第一稽查局根据精准分析线索,依法查处安徽大渝智能科技有限公司虚报研发费用加计扣除偷税案件。

经查,该企业通过虚构研发项目、虚报研发费用等手段,偷税104万元。税务稽查部门依据《中华人民共和国行政处罚法》《中华人民共和国税收征收管理法》的相关规定,对该企业依法追缴少缴税款、加收滞纳金并处罚款,共计180万元。

2. 安置国家鼓励就业人员所支付的工资

企业安置残疾人员的,在按照支付给残疾职工工资据实扣除的基础上,按照支付给残疾职工工资的100%加计扣除。企业安置国家鼓励安置的其他就业人员所支付的工资的加计扣除办法,由国务院另行规定。

随堂练习5-23:(单选题)沈阳绿叶广告传媒有限公司主要从事广告设计,本年会计利润为500万元,支付残疾职工工资10万元,发生新技术研究开发费用且未形成无形资产计入当期损益15万元。允许扣除的残疾职工工资为(　　)万元。

A. 5　　　　　　B. 10　　　　　　C. 20　　　　　　D. 15

答案:C。

解析:允许扣除的残疾职工工资=10+10×100%=20(万元)

(三)减计收入

(1)企业以《资源综合利用企业所得税优惠目录》规定的资源作为主要原材料,生产国家非限制和禁止并符合国家和行业相关标准的产品取得的收入,减按90%计入收入总额。

(2)自2019年6月1日起至2025年12月31日,社区提供养老、托育、家政等服务的机构,提供社区养老、托育、家政服务取得的收入,在计算应纳税所得额时,减按90%计入收入总额。

(四)税额抵免

企业购置并实际使用《环境保护专用设备企业所得税优惠目录》《节能节水专用设备企业所得税优惠目录》和《安全生产专用设备企业所得税优惠目录》规定的环境保护节能节水、安全生产等专用设备的,该专用设备的投资额的10%可以从企业当年的应纳税额中抵免;当年不足抵免的,可以在以后5个纳税年度结转抵免。

(五)抵扣应纳税所得额

创业投资企业采取股权投资方式投资于未上市的中小高新技术企业2年以上的,可以按照其投资额的70%在股权持有满2年的当年抵扣该创业投资企业的纳税所得额;当年不足抵扣的,可以在以后纳税年度结转抵扣。

随堂练习5-24:(单选题)东软创业投资有限公司为创业投资企业,享受股权投资应纳税所得额抵扣的税收优惠政策。2022年2月该公司以300万元对东大电力科技有限公司(未上市的中小高新技术企业)股权投资,持续持股。在未享受股权投资应纳税所得额抵扣的税收优惠政策前,2024年东软创业投资有限公司的企业所得税应纳税所得额为3 000万元。其应缴纳企业所得税为(　　)万元。

A.（3 000−300）×25%=675 B.（3 000−300×70%）×25%=697.5
C. 3 000×70%×25%=525 D.（3 000×70%−300）×25%=450

答案：B。

解析：注意两个数据，投资额的70%、股权持有满2年。

任务六　计算企业所得税应纳税额

一、应纳税所得额计算

（一）直接法

运用直接法计算应纳税所得税的公式如下：

应纳税所得额 = 收入总额 − 不征税收入 − 免税收入 − 各项扣除金额 − 弥补亏损

（二）间接法

运用间接法计算应纳税所得税的公式如下：

应纳税所得额 = 会计利润总额 + 纳税调整增加额 − 纳税调整减少额

式中，纳税调整主要是由财务会计处理和税法规定不同导致的，如表5-23所示。在计算应纳税所得额时，应当依照税收法律法规的规定计算。

表5-23　间接法下应纳税所得额调增或调减总结

项目	会计准则	税法	纳税调整	举例
收入、利得	√	×	调减	国债利息收入
	×	√	调增	货物对外捐赠
费用、损失	√	×	调增	罚金、罚款
	×	√	调减	无形资产研发费用

随堂练习5-25：（计算题）大连锦航木制品厂为我国一家居民企业，符合小型微利企业条件，其2024年应纳税所得额为280万元。计算该公司本年度应缴纳的企业所得税税额。

解析：应纳企业所得税 = 280×25%×20% = 14（万元）

随堂练习5-26：（计算题）大连华丰商贸有限公司为居民企业，2024年度有关财务收支情况如下（不考虑其他因素）：

（1）销售商品收入为2 000万元，出售一台设备取得收入30万元，转让一宗土地使用权取得收入100万元，从其直接投资的未上市居民企业分回股息收益50万元。

（2）税收滞纳金为5万元，赞助支出为10万元，被没收财物的损失为5万元，环保罚款为10万元，合同违约金支出为10万元。

（3）实际发生与生产经营有关的业务招待费60万元。

本年利润为1 080万元，其他可在企业所得税前扣除的成本、费用、税金合计1 000万元。请分别使用直接法、间接法计算应纳税所得额。

解析：（1）直接法。

应纳税所得额=(2 000+30+100+50)-50-(10+10+1 000)=1 110(万元)

各项业务收入的税务处理如表5-24所示。

表5-24 各项业务收入的税务处理　　　　　　　　　　　　单位：万元

业务	金额	税务处理
销售商品收入	2 000	计入收入总额。 计入销售（营业）收入
出售设备收入	30	计入收入总额。 转让财产收入，不能计入销售（营业）收入
转让土地使用权收入	100	计入收入总额。 转让财产收入，不能计入销售（营业）收入
直接投资的未上市居民企业的股息收益	50	计入收入总额，但是为免税收入。 股息、红利等权益性投资收益，不计入销售（营业）收入
税收滞纳金、赞助支出、被没收财物的损失、环保罚款	30	税前不得扣除
合同违约金支出	10	税前据实扣除
业务招待费	60	限额（1）实际发生额的60%=60×60%=36（万元） 限额（2）销售（营业）收入的5‰=2 000×5‰=10（万元） 限额（1）>限额（2），税前准予扣除的业务招待费支出为10万元
其他可在企业所得税前扣除的成本、费用、税金	1 000	税前据实扣除

(2) 间接法。

直接投资的未上市居民企业的股息收益需纳税调减50万元，税收滞纳金等税前不得扣除项目需纳税调增30万元，业务招待费按就低法需纳税调增50万元。

应纳税所得额=1 080-50+30+50=1 110（万元）

二、应纳税额计算

(一) 应纳税额的计算

应纳税额的计算公式如下：

应纳税额=应纳税所得额×适用税率-减免税额-抵免税额

式中，减免税额和抵免税额是指依照企业所得税法和国务院的税收优惠规定减征、免征和抵免的应纳税额。

工作实例5-1

实训资料：六连晨光贸易公司资产总额为5 100万元，员工人数为382人。2024年度有关会计资料如下：主营业务收入1 000万元；主营业务成本600万元；其他业务收入500万元；其他业务成本20万元；固定资产盘盈净收入15万元；销售费用10万元；财务费用5万元；管理费用25万元；国债利息收入8万元；公益救济性捐赠100万元；税收滞纳金5万元；

2023年尚未弥补的亏损30万元。

实训要求：计算其应纳企业所得税，如表5-25—表5-27所示。

（1）直接法。

利润总额=1 000+500+15+8-600-20-10-5-25-100-5=758（万元）

表5-25 允许扣除项目金额计算　　　　　　　　　　　　单位：万元

项目	实际发生金额	允许扣除金额
主营业务成本	600	600
其他业务成本	20	20
销售费用	10	10
财务费用	5	5
管理费用	25	25
公益救济性捐赠	100	90.96
税收滞纳金	5	0
合计	765	750.96

表5-26 应纳税收入金额计算　　　　　　　　　　　　单位：万元

项目	实际发生额	应纳税收入额	不征税（或免税）收入额	减计收入额
主营业务收入	1 000	1 000	0	0
其他业务收入	500	500	0	0
固定资产净盘盈收入	15	15	0	0
国债利息	8	0	8	0
应税收入		1 515		

表5-27 应纳所得税金额计算（适用税率25%）　　　　　　单位：万元

项目	应税收入	允许扣除项目	弥补以前年度亏损	应纳税所得额	应纳所得税
金额	1 515	750.96	30	734.04	183.51

（2）间接法。

应纳税所得额=758-8+（100-90.96）+5-30=734.04（万元）

应纳所得税=734.04×25%=183.51（万元）

税润民生

"税路通"为企业"引进来""走出去"赋能添力

世汇农（成都）国际贸易有限公司是成都市金牛区一家主要从事化肥、农产品进出口业务的外贸企业。国际贸易版图的不断拓展,促使其在香港设立了子公司,但随之而来就遇到了境外所得申报、协定待遇享受、境外所得税收抵免、企业所得税优惠享受等政策难题。

金牛区税务部门派出由国际税收业务骨干组成的"走出去"基层服务团队,依托12366服务热线、走访调研等举措,通过宣讲国(地区)别投资税收指南、海外税收案例库,提供跨境纳税人缴费人常见问题解答等专业服务,解决企业关联申报、境外投资信息报告等跨境税收问题,切实做好税法遵从和相关风险防控,助力企业在国际市场中稳步前行。

(二)境外所得税收抵免

1. 抵免范围

(1)居民企业来源于中国境外的应税所得。

(2)非居民企业在中国境内设立机构、场所,取得发生在中国境外但与该机构、场所有实际联系的应税所得。

上述所得已在境外缴纳的所得税税额,可以从其当期应纳税额中抵免,抵免限额为该项所得按我国企业所得税法计算的应纳税额;超过抵免限额的部分,可以在以后5个纳税年度内,用每年抵免限额抵免当年应抵税额后的余额抵补。

2. 抵免方法

自2017年1月1日起,企业可以选择按国(地区)别分别计算,或者不按国(地区)别汇总计算其来源于境外的应纳税所得额,并按照税法规定的税率,分别计算其可抵免境外所得税税额和抵免限额。上述方式一经选择,5年内不得改变。

随堂练习5-27:(计算题)天天荣企业本年境内应纳税所得额为100万元,适用25%的企业所得税税率。该企业在A国和B国设有分支机构,应纳税所得额分别为50万元、30万元,适用企业所得税税率分别为20%、30%,均已缴纳税款。请分别用两种方法计算应纳企业所得税。

解析: 方法一,按国(地区)别分别计算,如表5-28所示。

表5-28 计算方法一   单位:万元

国别	抵免限额	境外已纳税款	纳税处理
A国	50×25%=12.5	50×20%=10	补税2.5万元
B国	30×25%=7.5	30×30%=9	结转以后5个纳税年度抵补1.5万元

综上,该企业当年在我国境内应纳税额=100×25%+2.5=27.5(万元)。

方法二,不按国(地区)别汇总计算,如表5-29所示。

表5-29 计算方法二   单位:万元

国别	抵免限额	境外已纳税款	处理
A国	(50-30)×25%=20	50×20%=10	补税1万元
B国		30×30%=9	

综上,该企业当年在我国境内应纳税额 =100×25%+1=26(万元)。

工作实例 5-2

实训资料:大连伍东机械制造厂本年取得销售收入 6 000 万元,利润总额为 205 万元,适用 25% 企业所得税税率。年终税务健康检查中,收集到相关信息如下:

(1)全年实际发生工资、津贴、奖金 400 万元,其中支付给残疾职工的工资为 30 万元。

(2)全年企业实际发生职工福利费 60 万元、职工教育经费 15 万元,上缴工会经费 10 万元。

(3)企业"长期借款"账户中记载:年初向建设银行贷款 20 万元,年利率为 10%;向其他企业借款 10 万元,年利率为 15%。上述借款均用于生产经营,利息支出均已列入财务费用。

(4)"管理费用"账户发生额为 297 万元,其中业务招待费为 25 万元,新技术研发费用为 30 万元,尚未形成无形资产。

(5)实际发生广告费 550 万元。

(6)本年度发生营业外支出 25 万元,其中违法经营罚款支出为 1 万元,通过红十字会向灾区捐赠 20 万元,向困难职工捐赠 2 万元,支付合同违约金 1 万元,非广告性赞助支出 1 万元。

(7)取得投资收益 27 万元,其中国债利息收入为 2 万元。

实训要求:进行企业所得税的汇算,如表 5-30 所示。

表 5-30 企业所得税年度汇算计算表　　　　　　　　　　　单位:万元

项目	实际发生额	允许扣除金额	是否进行纳税调整	纳税调整方向	纳税调整金额
残疾职工工资薪金	30	60	√	调减	30
职工福利费	60	56	√	调增	4
工会经费	10	8	√	调增	2
职工教育经费	15	32	×		
银行借款利息	2	2	×		
其他企业借款利息	1.5	1	√	调增	0.5
业务招待费	25	15	√	调增	10
新技术研发费用	30	60	√	调减	30
广告费	550	900	×		
违法经营罚款	1	0	√	调增	1
灾区捐赠	20	24.6	×		
困难职工捐赠	2	0	√	调增	2
合同违约金	1	1	×		
赞助支出	1	0	√	调增	1
国债利息	2	0	√	调减	2
净调整金额				调减	41.5
应纳税所得额					163.5
应纳所得税额					40.88

任务七　企业所得税纳税申报

一、征收管理

（一）纳税地点

1. 居民企业的纳税地点

除税收法律、行政法规另有规定外，居民企业以企业登记注册地为纳税地点；但登记注册地在境外的，以实际管理机构所在地为纳税地点。

2. 非居民企业的纳税地点

（1）非居民企业在中国境内设立机构、场所的，以机构、场所所在地为纳税地点。

（2）非居民企业在中国境内未设立机构、场所的，或者虽设立机构、场所但取得的所得与其所设机构、场所没有实际联系的，以扣缴义务人所在地为纳税地点。

3. 汇总计算

（1）居民企业在中国境内设立不具有法人资格的营业机构的，应当汇总计算并缴纳企业所得税。除国务院另有规定外，企业之间不得合并缴纳企业所得税。

（2）非居民企业在中国境内设立两个或者两个以上机构、场所的，符合国务院税务主管部门规定条件的，可以选择由其主要机构、场所汇总缴纳企业所得税。

（二）纳税期限

企业所得税按年计征，分月或者分季预缴，年终汇算清缴，多退少补。

1. 纳税年度

（1）纳税年度自公历 1 月 1 日起至 12 月 31 日止。

（2）企业在一个纳税年度中间开业或者终止经营活动，应当以其实际经营期为 1 个纳税年度。

（3）企业依法清算时，应当以清算期间作为 1 个纳税年度。

2. 汇算清缴

（1）企业应当自年度终了之日起 5 个月内，向税务机关报送年度企业所得税纳税申报表，并汇算清缴，结清应缴应退税款。

（2）企业在年度中间终止经营活动的，应当自实际经营终止之日起 60 日内，向税务机关办理当期企业所得税汇算清缴。

（三）纳税申报

（1）按月或按季预缴的，企业应当自月份或者季度终了之日起 15 日内，向税务机关报送预缴企业所得税纳税申报表，预缴税款。

（2）企业在纳税年度内无论盈利或者亏损，都应当依照规定期限，向税务机关报送预缴企业所得税纳税申报表、年度企业所得税纳税申报表、财务会计报告和税务机关规定应当报送的其他有关资料。

（3）企业应当在办理注销登记前，就其清算所得向税务机关申报并依法缴纳企业所得税。

随堂练习 5-28：（多选题）下列关于企业所得税征收管理的说法中，正确的有（　　）。
  A. 企业按月或季预缴，自月份或季度终了之日起 15 日内预缴税款
  B. 居民企业登记注册地在境外的，以实际管理机构所在地为纳税地点
  C. 企业在报送企业所得税纳税申报表时，应当附送财务会计报告和其他有关资料
  D. 企业在年度中间终止生产经营活动的，汇算清缴期为自实际经营终止 5 个月内
  答案： ABC。
  解析： 根据税法规定，企业在年度中间终止经营活动的，应当自实际经营终止之日起 60 日内，向税务机关办理当期企业所得税汇算清缴。因此，选项 D 不正确。

辽宁：多点发力服务民营企业高质量发展

"高新技术企业的税收红利可是给我们企业带来了极大助力，光是研发费用 100% 比例加计扣除政策和企业新购设备 500 万以内企业所得税税前一次性扣除政策，就为我们节省了 200 多万元的资金占用，算上小型微利企业减免企业所得税的优惠政策，我们这一年就少缴纳近 80 万元的企业所得税，这些资金，公司一部分用于加大生产投入和提升职工福利，一部分用来投入到研发支出上，更增强了企业继续走科技发展道路的信心。"某企业财务负责人说。

二、预缴纳税申报办理

（一）办税指南

1. 申请条件

（1）纳税主体资格：企业必须是中华人民共和国境内的企业和其他取得收入的组织，包括居民企业和非居民企业。

（2）税种登记：企业已经按照税收法规完成了企业所得税的税种登记，并取得了税务登记证或相应的税务登记信息。

（3）所得来源：企业有来源于中国境内的所得，或者虽未设立机构、场所但有来源于中国境内所得的非居民企业。

2. 办理时间

实行查账征收方式的居民企业，应当就其来源于中国境内、境外的所得，在季度或月份终了后 15 日内向主管税务机关办理企业所得税月（季）度预缴申报。

实行核定征收方式的居民企业，应当就其来源于中国境内、境外的所得，在季度或月份终了后 15 日内办理企业所得税月（季）度预缴申报。

3. 办理材料

实行查账征收企业所得税的居民企业预缴月份、季度税款时填报《中华人民共和国企业所得税月（季）度预缴纳税申报表（A 类）》，实行核定征收企业所得税的居民企业预缴月份、季度税款和年度汇算清缴时填报《中华人民共和国企业所得税月（季）度和年度纳税申报表（B 类）》。

（二）电子税务局操作指引（以查账征收企业所得税的居民企业为例）

（1）单击【我要办税】—【税费申报及缴纳】，如图 5-1 所示。

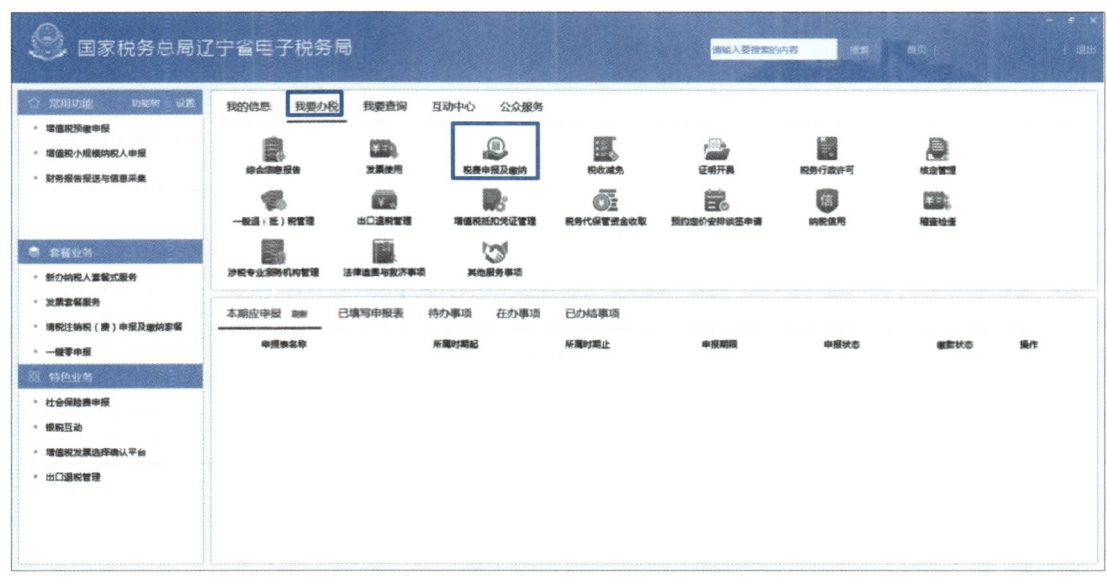

图 5-1　我要办税界面

（2）单击【企业所得税申报】—【居民企业（查账征收）企业所得税月（季）申报】，如图 5-2 所示。

图 5-2　居民企业（查账征收）企业所得税月（季）申报

（3）选择【所属时期类型】及【所属期起止】时间，如图5-3所示。
（4）单击【表单列表】，根据实际情况进行填写，如图5-4所示。

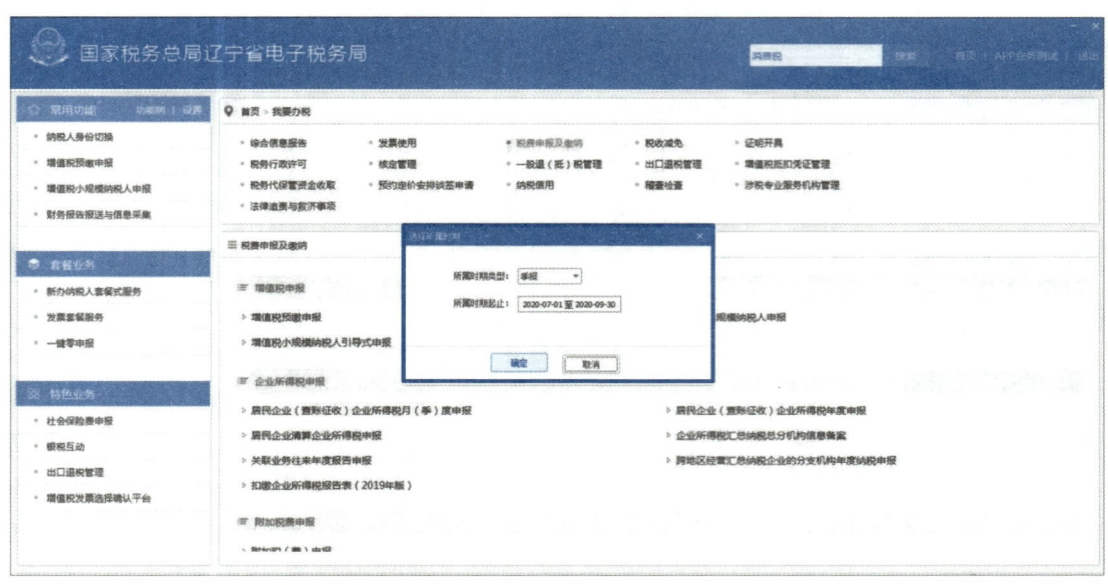

图5-3　选择所属时期类型及所属期起止时间

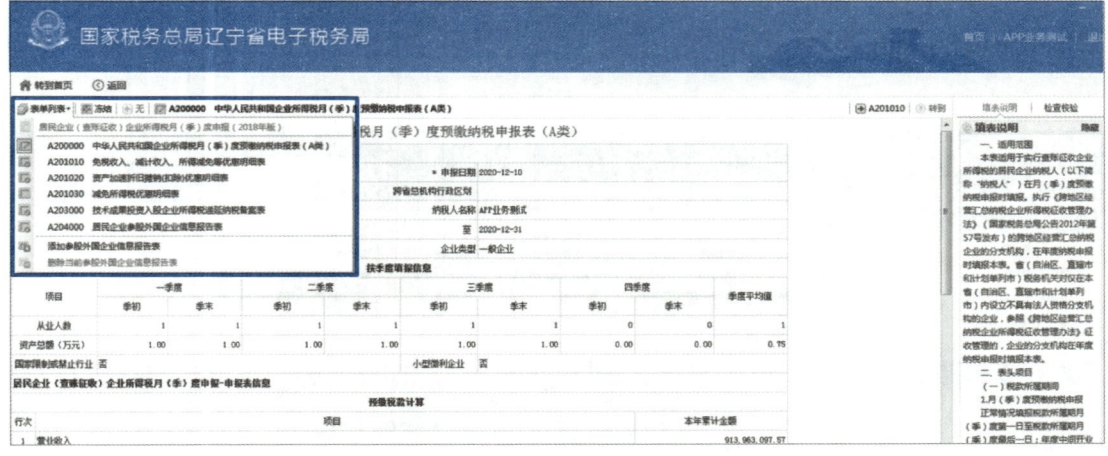

图5-4　企业所得税申报表单列表

（5）根据实际情况填写申报表，确认数据正确，填写完整受理信息后，单击【检查】，如图5-5所示。
（6）右侧出现检测结果，如图5-6所示，红色的为未办结事项；单击对应提示，直至右侧没有错误提示后，单击【申报】，显示"申报成功"后再单击【确定】，如图5-7所示。

任务七 企业所得税纳税申报

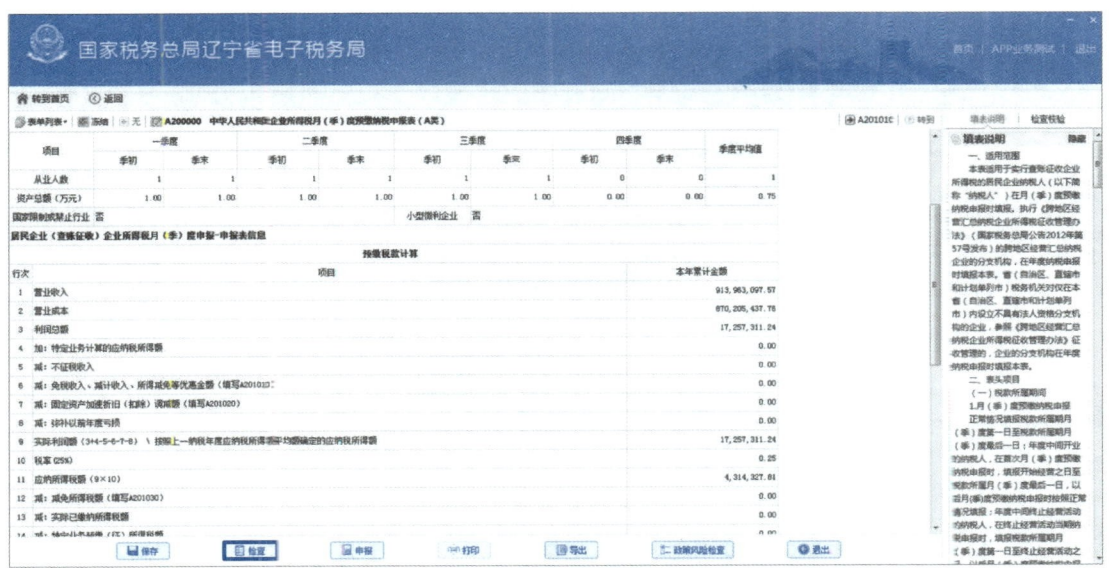

图 5-5 企业所得税申报表信息

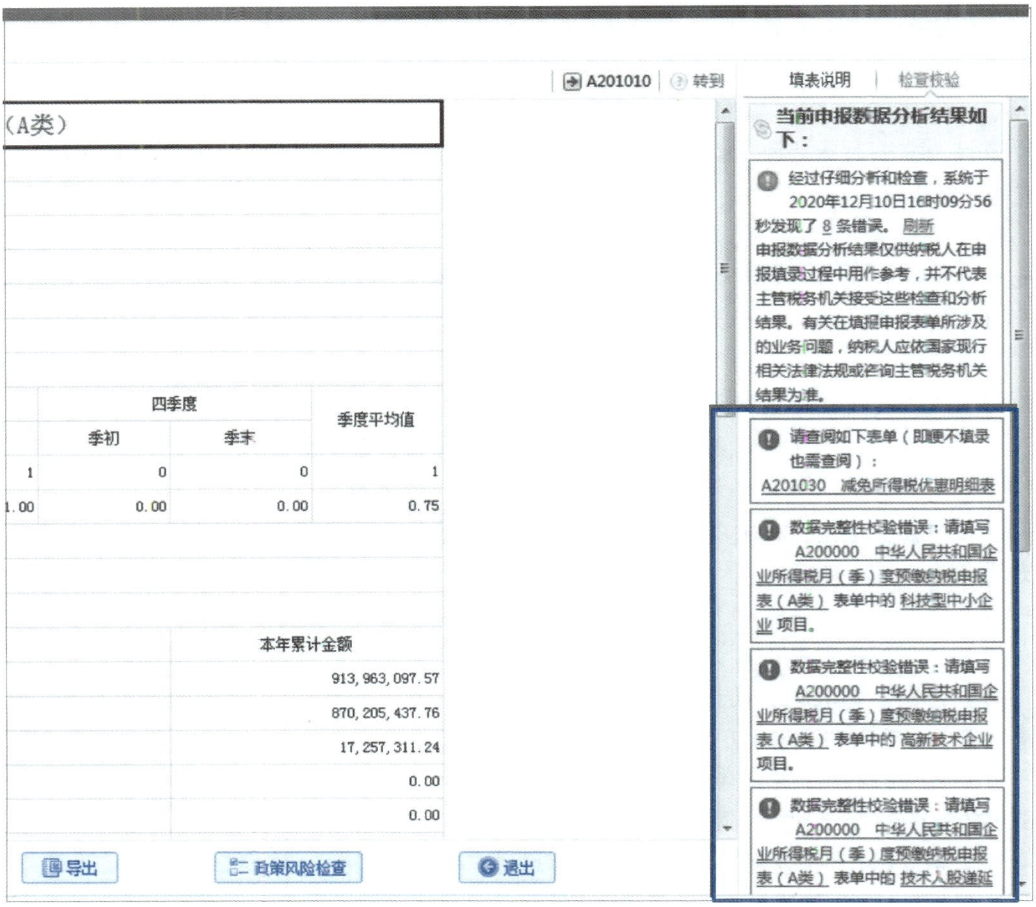

图 5-6 企业所得税申报检查

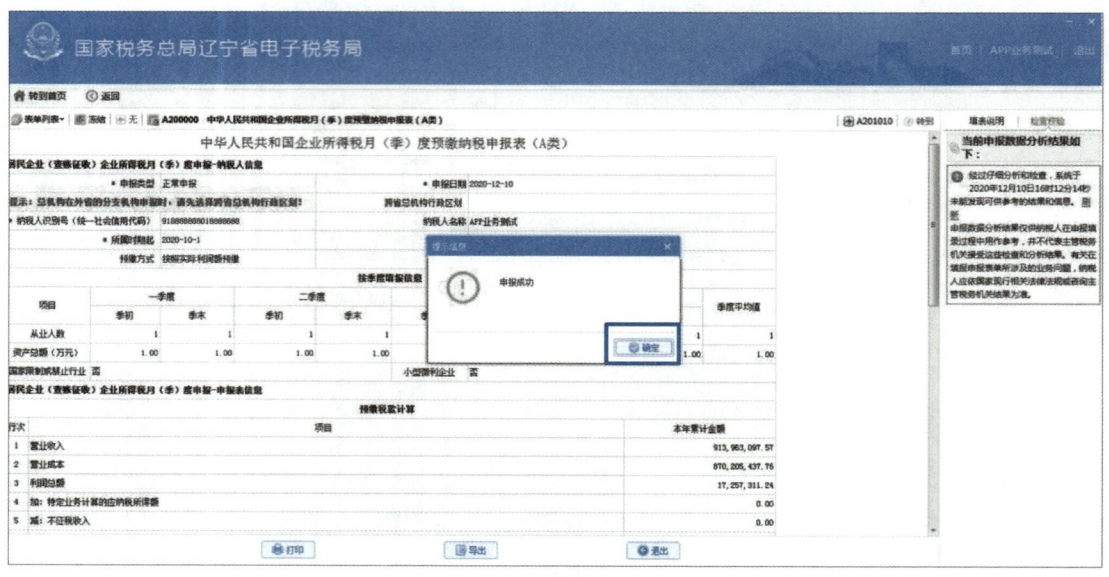

图 5-7　企业所得税申报成功

工作实例 5-3

实训资料：大连翎羽科技股份有限公司第三季度初资产总额为 3 000 万元，职工人数为 280 人；该季度末资产总额为 3 800 万元，职工人数为 300 人。2017 年该公司已按照相关规定申请成为高新技术企业，享受企业所得税优惠。纳税人识别号：91210211754876123N，法人代表：李翎羽。

该公司财务人员林宇（身份证号：210211198610260532）于 2024 年 10 月 10 日进行本企业 9 月份的企业所得税预缴申报，经营业务资料如下：

（1）销售收入本年累计为 4 300 万元。

（2）安装收入本年累计为 100 万元。

（3）成本费用本年累计为 2 900 万元。

（4）销售税金本年累计为 300 万元（其中增值税累计为 180 万元）。

（5）销售费用本年累计为 600 万元。

（6）管理费用本年累计为 280 万元，其中技术研发费用本年累计为 50 万元，未形成无形资产。

（7）财务费用本年累计为 80 万元。

（8）营业外收入本年累计为 50 万元。

（9）营业外支出本年累计为 30 万元，其中包括 2 月份支付的税收滞纳金 1 万元，10 月份通过希望工程捐赠的 20 万元。

（10）国债利息收入本年累计 1.8 万元。已知以前年度未弥补亏损为 15 万元，已缴纳税额 57.75 万元。

实训要求：进行企业所得税的月度预缴申报（A 类），如表 5-31 所示。

表 5-31　A200000 中华人民共和国企业所得税月（季）度预缴纳税申报表（A 类）

税款所属期间：2024 年 9 月 1 日至 2024 年 9 月 30 日

纳税人识别号（统一社会信用代码）：91210211754876123N

纳税人名称：大连翎羽科技股份有限公司　　　　　　　金额单位：人民币元（列至角分）

优惠及附报事项有关信息									
项目	一季度		二季度		三季度		四季度		季度平均值
	季初	季末	季初	季末	季初	季末	季初	季末	
从业人数					280	300			
资产总额（万元）					3 000	3 800			
国家限制或禁止行业	□是　☑否				小型微利企业				□是　☑否
附报事项名称									金额或选项
事项 1	（填写特定事项名称）								
事项 2	（填写特定事项名称）								

	预缴税款计算	本年累计
1	营业收入	44 000 000.00
2	营业成本	29 000 000.00
3	利润总额	4 418 000.00
4	加：特定业务计算的应纳税所得额	
5	减：不征税收入	
6	减：资产加速折旧、摊销（扣除）调减额（填写 A201020）	
7	减：免税收入、减计收入、加计扣除（7.1+7.2+…）	18 000.00
7.1	国债利息收入免征企业所得税	18 000.00
7.2	（填写优惠事项名称）	
8	减：所得减免（8.1+8.2+…）	
8.1	（填写优惠事项名称）	
8.2	（填写优惠事项名称）	
9	减：弥补以前年度亏损	150 000.00
10	实际利润额（3+4-5-6-7-8-9）\按照上一纳税年度应纳税所得额平均额确定的应纳税所得额	4 250 000.00
11	税率（25%）	25%
12	应纳所得税额（10×11）	1 062 500.00
13	减：减免所得税额（13.1+13.2+…）	425 000.00
13.1	国家需要重点扶持的高新技术企业减按 15% 的税率征收企业所得税	425 000.00
13.2	（填写优惠事项名称）	
14	减：本年实际已缴纳所得税额	577 500.00
15	减：特定业务预缴（征）所得税额	

续表

		预 缴 税 款 计 算	本年累计
16		本期应补（退）所得税额（12-13-14-15）\税务机关确定的本期应纳所得税额	60 000.00
汇 总 纳 税 企 业 总 分 机 构 税 款 计 算			
17	总机构	总机构本期分摊应补（退）所得税额（18+19+20）	
18		其中：总机构分摊应补（退）所得税额（16× 总机构分摊比例__%）	
19		财政集中分配应补（退）所得税额（16× 财政集中分配比例__%）	
20		总机构具有主体生产经营职能的部门分摊所得税额（16× 全部分支机构分摊比例__%× 总机构具有主体生产经营职能部门分摊比例__%）	
21	分支机构	分支机构本期分摊比例	
22		分支机构本期分摊应补（退）所得税额	
实际缴纳企业所得税计算			
23		减：民族自治地区企业所得税地方分享部分：□免征 □减征：减征幅度____%	本年累计应减免金额［（12-13-15）× 40%× 减征幅度］
24		实际应补（退）所得税额	

谨声明：本纳税申报表是根据国家税收法律法规及相关规定填报的，是真实的、可靠的、完整的。

纳税人（签章）： 2024 年 10 月 10 日

经办人：林宇 经办人身份证号：210211198610260532 代理机构签章： 代理机构统一社会信用代码：	受理人： 受理税务机关（章）： 受理日期： 年 月 日

三、年度汇算清缴纳税申报办理

税润民生

修订部分表单和填报说明，提升服务管理质效

为落实好节能节水、环境保护和安全生产专用设备数字化、智能化改造等企业所得税优惠政策，结合纳税人反映较多的财务报表样式更新等新情况，国家税务总局于2025年1月8日发布2025年第1号公告，对《中华人民共和国企业所得税年度纳税申报表（A类，2017年版）》的部分表单进行了修订。本次修订主要涉及8张表单，其中取消2张、修订6张表单。此外，对《企业所得税年度纳税申报表填报表单》和其余15张关联表单中关于表间关系的填报说明进行同步调整。主要修订内容包含：

（1）取消《免税、减计收入及加计扣除优惠明细表》（A107010）、《减免所得税优惠明细表》（A107040）。

（2）对《企业所得税年度纳税申报表填报表单》《中华人民共和国企业所得税年度纳税申报表（A类）》（A100000）、《资产折旧、摊销及纳税调整明细表》（A105080）、《研发费用加计扣除优惠明细表》（A107012）、《税额抵免优惠明细表》（A107050）、《跨地区经营汇总纳税企业年度分摊企业所得税明细表》（A109000）、《企业所得税汇总纳税分支机构所得税分配表》（A109010）的表单样式及填报说明进行修订。其中，《中华人民共和国企业所得税年度纳税申报表（A类）》（A100000）调整为《企业所得税年度纳税申报主表》（A100000）。

（3）对《一般企业收入明细表》（A101010）、《金融企业收入明细表》（A101020）、《一般企业成本支出明细表》（A102010）、《金融企业支出明细表》（A102020）、《事业单位、民间非营利组织收入、支出明细表》（A103000）、《期间费用明细表》（A104000）、《纳税调整项目明细表》（A105000）、《企业所得税弥补亏损明细表》（A106000）、《符合条件的居民企业之间的股息、红利等权益性投资收益优惠明细表》（A107011）、《所得减免优惠明细表》（A107020）、《抵扣应纳税所得额明细表》（A107030）、《高新技术企业优惠情况及明细表》（A107041）、《软件、集成电路企业优惠情况及明细表》（A107042）、《境外所得税收抵免明细表》（A108000）、《境外所得纳税调整后所得明细表》（A108010）的填报说明进行修订。

（4）企业申报免税收入等优惠事项时，根据《企业所得税申报事项目录》中的事项名称填报。《企业所得税申报事项目录》在国家税务总局网站"纳税服务"栏目另行发布，并根据政策调整情况适时更新。

（5）企业发生股权（股票）处置业务的，按税收规定属于企业重组的，在《企业重组及递延纳税事项纳税调整明细表》（A105100）中填报重组情况；按税收规定确认为损失的，在《资产损失税前扣除及纳税调整明细表》（A105090）填报损失情况；除此之外，均应在《投资收益纳税调整明细表》（A105030）中填报处置收益相关情况。

（一）办税指南

1. 申请条件及办理时间

实行查账征收方式申报企业所得税的居民企业（包括境外注册中资控股居民企业）在纳税年度终了之日起5个月内，在年度中间终止经营活动的在实际终止经营之日起60日内，依照税收法律、法规、规章及其他有关规定，自行计算本纳税年度应纳税所得额、应纳所得税额和本纳税年度应补（退）税额，进行年度纳税申报。

实行核定定额征收企业所得税的纳税人，不进行汇算清缴。

2. 办理材料

实行查账征收企业所得税的居民企业填报《中华人民共和国企业所得税年度纳税申

报表(A类)》,实行核定征收企业所得税的居民企业填报《中华人民共和国企业所得税月(季)度预缴和年度纳税申报表(B类)》。

(二)电子税务局操作指引(以查账征收企业所得税的居民企业为例)

(1)单击【我要办税】—【税费申报及缴纳】—【居民企业(查账征收)企业所得税年度申报】,如图5-8所示。进入该功能,分为四个操作步骤:填报【基本信息】—【表单选择】—【填报报表】—【提交报表】。

图5-8 居民企业(查账征收)企业所得税年度申报路径

(2)进入功能后,先进入企业【基本信息】的填报界面,基本信息包括基本经营情况(如图5-9所示)、主要股东及分红情况(如图5-10所示)等。其中部分信息根据企业登记、财务会计制度备案等信息自动带出,纳税人根据实际情况进行调整。

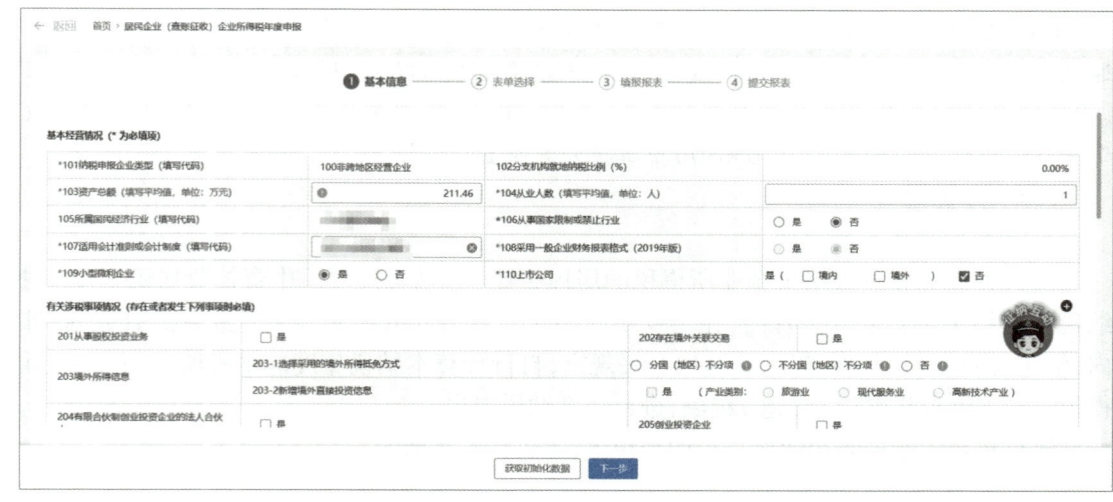

图5-9 企业基本信息填写

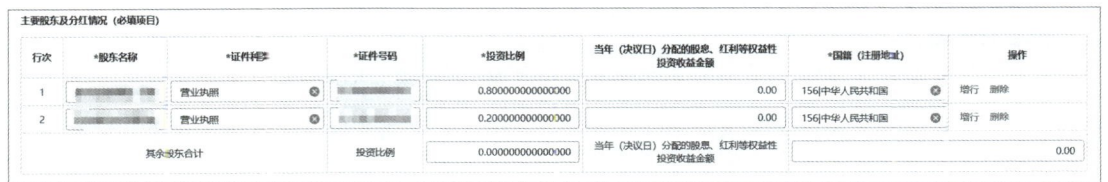

图 5-10 主要股东及分红情况

（3）基本信息填报完成后，单击【表单选择】步骤。表单选择界面 A000000、A100000、A106000 为必报表，其他表单根据企业基本信息系统进行默认勾选。如纳税人为一般企业可选择 A101010、A102010 表，不可勾选金融企业、事业单位、民间非营利组织相关表单，如图 5-11 所示。

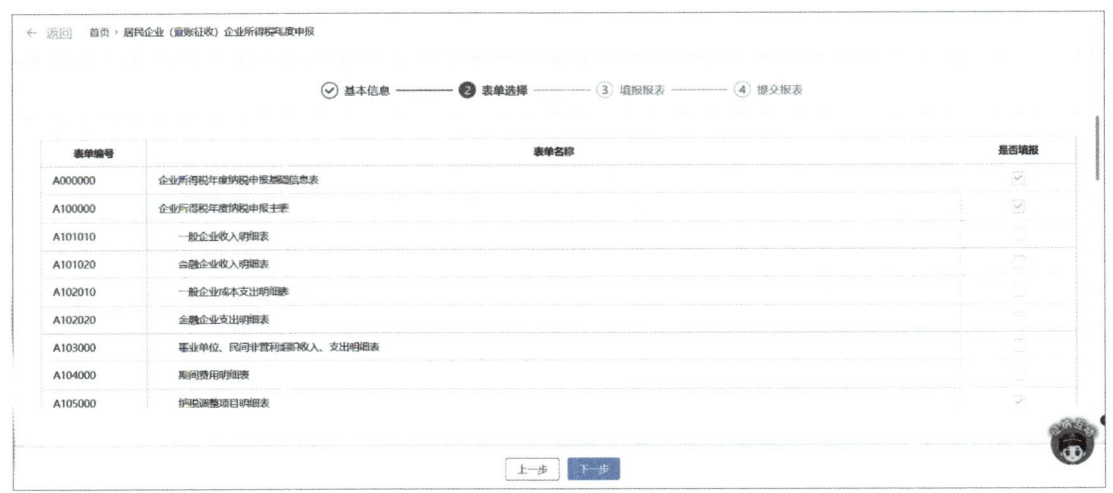

图 5-11 企业所得税申报表单选择

（4）表单选择完成后，单击【下一步】按钮进入【填报报表】步骤，可在左侧报表列表单击报表名称切换至对应的申报表，并按实际情况及页面要求填写表单。如已报送同期财务报表，则系统自动获取利润表"营业收入""营业成本""税金及附加""销售费用""管理费用""财务费用""资产减值损失""投资收益""营业外收入""营业外支出"项目金额，预填到居民企业（查账征收）企业所得税年度申报表单对应行，也可对预填的数据进行修改，如图 5-12 所示。

（5）填报数据时可单击右上方【暂存】按钮对填报的数据进行保存，如图 5-13 所示。如纳税人需清除填报的数据，可单击右上角【重置】按钮，清空所有申报表的已填数据，并重新初始化申报表。

（6）当填写完所需表单后，可单击进入【提交报表】步骤。如填报数据存在阻断性错误，在单击【提交申报】按钮时在右侧弹出错误提示，纳税人须根据提示对报表进行调整，如图 5-14 所示。

项目五 企业所得税纳税实务

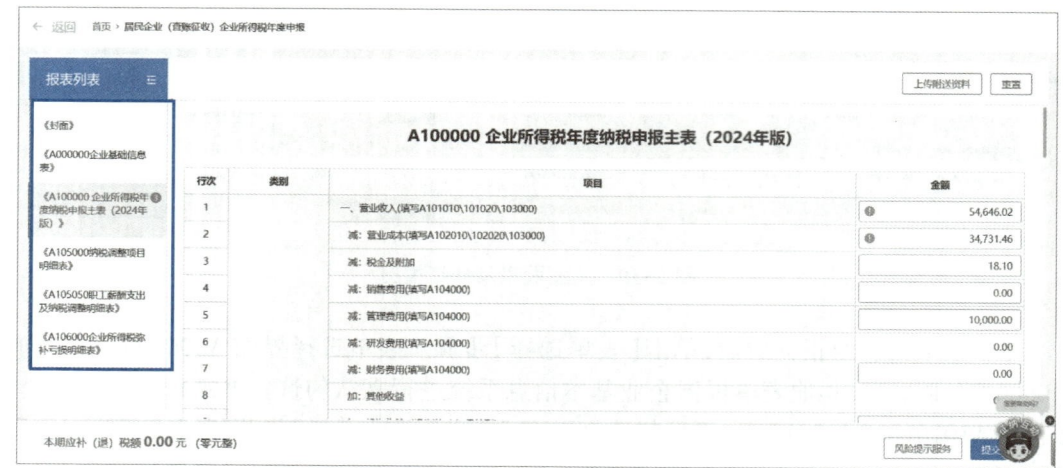

图 5-12　企业所得税申报报表列表

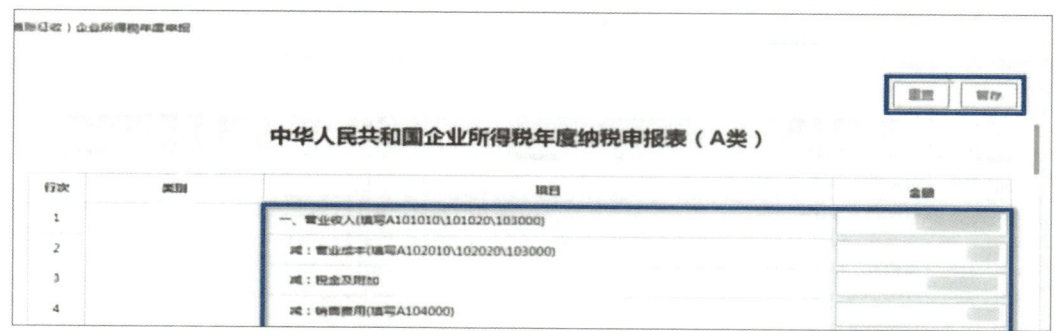

图 5-13　企业所得税申报表暂存、重置

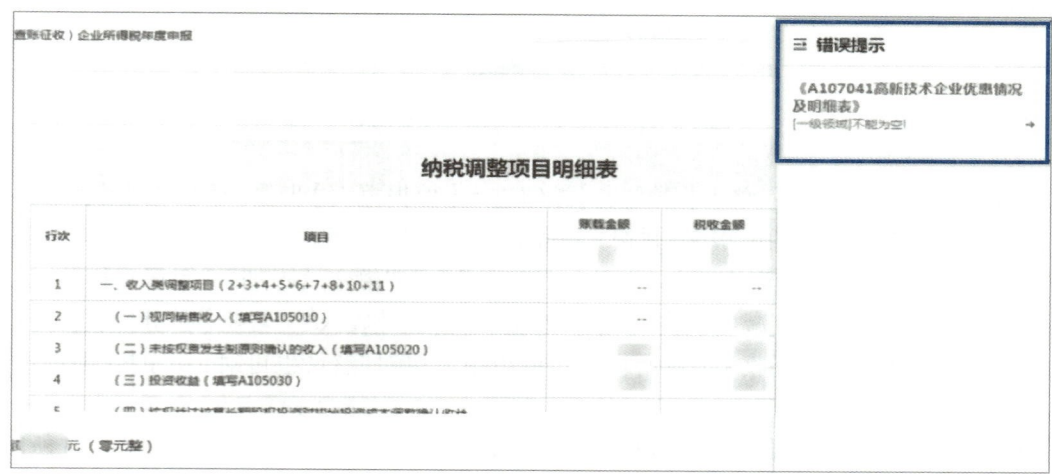

图 5-14　企业所得税申报错误提示

（7）报表填报完成且数据校验无误后，单击【提交申报】按钮；系统提示是否需要进行风险提示服务，如图 5-15、图 5-16 所示。

（8）申报成功后，可以进行立即缴款，完成本次申报涉及的税费款缴纳，如图 5-17 所示。

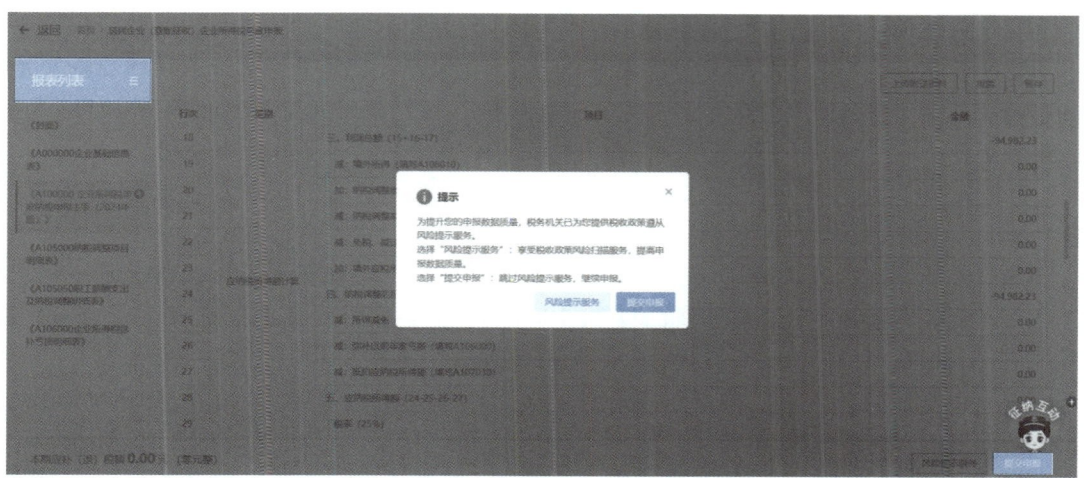

图 5-15　企业所得税申报风险提示服务

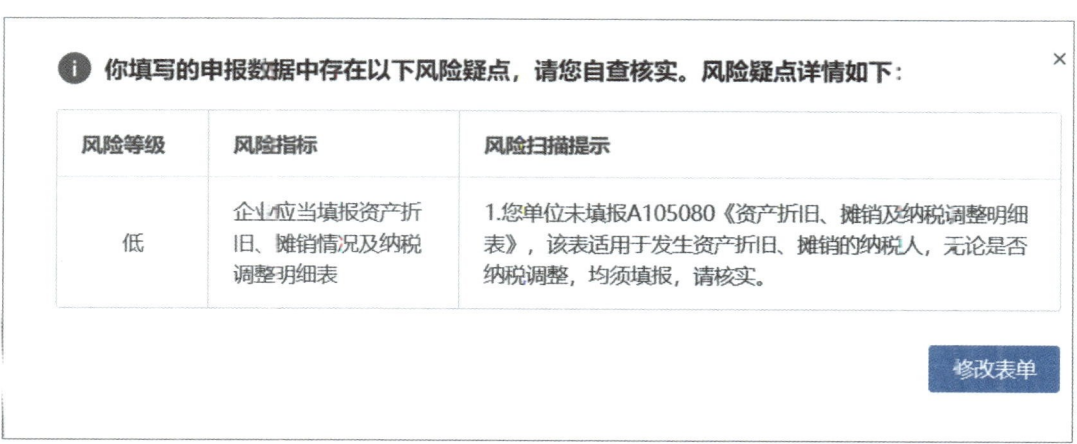

图 5-16　企业所得税申报系统风险扫描提示

图 5-17　企业所得税申报成功及税费款缴纳

工作实例 5-4

实训资料：大连鸿达纺织厂资产总额和从业人数全年季度平均值分别为5 500万元、380人；属于制造业，按照《国民经济行业分类》标准，国民经济行业明细代码为1711；适用一般企业会计准则，采用一般企业财务报表格式（2019年版），属于非上市公司。

财务人员于2025年3月15日进行本企业2024年度的企业所得税纳税申报，经营业务资料如下：

（1）销售商品收入4 500万元，销售商品成本3 000万元，税金及附加200万元。

（2）销售费用500万元，其中职工薪酬100万元，业务宣传支出180万元，办公费40万元，包装费60万元，租赁费30万元，差旅费90万元。

（3）管理费用240万元，其中职工薪酬110万元，业务招待费20万元，办公费50万元，董事会费20万元，修理费40万元。

（4）财务费用70万元，其中利息支出60万元，包含5万元的超标准利息支出，手续费10万元（扣除限额12万元）。

（5）营业外收入50万元，其中固定资产盘盈净收入20万元，收到外单位捐款30万元。

（6）营业外支出19万元，其中支付合同违约金1万元，税收滞纳金2万元，向合作伙伴支出赞助费1万元（非广告性质），通过红十字会向灾区捐赠10万元，直接向希望工程捐赠5万元。

（7）国债利息收入2万元。

列入成本费用的工资薪金支出350万元，其中安置残疾人员支付工资30万元。支付各类基本社会保险费112.7万元，住房公积金24.5万元，职工福利费50万元，职工教育经费16万元（比例扣除，以前年度累计结转扣除额已扣除完毕），拨缴工会经费8万元（以上工资费用实发与账面一致）。

另有2023年12月份新购入的生产经营用器具、家具，账面原值200万元，预计净残值率10%。会计按使用平均年限法计提折旧，预计使用期限5年。该企业符合规定，可以享受加速折旧政策，按年数总和法加速计提折旧。其他资产无须纳税调整，此处省略。企业前期已缴纳所得税118.6万元，未弥补以前年度亏损15万元。以上收支金额实发与账面均一致。

实训要求：完成企业所得税年度申报，如表5-32—表5-39所示。

本任务中，该企业需要填写：① 申报表封面（省略）；② 申报表填报表单（省略）；③ A000000 企业所得税年度纳税申报基础信息表；④ A100000 企业所得税年度纳税申报主表；⑤ A101010 一般企业收入明细表；⑥ A102010 一般企业成本支出明细表；⑦ A104000 期间费用明细表；⑧ A105000 纳税调整项目明细表；⑨ A105050 职工薪酬支出及纳税调整明细表；⑩ A105060 广告费和业务宣传费跨年度纳税调整明细表（省略）；⑪ A105070 捐赠支出及纳税调整明细表（省略）；⑫ A105080 资产折旧、摊销及纳税调整明细表；⑬ A106000 企业所得税弥补亏损明细表（省略）。

表 5-32　A000000　企业所得税年度纳税申报基础信息表

基本经营情况（必填项目）			
101 纳税申报企业类型（填写代码）	100	102 分支机构就地纳税比例（%）	
103 资产总额（填写平均值，单位：万元）	5 500	104 从业人数（填写平均值，单位：人）	380
105 所属国民经济行业（填写代码）	1711	106 从事国家限制或禁止行业	□是　☑否
107 适用会计准则或会计制度（填写代码）	110	108 采用一般企业财务报表格式（2019 年版）	☑是　□否
109 小型微利企业	□是　☑否	110 上市公司	□境内上市　□境外上市　☑否
有关涉税事项情况（存在或者发生下列事项时必填）			
201 从事股权投资业务	□是	202 存在境外关联交易	□是
203 境外所得信息	203-1 选择采用的境外所得抵免方式	□分国（地区）不分项　□不分国（地区）不分项	
	203-2 新增境外直接投资信息	□是（产业类别：□旅游业　□现代服务业　□高新技术产业）	
204 有限合伙制创业投资企业的法人合伙人	□是	205 创业投资企业	□是
206 技术先进型服务企业类型（填写代码）		207 非营利组织	□是
208 软件、集成电路企业类型（填写代码）		209 集成电路生产项目类型	□130 纳米　□65 纳米　□28 纳米
210 科技型中小企业	210-1：2023 年（申报所属期年度）入库编号 1	210-2 入库时间 1	
	210-3：2024 年（申报所属期年度）入库编号 2	210-4 入库时间 2	
211 高新技术企业申报所属期年度有效的高新技术企业证书	211-1 证书编号 1	211-2 发证时间 1	
	211-3 证书编号 2	211-4 发证时间 2	

续表

212 重组事项税务处理方式	□一般性 □特殊性		213 重组交易类型（填写代码）	
214 重组当事方类型（填写代码）			215 政策性搬迁开始时间	
216 发生政策性搬迁且停止生产经营无所得年度	□是		217 政策性搬迁损失分期扣除年度	□是
218 发生非货币性资产对外投资递延纳税事项	□是		219 非货币性资产对外投资转让所得递延纳税年度	□是
220 发生技术成果投资入股递延纳税事项	□是		221 技术成果投资入股递延纳税年度	□是
222 发生资产（股权）划转特殊性税务处理事项	□是		223 债务重组所得递延纳税年度	□是
224 研发支出辅助账样式	□2015 版　□2021 版　□自行设计　□否			
主要股东及分红情况（必填项目）				
股东名称	证件种类	证件号码	投资比例（%）	当年（决议日）分配的股息、红利等权益性投资收益金额	国籍（注册地址）
陈鸿达	身份证	210211197212120001	52.00%	1 560 000.00	中国
丁彤	身份证	210214197601120022	17.30%	519 000.00	中国
赵非	身份证	210212196802020032	13.50%	405 000.00	中国
李黎	身份证	210201198004051234	10.20%	306 000.00	中国
刘畅	身份证	210202197307070021	7.00%	210 000.00	中国
其余股东合计	—	—			—

表 5-33　A100000　企业所得税年度纳税申报主表

行次	类别	项目	金额
1	利润总额计算	一、营业收入（填写A101010/101020/103000）	45 000 000.00
2		减：营业成本（填写A102010/102020/103000）	30 000 000.00
3		减：税金及附加	2 000 000.00
4		减：销售费用（填写A104000）	5 000 000.00
5		减：管理费用（填写A104000）	2 400 000.00
6		减：研发费用（填写A104000）	
7		减：财务费用（填写A104000）	700 000.00
8		加：其他收益	
9		加：投资收益（损失以"-"号填列）	20 000.00
10		加：净敞口套期收益（损失以"-"号填列）	
11		加：公允价值变动收益（损失以"-"号填列）	
12		加：信用减值损失（损失以"-"号填列）	
13		加：资产减值损失（损失以"-"号填列）	
14		加：资产处置收益（损失以"-"号填列）	
15		二、营业利润（亏损以"-"号填列）	4 920 000.00
16		加：营业外收入（填写A101010/101020/103000）	500 000.00
17		减：营业外支出（填写A102010/102020/103000）	190 000.00
18		三、利润总额（15+16-17）	5 230 000.00
19	应纳税所得额计算	减：境外所得（填写A108010）	
20		加：纳税调整增加额（填写A105000）	230 000.00
21		减：纳税调整减少额（填写A105000）	240 000.00
22		减：免税、减计收入及加计扣除（22.1+22.2+…）	320 000.00
22.1		国债利息收入免征企业所得税	20 000.00
22.2		安置残疾人员所支付的工资加计扣除	300 000.00
23		加：境外应税所得抵减境内亏损（填写A108000）	

续表

行次	类别	项目	金额
24	应纳税所得额计算	四、纳税调整后所得（18-19+20-21-22+23）	4 900 000.00
25		减：所得减免（填写A107020）	
26		减：弥补以前年度亏损（填写A106000）	150 000.00
27		减：抵扣应纳税所得额（填写A107030）	
28		五、应纳税所得额（24-25-26-27）	4 750 000.00
29	应纳税额计算	税率（25%）	25%
30		六、应纳所得税额（28×29）	1 187 500.00
31		减：减免所得税额（31.1+31.2+…）	
31.1		（填写优惠事项名称）	
31.2		（填写优惠事项名称）	
32		减：抵免所得税额（填写A107050）	
33		七、应纳税额（30-31-32）	1 187 500.00
34		加：境外所得应纳所得税额（填写A108000）	
35		减：境外所得抵免所得税额（填写A108000）	
36		八、实际应纳所得税额（33+34-35）	1 187 500.00
37	实际应补（退）税额计算	减：本年累计预缴所得税额	1 186 000.00
38		九、本年应补（退）所得税额（36-37）	1 500.00
39		其中：总机构分摊本年应补（退）所得税额（填写A109000）	
40		财政集中分配本年应补（退）所得税额（填写A109000）	
41		总机构主体生产经营部门分摊本年应补（退）所得税额（填写A109000）	
42		减：民族自治地区企业所得税地方分享部分:（□ 免征 □ 减征：减征幅度__%）	
43		减：稽查查补（退）所得税额	
44		减：特别纳税调整补（退）所得税额	
45		十、本年实际应补（退）所得税额（38-42-43-44）	

表 5-34　A101010　一般企业收入明细表

行次	项目	金额
1	一、营业收入（2+9）	45 000 000.00
2	（一）主营业务收入（3+5+6+7+8）	45 000 000.00
3	1. 销售商品收入	45 000 000.00
4	其中：非货币性资产交换收入	
5	2. 提供劳务收入	
6	3. 建造合同收入	
7	4. 让渡资产使用权收入	
8	5. 其他	
9	（二）其他业务收入（10+12+13+14+15）	
10	1. 销售材料收入	
11	其中：非货币性资产交换收入	
12	2. 出租固定资产收入	
13	3. 出租无形资产收入	
14	4. 出租包装物和商品收入	
15	5. 其他	
16	二、营业外收入（17+18+19+20+21+22+23+24+25+26）	500 000.00
17	（一）非流动资产处置利得	
18	（二）非货币性资产交换利得	
19	（三）债务重组利得	
20	（四）政府补助利得	
21	（五）盘盈利得	200 000.00
22	（六）捐赠利得	300 000.00
23	（七）罚没利得	
24	（八）确实无法偿付的应付款项	
25	（九）汇兑收益	
26	（十）其他	

表 5-35　A102010　一般企业成本支出明细表

行次	项目	金额
1	一、营业成本（2+9）	30 000 000.00
2	（一）主营业务成本（3+5+6+7+8）	30 000 000.00
3	1. 销售商品成本	30 000 000.00
4	其中：非货币性资产交换成本	
5	2. 提供劳务成本	
6	3. 建造合同成本	
7	4. 让渡资产使用权成本	
8	5. 其他	
9	（二）其他业务成本（10+12+13+14+15）	
10	1. 材料销售成本	
11	其中：非货币性资产交换成本	
12	2. 出租固定资产成本	
13	3. 出租无形资产成本	
14	4. 包装物出租成本	
15	5. 其他	
16	二、营业外支出（17+18+19+20+21+22+23+24+25+26）	190 000.00
17	（一）非流动资产处置损失	
18	（二）非货币性资产交换损失	
19	（三）债务重组损失	
20	（四）非常损失	
21	（五）捐赠支出	150 000.00
22	（六）赞助支出	10 000.00
23	（七）罚没支出	30 000.00
24	（八）坏账损失	
25	（九）无法收回的债券股权投资损失	
26	（十）其他	

表 5-36　A104000　期间费用明细表

行次	项目	销售费用	其中：境外支付	管理费用	其中：境外支付	财务费用	其中：境外支付
		1	2	3	4	5	6
1	一、职工薪酬	1 000 000.00	*	1 100 000.00	*	*	*
2	二、劳务费					*	*
3	三、咨询顾问费					*	*
4	四、业务招待费		*	200 000.00	*	*	*
5	五、广告费和业务宣传费	1 800 000.00	*		*	*	*
6	六、佣金和手续费					100 000.00	
7	七、资产折旧摊销费		*		*	*	*
8	八、财产损耗、盘亏及毁损损失		*		*	*	*
9	九、办公费	400 000.00	*	500 000.00	*	*	*
10	十、董事会费		*	200 000.00	*	*	*
11	十一、租赁费	300 000.00				*	*
12	十二、诉讼费		*		*	*	*
13	十三、差旅费	900 000.00	*		*	*	*
14	十四、保险费		*			*	*
15	十五、运输、仓储费					*	*
16	十六、修理费			400 000.00		*	*
17	十七、包装费	600 000.00	*		*	*	*
18	十八、技术转让费					*	*
19	十九、研究费用					*	*
20	二十、各项税费		*		*	*	*
21	二十一、利息收支	*	*	*	*	600 000.00	
22	二十二、汇兑差额	*	*	*	*		
23	二十三、现金折扣	*	*	*	*		*
24	二十四、党组织工作经费	*	*		*	*	*
25	二十五、其他						
26	合计（1+2+3+…+25）	5 000 000.00	0.00	2 400 000.00	0.00	700 000.00	0.00

表 5-37　A105000　纳税调整项目明细表

行次	项目	账载金额 1	税收金额 2	调增金额 3	调减金额 4
1	一、收入类调整项目（2+3+…+8+10+11）	*	*	0.00	0.00
2	（一）视同销售收入（填写A105010）	*	0.00	0.00	*
3	（二）未按权责发生制原则确认的收入（填写A105020）	0.00	0.00	0.00	0.00
4	（三）投资收益（填写A105030）	0.00	0.00	0.00	0.00
5	（四）按权益法核算长期股权投资对初始投资成本调整确认收益	*	*	*	
6	（五）交易性金融资产初始投资调整	*	*		*
7	（六）公允价值变动净损益		*	0.00	0.00
8	（七）不征税收入	*	*		
9	其中：专项用途财政性资金（填写A105040）	*	*	0.00	0.00
10	（八）销售折扣、折让和退回			0.00	0.00
11	（九）其他			0.00	0.00
12	二、扣除类调整项目（13+14+…+24+26+…+30）	*	*	230 000.00	0.00
13	（一）视同销售成本（填写A105010）	*	0.00	*	0.00
14	（二）职工薪酬（填写A105050）	5 612 000.00	5 592 000.00	20 000.00	0.00
15	（三）业务招待费支出	200 000.00	120 000.00	80 000.00	*
16	（四）广告费和业务宣传费支出（填写A105060）	*	*	0.00	0.00
17	（五）捐赠支出（填写A105070）	150 000.00	100 000.00	50 000.00	0.00
18	（六）利息支出	600 000.00	550 000.00	50 000.00	0.00

续表

行次	项目	账载金额	税收金额	调增金额	调减金额
		1	2	3	4
19	（七）罚金、罚款和被没收财物的损失	10 000.00	*	0.00	*
20	（八）税收滞纳金、加收利息	20 000.00	*	20 000.00	*
21	（九）赞助支出	10 000.00	*	10 000.00	*
22	（十）与未实现融资收益相关在当期确认的财务费用			0.00	0.00
23	（十一）佣金和手续费支出（保险企业填写A105060）	100 000.00	100 000.00	0.00	*
24	（十二）不征税收入用于支出所形成的费用	*	*		*
25	其中：专项用途财政性资金用于支出所形成的费用（填写A105040）	*	*	0.00	*
26	（十三）跨期扣除项目			0.00	0.00
27	（十四）与取得收入无关的支出		*	0.00	*
28	（十五）境外所得分摊的共同支出	*	*	0.00	*
29	（十六）党组织工作经费			0.00	0.00
30	（十七）其他			0.00	0.00
31	三、资产类调整项目（32+33+34+35）	*	*	0.00	240 000.00
32	（一）资产折旧、摊销（填写A105080）	360 000.00	600 000.00	0.00	240 000.00
33	（二）资产减值准备金		*	0.00	0.00
34	（三）资产损失（填写A105090）	0.00	0.00	0.00	0.00
35	（四）其他			0.00	0.00

续表

行次	项目	账载金额	税收金额	调增金额	调减金额
		1	2	3	4
36	四、特殊事项调整项目（37+38+…+43）	*	*	0.00	0.00
37	（一）企业重组及递延纳税事项（填写A105100）	0.00	0.00	0.00	0.00
38	（二）政策性搬迁（填写A105110）	*	*	0.00	0.00
39	（三）特殊行业准备金（39.1+39.2+39.4+39.5+39.6+39.7）	*	*	0.00	0.00
39.1	1. 保险公司保险保障基金			0.00	0.00
39.2	2. 保险公司准备金			0.00	0.00
39.3	其中：已发生未报案未决赔款准备金			0.00	0.00
39.4	3. 证券行业准备金			0.00	0.00
39.5	4. 期货行业准备金			0.00	0.00
39.6	5. 中小企业融资（信用）担保机构准备金			0.00	0.00
39.7	6. 金融企业、小额贷款公司准备金（填写A105120）	*	*	0.00	0.00
40	（四）房地产开发企业特定业务计算的纳税调整额（填写A105010）	*	0.00	0.00	0.00
41	（五）合伙企业法人合伙人应分得的应纳税所得额			0.00	0.00
42	（六）发行永续债利息支出			0.00	0.00
43	（七）其他	*	*		
44	五、特别纳税调整应税所得	*	*		
45	六、其他	*	*		
46	合计（1+12+31+36+44+45）	*	*	230 000.00	240 000.00

表 5-38　A105050　职工薪酬支出及纳税调整明细表

行次	项目	账载金额	实际发生额	税收规定扣除率	以前年度累计结转扣除额	税收金额	纳税调整金额	累计结转以后年度扣除额
		1	2	3	4	5	6(1-5)	7(2+4-5)
1	一、工资薪金支出	3 500 000.00	3 500 000.00	*	*	3 500 000.00	0.00	*
2	其中：股权激励			*	*		0.00	*
3	二、职工福利费支出	500 000.00	500 000.00	14%	*	490 000.00	10 000.00	*
4	三、职工教育经费支出	160 000.00	160 000.00	*	0.00	160 000.00	0.00	0.00
5	其中：按税收规定比例扣除的职工教育经费	160 000.00	160 000.00	8%		160 000.00	0.00	0.00
6	按税收规定全额扣除的职工培训费用			100%	*		0.00	*
7	四、工会经费支出	80 000.00	80 000.00	2%	*	70 000.00	10 000.00	*
8	五、各类基本社会保障性缴款	1 127 000.00	1 127 000.00	*	*	1 127 000.00	0.00	*
9	六、住房公积金	245 000.00	245 000.00	*	*	245 000.00	0.00	*
10	七、补充养老保险			5%	*		0.00	*
11	八、补充医疗保险			5%	*		0.00	*
12	九、其他			*	*		0.00	*
13	合计（1+3+4+7+8+9+10+11+12）	5 612 000.00	5 612 000.00	*	0.00	5 592 000.00	20 000.00	0.00

项目五 企业所得税纳税实务

表5-39 A105080 资产折旧、摊销及纳税调整明细表

行次	项目	账载金额			税收金额				纳税调整金额
		资产原值	本年折旧、摊销额	累计折旧、摊销额	资产计税基础	税收折旧、摊销额	享受加速折旧政策的资产按税收一般规定计算的折旧、摊销额	加速折旧、摊销统计额	累计折旧、摊销额
		1	2	3	4	5	6	7(5-6)	8	9(2-5)
1	一、固定资产(2+3+4+5+6+7)						*	*		
2	(一)房屋、建筑物						*	*		
3	(二)飞机、火车、轮船、机器、机械和其他生产设备						*	*		
4	(三)与生产经营活动有关的器具、工具、家具等	2 000 000.00	360 000.00	360 000.00	2 000 000.00	600 000.00	*	*	600 000.00	-240 000.00
5	(四)飞机、火车、轮船以外的运输工具						*	*		
6	(五)电子设备						*	*		
7	(六)其他						*	*		
8	二、生产性生物资产(9+10)						*	*		
9	(一)林木类						*	*		

续表

行次	项目	账载金额			税收金额				纳税调整金额
		资产原值	本年折旧、摊销额	累计折旧、摊销额	资产计税基础	税收折旧、摊销额	享受加速折旧政策的资产按税收一般规定计算的折旧、摊销额	加速折旧、摊销统计额	累计折旧、摊销额
		1	2	3	4	5	6	7(5-6)	8	9(2-5)
10	（二）畜类						*	*		
11	三、无形资产（12+13+14+15+16+17+18+19）						*	*		
12	（一）专利权						*	*		
13	（二）商标权						*	*		
14	（三）著作权						*	*		
15	（四）土地使用权						*	*		
16	（五）非专利技术						*	*		
17	（六）特许权使用费						*	*		
18	（七）软件						*	*		
19	（八）其他						*	*		
20	四、长期待摊费用（21+22+23+24+25）						*	*		

续表

行次	项目	账载金额			税收金额				纳税调整金额
		资产原值	本年折旧、摊销额	累计折旧、摊销额	资产计税基础	税收折旧、摊销额	享受加速折旧政策的资产按税收一般规定计算的折旧、摊销额	加速折旧、摊销统计额	累计折旧、摊销额
		1	2	3	4	5	6	7(5-6)	8	9(2-5)
21	（一）已足额提取折旧的固定资产的改建支出						*	*		
22	（二）租入固定资产的改建支出						*	*		
23	（三）固定资产的大修理支出						*	*		
24	（四）开办费						*	*		
25	（五）其他						*	*		
26	五、油气勘探投资						*	*		
27	六、油气开发投资						*	*		
28	享受资产加速折旧（摊销）及一次性扣除（摊销）	（一）加速折旧（摊销）	2 000 000.00	360 000.00		2 000 000.00	600 000.00	360 000.00	240 000.00	600 000.00	*
28.1		重要行业固定资产加速折旧（不含一次性扣除）	2 000 000.00	360 000.00	360 000.00	2 000 000.00	600 000.00	360 000.00	240 000.00	600 000.00	*

续表

行次	项目	账载金额			税收金额				纳税调整金额
		资产原值	本年折旧、摊销额	累计折旧、摊销额	资产计税基础	税收折旧、摊销额	享受加速折旧政策的资产按税收一般规定计算的折旧、摊销额	加速折旧、摊销统计额	累计折旧、摊销额
		1	2	3	4	5	6	7(5-6)	8	9(2-5)
28.2	（填写优惠事项名称）									*
29	（二）一次性扣除（摊销）额大于一般折旧（摊销）额的部分									*
29.1	（填写优惠事项名称）									*
29.2	（填写优惠事项名称）									*
30	合计	2 000 000.00	360 000.00	360 000.00	2 000 000.00	600 000.00	360 000.00	240 000.00	600 000.00	−240 000.00
附列资料	全民所有制企业公司制改制资产评估增值政策资产									

企业所得税月（季）度预缴申报实训案例

项目六

其他常见行为税纳税实务

思维导图

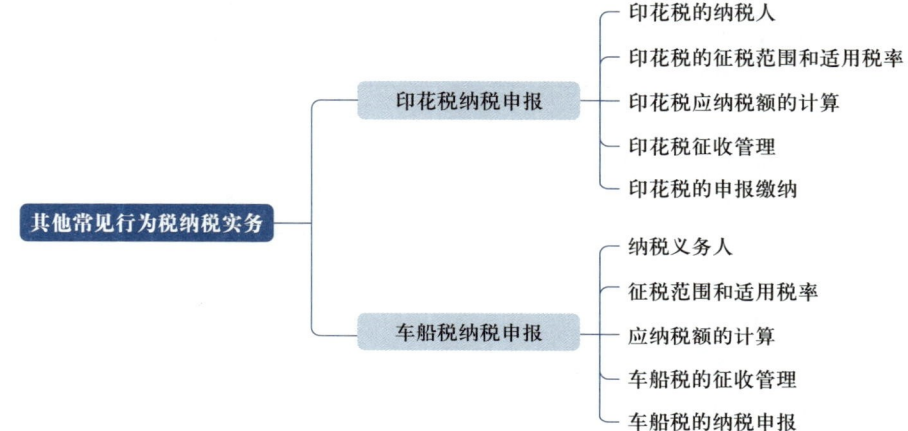

学习目标

素质目标:
1. 培养遵守合同约定的契约精神。
2. 倡导节能、环保、绿色的出行方式。
3. 具备严谨细致的工作作风、良好的团队沟通与协作能力。

知识目标:
1. 了解印花税、车船税纳税义务发生时间和纳税地点等征收管理规定。
2. 理解国家新能源、碳中和计划战略目标和意义。
3. 熟悉印花税、车船税的纳税人、征税范围、适用税率和计税依据。
4. 掌握印花税、车船税的计税方法。

技能目标:
1. 能够正确判断印花税和车船税的纳税人、征税范围、税率、纳税申报方式。
2. 能够准确计算印花税和车船税的应纳税额。
3. 能够熟练使用电子税务局进行印花税、车船税的申报与缴纳。

 **项目导入**

金融机构与小微企业签订借款合同免征印花税政策

为继续加大对小微企业的支持力度,推动解决融资难、融资贵问题,财政部、税务总局联合发布《财政部 税务总局关于支持小微企业融资有关税收政策的公告》(2023年第13号),公告表示2027年12月31日前,对金融机构与小型企业、微型企业签订的借款合同免征印花税。

请思考:小型企业与金融机构签订借款合同,如何享受免征印花税优惠?

任务一　印花税纳税申报

一、印花税的纳税人

印花税是以经济活动和经济交往中,书立、领受应税凭证的行为为征税对象征收的一种税。其纳税人的具体规定如表6-1所示。印花税是一种具有行为税性质的凭证税。

表6-1　印花税纳税人的具体规定

纳税人	具体含义
立合同人	对凭证有直接权利义务关系的单位和个人。 **注意:**(1)不包括合同的担保人、证人、鉴定人。 (2)采用委托贷款方式书立借款合同的纳税人,为受托人和借款人,不包括委托人。 (3)拍卖成交确认书的纳税人,为拍卖标的的产权人和买受人,不包括拍卖人
立据人	书立产权转移书据的单位和个人
立账簿人	开立并使用营业账簿的单位和个人
使用人	在境外书立、领受,但在境内使用的应税凭证的单位和个人
证券交易人	在境内进行证券交易的单位和个人。 **注意:**只对出让方征收,不对受让方征收

印花税的纳税人为书立、使用、领受印花税法所列举的凭证并应依法履行纳税义务的单位和个人。对应上述应税凭证的印花税纳税人分别为订合同人、立据人、立账簿人、领受人。

印花税的扣缴义务人为境外单位或者个人,在境内有代理人的,以其境内代理人为扣缴义务人;在境内没有代理人的,由纳税人自行申报缴纳印花税。

证券登记结算机构为证券交易印花税的扣缴义务人,应当向其机构所在地的主管税务机关申报解缴税款以及银行结算的利息。

随堂练习 6-1：（多选题）下列单位或个人属于印花税纳税义务人的有（　　　　）。

A. 贷款合同的担保人
B. 借款合同的贷款人
C. 与个人签订的用于生活居住的房产租赁合同的房地产管理部门
D. 运输合同的托运方

答案：BCD。

解析：选项 A，合同的当事人是印花税的纳税人，这里的当事人是指对凭证有直接权利义务关系的单位和个人，但不包括合同的担保人、证人、鉴定人。

二、印花税的征税范围

印花税征税范围中的应税凭证，是指《中华人民共和国印花税法》（简称《印花税法》）所附《印花税税目税率表》列明的合同、产权转移书据、营业账簿及证券交易。

三、印花税的税率与计税依据

印花税不同税目对应不同税率，其计税依据也有所不同，如表 6-2 所示。

表 6-2　印花税税目、税率、纳税人一览

征税范围	税目	税率	计税依据
书面合同	借款合同（不包括同业拆借合同）	0.05‰	合同所列金额，不包括增值税
	融资租赁合同		
	买卖合同（动产买卖合同，不包括个人书立的动产买卖合同）	0.3‰	
	承揽合同		
	建设工程合同		
	运输合同（货运合同和多式联运合同，不包括管道运输合同）		
	技术合同（不包括专利权、专有技术使用权转让书据）		
	租赁合同	1‰	
	保管合同		
	仓储合同		
	财产保险合同（不包括再保险合同）		
产权转移书据	土地使用权出让书据	0.50‰	书据所列金额，不包括增值税
	土地使用权、房屋等建筑物和构筑物所有权转让书据		
	股权转让书据（不包括应缴纳证券交易印花税）		

续表

征税范围	税目	税率	计税依据
产权转移书据	商标专用权、著作权、专利权、专有技术使用权转让书据（不包括土地承包经营权和土地经营权的转移书据） **注意**：转让包括买卖（出售）、继承、赠与、互换、分割	0.3‰	书据所列金额，不包括增值税
营业账簿（记载资金的账簿）		0.25‰	账簿记载实收资本（股本）、资本公积合计
证券交易 **注意**：根据股票交易成交金额单独对卖方收取；基金和债券不征；自2023年8月28日起减半征收		1‰	成交金额

如果应税合同、产权转移书据未列明金额，印花税的计税依据按照实际结算的金额确定；还不能确定的，按照书立合同、产权转移书据时的市场价格确定；依法应当执行政府定价或者政府指导价的，按照国家有关规定确定。

证券交易无转让价格的，按照办理过户登记手续时该证券前一个交易日收盘价计算确定计税依据；无收盘价的，按照证券面值计算确定计税依据。

印花税下调释放政策暖意

财政部、税务总局2023年8月27日发布公告，为活跃资本市场、提振投资者信心，自8月28日起，证券交易印花税实施减半征收。

调降印花税，将直接减少投资者交易成本，有助于提升投资者交投意愿，向市场释放更多流动性，有利于扭转当期市场颓势，对于活跃资本市场、提振投资者信心将起到催化作用。历次证券交易印花税税率下调均对资本市场形成了很好的提振效果。比如，2008年9月19日，证券交易印花税由双边征收改为单边征收，提振上证综指大涨9.45%。

随堂练习6-2：（多选题）下列合同中，应按"产权转移书据"税目征收印花税的有（　　）。

A. 商品房销售合同　　　　　　　B. 土地使用权转让合同
C. 专利申请权转让合同　　　　　D. 土地使用权出让合同
答案：ABD。
解析：选项C，按技术转让合同计算缴纳印花税。

四、印花税税收优惠

下列凭证免征印花税：
（1）应税凭证的副本或者抄本。

（2）依照法律规定应当予以免税的外国驻华使馆、领事馆和国际组织驻华代表机构为获得馆舍书立的应税凭证。

（3）中国人民解放军、中国人民武装警察部队书立的应税凭证。

（4）农民、家庭农场、农民专业合作社、农村集体经济组织、村民委员会购买农业生产资料或者销售农产品书立的买卖合同和农业保险合同。

（5）无息或者贴息借款合同、国际金融组织向中国提供优惠贷款书立的借款合同。

（6）财产所有权人将财产赠与政府、学校、社会福利机构、慈善组织书立的产权转移书据。

（7）非营利性医疗卫生机构采购药品或者卫生材料书立的买卖合同。

（8）个人与电子商务经营者订立的电子订单。

> **温馨提示**
>
> 根据国民经济和社会发展的需要，国务院对居民住房需求保障、企业改制重组、破产、支持小型微型企业发展等情形可以规定减征或者免征印花税，报全国人民代表大会常务委员会备案。

随堂练习 6-3：（多选题）下列凭证中，免征印花税的有（　　　）。
A. 与高校学生签订的高校学生公寓租赁合同
B. 县政府批准企业改制签订的产权转移书据
C. 外国企业向我国企业提供优惠贷款书立的合同
D. 贴息贷款合同
答案： ABD。
解析： 选项 C，只有外国政府或者国际金融组织向我国政府及国家金融机构提供优惠贷款所书立的合同才免征印花税，而非外国企业。

五、印花税的应纳税额计算

实行比例税率的凭证：

$$应纳印花税 = 应税凭证计税金额 \times 比例税率$$

实行定额税率的凭证：

$$应纳印花税 = 应税凭证件数 \times 定额税率$$

营业账簿中记载资金的账簿：

$$应纳印花税 = (实收资本 + 资本公积) \times 0.5‰$$

其他账簿按件贴花，每件 5 元：

$$应纳印花税 = 应税账簿件数 \times 5$$

> **温馨提示**
>
> （1）如果合同价款或产权转移书据未以不含增值税价格或价税分离形式列明，仅列示含增值税金额，则需按照含增值税金额计算缴纳印花税。

(2)已缴纳印花税的营业账簿,以后年度实收资本(股本)、资本公积合计金额增加的,仅就增加部分纳税。

(3)同一应税凭证载有两个以上税目事项并分别列明金额的,按照各自适用的税目、税率分别计算应纳税额;未分别列明金额的,从高适用税率。

(4)同一应税凭证由两方以上当事人书立的,按照各自涉及的金额分别计算应纳税额。

随堂练习6-4:(计算题)8月,小丁家政服务公司与其他企业订立专有技术使用权转让合同一份,所载金额为200万元;订立商品销售合同一份,合同约定含增值税金额452万元;订立融资租赁合同一份,所载金额为400万元。此外,该企业的营业账簿中,"实收资本"6月月末余额为5 000万元,本月新增金额1 000万元。请计算该企业8月应纳印花税税额。

解析:专有技术使用权转让按照"产权转移书据"缴纳印花税:

应纳印花税 =200×10 000×0.3‰=600(元)

商品销售按照"买卖合同"缴纳印花税:

应纳印花税 =452×10 000×0.3‰=1 356(元)

融资租赁合同按照"融资租赁合同"缴纳印花税:

应纳印花税 =400×10 000×0.05‰=200(元)

营业账簿中"实收资本"所载资金应纳印花税 =1 000×10 000×0.25‰=2 500(元)

该企业8月应纳印花税 =600+1 356+200+2 500=4 656(元)

六、印花税的征收管理

(一)纳税义务发生时间

印花税的纳税义务发生时间,为纳税人书立应税凭证或者完成证券交易的当日。证券交易印花税扣缴义务发生时间为证券交易完成的当日。

印花税应当在书立或领受时贴花。具体是指在合同签订时、账簿启用时和证照领受时贴花。若合同是在国外签订且不便在国外贴花的,应在将合同带入境时办理贴花纳税手续。

(二)计征方式

印花税按季、按年或者按次计征。实行按季、按年计征的,纳税人应当自季度、年度终了之日起15日内申报缴纳税款;实行按次计征的,纳税人应当自纳税义务发生之日起15日内申报缴纳税款。证券交易印花税扣缴义务人应当自每周终了之日起5日内申报缴纳税款及银行结算的利息。

(三)纳税地点

印花税一般实行就地纳税。

(四)缴纳方法

根据税额大小,应税项目纳税次数多少以及税源控管的需要,印花税分别采用自行贴花、汇贴汇缴和委托代征三种缴纳方法。

印花税可以采用粘贴印花税票或者由税务机关依法开具其他完税凭证的方式缴纳。印花税票粘贴在应税凭证上的,由纳税人在每枚税票的骑缝处盖戳注销或者画销。印花税票由国务院税务主管部门监制。

(五)报送纳税申报(报告)表

按照规定的格式填列的"财产和行为纳税申报表"及其税源明细表应在规定的时间内报送主管税务局,目前主要的报送方式是直接报送和网上申报。直接报送是指将纳税申报表直接送达主管税务局的办税服务大厅,由税务工作人员签收。网上申报是目前广泛采用的经济、快捷的报送方式。

随堂练习6-5:(多选题)下列合同或凭证中,应缴纳印花税的有(　　)。
A. 人寿保险合同　　　　　　　　　B. 电网与电网之间签订的购售电合同
C. 个人出租门店订立的合同　　　　D. 个人书立的动产买卖合同
答案:BC。
解析:选项 AD 不属于印花税征税范围。

七、印花税的纳税申报

(一)办税指南

1. 申请条件

在中华人民共和国境内书立应税凭证、进行证券交易的单位和个人及在中华人民共和国境外书立在境内使用的应税凭证的单位和个人为印花税的纳税人,按规定向主管税务机关办理印花税申报。

> **温馨提示**
>
> 自2021年6月1日起,纳税人申报缴纳城镇土地使用税、房产税、车船税、印花税、耕地占用税、资源税、土地增值税、契税、环境保护税、烟叶税中一个或多个税种时,使用《财产和行为税纳税申报表》(附件1)。纳税人新增税源或税源变化时,须先填报《财产和行为税税源明细表》(附件2)。

2. 办理材料

印花税纳税申报办理材料如表 6-3 所示。

表 6-3　印花税纳税申报办理材料

序号	材料名称	数量	备注
1	《财产和行为税纳税申报表》原件	2份	无
2	《印花税申报明细表》原件	2份	无

有以下情形的,还应提供相应材料

适用情形	材料名称	数量	备注
享受印花税优惠的纳税人	《财产和行为税减免明细申报附表》原件	2份	无

（二）电子税务局操作指引

（1）依次单击【首页】—【我要办税】—【税费申报及缴纳】—【综合申报】—【财产和行为税合并纳税申报】进入功能。或使用电子税务局右上角【搜索】功能搜索"财产""行为"等关键字进行模糊搜索进入功能，如图6-1（a）和图6-1（b）所示。

图6-1（a） 财产和行为税合并纳税申报界面一

图6-1（b） 财产和行为税合并纳税申报界面二

在【财产和行为税合并纳税申报】界面中，选择税款属期（如果系统提供的选项无法满足需求，可以选择"自选"进行税款所属期起止的选择），选择所属年度，勾选需要申报的申报表信息，如图6-2所示。

项目六　其他常见行为税纳税实务

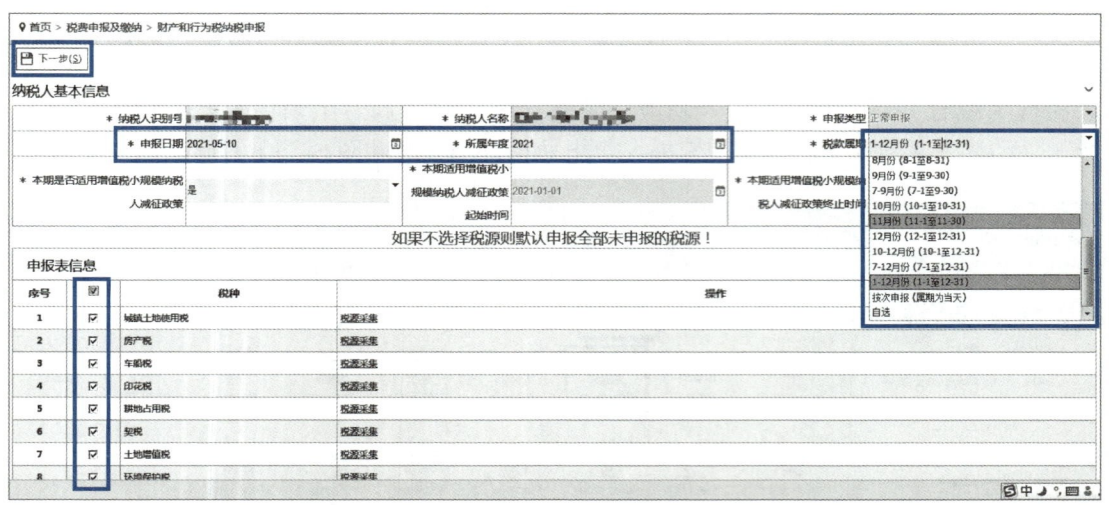

图 6-2　财产和行为税合并纳税申报信息勾选

> **温馨提示**
>
> 进行财产和行为税合并纳税申报需要采集税源信息，应通过单击对应"税种"后的"税源采集"跳转到相应的税源信息采集界面进行采集。具体税源采集操作详见下文。

（2）纳税人进行印花税申报时，应先进行印花税税源信息采集。在"财产和行为税合并纳税申报"模块，单击印花税后面的"税源采集"链接，进入税源信息采集页面。

① 新增印花税税源信息。

进入【印花税税源信息采集】后，单击【新增税源】，进入"新增税源"界面，如图 6-3 所示。

图 6-3　印花税税源信息采集

选择需要进行信息采集的"税款所属期起止"，"按期申报"子目将自动带出税种认定里的有效税种认定信息，按照实际情况填写计税金额等信息。如相应的信息无法带出，可以尝试单击【重新提取认定信息】或直接单击【增行】按钮进行手工添加;"按次申报"子目可以通过【增行】按钮进行印花税税源信息的采集,单击【增行】,按照实际情况录入相应的应税信息。

印花税税源信息填写完毕后,单击【保存】,系统提示"保存成功",印花税税源信息采集完成,如图6-4所示。

图6-4　保存印花税税源信息

② 查询已采集印花税税源信息。

若已经存在印花税税源信息采集,需要对已采集的税源信息进行查看和修改,可以输入相应的税款所属期起止,单击【查询已采集信息】,系统将显示符合条件的已采集条目,如图6-5所示。

图6-5　查询已采集的印花税信息

a. 查看已采集信息。

单击【查看】可以查看已采集信息,如图6-6所示。

> **温馨提示**
>
> "查看"功能只适用于对已采集信息进行查看,不能进行修改。

b. 修改已采集信息。

单击【修改】可以对已采集信息进行修改,如图6-7所示。

进入"更正税源明细"界面后,可以对已采集的印花税税源明细信息进行修改,包括增加、删除税源明细信息、修改已有信息的计税依据等,如图6-8所示。

项目六　其他常见行为税纳税实务

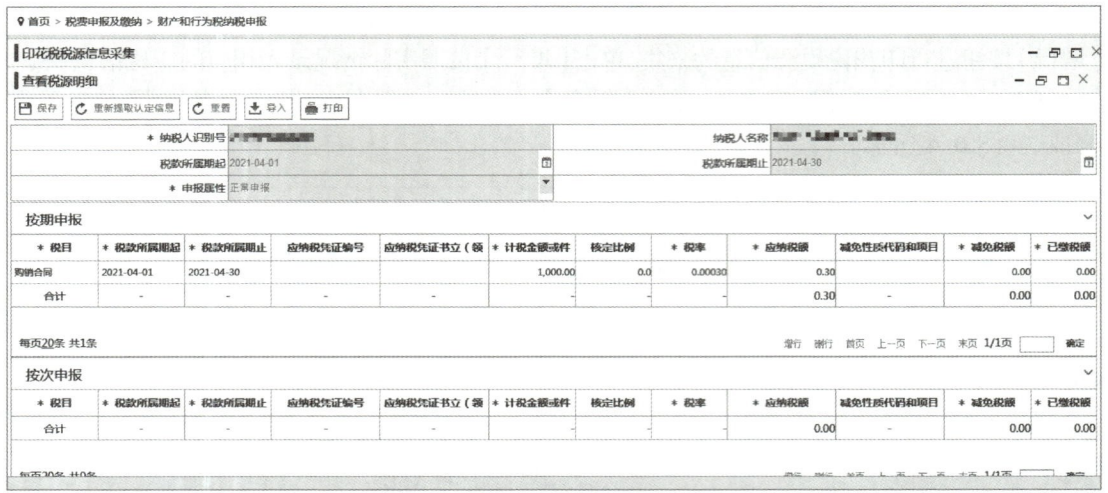

图 6-6　查看已采集的印花税信息

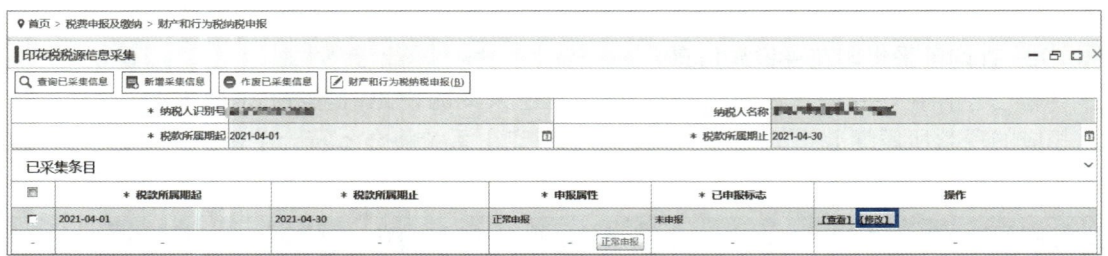

图 6-7　进入修改已采集的印花税信息界面

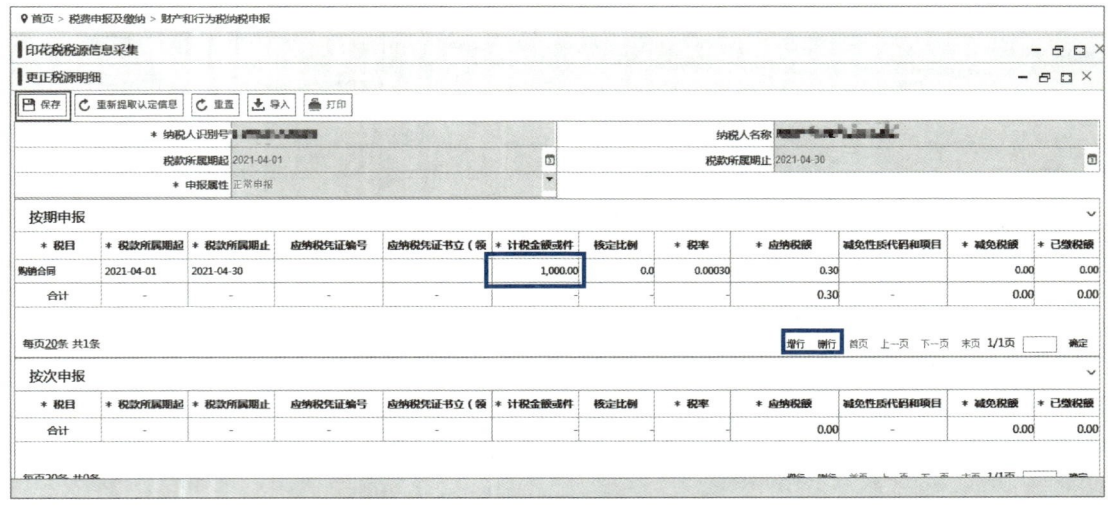

图 6-8　修改已采集的印花税信息

修改完成后,单击【保存】按钮,系统提示"当前属期税源信息已保存,是否确定修改？",单击【是】,税源信息修改完成,单击【确定】按钮保存,如图 6-9、图 6-10 所示。

任务一　印花税纳税申报

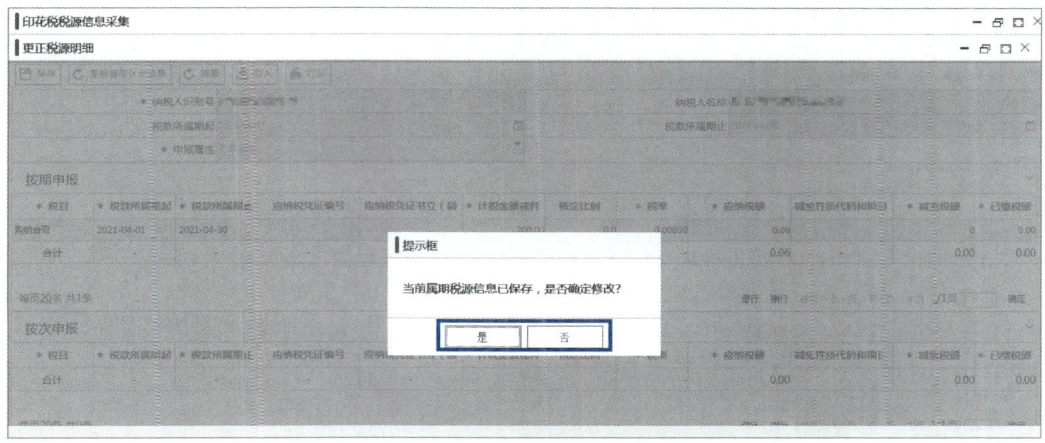

图 6-9　印花税税源信息修改保存提示框

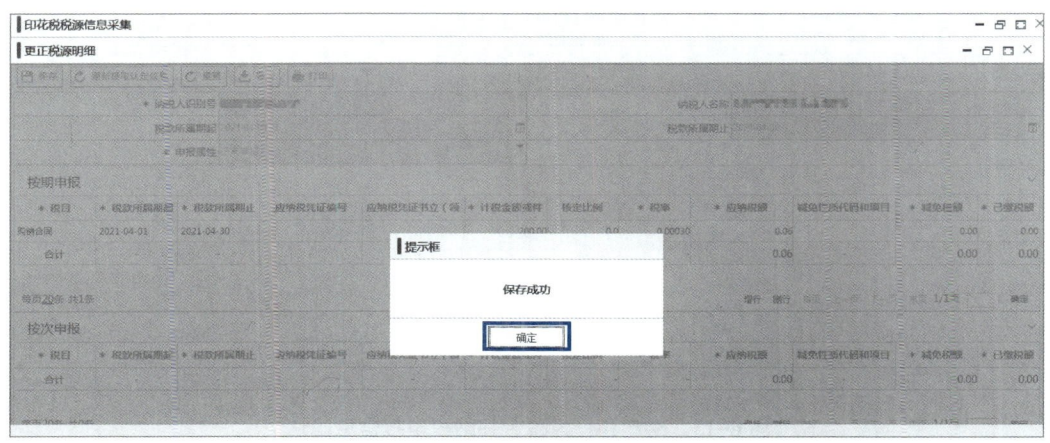

图 6-10　印花税税源信息修改保存成功提示框

（3）完成税源采集后，勾选申报表信息，单击【选择未申报税源】进入印花税税源选择界面，如图 6-11 所示。

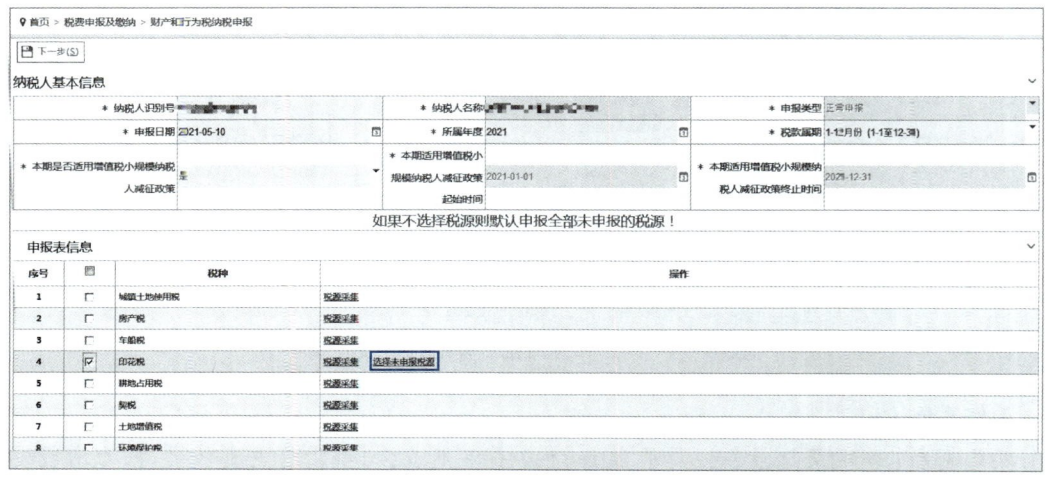

图 6-11　财产和行为税合并纳税申报选择未申报税源

项目六　其他常见行为税纳税实务

勾选需要申报的税源信息,单击【确定】按钮,如图6-12所示。

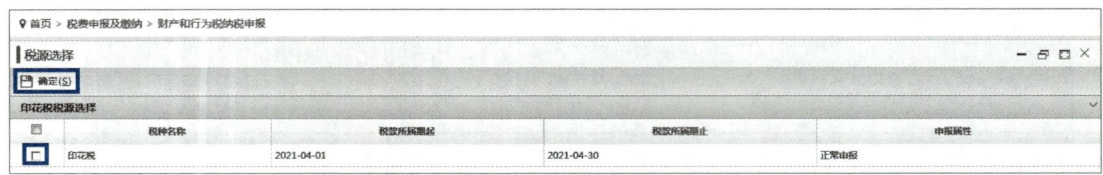

图 6-12　财产和行为税合并纳税申报税源选择

税源选择完成后,勾选需要申报的税种,单击【下一步】,系统跳转到申报信息确认界面,如图6-13所示。

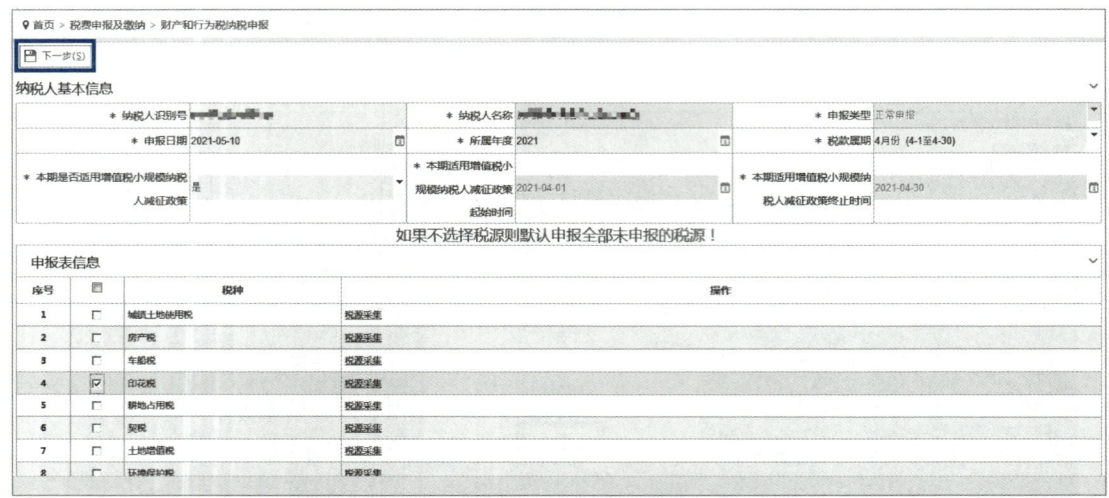

图 6-13　财产和行为税合并纳税申报信息确认

双击【税款信息】一行,可以预览申报信息。确认申报信息无误后,单击【申报】按钮,印花税申报完成,如图6-14所示。

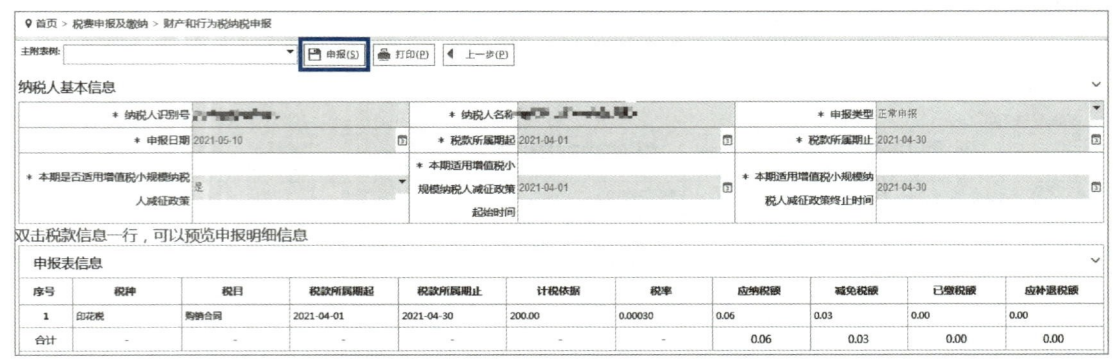

图 6-14　财产和行为税合并纳税申报完成

工作实例 6-1

实训资料:小丁家政服务公司于2011年2月注册成立,属于有限责任公司,为增值税一般纳税人,注册地和经营地均为大连市甘井子区红旗西路37号,电话:62157621,纳税人识别号:91210211245925_232,法人代表:丁嘉男,身份证号:210211195904024512。所属行业:居民服务业。

2025年1月,小丁家政服务公司发生如下业务:

(1)领受房屋产权证、商标注册证、土地使用证各1件。
(2)签订一份购销合同,合同金额为300 000元,但因不可抗力最后未能履行。
(3)签订了一份借款合同,所载金额为100 000元。
(4)启用新账簿(银行存款日记账和库存现金日记账)6本,减免性质代码:09129907。

2025年2月5日进行1月份的印花税纳税申报。

实训要求:完成印花税的相关纳税申报,如表6-4、表6-5所示。

表6-4 印花税税源明细表

纳税人识别号(统一社会信用代码):91210211245925_1232

纳税人名称:小丁家政服务公司　　　　　　　　　　金额单位:人民币元(列至角分)

序号	税目	*税款所属期起	*税款所属期止	应纳税凭证编号	应纳税凭证书立(领受)日期	*计税金额或件数	核定比例	*税率	减免性质代码和项目名称
按期申报									
1	购销合同	1.1	1.31			300 000.000		0.3‰	
2	借款合同	1.1	1.31			100 000.00		0.5‰	
3	营业账簿(其他账簿)	1.1	1.31			6		5	09081518新设立的资金账簿免征印花税
4	权利、许可证照	1.1	1.31			3		5	
按次申报									
1									
2									
3									

表 6–5　财产和行为税纳税申报表

纳税人识别号（统一社会信用代码）：9 1 2 1 0 2 1 1 2 4 5 9 2 5 1 2 3 2
纳税人名称：小丁家政服务公司　　　　　　　　　　　　金额单位：人民币元（列至角分）

序号	税种	税目	税款所属期起	税款所属期止	计税依据	税率	应纳税额	减免税额	已缴税额	应补（退）税额
1	印花税	购销合同	1.1	1.31	300 000.000	0.3‰	90.00			90.00
2	印花税	借款合同	1.1	1.31	100 000.00	0.5‰	5.00			5.00
3	印花税	营业账簿（其他账簿）	1.1	1.31	6	5	30.00	30.00		0
4	印花税	权利、许可证照	1.1	1.31	3	5	15.00			15.00
5	合计	—	—	—	—	—	140.00			110.00

声明：此表是根据国家税收法律法规及相关规定填写的，本人（单位）对填报内容（及附带资料）的真实性、可靠性、完整性负责。

纳税人（签章）：　　　　　　2025 年 2 月 9 日

经办人： 经办人身份证号： 代理机构签章： 代理机构统一社会信用代码：	受理人： 受理税务机关（章）： 受理日期：　　年　　月　　日

任务二　车船税纳税申报

一、车船税的纳税人

车船税是以车船为征税对象，向拥有车船的单位和个人征收的一种税。
车船税的纳税人，是指在我国境内规定范围内应税车辆、船舶的所有人或者管理人。
从事机动车第三者责任强制保险业务的保险机构为机动车车船税的扣缴义务人。

> **温馨提示**
> 管理人是指对车船具有管理权或者使用权的单位和个人。

随堂练习 6-6：(多选题)车船税的纳税人包括（　　　）。
A. 行政机关　　　　　　　　　B. 中外各类企业
C. 我国境内的居民　　　　　　D. 外籍个人
答案：ABCD。
解析：车船税的纳税人为应税车辆、船舶的所有人或管理人。

二、车船税的征税范围

车船税的征税范围,是指在中国境内属于车船税法所附《车船税税目税额表》规定的车辆(乘用车、客车、货车、专用作业车、轮式专用机械车、摩托车)、船舶(机动船舶、游艇)。其中,货车包括半挂牵引车、挂车、客货两用汽车、三轮汽车和低速载货汽车。

无须在车船登记管理部门登记,仅在单位内部场所行驶或者作业的机动车辆和船舶也应缴纳车船税。境内单位和个人将船舶出租到境外的,应依法征收车船税。

三、车船税的税收优惠

（一）减半征税项目

节能汽车,减半征收车船税。包括允许在中国境内销售的综合工况燃料消耗量符合标准的 1.6 升以下（含 1.6 升）的燃用汽油、柴油的乘用车和轻型、重型商用车（含非插电式混合动力、双燃料和两用燃料乘用车和轻型、重型商用车）。

（二）免税项目

车船税免税项目包括新能源车船；捕捞、养殖渔船；军队、武装警察部队专用的车船、警用车船；悬挂应急救援专用号牌的国家综合性消防救援车辆和国家综合性消防救援专用船舶；依照法律规定应当予以免税的外国驻华使领馆、国际组织驻华代表机构及其有关人员的车船。

免征车船税的新能源汽车是指纯电动商用车、插电式（含增程式）混合动力汽车、燃料电池商用车。

省、自治区、直辖市人民政府根据当地实际情况,可以对公共交通车船,以及农村居民拥有并主要在农村地区使用的摩托车、三轮汽车和低速载货汽车定期减征或者免征车船税。

随堂练习 6-7：(多选题)下列车船中,属于免征车船税的车船有（　　　）。
A. 自行车　　　　　　　　　　B. 政府机关车辆
C. 在农业机械部门登记的拖拉机　D. 专项作业车
答案：AC。
解析：选项 A 不属于车船税征收范围,选项 D 须缴纳车船税。

四、车船税的适用税率与计税单位

车船税"从量计征",采用定额税率。不同税目下对应的计税单位包括"每辆""整备质量每吨""净吨位每吨""艇身长度每米"。

船舶具体适用税额由国务院在《车船税税目税额表》规定的税额幅度内确定。车辆具体适用税额由省、自治区、直辖市人民政府在国务院规定的税额幅度内确定,如表 6-6 所示。

表 6-6 车船税税目税额表

税目		计税单位	年基准税额	备注
乘用车	1.0 升（含）以下的	每辆	60 元至 360 元	核定载客人数 9 人（含）以下
	1.0 升（含）以上至 1.6 升（含）的		300 元至 540 元	
	1.6 升以上至 2.0 升（含）的		360 元至 660 元	
	2.0 升以上至 2.5 升（含）的		660 元至 1 200 元	
	2.5 升以上至 3.0 升（含）的		1 200 元至 2 400 元	
	3.0 升以上至 4.0 升（含）的		2 400 元至 3 600 元	
	4.0 升以上		3 600 元至 5 400 元	
商用车	客车	每辆	480 元至 1 440 元	核定载客人数 9 人（包括电车）以上
	货车	整备质量每吨	16 元至 120 元	挂车按照货车税额的 50% 计算
其他车辆	专业作业车	整备质量每吨	16 元至 120 元	不包括拖拉机
	轮式专用机械车		16 元至 120 元	
摩托车		每辆	36 元至 180 元	
船舶	机动船舶	净吨位每吨	3 元至 6 元	拖船、非机动驳船减按 50% 计算
	游艇	艇身长度每米	600 元至 2 000 元	

排气量、整备质量、核定载客人数、净吨位、功率（千瓦或马力）、艇身长度等，以车船登记管理部门核发的车船登记证书或者行驶证相应项目所载数据为准。依法不需要办理登记、依法应当登记而未办理登记或者不能提供车船登记证书、行驶证的，以车船出厂合格证明或者进口凭证相应项目标注的技术参数、所载数据为准；不能提供车船出厂合格证明或者进口凭证的，由主管税务机关参照国家相关标准核定，没有国家相关标准的参照同类车船核定。

随堂练习 6-8：（多选题）下列项目中，以"每辆"为计税单位计算车船税的有（　　）。
A. 机动船舶　　　B. 摩托车　　　C. 商用客车　　　D. 商用货车
答案：BC。
解析：选项 A 以"净吨位每吨"为计税单位；选项 D 以"整备质量每吨"为计税单位。

五、车船税应纳税额的计算

车船税应纳税额的计算公式如下：

年应纳车船税 = 计税单位（的数量）× 单位税额

应纳车船税 =（年应纳税额 ÷ 12）× 应纳税月份数

应纳税月份数 = 12 - 纳税义务发生时间（取月份）+ 1

> **温馨提示**
> 应纳税的月份数自发生纳税义务的当月起计算。

随堂练习 6-9：(计算题) 大连逸仙卷烟厂拥有载货汽车 30 辆 (货车整备质量全部为 10 吨)；载人大客车 20 辆；小客车 10 辆。请计算该公司应纳车船税。(其他相关资料：载货汽车每吨年税额 80 元，载人大客车每辆年税额 800 元，小客车每辆年税额 700 元。)

解析：载货汽车的计税单位为整备质量每吨：
应纳车船税 =30×10×80=24 000（元）
载人大客车和小客车的计税单位为每辆：
应纳车船税 =20×800+10×700=23 000（元）
全年应纳车船税 =24 000+23 000=47 000（元）

六、车船税的征收管理

(一) 扣缴义务人

从事机动车第三者责任强制保险业务的保险机构为机动车车船税的扣缴义务人，应当在收取保险费时依法代收车船税，并出具代收税款凭证。

(二) 纳税地点

纳税人自行申报缴纳车船税的，纳税地点为车船的登记地。
扣缴义务人代收代缴车船税的，纳税地点为扣缴义务人所在地。
依法不需要办理登记的车船，车船税的纳税地点为车船的所有人或者管理人所在地。

(三) 纳税义务发生时间

车船税纳税义务发生时间为取得车船所有权或者管理权的当月。车船税按年申报缴纳。具体申报纳税期限由省、自治区、直辖市人民政府规定。

税润民生

多措并举强化车船税风险管理

2023 年 4 月以来国家税务总局营口市老边区税务局积极作为，加强车船税代征、收缴工作管理，堵塞征管漏洞，确保车船税征收的时效性、申报的准确性、数据的高效性。

该局强化与交管部门、天安财险等联动，与检测机构业务人员深入交流，杜绝车船税的漏征漏管及税务内部征管的风险点；结合上级部门推送的疑点数据，定期作比对，查找车船税征收薄弱环节；利用宣传彩页、微信群等方式立体宣传车船税的相关政策，加强对扣缴义务人及保险机构业务人员的政策辅导和技能培训。

七、车船税纳税申报

(一) 办税指南

1. 申请条件

应税车辆、船舶未被代收代缴车船税的，其所有人或者管理人填报《财产和行为税纳税申报表》及相关资料,向主管税务机关办理车船税申报。

2. 办理材料

车船税纳税申报办理材料如表6-7所示。

表6-7 车船税纳税申报办理材料

序号	材料名称	数量	备注
1	《财产和行为税纳税申报表》原件	2份	无
有以下情形的,还应提供相应材料			
适用情形	材料名称	数量	备注
首次申报或税源信息发生变化	《车船税税源明细表》原件	2份	无
享受车船税优惠的纳税人	《财产和行为税减免税明细申报附表》原件	2份	无

（二）电子税务局操作指引

（1）与印花税申报相同,依次单击【首页】—【我要办税】—【税费申报及缴纳】—【综合申报】—【财产和行为税合并纳税申报】进入该功能。

在【财产和行为税合并纳税申报】界面中,选择税款属期（如果系统提供的选项无法满足需求,可以选择"自选"进行税款所属期起止的选择）,选择所属年度,勾选需要申报的申报表信息。

（2）纳税人进行车船税申报时,应先进行车船税税源信息采集。在"财产和行为税合并纳税申报"模块,单击车船税后面的【税源采集】链接,进入税源信息采集页面。

① 查询已采集车船税税源信息

初始化界面中,会带出已采集的车船信息。如果想精确查询具体车辆（船舶）信息,可在查询条件中输入车船识别号（车架号码）,单击【查询】,则可查询满足条件的已维护的车辆（船舶）信息,如图6-15、图6-16所示。

② 新增车船税税源信息。

可通过【新增】按钮进行单个车船税信息维护,也可以通过"导入模板"功能批量导入。

a. 批量新增。

单击【下载导入模板（Excel）】功能下载模板;填写完毕后,单击【导入】按钮进行批量车船税信息导入,如图6-17所示。

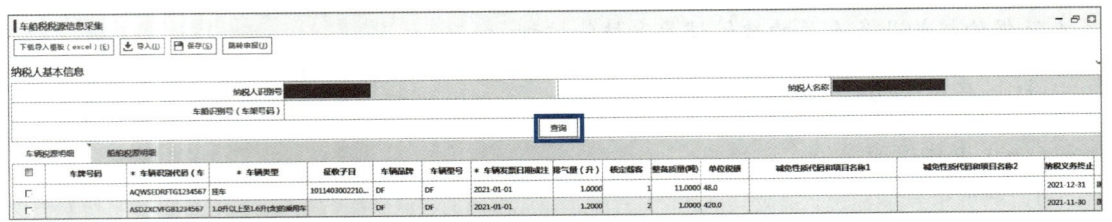

图6-15 车船税车辆情况（已采集）

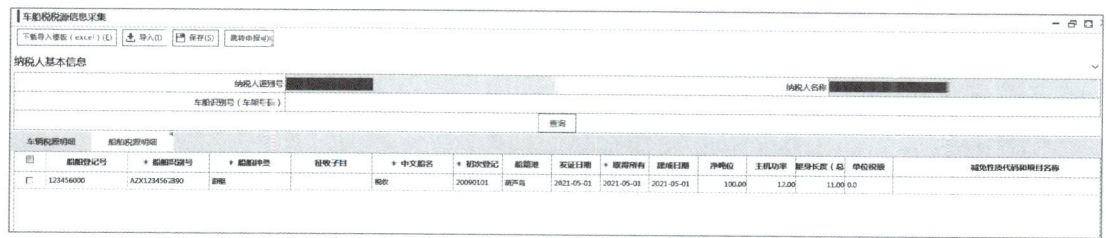

图 6-16 车船税船舶情况（已采集）

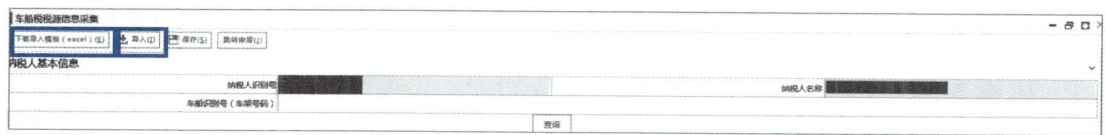

图 6-17 模板导入信息

单击【导入】,提示选择要导入的数据文件,再单击【导入上传文件】,如图 6-18 所示。

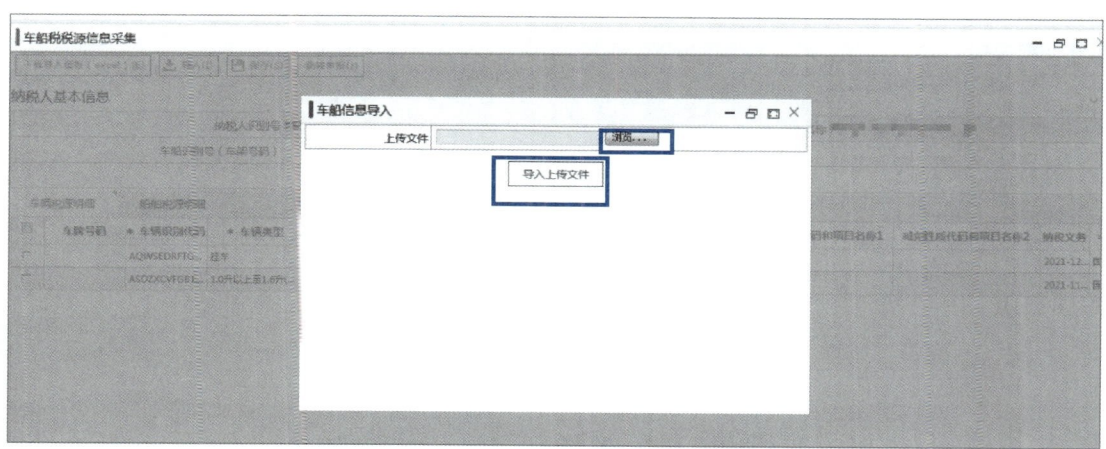

图 6-18 导入上传车船税信息

b. 单个新增。

在"车辆税源明细"页,单击【增行】按钮,在新增行中录入信息,如图 6-19 所示。
在"船舶税源明细"页,单击【增行】按钮,在新增行中录入信息,如图 6-20 所示。

③ 查看/删除/修改车船税税源信息。

查看/修改。纳税人可通过双击某一行车辆/船舶信息,或者选中某一行信息后,修改该车辆/船舶信息,修改其中的数据后单击【保存】,则可实现修改车辆/船舶信息。

删除。纳税人可通过选中某一行车辆/船舶信息,单击【删行】,然后单击【保存】,则删除该税源信息,如图 6-21 所示。

（3）完成税源采集后,勾选申报表信息,单击【选择未申报税源】进入车船税税源选择界面,如图 6-22 所示。

项目六　其他常见行为税纳税实务

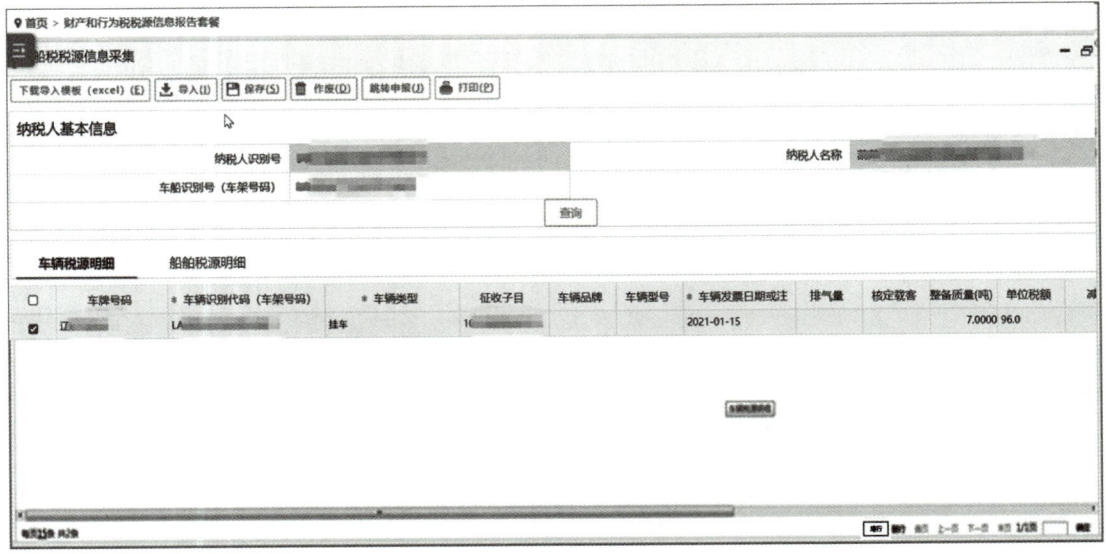

图 6-19　新增车辆信息

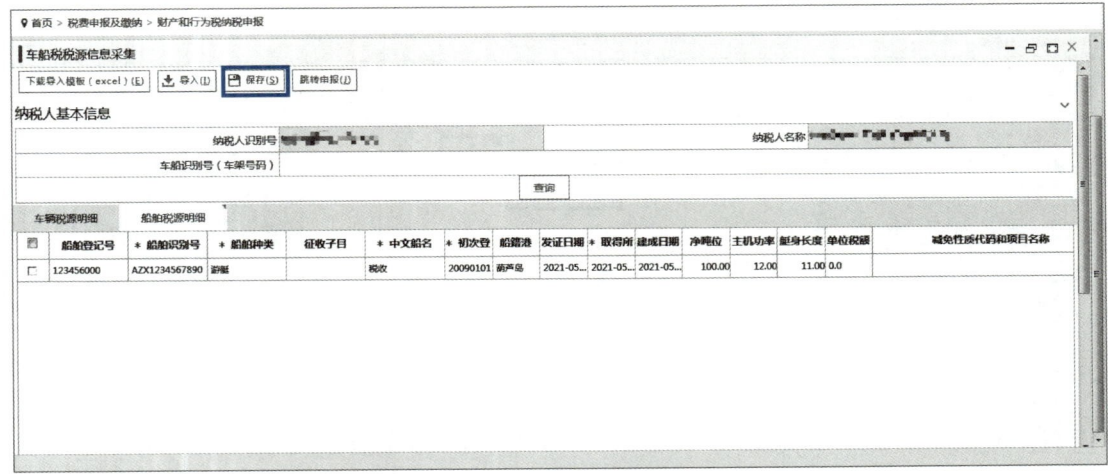

图 6-20　新增船舶信息

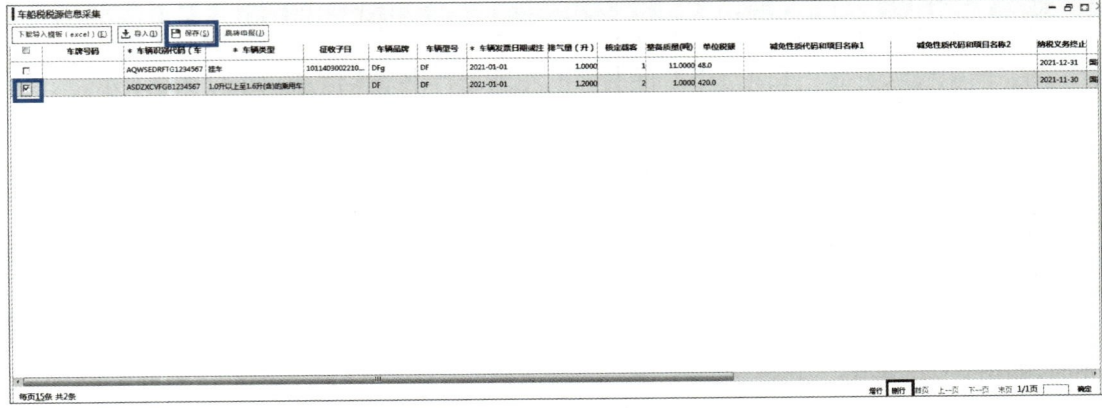

图 6-21　删除车辆情况信息

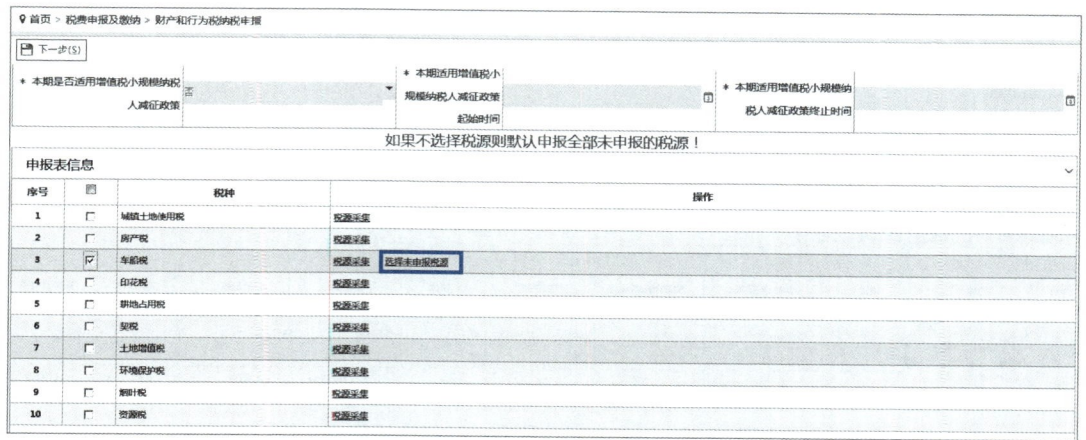

图 6-22 财产和行为税合并纳税申报选择未申报税源

勾选需要申报的税源信息,单击【确定】按钮,系统跳转申报主界面,如图 6-23 所示。

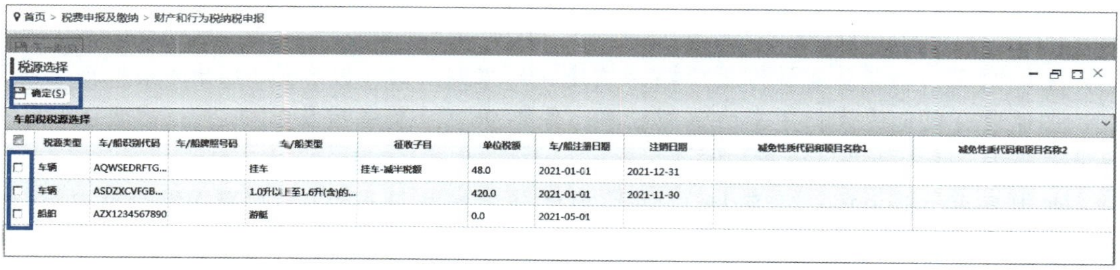

图 6-23 税源选择

税源选择完成后,勾选需要申报的税种,单击【下一步】;系统跳转到申报信息确认界面,如图 6-24 所示。

双击税款信息一行,可以预览申报信息。确认申报信息无误后,单击【申报】按钮,车船税纳税申报完成,如图 6-25 所示。

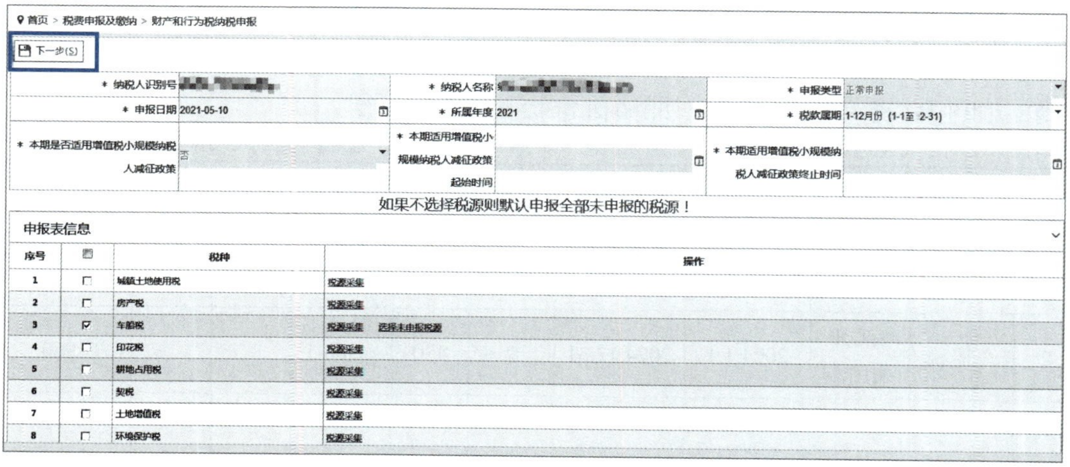

图 6-24 财产和行为税合并纳税申报信息确认

项目六 其他常见行为税纳税实务

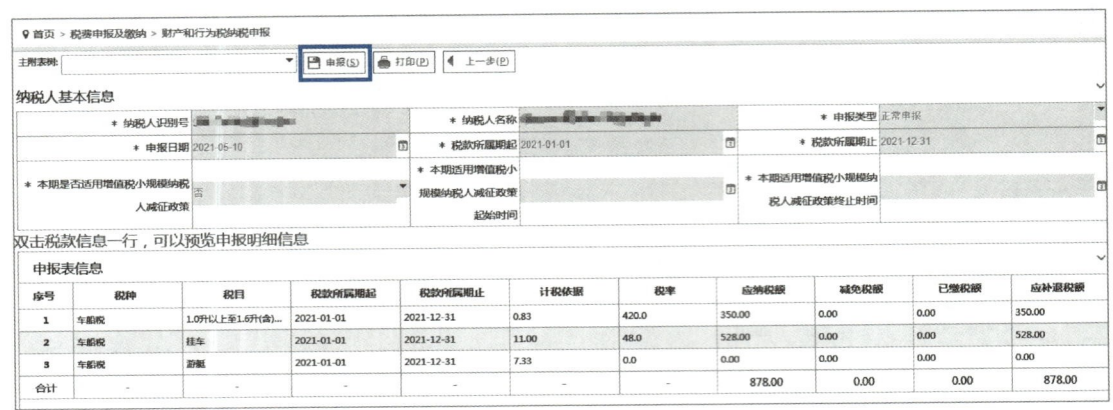

图 6-25 财产和行为税合并纳税申报完成

工作实例 6-2

实训资料：大连逸仙卷烟厂于 2001 年 4 月注册成立，注册地和经营地均为大连市旅顺口区晨曦路 456 号，电话：76253821，纳税人识别号：21021321989712，法人代表：王村，身份证号：210213197804051178。大连逸仙卷烟厂 2024 年 3 月购买三辆送货汽车，两辆装备质量为 3.4 吨，另一辆装备质量为 2.7 吨；另有上年年末购入的气缸容量 1.8 升的乘用车 2 辆。

当地政府规定的载货汽车的定额税率为每年 96 元/整备质量每吨，气缸容量 1.8 升的乘用车的年基准税率为 480 元/辆。

实训要求：于 2025 年 1 月 10 日完成 2024 年财产与行为税（车船税）的纳税申报，如表 6-8、表 6-9 所示。

表 6-8 车船税计算表

金额单位：元

车船类型	计税基数	适用税率	应纳税额/年	本期应纳车船税
货车	9.5	96	912	760
1.8 升乘用车 2 辆	2	480	960	960
合计	—	—	1 872	1 720

表 6-9 财产和行为税纳税申报表

纳税人识别号（统一社会信用代码）：21021321989712
纳税人名称：大连逸仙卷烟厂   金额单位：人民币元（列至角分）

序号	税种	税目	税款所属期起	税款所属期止	计税依据	税率	应纳税额	减免税额	已缴税额	应补（退）税额
1	车船税	货车	2024.3.1	2024.12.31	9.5	96	760			760
2	车船税	1.8 升乘用车	2024.1.1	2024.12.31	2	480	960			960
3										
11	合计	—	—				1 720			1 720

续表

声明：此表是根据国家税收法律法规及相关规定填写的，本人（单位）对填报内容（及附带资料）的真实性、可靠性、完整性负责。	
纳税人（签章）： 	2025 年 1 月 10 日
经办人：王村 经办人身份证号：210213197804051178 代理机构签章： 代理机构统一社会信用代码：	受理人： 受理税务机关（章）： 受理日期：　　年　　月　　日

车船税纳税申报
实训案例

项目七

常见财产税纳税实务

 **思维导图**

- 常见财产税纳税实务
  - 土地增值税纳税申报
    - 土地增值税的纳税人
    - 土地增值税的征税范围
    - 土地增值税的税率
    - 土地增值税应纳税额的计算
    - 土地增值税的税收优惠
    - 土地增值税的征收管理
    - 土地增值税的纳税申报
  - 城镇土地使用税纳税申报
    - 城镇土地使用税的纳税人
    - 城镇土地使用税的征税范围
    - 城镇土地使用税的适用税率
    - 城镇土地使用税应纳税额的计算
    - 税收优惠
    - 城镇土地使用税的征收管理
    - 城镇土地使用税的纳税申报
  - 房产税纳税申报
    - 房产税的纳税人
    - 房产税的征税范围
    - 房产税应纳税额的计算
    - 税收优惠
    - 房产税的征收管理
    - 房产税的纳税申报
  - 契税纳税申报
    - 契税的纳税人
    - 契税的征税范围
    - 契税的税率
    - 契税应纳税额的计算
    - 契税的税收优惠
    - 契税的征收管理
    - 契税的纳税申报

学习目标

素质目标：
1. 具备诚信意识，形成财产税横向、纵向公平以及依法纳税的法治观念。
2. 具备与税务、房产、国土等部门良好的沟通和协调能力。
3. 形成高度的职业责任感、敏锐的洞察力、持续学习税法合理决策的职业精神。

知识目标：
1. 理解土地增值税、城镇土地使用税、房产税和契税的征税范围、纳税人和税率的异同。
2. 熟悉土地增值税、城镇土地使用税、房产税和契税的税收优惠政策。
3. 掌握土地增值税、城镇土地使用税、房产税和契税的纳税时间、纳税地点。

技能目标：
1. 能够判断土地增值税、城镇土地使用税、房产税和契税的纳税人、税率、纳税申报方式。
2. 能够准确计算土地增值税、城镇土地使用税、房产税和契税的应纳税额。
3. 能够熟练使用电子税务局进行土地增值税、城镇土地使用税、房产税和契税的申报与缴纳。

 项目导入

精准落实税惠政策助力涉农企业更好发展

春风吹，耕种忙。为助力乡村振兴走在"春天里"，推动涉农企业持续向上发展，大连市税务部门对辖区内农机销售、种苗销售企业开展专项辅导，充分发挥线上优势，通过筛选符合条件的企业，精准送达涉农企业的相关税费优惠政策，为春耕春种增水增肥。2023 年，企业免征增值税收入为 212 万元，享受房产税和城镇土地使用税免税额 1.2 万元。

请思考：如何更好地为种粮大户提供税惠政策？

任务一　土地增值税纳税申报

一、土地增值税的纳税人

土地增值税是对有偿转让国有土地使用权及地上的建筑和其他附着物产权，取得增值收入的单位和个人征收的一种税。征收土地增值税有助于抑制土地炒买炒卖的行为，减少对土地及房地产的投机行为，提高土地利用效率，规范不动产市场交易行为。

转让国有土地使用权、其地上建筑物和附着物并取得收入的单位和个人为土地增值税的纳税人。单位包括各类企业、事业单位、国家机关、社会团体及其他组织，个人包括个体经营者。此外，还包括外商投资企业、外国企业、外国驻华机构及海外华侨、港澳台同胞和外国公民。

随堂练习 7-1：(多选题) 下列转让国有土地使用权、地上建筑及其附着物并取得收入的(　　)，都是土地增值税的纳税义务人。

A. 学校　　　　B. 税务机关　　　　C. 外籍个人　　　　D. 国有企业

答案：ABCD。

解析：其纳税人还包括社会团体和其他组织。

二、土地增值税的征税范围

（一）征税范围

1. 转让国有土地使用权

国有土地，是指按国家法律规定属于国家所有的土地。农村和城郊土地除由法律规定属于国有以外，属于集体所有，只能先由国家征用后才属于国家所有，才能转让。

2. 地上的建筑物、附着物连同国有土地一并转让

地上的建筑物，是指建于地上的一切建筑物及地上地下的各种附属设施。附着物，是指附着于土地上的不能移动或一经移动即遭损坏的物品，如草坪、鹅卵石、跑道。

（二）界定标准

在实际工作中，界定一个行为是否为土地增值税的应税行为有三个标准：

（1）转让的土地的使用权是否为国家所有。

（2）土地使用权、地上的建筑物及其附着物的产权是否发生转让。

（3）转让过程中是否取得收入。

随堂练习 7-2：(单选题) 下列各项中，属于土地增值税征税范围的是(　　)。

A. 服装公司将厂房转让

B. 王某将住房对外出租

C. 房地产公司将开发的商品房转为办公自用

D. 夏某将商铺用于抵押

答案：A。

解析：选项 B、C、D 的土地使用权未发生转让，不满足土地增值税的应税行为标准，因而不属于土地增值税征税范围。

三、土地增值税的税率

土地增值税实行四级超率累进税率，如表 7-1 所示。

表 7-1　土地增值税四级超率累进税率表

级数	增值额与扣除项目金额的比率	税率 /%	速算扣除系数 /%
1	不超过 50% 的部分	30	0
2	超过 50%～100% 的部分	40	5
3	超过 100%～200% 的部分	50	15
4	超过 200% 的部分	60	35

四、土地增值税应纳税额的计算

（一）计算公式

在实际工作中，一般采取速算扣除法计算。

应纳土地增值税 = ∑（每级距的土地增值额 × 适用税率）

= 土地增值额 × 适用税率 – 允许扣除项目金额 × 速算扣除系数

土地增值税的计算分为三个步骤：第一步，计算土地增值额；第二步，计算土地增值额占扣除项目比例，确定适用级数、税率、速算扣除数；第三步，计算应纳税额。

（二）增值额

土地增值税的计税依据为纳税人转让土地所取得的增值额。

土地增值额 = 转让土地取得的收入 – 允许扣除项目金额

（三）转让土地取得的收入

转让房地产取得的收入，是指转让房地产取得的全部价款及有关的经济收益，包括货币收入、实物收入和其他收入。

土地增值税清算时，已全额开具商品房销售发票的，按照发票所载金额确认收入；未开具发票或未全额开具的，以交易双方签订的销售合同所载的售房金额及其他收益确认收入。

纳税人将开发产品用于职工福利、奖励、对外投资、分配给股东或投资人、抵偿债务、换取其他单位和个人的非货币性资产等，发生所有权转移时应视同销售房地产。

（四）允许扣除的项目

1. 新开发房适用

一般，开发新房允许从房地产转让收入总额中扣除四项，从事房地产开发的纳税人允许加计扣除。开发新房扣除项目和扣除范围如表 7-2 所示。

表 7-2 开发新房扣除项目的确定

扣除项目	扣除范围	
取得土地使用权所支付的金额	为取得土地使用权所支付的地价款和按国家统一规定缴纳的有关费用	
开发土地的成本	土地征用及拆迁补偿费、前期工程费、建筑安装工程费、基础设施费、公共配套设施费、开发间接费用	
房地产开发费用	利息支出，凡能够按转让房地产项目计算分摊并提供金融机构证明的，允许据实扣除，但最高不能超过按商业银行同类同期贷款利率计算的金额	利息 +（取得土地使用权所支付的金额 + 开发土地的成本）× 5%

续表

扣除项目	扣除范围
房地产开发费用	利息支出，凡不能按转让房地产项目计算分摊或不能提供金融机构证明的	（取得土地使用权所支付的金额＋开发土地的成本）×10%
与转让房地产有关的税金	转让房地产时缴纳的城市维护建设税、印花税、教育费附加、地方教育附加，不允许在销项税额中抵扣的进项税额
加计扣除项目（从事房地产开发的纳税人）	（取得土地使用权所支付的金额＋开发土地的成本）×20%

2. 旧房适用

（1）能取得评估价格的。

能取得评估价格的，扣除项目金额计算公式如下：

$$扣除项目金额 = 评估重置价值 \times 成新率$$

（2）不能取得评估价格的。

能提供购房发票的，经当地税务部门确认，可按发票所载金额并从购买年度起至转让年度止每年加计5%计算。计算扣除项目时"每年"按购房发票所载日期起至售房发票开具之日止，每满12个月计一年；超过一年，未满12个月但超过6个月的，可以视同为一年。

对纳税人购房时缴纳的契税，凡能提供契税完税凭证的，准予作为"与转让房地产有关的税金"予以扣除，但不作为加计5%的基数。

随堂练习7-3：（计算题）大连涂坊机械有限公司转让一块土地使用权，取得转让收入1 000万元。原土地使用权价格为400万元，合理费用（包括相关税费和手续费）总计50万元。请计算其应纳土地增值税。

解析：增值额 = 转让收入 −（原值＋合理费用）

=1 000−（400+50）=550（万元）

增值额占原值的比例 =550÷400×100%=137.5%

根据税率表，增值额超过原值100%至200%的部分，税率为50%，速算扣除系数为15%。

应纳土地增值税税额 = 增值额 × 税率 − 速算扣除数

= 550×50%−450×15%=207.5（万元）

五、土地增值税的税收优惠

土地增值税主要免征项目包括：

（1）纳税人建造普通标准住宅出售，增值额未超过扣除项目金额20%的。

（2）因国家建设需要依法征用、收回的房地产。

（3）因城市实施规划、国家建设的需要而搬迁，由纳税人自行转让原房地产。

（4）合作建房、按比例分房。

对于一方出地,一方出资金,双方合作建房,建成后按比例分房自用的,暂免征收土地增值税;建成后转让的,应征收土地增值税。

（5）个人销售住房。

（6）个人之间互换自有居住用房地产,经当地税务机关核实的。

（7）企业改制重组土地增值税优惠。

非公司制企业整体改建为有限责任公司或者股份有限公司,有限责任公司（股份有限公司）整体改建为股份有限公司（有限责任公司）的,对改建前的企业将国有土地、房屋权属转移、变更到改建后的企业,暂不征土地增值税。

六、土地增值税的征收管理

（一）纳税地点

土地增值税由房地产所在地税务机关负责征收。纳税人转让的房地产坐落在两个或两个以上地区的,应按房地产所在地分别申报缴纳土地增值税。

（二）纳税时间

纳税人应当自转让房地产合同签订之日起7日内办理纳税申报。

因经常发生房地产转让行为而难以在每次转让后纳税申报的纳税人,经税务机关审核同意后,可以定期进行纳税申报,具体情况由税务机关根据情况确定。

典型案件

国家税务总局海口市美兰区税务局第二税务分局税务事项通知书

海口美兰税二局　通〔2022〕2232号

海南×××房地产开发有限公司（纳税人识别号91460000××86245）:

事由:土地增值税清算核定通知。

通知内容:你（单位）开发的"×××（二期）"项目未在规定的期限内办理土地增值税清算申报,经责令限期清算申报,逾期仍不申报,我局按规定采取核定征收方式对该项目进行清算,结果如下:

（一）土地增值税核定结果

审定普通住宅应税收入447 601 873.93元,扣除项目金额297 538 293.74元,增值额150 063 580.19元,增值额与扣除项目金额之比为50.44%,适用税率为40%,速算扣除系数为5%,核定普通住宅应缴土地增值税45 148 517.39元,已缴土地增值税379 296.58元,应补缴土地增值税44 769 220.81元。

……

你单位应补缴土地增值税额为55 026 202.25元,缴纳期限为2022年10月10日。

请根据本通知书办理清算申报事宜。

税务机关（印章）

二〇二二年七月十四日

七、土地增值税的纳税申报

（一）办税指南

1. 申请条件

转让国有土地使用权、地上的建筑物及其附着物并取得收入的单位和个人，应填报《财产和行为税纳税申报表》等相关资料，在税务机关核定的期限内缴纳土地增值税。

2. 办理材料

土地增值税纳税申报办理材料如表 7-3 所示。

表 7-3 土地增值税纳税申报办理材料

序号	材料名称	数量
1	《财产和行为税纳税申报表》	2份
2	不动产权属资料、房产买卖合同、房地产评估报告复印件	1份
有以下情形的，还应提供相应材料		
适用情形	材料名称	数量
查账征收的纳税人	《土地增值税税源明细表（转让旧房及建筑物的纳税人适用）》	2份
核定征收的纳税人	《土地增值税税源明细表（转让旧房及建筑物的纳税人核定征收适用）》	2份
享受土地增值税优惠的纳税人	《财产和行为税减免税明细申报附表》	2份

（二）电子税务局操作指引

（1）登录电子税务局，单击【我要办税】—【税费申报及缴纳】—【综合申报】—【财产和行为税合并纳税申报】，进入该功能，如图 7-1 所示。

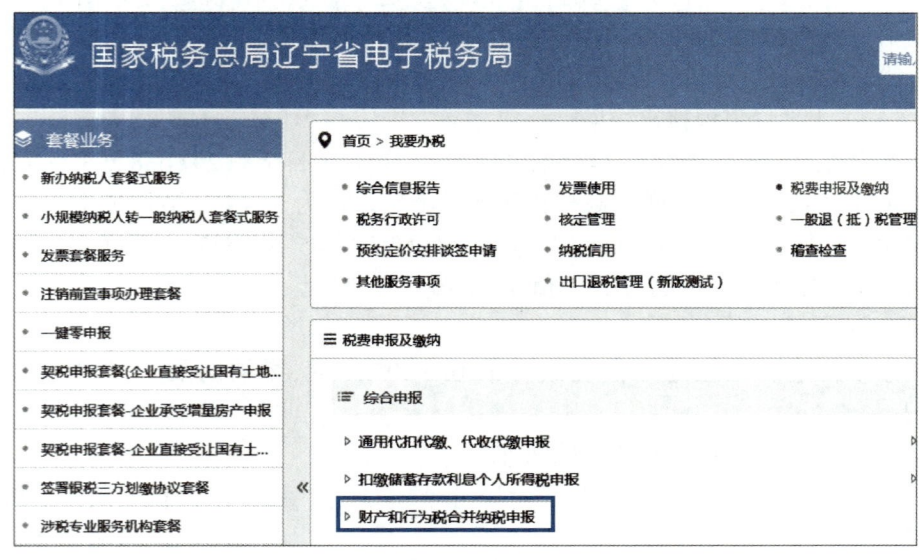

图 7-1 财产和行为税合并纳税申报功能路径

（2）选择所属时期，单击土地增值税税后面的【税源采集】，进入该模块，如图7-2所示。

（3）单击【新增税源】，可以增加土地增值税税源信息，带红色星号为必填项，如图7-3所示。

图7-2 税源采集界面

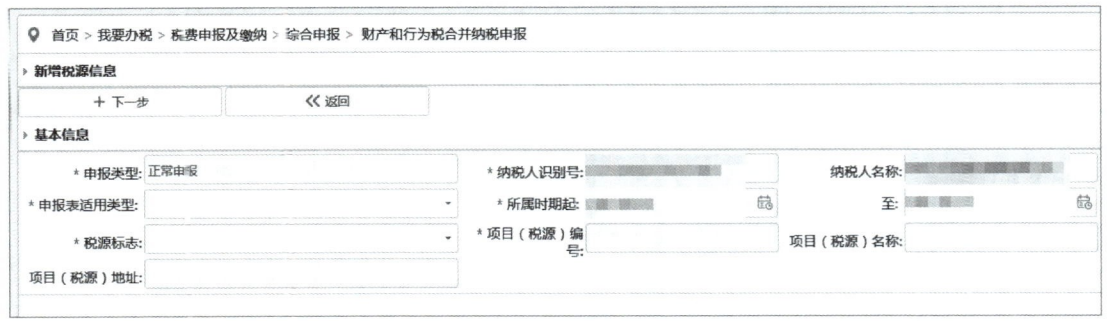

图7-3 新增税源界面

（4）单击土地增值税税源采集页面【新增土地增值税项目信息】按钮，如图7-4所示，系统弹窗显示土地增值税项目报告页面。纳税人自行填写土地增值税项目报告信息，通过报表校验后单击【保存】则可提交土地增值税项目报告。

（5）申报表适用类型：有七类，以"从事房地产开发的纳税人预缴适用"为典型业务进行说明（本表适用于从事房地产开发并转让的土地增值税纳税人，凡从事新建房及配套设施开发的纳税人，均应在规定的期限内据实填报）。前置条件：已经做过土地增值税项目报告。红色星号为必填项，选择【税源标志】，弹出土地增值税项目编号查询，勾选后，单击【确定】—【下一步】,如图7-5、图7-6所示。进入信息填写,填写完毕后,单击【暂存】—【检查】—【提交】,提示"税源采集成功",如图7-7所示。

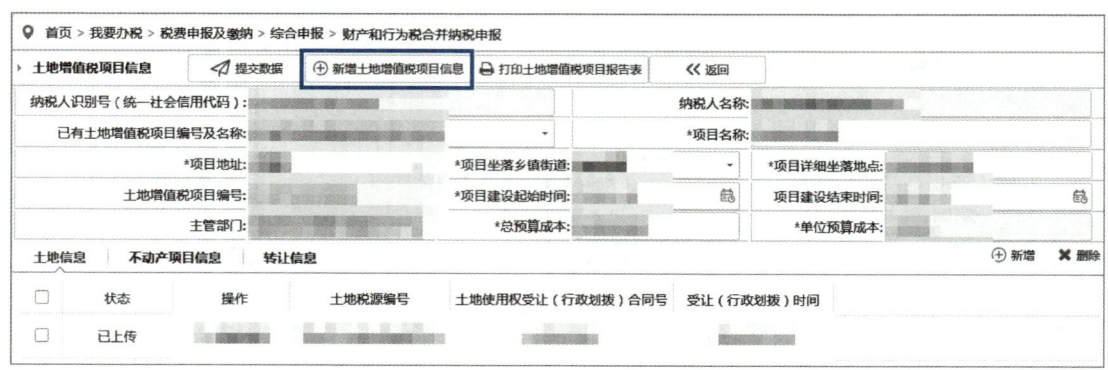

图7-4 新增土地增值税项目报告

图7-5 土地增值税项目编号查询界面

(6)做完税源信息采集后,单击【返回】。选择【所属年度】和【税款属期】,单击土地增值税后的【选择未申报税源】—【下一步】,进行申报,如图7-8、图7-9所示。

(7)左上角【表单列表】下拉可以选择需要填写的报表,先进行附表申报,再进行主表申报,带红色星号的为必填项,填写完毕后,单击【保存】—【检查】—【申报】,如图7-10所示。

任务一　土地增值税纳税申报

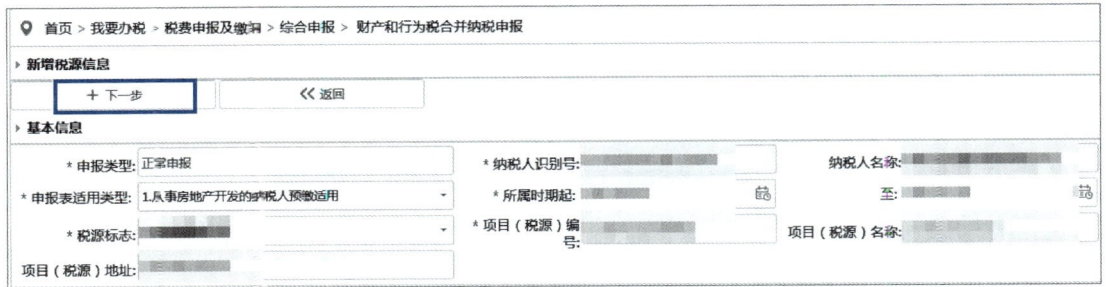

图 7-6　土地增值税新增税源信息

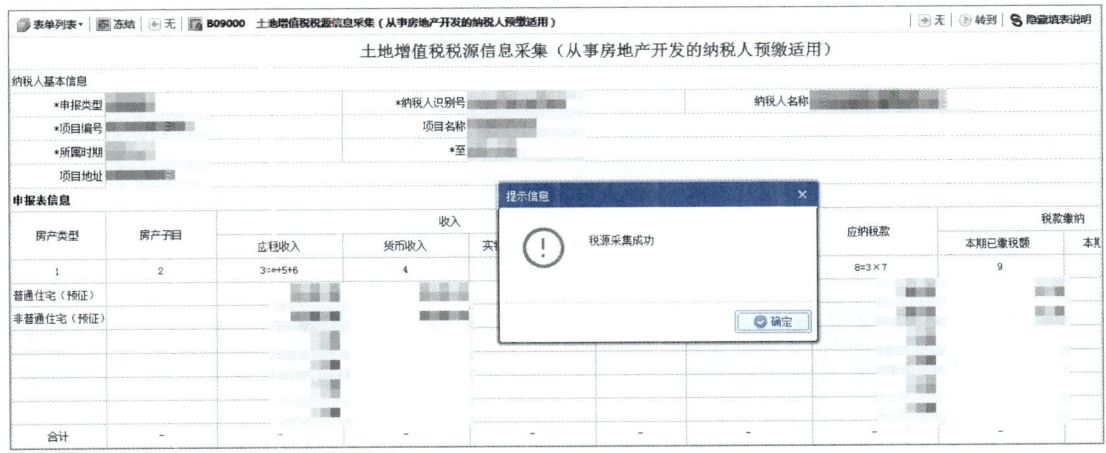

图 7-7　土地增值税税源信息采集界面

图 7-8　土地增值税选择未申报税源

项目七　常见财产税纳税实务

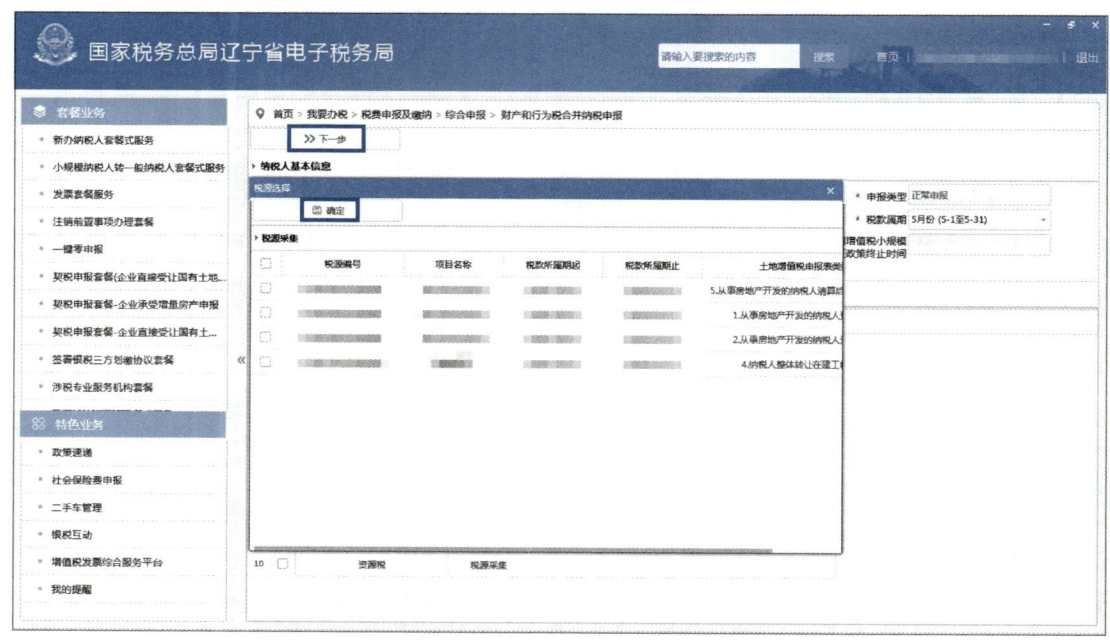

图 7-9　土地增税选择未申报税源下一步

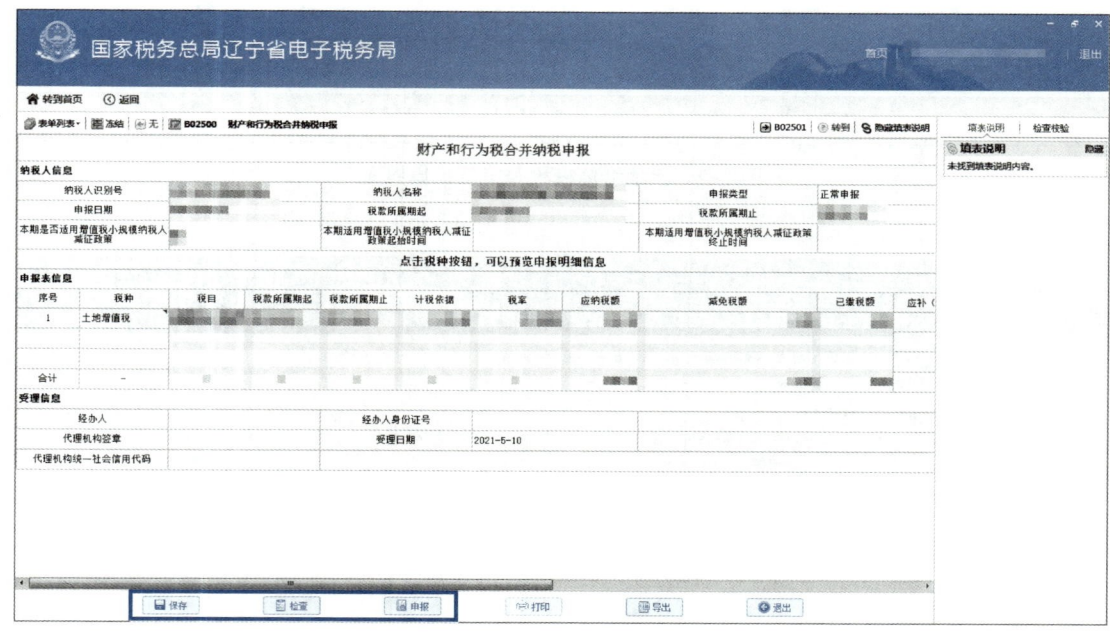

图 7-10　土地增值税纳税申报界面

工作实例 7-1

实训资料：大连华泽商贸有限公司于 2011 年 6 月注册成立，为有限责任公司，注册地和经营地均为大连市沙河口区南沙街 128 号，电话：6173223，邮编：116000，纳税人识别号：912102112194567891，开户行及账号：工行沙河口支行 21021145811805006；法人代表：刘元。公司主要从事副食品、日用百货的零售，属于零售业企业。

2025年1月，公司转让位于市区的一个写字间，取得收入340万元，销售环节依法缴纳增值税14万元，并按规定缴纳相关税费。该写字间购入时的价格为200万元，已提折旧30万元，经政府批准设立的房地产评估机构评定，该写字间的交易价格为市场价格。

实训要求：于4月5日进行1季度土地增值税纳税申报，如表7-4、表7-5、表7-6所示。

表7-4 土地增值税计算表

项目		金额/万元	税率	速算扣除系数
销售额		340		
扣除项目	房产取得成本	200		
	应交城建税	14×7%=0.98		
	应交教育费附加	14×3%=0.42		
	应交印花税	340×0.5‰=0.17		
	扣除项目合计	201.417		
增值额		138.58	40%	5%
应交土地增值税		138.58×40%−201.417×5%=45.361 15		

表7-5 财产和行为税纳税申报表

纳税人识别号（统一社会信用代码）：912102112194567891
纳税人名称：大连华泽商贸有限公司　　　　　　　　　金额单位：人民币元（列至角分）

序号	税种	税目	税款所属期起	税款所属期止	计税依据	税率	应纳税额	减免税额	已缴税额	应补（退）税额
1	土地增值税	其他类型房地产	2025-01-01	2025-03-31	1 385 800.00	40%	453 611.50	0.00	0.00	453 611.50
......										
11	合计	—			—		453 611.50	0.00	0.00	453 611.50

声明：此表是根据国家税收法律法规及相关规定填写的，本人（单位）对填报内容（及附带资料）的真实性、可靠性和完整性负责。

纳税人（签章）：　　　　　　　　　　　2025年4月5日

经办人： 经办人身份证号： 代理机构签章： 代理机构统一社会信用代码：	受理人： 受理税务机关（章）： 受理日期：　　年　　月　　日

表 7-6 土地增值税申报计算及减免信息

申报类型：							
1. 从事房地产开发的纳税人预缴适用　☐							
2. 从事房地产开发的纳税人清算适用　☐							
3. 从事房地产开发的纳税人按核定征收方式清算适用　☐							
4. 纳税人整体转让在建工程适用　☐							
5. 从事房地产开发的纳税人清算后尾盘销售适用　☐							
6. 转让旧房及建筑物的纳税人适用　☑							
7. 转让旧房及建筑物的纳税人核定征收适用　☐							
项目名称				项目编码			
项目地址							
项目总可售面积				自用和出租面积			
已售面积		其中:普通住宅已售面积		其中:非普通住宅已售面积		其中:其他类型房地产已售面积	
清算时已售面积				清算后剩余可售面积			

申报类型	项目	序号	金额			
			普通住宅	非普通住宅	其他类型房地产	总额
6. 转让旧房及建筑物的纳税人适用	一、转让房地产收入总额	1=2+3+4				3 400 000.00
	1. 货币收入	2				3 400 000.00
	2. 实物收入	3				
	3. 其他收入	4				
	二、扣除项目金额合计	（1）5=6+7+10+15 （2）5=11+12+14+15				2 014 170
	1. 提供评估价格					
	（1）取得土地使用权所支付的金额	6				2 000 000.00
	（2）旧房及建筑物的评估价格	7=8×9				

续表

申报类型	项目		序号	金额			
				普通住宅	非普通住宅	其他类型房地产	总额
6.转让旧房及建筑物的纳税人适用	其中:旧房及建筑物的重置成本价		8				
	成新度折扣率		9				
	(3)评估费用		10				
	2.提供购房发票						
	(1)购房发票金额		11				
	(2)发票加计扣除金额		12=11×5%×13				
	其中:房产实际持有年数		13				
	(3)购房契税		14				
	(4)与转让房地产有关的税金等		15=16+17+18+19				14 170
	其中:营业税		16				
	城市维护建设税		17				9 800
	印花税		18				170
	教育费附加		19				4 200
	三、增值额		20=1−5				1 385 800
	四、增值额与扣除项目金额之比(%)		21=20÷5				68.80%
	五、适用税率(核定征收率)(%)		22				40%
	六、速算扣除系数(%)		23				5%
	七、减免税额		24=26+28+30				0.00
	其中:减免税(1)	减免性质代码和项目名称(1)	25				0.00
		减免税额(2)	26				0.00
	减免税(2)	减免性质代码和项目名称(2)	27				0.00
		减免税额(2)	28				0.00
	减免税(3)	减免性质代码和项目名称(3)	29				0.00
		减免税额(3)	30				0.00

任务二 城镇土地使用税纳税申报

一、城镇土地使用税的纳税人

凡在城市、县城、建制镇和工矿区范围内使用土地的单位和个人，均是城镇土地使用税的纳税人。具体来说：

（1）拥有土地使用权的单位或个人。
（2）拥有土地使用权的单位和个人不在土地所在地的，其土地的实际使用人和代管人为纳税人。
（3）土地使用权未确定或权属纠纷未解决的，由其实际使用人纳税。
（4）土地使用权共有的，共有各方都是纳税人，由共有各方分别纳税。
（5）纳税单位无偿使用免税单位的土地，由纳税单位照章纳税。

随堂练习 7-4：（判断题）公司拥有城镇土地使用权，因此是城镇土地使用税的纳税人。（　）

答案：√。

解析：此题考核的是城镇土地使用税的纳税人。

二、城镇土地使用税的征税范围

城镇土地使用税的征收范围包括在城市、县城、建制镇和工矿区内的国家所有和集体所有的土地。具体规定如下：

（1）城市是指经国务院批准设立的城市，城市的征税范围为市区和郊区。
（2）县城是指县人民政府所在地，县城征税范围为县人民政府所在城镇。
（3）建制镇是指经省、自治区、直辖市人民政府批准设立的建制镇，建制镇的征税范围为镇人民政府所在地。
（4）工矿区是指工商业比较发达，人口比较集中，符合国务院规定的建制镇标准，包括尚未建立建制镇的大中型工矿企业所在地，工矿区须经省、自治区、直辖市人民政府批准。

三、城镇土地使用税的适用税率

城镇土地使用税采用有差别的幅度定额税率，按大、中、小城市和县城、建制镇、工矿区分别规定每平方米土地年应纳税额如表 7-7 所示，具体税额由省级政府确定。

表 7-7 城镇土地使用税的差别税率

级别	人口/人	每年每平方米税额/元
大城市	50 万以上	1.5 ~ 30
中等城市	20 万 ~ 50 万	1.2 ~ 24

续表

级别	人口/人	每年每平方米税额/元
小城市	20万以下	0.9~18
县城、建制镇、工矿区	—	0.6~12

四、城镇土地使用税应纳税额的计算

（一）计税依据

城镇土地使用税以纳税人实际占用的土地面积为计税依据，土地面积计量标准为每平方米。

（二）计算公式

城镇土地使用税年应纳税额计算公式如下：

$$年应纳税额 = 实际占用的应税土地面积（平方米）\times 适用税额$$

经测定土地面积的，以测定面积为准。未测定面积的，以土地使用证书确认的面积为准；未核发土地使用证书的，按纳税人申报面积征税，核发证书后再作调整。

随堂练习7-4：（计算题）大连爱迪有限公司使用一栋建筑物，该建筑物占用土地面积1 000平方米，建筑物面积5 000平方米。经税务机关核定，该土地为应税土地。每平方米税额为4元。请计算全年应纳城镇土地使用税额。

解析：全年应纳城镇土地使用税额 = 1 000 × 4 = 4 000（元）

五、税收优惠

以下土地免征城镇土地使用税：

（1）国家机关、人民团体、军队自用的土地。

> **温馨提示**
> 第（1）项中的土地，如果是对外出租、经营用则还是要交城镇土地使用税。

（2）由国家财政部门拨付事业经费的单位自用的土地。
（3）宗教寺庙、公园、名胜古迹自用的土地。经营用地则不免。
（4）市政街道、广场、绿化地带等公共用地。
（5）直接用于农、林、牧、渔业的生产用地。
（6）经批准开山填海整治的土地和改造的废弃土地，从使用的月份起免缴城镇土地使用税5年至10年。
（7）企业办的学校、医院、托儿所、幼儿园，能与企业其他用地明确区分的用地。
（8）由财政部另行规定免税的能源、交通、水利设施用地和其他用地。
（9）纳税人缴纳城镇土地使用税确有困难需要定期减免的，由县以上税务机关批准。

随堂练习7-5：（多选题）下列（　　　）需要征收城镇土地使用税。

A. 企业自用的经营店　　　　　　　　B. 企业拥有的仓库

C. 企业拥有的自办幼儿园　　　　　　　D. 非营利性医疗机构自用的房产

答案：AB。

解析：选项 C、D 属于城镇土地使用税免税项目。

六、城镇土地使用税的征收管理

（一）纳税义务发生时间

城镇土地使用税的纳税义务发生时间主要在发生应税行为"次月起"，如表 7-8 所示。

表 7-8　城镇土地使用税的纳税义务发生时间

情形		纳税义务发生时间	
新征用土地	耕地	批准征用之日	满一年时
	非耕地		次月起
购置商品房	新建商品房	房屋交付使用	次月起
	存量房	办理房屋权属转移、变更登记手续，房地产权属登记机关签发房屋权属证书	次月起
出租、出借房产		交付出租、出借房产	次月起
以出让或转让方式有偿取得土地使用权		合同约定交付土地时间，合同未约定的从合同签订时间 **注意**：受让方缴纳	次月起

自 2009 年 1 月 1 日起，纳税人因土地的权利状态发生变化而依法终止城镇土地使用税纳税义务的，其应纳税款的计算应截止到土地的权利状态发生变化的当月月末。

随堂练习 7-6：（多选题）下列关于城镇土地使用税纳税义务发生时间的说法中，正确的有（　　　　）。

A. 购置存量房，自房屋交付使用的次月起缴纳
B. 购置新建商品房，自房屋交付使用的次月起缴纳
C. 以转让方式有偿取得土地使用权的，由受让方从合同签订次月起缴纳
D. 以出让方式有偿取得土地使用权的，合同约定交付土地时间的，由受让方从合同约定交付土地时间的次月起缴纳

答案：BD。

解析：选项 A，自办理房屋权属转移、变更登记手续，房地产权属登记机关签发房屋权属证书的次月起计征城镇土地使用税。选项 C、D，以出让或转让方式有偿取得土地使用权的，应由受让方从合同约定交付土地时间的次月起缴纳城镇土地使用税；合同未约定交付土地时间的，由受让方从合同签订的次月起缴纳城镇土地使用税。

（二）纳税期限

城镇土地使用税实行按年计算、分期缴纳的征收方法，具体纳税期限由省、自治区、直辖市人民政府确定。

（三）纳税地点

城镇土地使用税在土地所在地缴纳。

拥有多处土地的纳税人应分别向土地所在地辖区的地税机关办理纳税申报和税款缴纳。纳税人使用的土地不属于同一省、自治区、直辖市管辖的,由纳税人分别向土地所在地的税务机关缴纳城镇土地使用税;在同一省、自治区、直辖市管辖范围内,纳税人跨地区使用的土地,其纳税地点由各省、自治区、直辖市地方税务局确定。

七、城镇土地使用税的纳税申报

（一）办税指南

1. 申请条件

在城市、县城、建制镇、工矿区范围内使用土地的单位和个人应依照税收法律、法规、规章及其他有关规定,在规定的纳税期限内,须填报《财产和行为税纳税申报表》及相关资料,向税务机关进行纳税申报缴纳城镇土地使用税。

2. 办理材料

办理城镇土地使用税纳税申报的材料如表7-9所示。

表7-9 办理城镇土地使用税纳税申报的材料

序号	材料名称	数量	备注
1	《财产和行为税纳税申报表》原件	2份	无
有以下情形的,还应提供相应材料			
适用情形	材料名称	数量	备注
首次申报或税源信息发生变化	《城镇土地使用税 房产税税源明细表》原件	2份	无
享受税收优惠的纳税人	《财产和行为税减免税明细申报附表》原件	2份	无

（二）电子税务局操作指引

（1）与印花税申报相同,依次单击【首页】—【我要办税】—【税费申报及缴纳】—【综合申报】—【财产和行为税合并纳税申报】进入该功能。或使用电子税务局右上角【搜索】功能搜索"财产""行为"等关键字进行模糊搜索进入功能。

在【财产和行为税合并纳税申报】界面中,选择税款属期(如果系统提供的选项无法满足需求,可以选择"自选"进行税款所属期起止的选择),选择所属年度,勾选需要申报的申报表信息。

（2）纳税人进行城镇土地使用税申报时,应先进行城镇土地使用税税源信息采集。在"财产和行为税合并纳税申报"模块,单击城镇土地使用税后面的【税源采集】链接,进入税源信息采集页面。

① 城镇土地使用税税源信息首页。

没有采集过土地或房产信息则显示为空。纳税人可输入查询条件查询对应的土地信息,如图7-11、图7-12所示。

② 新增城镇土地使用税税源信息。

单击页面【新增】按钮,在系统弹窗中选择土地用途、土地性质、土地取得方式、土地取得时间,填写占用土地面积,如图7-13、图7-14所示。

如果税源信息有误,在未进行申报的前提下,可以单击【删除】将该税源作废重新进行维护,如图7-15所示。

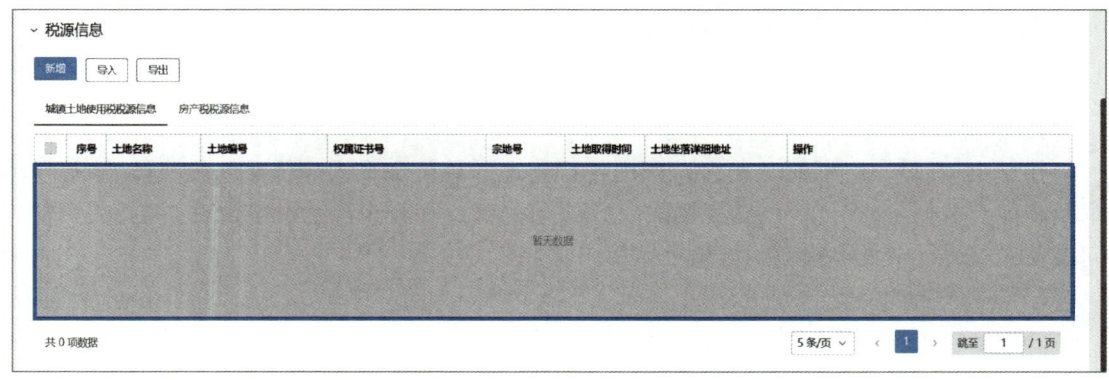

图7-11　没有采集过城镇土地使用税页面(无土地信息)

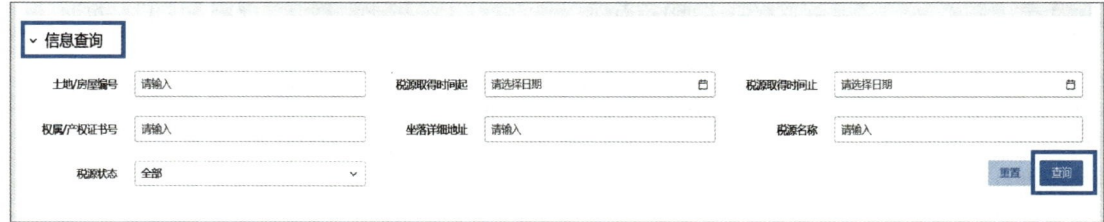

图7-12　查询城镇土地使用税页面

图7-13　新增土地

图7-14　新增土地信息填写数据

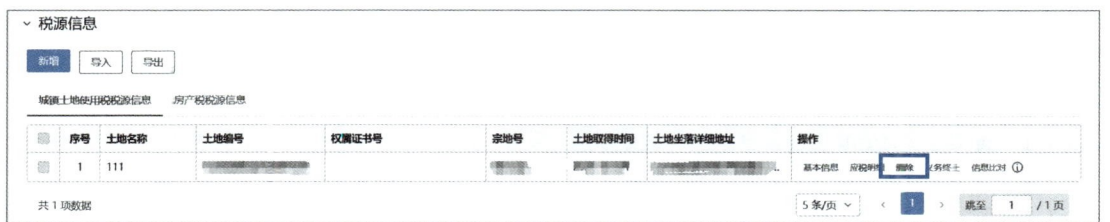

图 7-15 作废土地信息

如果需要对已经申报的税源基本信息进行修改,可以单击【基本信息】,在弹出页面中对税源进行更改。

③ 维护城镇土地使用税应税信息。

在维护完土地基本信息后,可以在弹出的对话框中维护应税信息,也可以在"城镇土地使用税房产税税源信息采集表"中,选择对应的税源,单击【应税明细】进行维护,如图 7-16、图 7-17 所示。

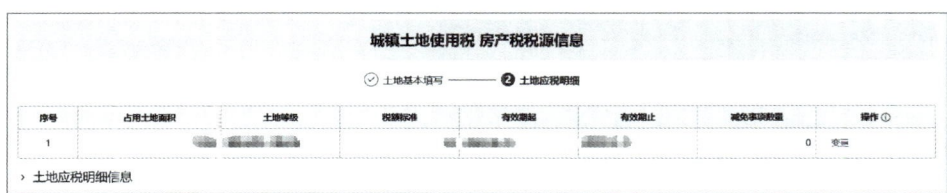

图 7-16 确认维护城镇土地使用税应税明细对话框

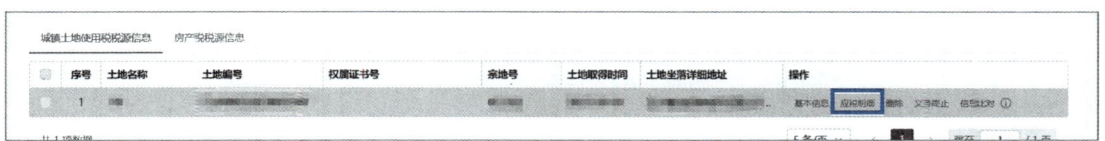

图 7-17 采集表中维护城镇土地使用税应税明细

进入页面,如果未采集过应税信息,那么自行维护应税信息,选择纳税义务有效期起和土地等级,如果存在减免税信息,在减免税信息栏进行维护,如图 7-18 所示。

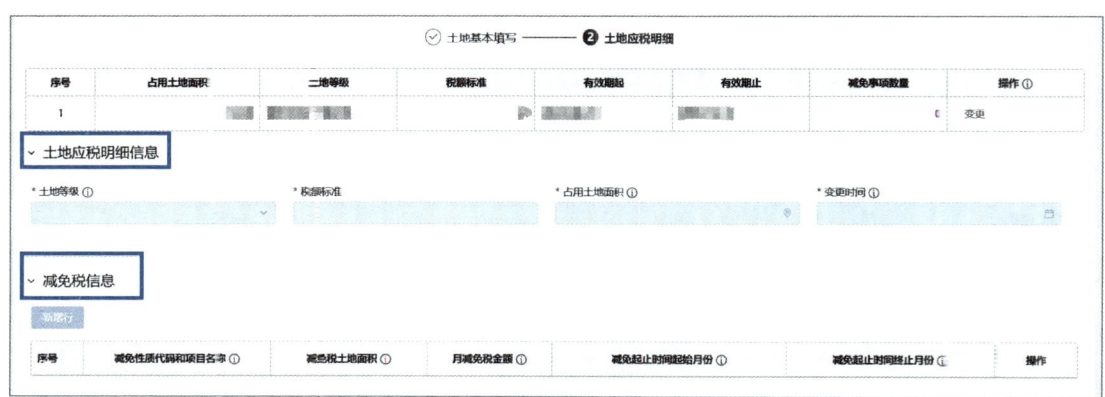

图 7-18 采集表中维护城镇土地使用税减免信息

变更时，选择需要修改的税源信息，单击【变更】，可以对土地等级、占地面积、减免税等应税信息进行修改。注意，变更日期的选择影响变更后的税源有效期起始时间，"变更时间"应当选择税源生效的前一个月。

④ 纳税义务终止。

单击【义务终止】，系统弹窗显示义务终止信息；如图 7-19 所示；选择"纳税义务终止时间"，单击【提交】则终止该土地的纳税义务，如图 7-20 所示。

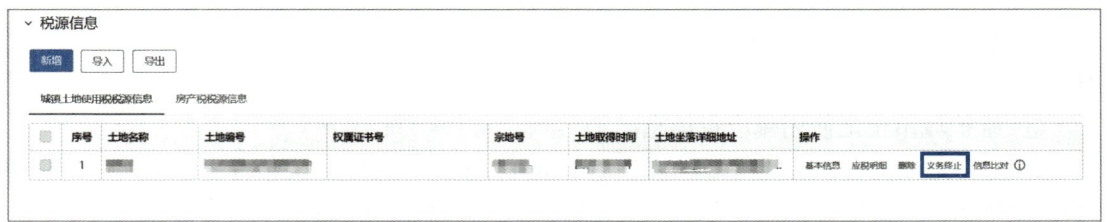

图 7-19　城镇土地使用税纳税义务终止选择

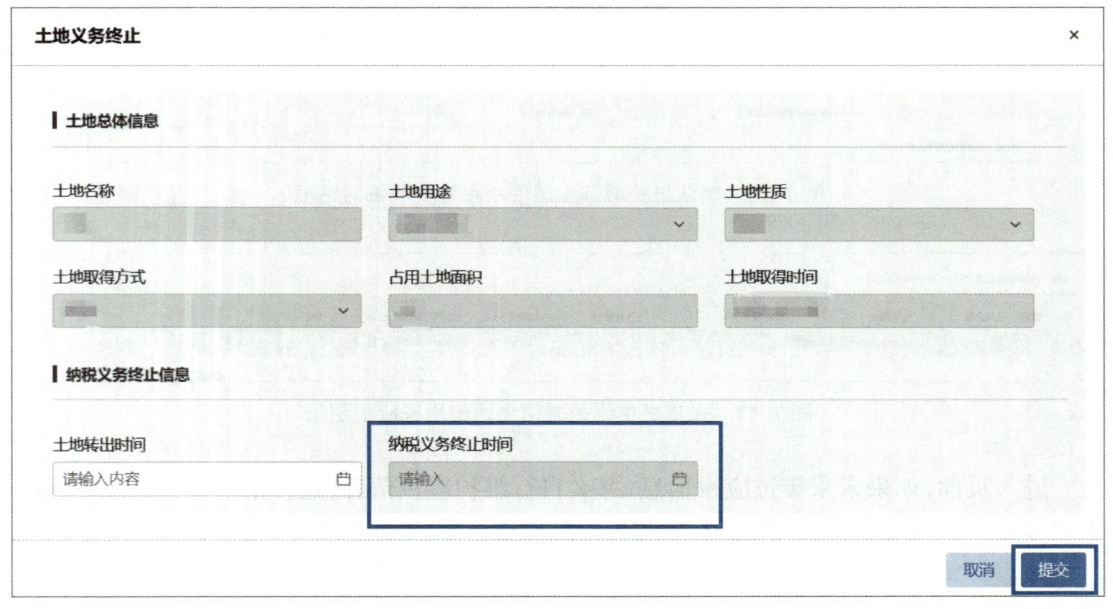

图 7-20　城镇土地使用税纳税义务终止时间提交

（3）完成税源采集后，勾选申报表信息，单击【信息比对】，如图 7-21 所示。

图 7-21　财产和行为税合并纳税申报

单击【查看申报】按钮,如图 7-22 所示,系统跳转申报主界面。

税源选择完成后,勾选需要申报的税种,单击【下一步】,系统跳转到申报信息确认界面。

图 7-22　查看申报

双击税款信息一行,可以预览申报信息,如图 7-23 所示。确认申报信息无误后,单击【申报】按钮,城镇土地使用税纳税申报完成。

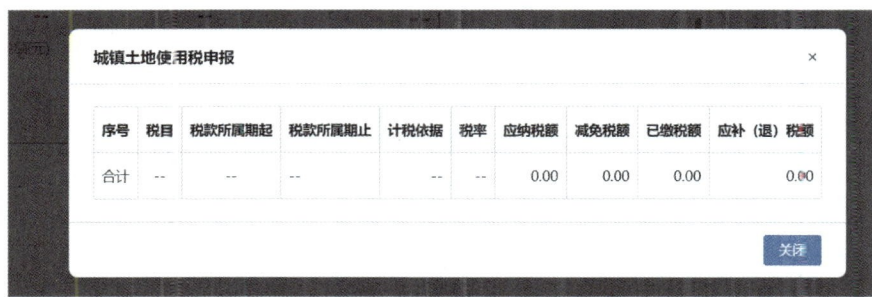

图 7-23　城镇土地使用税申报信息

> **温馨提示**
>
> 纳税人机构所在地和应税税源不属于同一主管税务机关的,纳税人需要在土地所在地的主管税务机关进行跨区税源登记并申报。

工作实例 7-2

实训资料:大连明珠会展有限公司于 2013 年 1 月注册成立,为有限责任公司。电话:0411-82140000;纳税人识别号:91210211L069210819;法人代表:惠明珠,身份证号:210213196810164211。公司主要从事展览会的组织、策划招展等,属于商务服务业企业。公司拥有一处地产,实际占地面积为 600 平方米。当地政府核定的城镇土地使用税税额,所处地区属于四级土地,每平方米税额为 12 元。2025 年 1 月 5 日进行 2024 年度的城镇土地使用税纳税申报,如表 7-10、表 7-11 所示。

实训要求:

(1) 城镇土地使用税按年计算,实行级差税率。

(2) 计算公式为:年度应纳税额 = 应税土地实际占用面积 × 适用税额。

(3) 完成城镇土地使用税的纳税申报。

表 7-10　应纳城镇土地使用税计算

土地类别	计税面积/平方米	适用税率/金额	应纳税额/元
四级土地	600	12	7 200

表 7-11　财产和行为税纳税申报表

纳税人识别号（统一社会信用代码）：91210211L069210819
纳税人名称：大连明珠会展有限公司　　　　　　　　　　金额单位：人民币元（列至角分）

序号	税种	税目	税款所属期起	税款所属期止	计税依据	税率	应纳税额	减免税额	已缴税额	应补（退）税额
1	城镇土地使用税	四级土地	2024.1.1	2024.12.31	600	12.00	7 200.00			7 200.00
2										
3										
4										
5										
6										
7										
8										
9										
10										
11	合计	—	—	—	—	—				7 200.00

声明：此表是根据国家税收法律法规及相关规定填写的，本人（单位）对填报内容（及附带资料）的真实性、可靠性、完整性负责。

纳税人（签章）：　　　　　　　　　　2025 年 1 月 5 日

经办人：惠明珠
经办人身份证号：210213196810164211
代理机构签章：
代理机构统一社会信用代码：

受理人：
受理税务机关（章）：
受理日期：　　年　　月　　日

任务三　房产税纳税申报

一、房产税的纳税人

房产税是以房产为征税对象,按照房屋的计税余值或租金收入,向产权所有人征收的一种财产税。征收房产税有利于地方政府筹集财政收入,也有利于加强房产管理。

房产税以在征税范围内的房屋产权所有人为纳税人,如表7-12所示。

表7-12　房产税纳税人

具体情形	纳税人
产权属于国家所有	经营管理单位
产权属于集体和个人所有	集体单位和个人
产权出典	承典人
产权出租	出租人,应税单位无租使用其他单位的房产,由使用人代缴房产税
产权所有人、承典人均不在房产所在地	房产代管人或者使用人
产权未确定、租典纠纷未解决	
居民住宅区内业主共有的经营性房产	

随堂练习7-7:(判断题)房屋产权出典的,应以出典人为房产税纳税人。(　　)

答案: ×。

解析: 房屋产权出典的,应以承典人而非出典人为房产税纳税人。

二、房产税的征税范围

房产税以房产为征税对象。所谓房产,是指有屋面和围护结构(有墙或两边有柱)能够遮风避雨,可供人们在其中生产、学习、工作、娱乐、居住或储藏物资的场所。

属于房产税的征税范围的有城市、县城、建制镇和工矿区的房屋,不包括农村。

独立于房屋之外的建筑物,如围墙、烟囱、水塔、菜窖、室外游泳池等,不属于房产税的征税范围。

> **温馨提示**
>
> 房地产开发企业建造的商品房,在出售前不征收房产税,但出售前房地产开发企业已使用或出租、出借的商品房应按规定征收房产税。

随堂练习7-8:(单选题)下列房产中,不属于房产税征税范围的是(　　)。

A. 坐落于县城的酒店大楼　　　　B. 坐落于市区的办公大楼
C. 坐落于建制镇的生产厂房　　　D. 坐落于农村的仓储用房

答案：D。

解析：房产税的征税范围不包括农村。

三、房产税应纳税额的计算

（一）计税规则

房产税的计税依据是房产余值或房产租金收入。按照房产余值征税的，称为从价计征；按照房产租金收入计征的，称为从租计征，如表7-13所示。

表7-13　房产税计税规则

计税方法	计税依据	税率	房产税计算公式
从价计征	房产余值	1.2%	全年应纳税额=应税房产原值×（1-扣除比例）×1.2%
从租计征	房产租金	12%	全年应纳税额=（不含增值税）租金收入×12%
	个人出租住房租金（不区分出租后用途）	4%	全年应纳税额=（不含增值税）租金收入×4%
	单位向"个人、专业化规模化住房租赁企业"出租住房租金		

（二）房产原值

房产原值，是指纳税人按照会计制度的规定，在"固定资产"账簿中记载的房屋原价。

凡以房屋为载体，不可随意移动的附属设备和配套设施，如给排水、采暖、消防、中央空调、电气及智能化楼宇设备等，无论在会计核算是否单独记账与核算，都应计入房产原值。

按会计制度规定在账簿中记载有房屋原价的，应以房屋原价按规定减除一定比例后作为房产余值计征房产税；没有记载房屋原价的，按照上述原则，参照同类房屋确定房产原值，按规定计征房产税。

房产余值的计算公式如下：

$$房产余值 = 应税房产原值 \times (1-扣除比例)$$

扣除比例幅度为10%~30%，由省级人民政府确定。

> **温馨提示**
>
> （1）纳税人对原有房屋进行改建、扩建的，要相应增加房屋原值。
>
> （2）更换房屋附属设备和配套设施的，在将其价值计入房产原值时，可扣减原来相应设备和设施的价值；对附属设备和配套设施中易损坏、需要经常更换的零配件，更新后不再计入房产原值。
>
> （3）居民住宅区内业主共有的经营性房产，自营的且没有房产原值或不能将业主共有房产与其他房产的原值准确划分开的，由房产所在地税务机关参照同类房产核定房产原值。

（三）房产出租

房产的租金收入，是房屋产权所有人出租房产使用权所得的报酬，包括货币、实物收入。

> **温馨提示**
> （1）如果是以劳务或者其他形式为报酬抵付房租收入的，应根据当地同类房产的租金水平，确定一个标准租金额从租计征。
> （2）对出租房产，租赁双方签订的租赁合同约定有免收租金期限的，免收租金期间由产权所有人按照房产原值缴纳房产税。
> （3）出租的地下建筑按照出租地上房屋建筑的有关规定计算征收房产税。
> （4）计征房产税的租金收入不含增值税

（四）关于投资联营

（1）对以房产投资联营，投资者参与投资利润分红、共担风险的，按房产余值作为计税依据计缴房产税。

（2）对以房产投资收取固定收入，不承担经营风险的，实际上是以联营名义取得房产租金，应以出租方取得的租金收入为计税依据计缴房产税。

（五）关于融资租赁

融资租赁的房产，由承租人自融资租赁合同约定开始日的次月起依照房产余值缴纳房产税。合同未约定开始日的，由承租人自合同签订的次月起依照房产余值缴纳房产税。

（六）关于居民住宅区内业主共有的经营性房产

从2007年1月1日起，对居民住宅区内业主共有的经营性房产，由实际经营（包括自营和出租）的代管人或使用人缴纳房产税。其中：自营的依照房产原值减除10%~30%后的余值计征，没有房产原值或不能将业主共有房产与其他房产的原值准确划分开的，由房产所在地税务机关参照同类房产核定房产原值；出租房产的，按照租金收入计征。

（七）关于混合用途的房产

当房产在同一纳税年度内既自用又出租时，须根据房产自用、出租的时间比例进行分摊，自用部分从价计征，出租部分从租计征。如出租半年，则以全年租金的50%为计税依据。

随堂练习7-9：（多选题）下列有关房产税计税依据的表述中，正确的有（　　　　）。
A. 融资租赁的房屋，以房产余值计算征收房产税
B. 对附属设备和配套设施中易损坏、需要经常更换的零配件，更新后不再计入房产原值
C. 纳税人对原有房屋进行改建、扩建的，要相应增加房屋的原值
D. 对更换房屋附属设备和配套设施的，在将其价值计入房产原值时，不得扣减原来相应设备和设施的价值

答案：ABC。
解析：选项D可扣减原来相应设备和设施的价值。

四、税收优惠

（一）免税项目

（1）国家机关、人民团体、军队自用的土地。

（2）由国家财政部门拨付事业经费的单位自用的土地。

（3）宗教寺庙、公园、名胜古迹自用的土地。

宗教寺庙、公园、名胜古迹中附设的营业单位，如影剧院、饮食部、茶社、照相馆等所使用的房产及出租的房产，不属于免税范围，应照章征税。

> **温馨提示**
> 与城镇土地使用税税收优惠的前面三条相同。

（4）个人所有非营业用的房产。

个人所有的非营业用房，主要是指居民住房，不分面积多少，一律免征房产税。对个人拥有的营业用房或者出租的房产，不属于免税房产，应照章征税。

（二）其他减免税的房产

（1）毁损不堪居住的房屋和危险房屋，经有关部门鉴定，在停止使用后，可免征房产税。

（2）纳税人因房屋大修导致连续停用半年以上的，在房屋大修期间免征房产税，免征税额由纳税人在申报缴纳房产税时自行计算扣除，并在申报表附表或备注栏中作相应说明。

（3）在基建工地为基建工地服务的各种工棚、材料棚、休息棚和办公室、食堂、茶炉房、汽车房等临时性房屋，施工期间一律免征房产税。工程结束后，施工企业将这种临时性房屋交还或估价转让给基建单位的，应从基建单位接收的次月起，照章纳税。

（4）对房管部门经租的居民住房，在房租调整改革之前收取租金偏低的，可暂缓征收房产税。对房管部门经租的其他非营业用房，是否给予照顾，由各省、自治区、直辖市根据当地具体情况按税收管理体制的规定办理。

（5）对高校学生公寓免征房产税。

（6）对非营利性医疗机构、疾病控制机构和妇幼保健机构等卫生机构自用的房产免征房产税。

（7）对老年服务机构自用的房产免征房产税。老年服务机构主要包括老年社会福利院、敬老院（养老院）、老年服务中心、老年公寓（含老年护理院、康复中心、托老所）等。

（8）对公共租赁住房免征房产税。公共租赁住房经营单位应单独核算公共租赁住房租金收入，未单独核算的，不得享受免征房产税优惠政策。对廉租住房经营管理单位按照政府规定价格向规定保障对象出租廉租住房的租金收入，免征房产税。对个人出租住房，不区分用途，按4%的税率征收房产税；对企事业单位、社会团体以及其他组织按市场价格向个人出租用于居住的住房，减按4%的税率征收房产税。

（9）对国家机关、军队、人民团体、财政补助事业单位、居民委员会、村民委员会拥有的体育场馆，用于体育活动的房产，免征房产税。对经费自理事业单位、体育社会团体、体育基金会、体育类民办非企业单位拥有并运营管理的体育场馆，符合相关条件的，其用于体育活动的房产，免征房产税。对企业拥有并运营管理的大型体育场馆，其用于体育活动的房产，减半征收房产税。享受上述税收优惠体育场馆的运动场地，用于体育活动的天数不得低于全年自然天数的70%。

（10）自2019年1月1日至2027年供暖期结束，对向居民供热收取采暖费的供热企业，为居民供热所使用的厂房免征房产税；对供热企业其他厂房，应当按照规定征收房产税。

对专业供热企业,按其向居民供热取得的采暖费收入占全部采暖费收入的比例计算免征的房产税。

(11)自 2021 年 10 月 1 日起,对企事业单位、社会团体以及其他组织向个人、专业化规模化住房租赁企业出租住房的,减按 4% 的税率征收房产税。

随堂练习 7-10:(单选题)下列房产中,免征房产税的是(　　)。
A. 宗教寺庙中宗教人员的生活用房产
B. 房地产开发企业出售前已出租的房产
C. 继续使用的危险房产
D. 公园中的影剧院房产

答案:A。

解析:选项 B 在出售前不征收房产税;但对出售前房地产开发企业已使用或出租、出借的商品房应按规定征收房产税。选项 C 经有关部门鉴定,对毁损不堪居住的房屋和危险房屋,在停止使用后,可免征房产税。选项 D 应征收房产税。

税润民生

税 惠 赋 能

近年来,国家税务总局河北省税务局不断加大政策辅导力度,积极落实税费优惠政策,持续优化税收营商环境,助力河北制造不断向上突围,在高质量发展赶考之路上踔厉步稳。

某温泉度假酒店财务负责人表示:"温泉企业占地面积普遍较大,同时配有供游客休息的宾馆房间,房产税和城镇土地使用税的税负较大,再加上资源税,经营压力也比较大。"国家税务总局隆化县税务局为温泉企业配备专职"辅导员",梳理税收优惠政策,为企业量身定制服务方案,点对点开展个性化辅导,帮助企业尽享税费红利。

五、房产税的征收管理

(一)纳税义务发生时间

房产税的纳税义务发生时间主要在发生应税行为"次月起",如表 7-14 所示。

表 7-14　城市房产税的纳税义务发生时间

情形		纳税义务发生时间	
原有房产	用于生产经营	生产经营	当月起
自行新建房屋		建成	次月起
委托施工企业建设的房屋		办理验收手续	次月起
购置商品房 **注意:**同城镇土地增值税	新建商品房	房屋交付使用	次月起
	存量房	办理房屋权属转移、变更登记手续,房地产权属登记机关签发房屋权属证书	次月起
出租、出借房产		交付出租、出借本企业房产	次月起

续表

情形		纳税义务发生时间	
房地产开发企业自用、出租、出借本企业建造的商品房		房屋使用或交付	次月起
融资租赁的房产	合同约定	开始日	
	合同未约定	合同签订	

纳税人因房产的实物或权利状态发生变化而依法终止房产税纳税义务的,其应纳税款的计算应截止到房产的实物或权利状态发生变化的当月月末。

(二)纳税期限
房产税实行按年征收、分期缴纳。

(三)纳税地点
房产税在房产所在地缴纳。房产不在同一地方的纳税人,应按房产的坐落地点分别向房产所在地的税务机关申报纳税。

六、房产税的纳税申报

房产税的纳税人应按照《中华人民共和国房产税暂行条例》(简称《房产税暂行条例》)的有关规定,及时办理纳税申报,并如实填写《财产和行为纳税申报表》及相应的税源明细表。

(一)办税指南

1. 申请条件

产权所有人、经营管理单位、承典人、房产代管人或者使用人,依照税收法律、法规、规章及其他有关规定,在规定的纳税期限内,填报《财产和行为税纳税申报表》等相关资料向税务机关进行纳税申报。

2. 办理材料

房产税纳税申报办理材料如表7-15所示。

表7-15 房产税纳税申报办理材料

序号	材料名称	数量
1	《财产和行为税纳税申报表》原件	2份
2	《城镇土地使用税 房产税税源明细表》原件(首次申报或税源信息发生变化)	2份
3	《财产和行为税减免税明细申报附表》原件(享受税收优惠的纳税人)	2份

(二)电子税务局操作指引

(1)与印花税申报相同,依次单击【首页】—【我要办税】—【税费申报及缴纳】—【综合申报】—【财产和行为税合并纳税申报】进入该功能。或使用电子税务局右上角【搜索】功能搜索"财产""行为"等关键字进行模糊搜索进入功能。

在【财产和行为税合并纳税申报】界面中,选择税款属期(如果系统提供的选项无法满足需求,可以选择"自选"进行税款所属期起止的选择),选择所属年度,勾选需要申报的申报表信息。

(2)纳税人进行房产税申报时,应先进行房产税税源信息采集。在"财产和行为税合并纳税申报"模块,单击房产税后面的【税源采集】链接,进入税源信息采集页面。

① 房产税税源信息采集。

初始化界面为自动带出已采集的有效房产税信息,如果没有采集过房产信息则显示为空。纳税人可输入查询条件查询对应的房产信息,如图7-24所示。

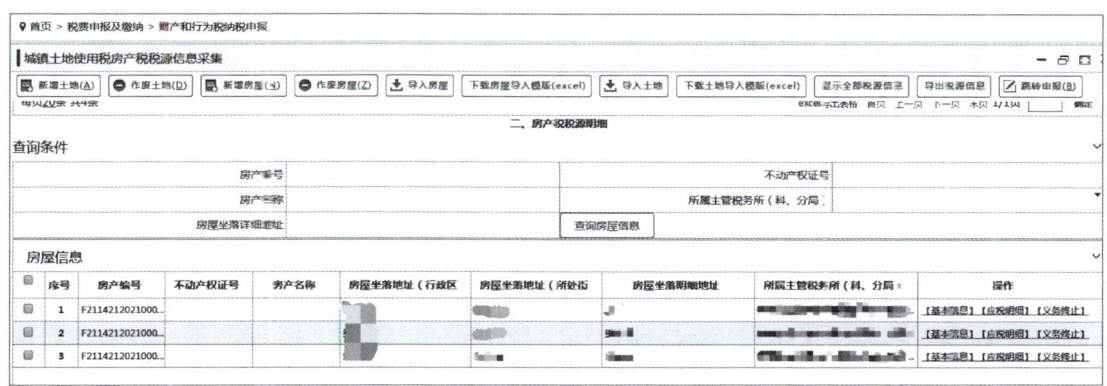

图7-24 采集房产税页面(有房产信息)

② 新增房产税税源信息。

单击【新增房屋】按钮,在系统弹窗中选择纳税人类型、房产用途、房产取得时间、房屋坐落地址(行政区划)、房屋坐落地址所处街乡,填写建筑面积、房屋坐落详细地址,自动带出对应税务机关名称、经办人和经办人身份证件号码。填写完成后单击【保存】,如图7-25所示。

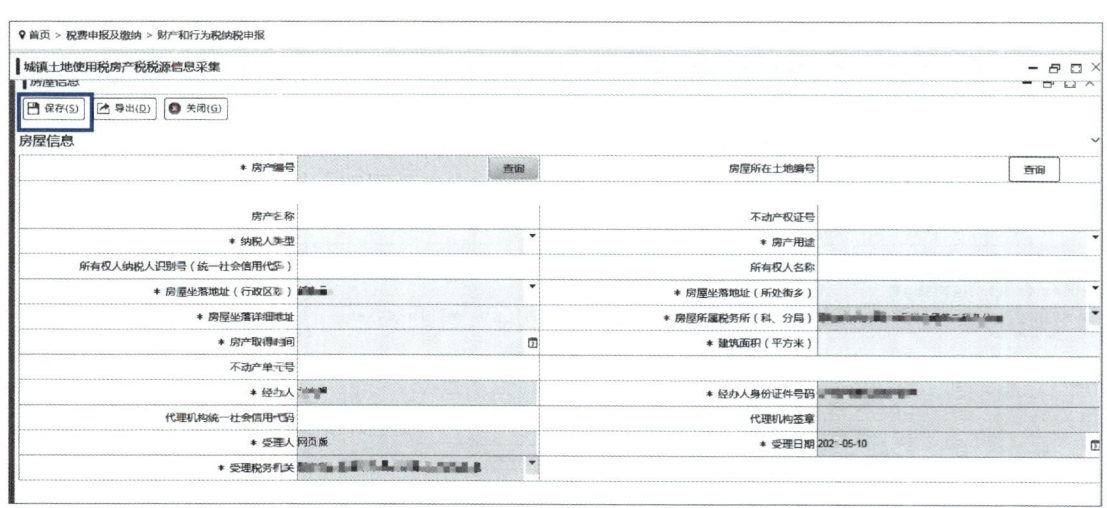

图7-25 新增房屋信息填写数据

如果税源信息有误,在未进行申报的前提下,可以单击【作废房屋】将该税源作废重新进行维护,如图7-26所示。

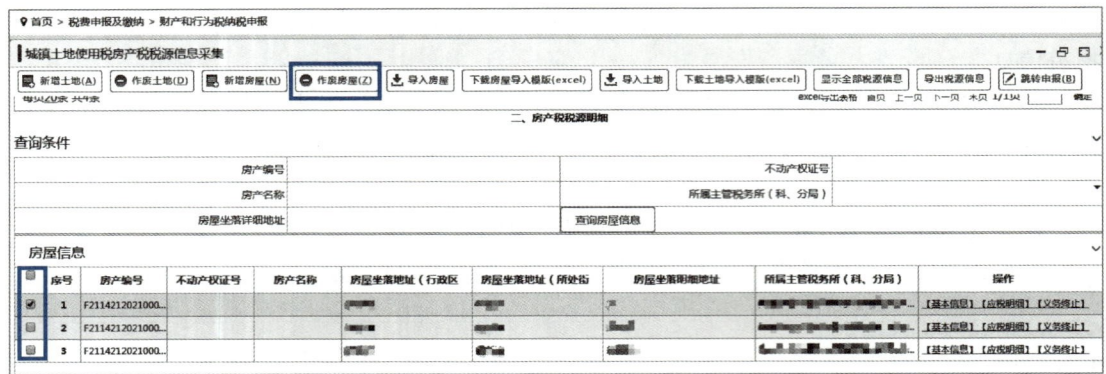

图 7-26 作废房屋

如果需要对已经申报的税源基本信息进行修改，可以单击【基本信息】，对税源进行更改，如图 7-27 所示。

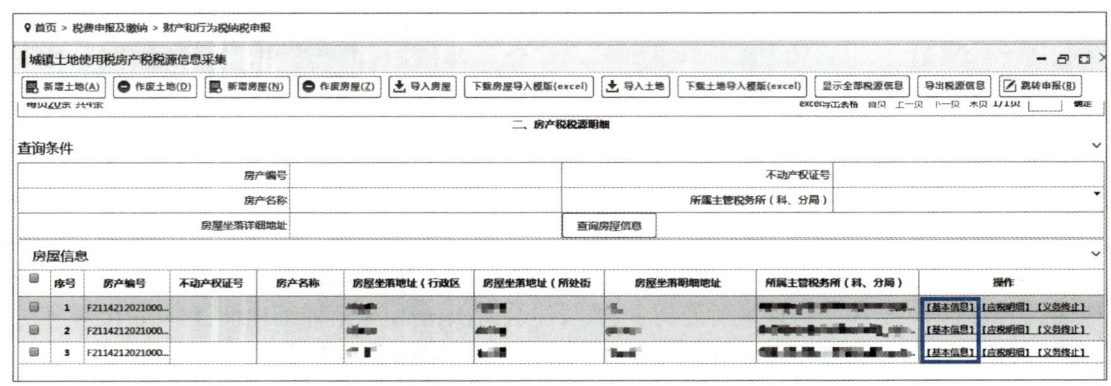

图 7-27 房产税税源基本信息修改

③ 维护房产税应税信息。

在维护完房产基本信息后，可以在弹出的对话框中维护应税信息，也可以在"城镇土地使用税房产税税源信息采集表"中，选择对应的税源，单击【应税明细】进行维护，如图 7-28 所示。

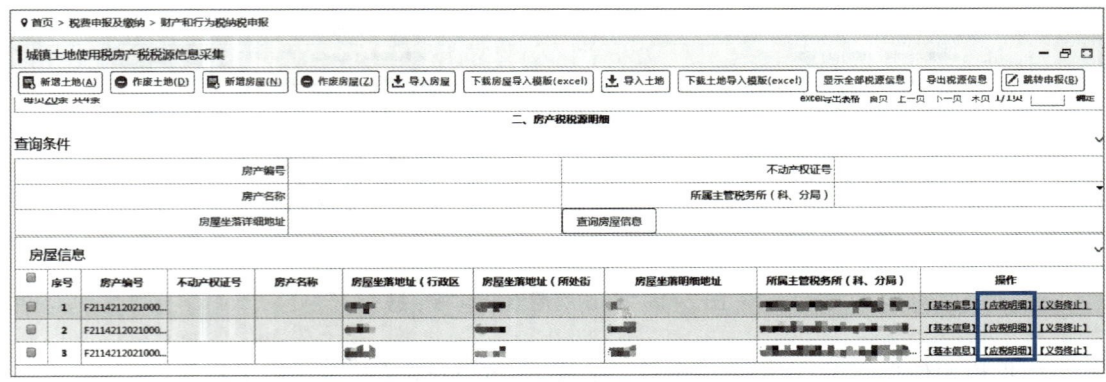

图 7-28 房产税应税明细维护

任务三 房产税纳税申报

进入页面,如果未采集过应税信息,那么自行维护应税信息,选择房产原值,如果存在减免税信息,在减免税信息栏进行维护,如图7-29所示。

图7-29 自行维护房产税应税信息(未采集)

如果存在出租房产,同时填写出租房产原值和出租房产面积,单击【保存】后,再单击【房屋应税信息(从租)】,在页面内维护从租信息,如图7-30所示。

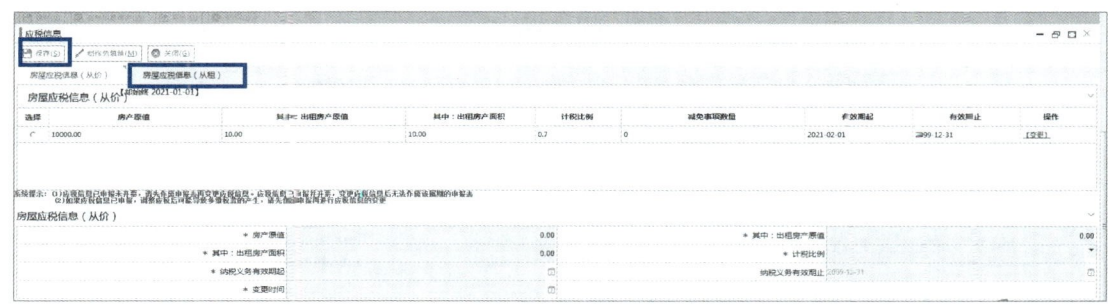

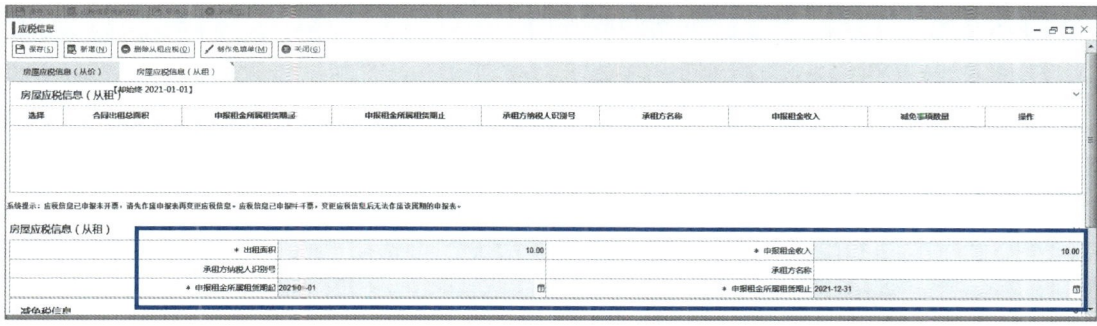

图7-30 房产税应税信息维护(从租)

如果该条信息维护错误,在未申报的前提下,可在选择该条信息后,单击上方的【删除从租应税】,将该条信息删除,如图7-31所示。

④ 纳税义务终止。

单击【义务终止】,系统弹窗显示义务终止信息,选择"房产转出时间";单击【纳税义务终止确认】则终止该房产的纳税义务,如图7-32、图7-33所示。

(3)完成税源采集后,勾选申报表信息,单击【选择未申报税源】进入房产税税源选择界面,如图7-34所示。

项目七 常见财产税纳税实务

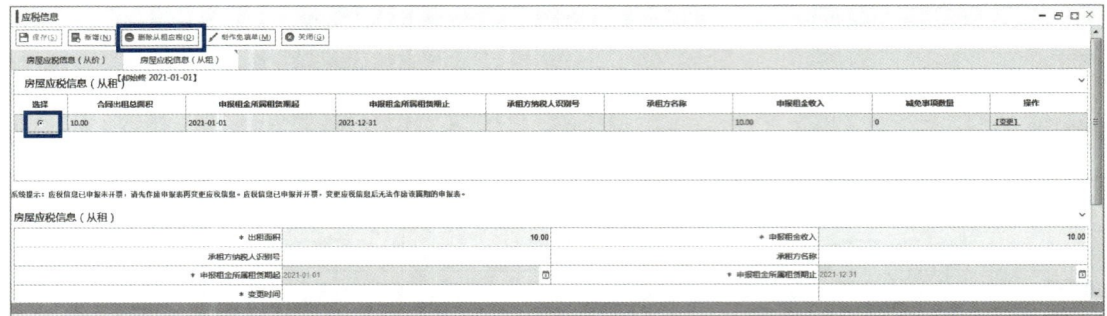

图 7-31 删除房产税应税信息（从租）

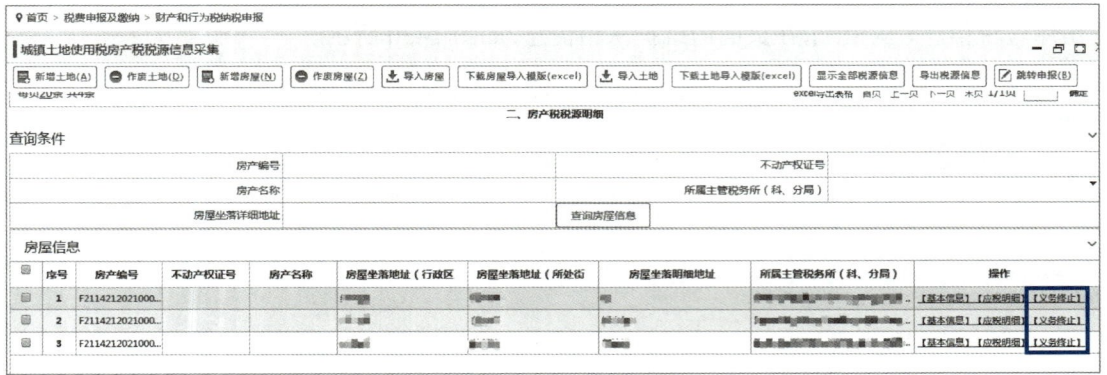

图 7-32 房产税纳税义务终止操作选择

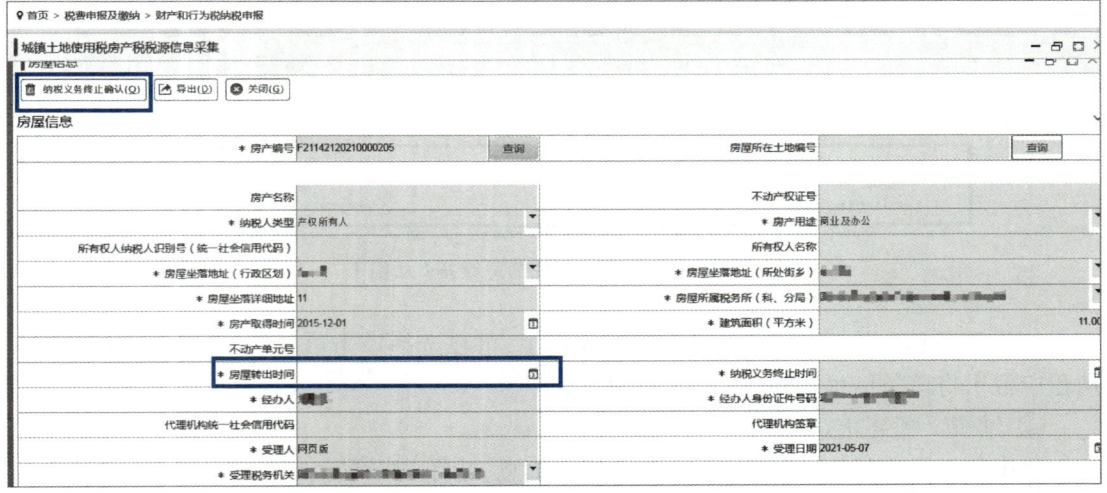

图 7-33 房产税纳税义务终止确认

任务三　房产税纳税申报

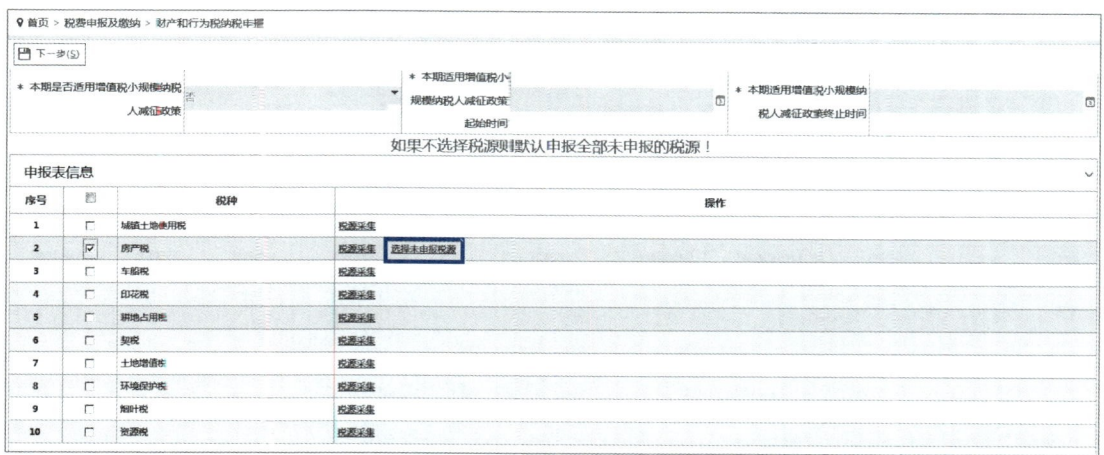

图 7-34　财产和行为税纳税申报

勾选需要申报的税源信息，单击【确定】按钮，系统跳转申报主界面，如图 7-35 所示。

税源选择完成后，勾选需要申报的税种，单击【下一步】，系统跳转到申报信息确认界面，如图 7-36 所示。

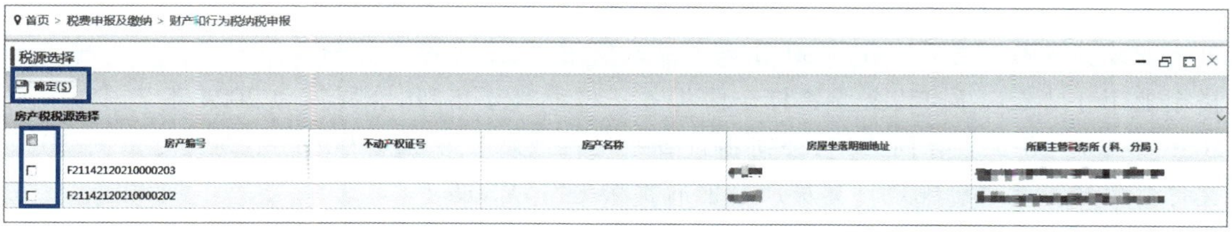

图 7-35　房产税税源选择

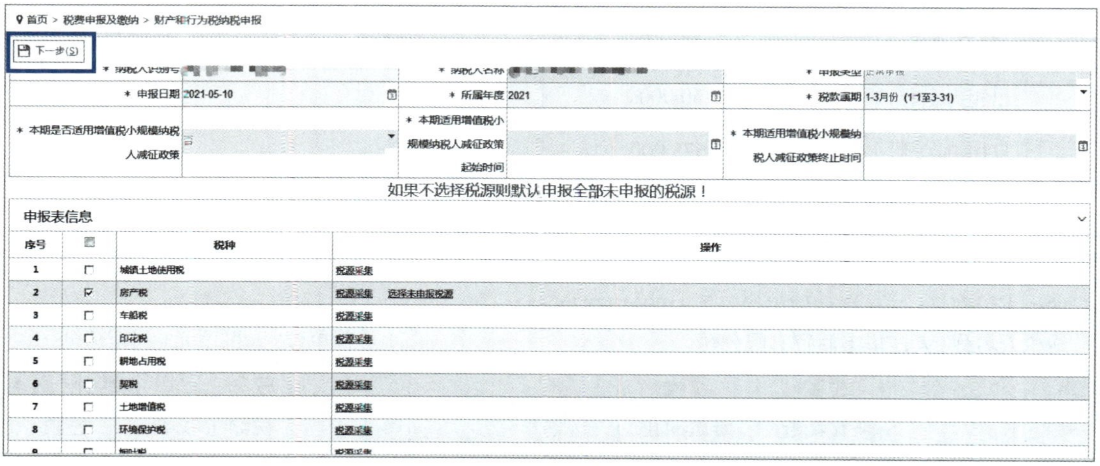

图 7-36　财产和行为税纳税申报勾选

双击【税款信息】一行，可以预览申报信息。确认申报信息无误后，单击【申报】按钮，房产税纳税申报完成，如图 7-37 所示。

项目七 常见财产税纳税实务

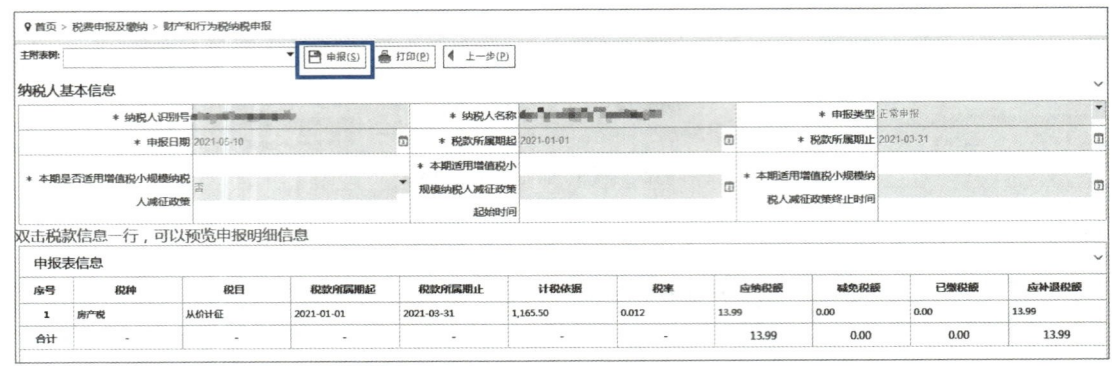

图 7-37 财产和行为税纳税申报完成

> **温馨提示**
> 纳税人机构所在地和应税税源不属于同一主管税务机关的,纳税人需要在房产所在地的主管税务机关进行跨区税源登记并申报。

工作实例 7-3

实训资料:2024 年,大连华丰商贸有限公司在注册地自建两栋完全一样的办公楼,建筑面积均为 400 平方米。6 月 30 日建成投入使用,入账金额合计 900 万元。其中一栋办公楼企业用于办公。同日,企业签订合同将另一栋办公楼出租,合同期为 2024 年 7 月 1 日至 2026 年 6 月 30 日。合同约定,合同签订日一次性收取三年租金 90 万元,房屋于 6 月 30 日交付。已知当地政府规定计算房产余值的扣除比例为 30%。

实训要求:进行 2024 年度房产税的纳税申报,如表 7-16、表 7-17 所示。

表 7-16 应交房产税计算　　　　　　　　　　金额单位:元

房产项目	计税基础	适用税率	应税销售额
出租办公楼	150 000	12%	18 000
自用办公楼	1 575 000	1.2%	18 900

表 7-17 财产和行为税纳税申报表

税款所属期:自 2024 年 7 月 1 日至 2024 年 12 月 31 日　　　填表日期 2025 年 1 月 5 日
纳税人识别号(统一社会信用代码):210211777700111
纳税人名称:大连华丰商贸有限公司　　　　　　　　　　　金额单位:人民币元(列至角分)

序号	税种	税目	税款所属期起	税款所属期止	计税依据	税率	应纳税额	减免税额	已缴税额	应补(退)税额
1	房产税	从价计征	2024-07-01	2024-12-31	4 500 000.00	1.2%	18 900.00			18 900.00
2	房产税	从租计征	2024-07-01	2024-12-31	150 000.00	12%	18 000.00			18 000.00

续表

序号	税种	税目	税款所属期起	税款所属期止	计税依据	税率	应纳税额	减免税额	已缴税额	应补(退)税额
3	合计	–	–	–	–	–				36 900.00

声明:此表是根据国家税收法律法规及相关规定填写的,本人(单位)对填报内容(及附带资料)的真实性、可靠性、完整性负责。

纳税人(签章):

2025 年 1 月 5 日

经办人:华峰
经办人身份证号:210212186710230027
代理机构签章:
代理机构统一社会信用代码:

受理人:
受理税务机关(章):
受理日期:　　　　年　　月　　日

常见财产税纳税
申报实训案例

项目八

个人所得税纳税实务

思维导图

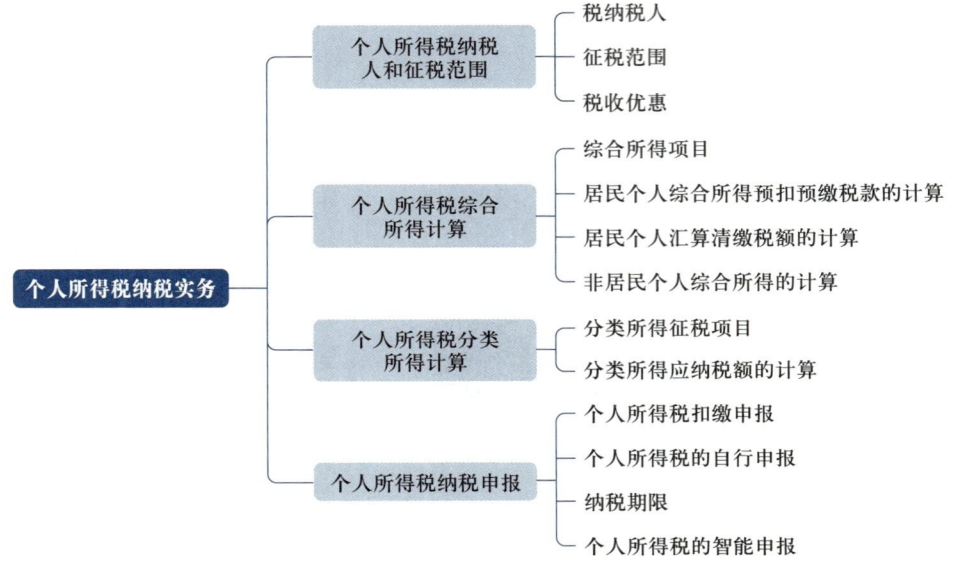

学习目标

素质目标：
1. 形成对个人所得税法规的敏感性和更新意识，持续关注税法变化对个人税务的影响。
2. 具备创新创业的思维与能力，形成合规习惯，确保及时申报收入和纳税。
3. 遵循社会公平、共同富裕的税务伦理标准，积极营造透明和公平的税务环境。

知识目标：
1. 了解个人所得税的阶段性政策。
2. 熟悉个人所得税纳税人的分类标准、个人所得项目类别。
3. 理解个人所得税的源泉扣缴。
4. 掌握个人所得税应纳税额的计算方法、申报方式。

技能目标：
1. 能够根据人员花名册信息表，准确无误地完成自然人税收管理系统境内、境外人员信息的单个和批量导入、人员信息的报送、人员离职退休变更处理。

2. 能够进行专项附加扣除信息登记与采集。

3. 能够熟练完成工资薪金所得、年终奖个人所得、员工解除劳动合同一次性补偿金、劳务报酬所得、稿酬所得个人所得税的准确计算、单个和批量填报、预扣预缴。

4. 能够熟练完成自然人税收管理系统综合所得项目税款计算、综合所得申报、自然人税收管理系统中减免事项、商业健康保险、税延养老保险附表的正确填报。

5. 能够熟练完成利息股息红利所得、财产租赁所得、财产转让所得、偶然所得四种分类所得的个人所得税的准确计算、单个和批量的收入及免税收入、扣除及减除、捐赠方式等项目的正确填报。

6. 能够熟练完成个体工商户、个人独资企业、合伙企业经营所得个人所得税的正确计算、预缴、年度汇算清缴。

 项目导入

推动个税改革更好惠及民生

在 2023 年度减税降费"账单"中,有一项和个人关系密切,那就是大幅提高了 3 岁以下婴幼儿照护、子女教育和赡养老人 3 项专项附加扣除标准。

统计显示,这项减税的规模达 391.8 亿元,反映出当年实施的提高 3 项专项附加扣除标准产生颇为丰厚的红利。

请思考:自 2022 年以来专项扣除实施了哪些减税政策?

任务一　认识个人所得税

一、个人所得税的纳税人

个人所得税主要是以自然人取得的各项应税所得为征税对象而征收的一种所得税,是政府利用税收对个人收入进行调节的一种手段。

个人所得税的纳税人包括中国公民、个体工商户、个人独资企业与合伙企业的个人投资者、在中国有所得的外籍人员(包括无国籍人员)和中国港澳台同胞。

根据住所和居住时间标准,个人所得税纳税人分为居民纳税人和非居民纳税人,如表 8-1 所示。

表 8-1　个人所得税纳税人分类与纳税义务

纳税人类别	判定标准(住所标准、居住时间标准)	承担的纳税义务
居民纳税人	(1)在中国境内有住所的个人。 (2)或者在中国境内无住所,而一个纳税年度内在境内居住累计满 183 天的个人	无限纳税(境内、境外所得)

续表

纳税人类别	判定标准（住所标准、居住时间标准）	承担的纳税义务
非居民纳税人	（1）在中国境内无住所又不居住的个人。 （2）或者一个纳税年度内在境内居住累计不满183天的个人	有限纳税（境内所得）

注：① "在中国境内"，是指中国大陆地区，目前还不包括我国香港、澳门和台湾地区。
② 在中国境内有住所，是指因户籍、家庭、经济利益关系而在中国境内习惯性居住。
③ 纳税年度，是指自公历1月1日起至12月31日止。

随堂练习8-1：（单选题）下列个人，属于个人所得税居民纳税人的是（   ）。
A. 在中国境内无住所且居住不满90天、但有来自于境内所得的外籍个人
B. 2023年1月1日至5月30日在境内居住之后再未入境的外籍个人
C. 在中国境内无住所且不居住、但有来自于境内所得的外籍个人
D. 2023年3月1日至10月31日在境内履职的外籍个人
答案：D。
解析：选项D中累计居住时间超过183天，因此属于居民纳税人。选项A居住不满90天，选项B居住时间未满183天，选项C无住所且不居住，都属于非居民个人。

税润民生

10部门协作共建个税诚信体系

2024年6月14日是全国第17个"信用记录关爱日"。为持续完善社会信用体系，在对2023年底颁布的《关于个人所得税诚信体系建设的合作备忘录》颁布实施效果进行评估总结的基础上，大连市税务局等10部门对外发布《关于个人所得税诚信体系建设的通告》，对信用信息推送范围、相关激励惩戒措施，以及异议申请、信用修复等个人所得税纳税诚信体系的相关事项要求、流程进行完善和明确，以便进一步提高信用信息的发布、应用效率，推动自然人纳税人树立依法纳税意识，保障自然人纳税人合法权益。

二、个人所得税的征税范围

税法中列举的个人所得税税目共有9项。

（一）工资、薪金所得

工资、薪金所得，是指个人因任职或者受雇而取得的工资、薪金、奖金、年终加薪、劳动分红、津贴、补贴以及与任职或者受雇有关的其他所得。

其中，年终加薪、劳动分红不分种类和取得情况，一律按工资、薪金所得课税；津贴、补贴等则有例外。

不征税项目包括以下部分：
（1）独生子女补贴。
（2）托儿补助费。

（3）执行公务员工资制度未纳入基本工资总额的补贴、津贴差额和家属成员的副食品补贴。

（4）差旅费津贴、误餐补助。

随堂练习 8-2：（单选题）下列各项所得中，应缴纳个人所得税的是（　　）。

A. 托儿补助费　　　　　　　　B. 退休人员再任职收入
C. 差旅费津贴　　　　　　　　D. 误餐补助

答案：B。

解析：选项 ACD 属于不征税项目。

（二）劳务报酬所得

劳务报酬所得，是指个人从事各种非雇佣的劳务所取得的所得，包括设计、装潢、制图、咨询、讲学、演出、翻译、审稿、书画等劳务。

> **温馨提示**
>
> 重点区分工资薪金所得和劳务报酬所得，关键在于是否有雇佣关系。个人兼职取得的收入，应按照"劳务报酬所得"项目缴纳个人所得税。例如，在校学生因参与勤工俭学活动取得的应税所得项目的所得，应依法缴纳个人所得税。

💡 **头脑风暴：**董事费收入属于哪种所得？

（三）稿酬所得

稿酬所得，是指个人因其作品以图书、报刊形式出版、发表而取得的所得。

（1）作者去世后，财产继承人取得的遗作稿酬，应按"稿酬所得"项目征收个人所得税。

（2）出版社的专业作者撰写、编写或翻译的作品，由本社以图书形式出版而取得的稿费收入，应按"稿酬所得"项目计算缴纳个人所得税。

（3）对报纸、杂志、出版等单位的职员征税问题。任职、受雇于报纸、杂志等单位的记者、编辑等专业人员，因在本单位的报纸、杂志上发表作品取得的所得，属于因任职、受雇而取得的所得，应与其当月工资收入合并，按"工资、薪金所得"项目征收个人所得税。除上述专业人员以外，其他人员在本单位的报纸、杂志上发表作品取得的所得，应按"稿酬所得"项目征收个人所得税。

（4）对不以图书、报刊出版、发表的独立翻译、审稿、书画所得，归为劳务报酬所得。

（四）特许权使用费

特许权使用费所得，是指个人提供专利权、商标权、著作权（不包括稿酬所得）、非专利技术以及其他特许权的使用权取得的所得。劳务报酬、稿酬、特许权使用费所得比较如表 8-2 所示。

表 8-2　劳务报酬、稿酬、特许权使用费所得比较

所得渠道	征税项目
不以图书、报刊出版、发表的独立翻译、审稿、书画所得	劳务报酬所得
个人因其作品以图书、报刊形式出版、发表取得的所得	稿酬所得
提供著作权的使用权取得的所得	特许权使用费所得

作者将自己的文字作品手稿原件或复印件公开拍卖（竞价）取得的所得、个人取得特许权的经济赔偿收入、编剧从电视剧的制作单位取得的剧本使用费，都属于特许权使用费所得。

随堂练习 8-3：（单选题）个人取得的下列报酬中，应按"稿酬所得"缴纳个人所得税的是（　　）。

A．杂志社记者在本社刊物发表文章取得的报酬

B．演员个人"走穴"演出取得的报酬

C．高校教授为某杂志社审稿取得的报酬

D．出版社的专业作者翻译的小说由该出版社出版取得的报酬

答案：D。

解析：选项 A 属于工资薪金所得，选项 BC 属于劳务报酬所得。

（五）经营所得

经营所得，是指个体工商户业主、个人独资企业投资者、合伙企业的个人合伙人、承包承租经营者个人以及其他从事生产、经营活动的个人取得的所得。

个人依法从事办学、医疗、咨询以及其他有偿服务活动取得的所得，个人对企业、事业单位承包经营、承租经营以及转包、转租取得的所得，均按照经营所得纳税。

不同企业以企业资金为相关人员支付的财产性支出属于不同征税项目，如表 8-3 所示。

表 8-3　以企业资金为相关人员发生财产性支出的处理

企业性质	人员身份	征税项目
个人独资企业、合伙企业	个人投资者本人及家庭成员	经营所得
个人独资企业、合伙企业以外的其他企业	个人投资者本人及家庭成员	利息、股息、红利所得
所有企业	从业人员（非投资者）	工资、薪金所得劳务报酬所得

（六）利息、股息、红利所得

利息、股息、红利所得，是指个人拥有债权、股权等而取得的利息、股息、红利所得。

个人取得国债利息和国家发行的金融债券利息、教育储蓄存款利息、储蓄存款利息均免征或暂免征收个人所得税。

（七）财产租赁所得

财产租赁所得，是指个人出租建筑物、土地使用权、机器设备、车船以及其他财产取得的所得。

个人取得的财产转租收入属于"财产租赁所得"。

（八）财产转让所得

财产转让所得，是指个人转让有价证券、股权、合伙企业中的财产份额、不动产、机器设备、车船以及其他财产取得的所得。

个人拍卖除自己的文字作品原稿及复印件外的其他财产，应按"财产转让所得"项目缴纳个人所得税。

个人转让自用 5 年以上并且是家庭唯一生活用房取得的所得免税。

（九）偶然所得

偶然所得，是指个人得奖、中奖、中彩以及其他偶然性质的所得。

下列收入按"偶然所得"项目计征个人所得税：

（1）对累计消费达到一定额度的顾客给予额外抽奖机会的获奖所得。

（2）个人为单位或他人提供担保获得的收入。

（3）房屋产权所有人将房屋产权无偿赠与他人的，受赠人因无偿受赠房屋取得的受赠收入。

（4）企业在业务宣传、广告等活动中，随机向本单位以外的个人赠送礼品（包括网络红包），以及企业在年会、座谈会、庆典以及其他活动中向本单位以外的个人赠送礼品，个人取得的礼品收入；但企业赠送的具有价格折扣或折让性质的消费券、代金券、抵用券、优惠券等礼品除外。

随堂练习 8-4：（多选题）个人获取的下列所得中，应按照"偶然所得"项目计征个人所得税的有（　　）。

A. 参加客户单位的周年庆典活动，收到客户单位随机赠送的网络红包

B. 无偿获得房产公司赠与的住房

C. 为他人提供担保取得的收入

D. 参加客户单位的业务宣传活动，随机获得客户单位赠送的礼品

答案：ABCD

解析：偶然所得具有非经常性、非固定性和不可预见性的特点。

三、个人所得来源地的确定

除国务院财政、税务主管部门另有规定外，下列所得，不论支付地点是否在中国境内，均为来源于中国境内的所得，如表 8-4 所示。

表 8-4　个人所得税的所得来源地确定标准

所得项目	来源地确定标准	
提供劳务	因任职、受雇、履约等在中国境内提供劳务取得所得	
出租财产	将财产出租给承租人在中国境内使用取得的所得	
特许权使用费所得	许可各种特许权在中国境内使用而取得的所得	
转让财产	不动产	转让中国境内的不动产
	其他财产	在中国境内转让其他财产取得的所得
利息、股息、红利所得	从中国境内企业、事业单位、其他组织以及居民个人取得的利息、股息、红利所得	

随堂练习 8-5：（多选题）居民个人取得的下列所得中，属于来源于中国境内所得的有（　　）。

A. 在境外通过网上指导获得境内机构支付的培训所得
B. 转让其在中国境内的房产而取得的财产转让所得
C. 持有中国境内公司债券取得的利息所得
D. 将专利权转让给中国境内公司取得的特许权使用费所得

答案：BCD。

解析：选项 A 培训所得属于劳务报酬，在境外通过网上指导获得境内机构支付的培训所得劳务发生地没有在中国境内，不属于来源于中国境内的所得。

四、个人所得税的税率

我国个人所得税采用综合与分类相结合，对不同应税项目分别采用比例税率和超额累进税率。

1. 居民个人工资、薪金所得预扣预缴税率

居民个人工资、薪金所得预扣预缴适用七级超额累进税率，税率为 3%～45%，如表 8-5 所示。

综合所得汇算清缴也适用此税率。

表 8-5　个人所得税税率表一

级数	全年应纳税所得额	税率/%	速算扣除数/元
1	不超过 36 000 元的部分	3	0
2	超过 36 000 元至 144 000 元的部分	10	2 520
3	超过 144 000 元至 300 000 元的部分	20	16 920
4	超过 300 000 元至 420 000 元的部分	25	31 920
5	超过 420 000 元至 660 000 元的部分	30	52 920
6	超过 660 000 元至 960 000 元的部分	35	85 920
7	超过 960 000 元的部分	45	181 920

2. 居民个人劳务报酬所得预扣预缴税率

居民个人劳务报酬所得预扣预缴适用三级超额累进税率，税率为 20%～40%，如表 8-6 所示。

表 8-6　个人所得税税率表二

级数	预扣预缴应纳税所得额	预扣率/%	速算扣除数
1	不超过 20 000 元的部分	20	0
2	超过 20 000 元至 50 000 元的部分	30	2 000
3	超过 50 000 元的部分	40	7 000

3. 非居民个人工资、薪金所得,劳务报酬所得,稿酬所得,特许权使用费所得代扣代缴税率

上述所得的代扣代缴适用七级超额累进税率,税率为3%~45%,如表8-7所示。

全年一次性奖金单独计税也适用此税率。

表8-7 个人所得税税率表三

级数	应纳税所得额	税率/%	速算扣除数
1	不超过3 000元的部分	3	0
2	超过3 000元至12 000元的部分	10	210
3	超过12 000元至25 000元的部分	20	1 410
4	超过25 000元至35 000元的部分	25	2 660
5	超过35 000元至55 000元的部分	30	4 410
6	超过55 000元至80 000元的部分	35	7 160
7	超过80 000元的部分	45	15 160

4. 经营所得税率

经营所得适用五级超额累进税率,税率为5%~35%,如表8-8所示。

表8-8 个人所得税税率表四

级数	全年应纳税所得额	税率/%	速算扣除数
1	不超过30 000元的部分	5	0
2	超过30 000元至90 000元的部分	10	1 500
3	超过90 000元至300 000元的部分	20	10 500
4	超过300 000元至500 000元的部分	30	40 500
5	超过500 000元的部分	35	65 500

5. 利息、股息、红利所得,财产租赁所得,财产转让所得,偶然所得

适用20%的个人所得税税率。个人按照市场价格出租住房,减按10%个人所得税税率。

💡 **头脑风暴**:不同纳税人的不同应税所得,分别涉及哪几种税率和预扣率?

五、税收优惠

(一)法定免税项目

(1)省级人民政府、国务院部委和中国人民解放军军以上单位,以及外国组织、国际组织颁发的科学、教育、技术、文化、卫生、体育、环境保护等方面的奖金。

（2）国债和国家发行的金融债券利息。

（3）按照国家统一规定发给的补贴、津贴。

（4）福利费、抚恤金、救济金。

（5）保险赔款。

（6）军人的转业费、复员费、退役金。

（7）按照国家统一规定发给干部、职工的安家费、退职费、基本养老金或者退休费、离休费、离休生活补助费。

（8）依照有关法律规定应予免税的各国驻华使馆、领事馆的外交代表、领事官员和其他人员的所得。

（9）中国政府参加的国际公约、签订的协议中规定免税的所得。

（10）国务院规定的其他免税所得。

随堂练习8-6：（单选题）个人取得的下列所得，免征个人所得税的是（　　）。

A. 转让国债的所得

B. 提前退休发放的一次性补贴

C. 按国家统一规定发放的补贴、津贴

D. 县级人民政府颁发的教育方面的奖金

答案：C。

解析：选项A国债利息免征个人所得税，但转让国债的所得不属于免税范围。选项B不属于免税范围。选项D奖金级别未达省级，不符合免税条件。

（二）法定减税项目

有下列情形之一的，可以减征个人所得税，具体幅度和期限，由省、自治区、直辖市人民政府规定，并报同级人民代表大会常务委员会备案：

（1）残疾、孤老人员和烈属的所得。

（2）因自然灾害遭受重大损失的。国务院可以规定其他减税情形，报全国人民代表大会常务委员会备案。

（三）其他减免税项目

（1）外籍个人以非现金形式或实报实销形式取得的住房补贴、伙食补贴、搬迁费、洗衣费。

（2）外籍个人按合理标准取得的境内、外出差补贴。

（3）外籍个人取得的探亲费、语言训练费、子女教育费等，经当地税务机关审核批准为合理的部分。

（4）外籍个人从外商投资企业取得的股息、红利所得。

凡符合下列条件之一的外籍专家取得的工资、薪金所得可免征个人所得税：

① 根据世界银行专项贷款协议由世界银行直接派往我国工作的外国专家。

② 联合国组织直接派往我国工作的专家。

③ 为联合国援助项目来华工作的专家。

④ 援助国派往我国专为该国无偿援助项目工作的专家。

⑤ 根据两国政府签订文化交流项目来华工作两年以内的文教专家，其工资、薪金所得由该国负担的。

⑥ 根据我国大专院校国际交流项目来华工作两年以内的文教专家,其工资、薪金所得由该国负担的。

⑦ 通过民间科研协定来华工作的专家,其工资、薪金所得由该国政府机构负担的。

(5) 个人举报、协查各种违法犯罪行为而获得的奖金。

(6) 个人办理代扣代缴税款手续,按规定取得的扣缴手续费。

(7) 个人转让自用5年以上且是家庭唯一生活用房取得的所得。

(8) 对个人购买福利彩票、体育彩票,一次性中奖收入在1万元以下的(含1万元)暂免征收个人所得税,超过1万元的全额征收个人所得税。

(9) 达到离、退休年龄,但确因工作需要,适当延长离、退休年龄的高级专家(指享受国家政府发放的政府特殊津贴的专家、学者),其在延长离、退休期间的工资、薪金所得,视同离、退休工资免征个人所得税。

(10) 对个人转让上市公司股票的所得,暂免征收个人所得税。

(11) 企业和个人按规定比例提取并缴付的住房公积金、医疗保险金、基本养老保险和失业保险基金(简称"三险一金"),免征个人所得税;个人领取"三险一金"免征个人所得税;按规定比例缴付的"三险一金"存入银行个人账户所取得的利息收入,免征个人所得税。

(12) 对乡、镇(含乡、镇)以上人民政府或经县(含县)以上人民政府主管部门批准成立的有机构、有章程的见义勇为基金会或者类似组织,奖励见义勇为者的奖金或奖品,经主管税务机关核准,免予征收个人所得税。

(13) 从2015年9月2日起,对个人投资应从上市公司取得的股息红利所得,持股期限在1个月以内(含)的,其股息红利所得全额计入应纳税所得额,实际税负为20%;持股期限在1个月以上至1年(含)的,暂减按50%计入应纳税所得额,实际税负为10%;持股期限超过1年的,暂免征收个人所得税。

(四) 其他减免税优惠

(1) 在中国境内无住所的个人,在中国境内居住累计满183天的年度连续不满六年的,经向主管税务机关备案,其来源于中国境外且由境外单位或者个人支付的所得,免予缴纳个人所得税;在中国境内居住累计满183天的任一年度中有一次离境超过30天的,其在中国境内居住累计满183天的年度的连续年限重新起算。

(2) 在中国境内无住所的个人,在一个纳税年度内在中国境内居住累计不超过90天的,其来源于中国境内的所得,由境外雇主支付并且不由该雇主在中国境内的机构、场所负担的部分,免予缴纳个人所得税。

随堂练习8-7:(单选题)下列各项中,可以减征个人所得税的是( )。

A. 军人的转业费
B. 按照国家统一规定发给职工的退休工资
C. 残疾人员的所得
D. 外籍个人以现金形式取得的住房补贴和伙食补贴

答案:C。

解析:选项AB属于免税项目,而非减征。选项D不属于减征项目,但符合条件的外籍个人非现金形式的住房补贴等可暂免征税。

任务二　个人所得税综合所得计算

一、综合所得项目

个人所得税综合所得,包括工资、薪金所得,劳务报酬所得,稿酬所得,以及特许权使用费所得四项。

居民个人取得综合所得,按年计算个人所得税;有扣缴义务人的,由扣缴义务人按月或者按次预扣预缴税款;需要办理汇算清缴的,应当在取得所得的次年3月1日至6月30日内办理汇算清缴。因此,居民个人综合所得个人所得税包括预扣预缴税款的计算和综合所得汇算清缴的计算。

二、居民个人综合所得预扣预缴税款的计算

(一)工资薪金所得预扣预缴税额的计算

1. 工资薪金所得计算公式

扣缴义务人向居民个人支付工资、薪金所得时,应当按照累计预扣法计算预扣税款,并按月办理扣缴申报。计算公式如下:

累计预扣预缴应纳税所得额 = 累计收入 − 累计免税收入 − 累计减除费用 − 累计专项扣除 − 累计专项附加扣除 − 累计依法确定的其他扣除

其中:累计减除费用,按照5 000元/月乘以纳税人当年截至本月在本单位的任职受雇月份数计算。

本期应预扣预缴税额 = (累计预扣预缴应纳税所得额 × 预扣率 − 速算扣除数) − 累计减免税额 − 累计已预扣预缴税额

计算居民个人工资、薪金所得预扣预缴税额的预扣率见个人所得税税率表一(表8-5)。

2. 专项附加扣除项目

个人所得税专项附加扣除,包括3岁以下婴幼儿照护、子女教育、继续教育、大病医疗、住房贷款利息或者住房租金、赡养老人7项。

(1) 3岁以下婴幼儿照护专项附加扣除。

纳税人照护3岁以下婴幼儿的相关支出,按照每个婴幼儿每月2 000元(全年24 000元)的标准定额扣除。扣除时间为婴幼儿出生的当月至年满3周岁的前一个月。其扣除标准与方式与子女教育专项附加扣除相同。

(2) 子女教育专项附加扣除。

子女教育专项附加扣除,具体规定如表8-9所示。

(3) 继续教育专项附加扣除。

继续教育专项附加扣除具体规定如表8-10所示。

本人接受本科及以下学历(学位)继续教育支出,可以选择由其父母扣除,也可以选择由本人扣除,但不得同时扣除。

表 8-9　子女教育专项附加扣除一览

项目	内容
扣除内容	纳税人年满3岁的子女接受学前教育和全日制学历教育的相关支出（满3岁到博士）。 学前教育：年满3岁至小学入学前教育。 学历教育：义务教育（小学、初中教育）、高中阶段教育（普通高中、中等职业、技工教育）、高等教育（大学专科、大学本科、硕士研究生、博士研究生教育）
扣除标准	每个子女每月2 000元的标准定额扣除
扣除方式	父母可选择由其中一方按扣除标准的100%扣除，也可分别按扣除标准的50%扣除；具体扣除方式在一个纳税年度内不得变更
其他规定	纳税人子女在境外接受教育的，应留存境外学校录取通知书、留学签证等相关教育的证明资料备查
扣除时间	学前教育阶段：子女年满3周岁当月至小学入学前一月。 学历教育：子女接受全日制学历教育入学的当月至全日制学历教育结束的当月，包含因病或其他非主观原因休学但学籍继续保留的休学期间，以及施教机构按规定组织实施的寒暑假等假期

表 8-10　继续教育专项附加扣除一览

项目	内容
扣除内容	中国境内学历（学位）继续教育的支出。 技能人员职业资格继续教育、专业技术人员职业资格继续教育支出
扣除标准	学历（学位）教育期间按照每月400元（每年4 800元）定额扣除；同一学历（学位）继续教育扣除期不得超过48个月。 在取得相关证书的当年，按照3 600元定额扣除留存相关证书等资料备查
扣除时间	学历（学位）继续教育，为在中国境内接受学历（学位）继续教育入学的当月至学历（学位）继续教育结束的当月。 技能人员职业资格继续教育、专业技术人员职业资格继续教育，为取得相关证书的当年

（4）大病医疗专项附加扣除。

大病医疗专项附加扣除具体规定如表8-11所示。

表 8-11　大病医疗专项附加扣除一览

项目	内容
扣除内容	一个纳税年度内，纳税人发生的与基本医保相关的医药费用支出
扣除标准	扣除医保报销后个人负担（医保目录范围内的自付部分）累计超过15 000元的部分，由纳税人在办理年度汇算清缴时，在80 000元限额内据实扣除

续表

项目	内容
扣除方式	可以选择本人或者配偶扣除,未成年子女发生的医药费用支出可以选择由其父母一方扣除。 纳税人及其配偶、未成年子女发生的医药费用支出,按规定分别计算扣除额
其他规定	纳税人应当留存医药服务收费及医保报销相关票据原件或复印件等资料备查
扣除时间	为医疗保障信息系统记录的医药费用实际支出的当年

典型案件

查处一起未依法办理个人所得税综合所得汇算清缴案件

前期,内蒙古税务部门在对个人所得税综合所得汇算清缴办理情况开展事后抽查时,发现呼和浩特市某医院员工蔡某某未据实办理2019年度、2020年度和2021年度个人所得税综合所得汇算清缴,遂依法对其进行立案检查。

经查,纳税人蔡某某虚假填报大病医疗、赡养老人专项附加扣除,少缴个人所得税。经税务部门多次提醒督促,蔡拒不办理更正申报,稽查局对其追缴税款、加收滞纳金并处罚款共计19.63万元,蔡某某已按规定缴清税款、滞纳金和罚款。

(5)住房贷款利息专项附加扣除。

住房贷款利息专项附加扣除具体规定如表8-12所示。

表8-12 住房贷款利息专项附加扣除一览

项目	内容
扣除内容	纳税人本人或者配偶单独或者共同使用商业银行或者住房公积金个人住房贷款为本人或者其配偶购买中国境内住房,发生的首套住房贷款利息支出
扣除标准	在实际发生贷款利息的年度,按照每月1 000元的标准定额扣除,纳税人只能享受一次首套住房贷款的利息扣除
扣除方式	经夫妻双方约定,可选择由其中一方扣除,具体扣除方式在一个纳税年度内不能变更。 夫妻双方婚前分别购买住房发生的首套住房贷款,其贷款利息支出,婚后可以选择其中一套购买的住房,由购买方按扣除标准的100%扣除,也可以由夫妻双方对各自购买的住房分别按扣除标准的50%扣除,扣除方式在一个纳税年度内不能变更
其他规定	纳税人应当留存住房贷款合同、贷款还款支出凭证备查
扣除时间	为贷款合同约定开始还款的当月至贷款全部归还或贷款合同终止的当月,扣除期限最长不得超过240个月

(6)住房租金专项附加扣除。

住房租金专项附加扣除具体规定如表 8-13 所示。

表 8-13 住房租金专项附加扣除一览

项目	内容		
扣除内容	纳税人在主要工作城市没有自有住房而发生的住房租金支出		
扣除标准	直辖市、省会(首府)城市、计划单列市以及国务院确定的其他城市		1 500 元 / 月
	其他城市	市辖区户籍人口超过 100 万人的城市	1 100 元 / 月
		市辖区户籍人口不超过 100 万人的城市	800 元 / 月
扣除方式	夫妻双方主要工作城市相同的,只能由一方扣除住房租金支出。住房租金支出由签订租赁住房合同的承租人扣除		
其他规定	纳税人应当留存住房租赁合同、协议等有关资料备查。纳税人及其配偶在一个纳税年度内不得同时分别享受住房贷款利息专项附加扣除和住房租金专项附加扣除		
扣除时间	为租赁合同(协议)约定的房屋租赁期开始的当月至租赁期结束的当月。提前终止合同(协议)的,以实际租赁期限为准		

(7)赡养老人专项附加扣除。

赡养老人专项附加扣除具体规定如表 8-14 所示。

表 8-14 赡养老人专项附加扣除一览

项目	内容
扣除内容	纳税人赡养一位及以上被赡养人的支出,可以按照标准定额扣除,扣除标准与老人人数无关。 被赡养人指年满 60 岁的父母以及子女均已去世的年满 60 岁的祖父母、外祖父母,不包括岳父岳母、公公婆婆
扣除标准	纳税人为独生子女的,按照每月 3 000 元的标准定额扣除。 纳税人为非独生子女的,由其与兄弟姐妹分摊每月 3 000 元的扣除额度,每人分摊的额度不能超过每月 1 500 元
扣除方式	赡养人均摊或约定分摊、被赡养人指定分摊;约定或指定分摊的须签订书面分摊协议。具体分摊方式在一个纳税年度内不得变更
扣除时间	为被赡养人年满 60 周岁的当月至赡养义务终止的年末

3. 其他扣除

（1）其他扣除，包括个人缴付符合国家规定的企业年金、职业年金，个人购买符合国家规定的商业健康保险、税收递延型商业养老保险的支出，以及国务院规定可以扣除的其他项目。

（2）对个人购买符合国家规定的商业健康保险产品的支出，允许在当年（月）计算应纳税所得额时予以税前扣除，扣除限额为 2 400 元/年（200 元/月）。单位统一为员工购买符合规定的商业健康保险产品的支出，应分别计入员工个人工资薪金，视同个人购买，按上述限额予以扣除。

（3）对个人购买税收递延型商业养老保险的支出，在缴纳保费时可以按照每年不超过 12 万元的限额，在计算应纳税所得额时扣除缴纳的保费。

（4）按照税法规定，个人将其所得对教育、扶贫、济困等公益慈善事业进行捐赠，捐赠额未超过纳税人申报的应纳税所得额 30% 的部分，可以从其应纳税所得额中扣除；国务院规定对公益慈善事业捐赠实行全额税前扣除的，从其规定。

（5）专项扣除、专项附加扣除和依法确定的其他扣除，以居民个人一个纳税年度的应纳税所得额为限额；一个纳税年度扣除不完的，不结转以后年度扣除。

随堂练习 8-8：（多选题）下列关于专项附加扣除的说法中，符合个人所得税相关规定的有（　　）。

A. 住房贷款利息扣除的期限最长不得超过 240 个月
B. 直辖市的住房租金支出的扣除标准是每月 1 500 元
C. 同一学历的继续教育扣除期限不得超过 36 个月
D. 赡养老人专项附加扣除的起始时间为被赡养人年满 60 周岁的当月

答案：ABD。

解析：选项 C 应为"不得超过 48 个月"。

工作实例 8-1

实训资料：大学教授王浩在单位享受待遇情况如下：工资 22 000 元/月，个人缴纳三险一金合计 3 520 元/月，单位缴纳五险一金合计 7 700 元/月。按照相关规定，自 2024 年 1 月 1 日起，王浩可享受的专项附加扣除为：子女教育 2 000 元/月、3 岁以下婴幼儿照护 2 000 元/月、赡养老人 3 000 元/月。

实训要求：计算王浩 1 月—3 月份应预扣预缴个人所得税税款，如表 8-15 所示。

表 8-15　工资薪金个人所得税预扣税款计算　　　　　　　金额单位：元

月份	累计收入	累计减除费用	累计专项扣除	累计专项附加扣除	累计预扣预缴应纳税所得额	预扣率	速算扣除数	累计已预扣预缴税额	本期应预扣预缴税款
1	22 000	5 000	3 520	7 000	6 480	3%	0	0	194.4
2	44 000	10 000	7 040	14 000	12 960	3%	0	194.4	194.4
3	66 000	15 000	10 560	21 000	19 440	3%	0	388.8	194.4

（二）劳务报酬所得预扣预缴税额的计算

扣缴义务人向居民个人支付劳务报酬所得时，应当按次或者按月预扣预缴税款。具体计算公式如下：

（1）每次收入不足4 000元的：

预扣预缴税额＝预扣预缴应纳税所得额×预扣率＝（每次收入额−800）×20%

（2）每次收入在4 000元以上20 000元以下的：

预扣预缴税额＝预扣预缴应纳税所得额×预扣率＝每次收入额×（1−20%）×20%

（3）每次收入超过20 000元的：

预扣预缴税额＝预扣预缴应纳税所得额×预扣率−速算扣除数
＝每次收入额×（1−20%）×预扣率−速算扣除数

劳务报酬所得适用个人所得税税率表二（表8-6）。

> **温馨提示**
> 劳务报酬所得按次计征。属于一次性收入的，以取得该项收入为一次；属于同一项目连续性收入的，以一个月内取得的收入为一次。

随堂练习8-9：（计算题）8月，李生为大连壳迹建筑有限公司提供咨询服务，取得劳务报酬3 000元。请计算李生该笔劳务报酬所得应预扣预缴个人所得税税额。

解析： 应预扣预缴个人所得税税额＝（3 000−800）×20%＝440（元）

（三）稿酬所得预扣预缴税额的计算

扣缴义务人向居民个人支付稿酬所得时，应按次或者按月预扣预缴税款，收入额减按70%计算。具体计算公式如下：

（1）每次收入不超过4 000元的：

预扣预缴税额＝预扣预缴应纳税所得额×预扣率
＝（每次收入额−800）×（1−30%）×20%

（2）每次收入在4 000元以上的：

预扣预缴税额＝预扣预缴应纳税所得额×预扣率
＝每次收入额×（1−20%）×（1−30%）×20%

> **温馨提示**
> 稿酬所得按次计征，以每次出版、发表取得的收入为一次。属于一次性收入的，以取得该项收入为一次；属于同一项目连续性收入的，以一个月内取得的收入为一次。例如，同一作品再版取得的所得，应视作另一次稿酬所得计征个人所得税。同一作品在报刊上连载取得收入，以连载完成后取得的所有收入合并为一次，计征个人所得税。

随堂练习8-10：（计算题）9月，李凡出版小说取得稿酬所得40 000元，为创作该小说，李凡发生资料购买费等各种费用5 000元。计算李凡该笔稿酬所得应预扣预缴个人所得税。

解析：应预扣预缴个人所得税=40 000×（1-20%）×70%×20%=4 480（元）

（四）特许权使用费所得预扣预缴税额的计算

扣缴义务人向居民个人支付特许权使用费所得时，应当按次或者按月预扣预缴税款。

特许权使用费所得以每次收入额为预扣预缴应纳税所得额，特许权使用费所得以收入减除费用后的余额为每次收入额。其计算公式为：

（1）每次收入不足4 000元的：

$$预扣预缴税额 = 预扣预缴应纳税所得额 \times 20\% = （收入额 - 800） \times 20\%$$

（2）每次收入在4 000元以上的：

$$预扣预缴税额 = 预扣预缴应纳税所得额 \times 20\% = 收入额 \times （1-20\%） \times 20\%$$

> **温馨提示**
>
> 特许权使用费所得，属于一次性收入的，以取得该项收入为一次；属于同一项目连续性收入的，以一个月内取得的收入为一次。

随堂练习8-11：（计算题）5月我国居民刘亮转让一项专利权，取得转让收入180 000元、专利开发支出20 000元。请计算刘亮当月特许权使用费所得应预扣预缴个人所得税。

解析：应预扣预缴个人所得税=180 000×（1-20%）×20%=28 800（元）

三、居民个人汇算清缴税额的计算

居民个人办理年度综合所得汇算清缴时，应当依法计算工资薪金所得、劳务报酬所得、稿酬所得、特许权使用费所得的收入额，并入年度综合所得计算应纳税款，税款多退少补。

工资、薪金所得：收入额为纳税人取得的工资、薪金性质收入。

劳务报酬所得、稿酬所得、特许权使用费所得：每次收入不超过4 000元的，以减除费用800元后的余额为收入额；每次收入超过4 000元的，以收入减除20%的费用后的余额为收入额。稿酬所得的收入额减按70%计算。

居民个人汇算清缴税额的计算公式如下：

$$年度应纳税所得额 = 综合所得年度收入额 - 累计减除费用 - 专项扣除 - 专项附加扣除 - 其他扣除 - 捐赠$$

$$居民个人综合所得汇算应退或应补税额 = 年度应纳税所得额 \times 税率 - 速算扣除数 - 已预缴税款$$

随堂练习8-12：（计算题）中国居民马英本年从任职单位大连古风广告有限公司取得工资198 700元；出版专业书籍一本，取得稿酬7 000元；全年按照国家规定的标准和范围缴纳社会保险费、住房公积金合计47 688元。已预扣预缴个人所得税税额7 365.2元。请计算其本年综合所得汇算清缴应退（补）个人所得税。

解析：综合所得汇算清缴应退（补）个人所得税=[198 700+7 000×（1-20%）×70%-60 000-47 688]×10%-2 520-7 365.2=-392（元）

四、非居民个人综合所得应纳税额的计算

非居民个人的工资、薪金所得,以每月收入额减除费用 5 000 元后的余额为应纳税所得额;劳务报酬所得、稿酬所得、特许权使用费所得以收入减除 20% 费用后的余额为收入额,以每次收入额为应纳税所得额,其中稿酬所得的收入额减按 70% 计算;适用个人所得税税率表三(表 8-7)计算应纳税额。具体计算公式为:

工资、薪金所得应纳税额 =(每月收入额 –5 000 元)× 税率 – 速算扣除数

劳务报酬所得、稿酬所得、特许权使用费所得应纳税额 = 每次(月)收入额 × 税率 – 速算扣除数

非居民个人在一个纳税年度内税款扣缴方法保持不变,达到居民个人条件时,应当告知扣缴义务人基础信息变化情况,年度终了后按照居民个人有关规定办理汇算清缴。

随堂练习 8-13:(计算题)英国公民杰克 3 月份在中国取得收入的情况如下:取得华兴公司发放的工资薪金 20 000 元;取得东软公司的程序设计收入 200 000 元;向振华公司转让一项著作权,获得收入 50 000 元。假设不考虑其他税费,请问:各支付单位对杰克上述各项所得如何办理扣缴申报?

解析:华兴公司支付工资的扣缴申报:

应纳税额 =(20 000–5 000)× 20%–1 410=1 590(元)

东软公司支付设计收入的扣缴申报:

应纳税所得额 =200 000 ×(1–20%)=160 000(元)

适用税率 45%,速算扣除数 15 160:

应代扣代缴个人所得税 =160 000 × 45%–15 160=56 840(元)

振华公司代扣代缴特许权使用费所得:

应纳税所得额 =50 000 ×(1–20%)=40 000(元)

适用税率 30%,速算扣除数 4 410:

应代扣代缴个人所得税 =40 000 × 30%–4 410=7 590(元)

任务三　个人所得税分类所得计算

一、分类所得征税项目

个人所得税的分类所得共包括五项:经营所得,利息、股息、红利所得,财产租赁所得,财产转让所得,偶然所得。分类所得采用分类征税方式,按照规定分别计算个人所得税。

二、经营所得应纳税额的计算

经营所得,以每一纳税年度的收入总额减除成本、费用以及损失后的余额,为应纳税所得额。计算公式如下:

应纳税额 =(全年收入总额 – 成本、费用及损失)× 适用税率 – 速算扣除数

取得经营所得的个人,没有综合所得的,计算其每一纳税年度的应纳税所得额时,应当

减除费用60 000元、专项扣除、专项附加扣除以及依法确定的其他扣除。有综合所得的,不得再扣。专项附加扣除在办理汇算清缴时减除。

💡 **头脑风暴**:经营所得的计税规定同企业所得税的计税规定有哪些不同之处?

随堂练习8-14:(计算题)路路通个人独资企业全年销售收入为1 000万元,销售成本和期间费用为760万元,其中业务招待费10万元、广告费15万元、业务宣传费8万元、投资者工资3万元;增值税以外的各种税费150万元,没有其他涉税调整事项。假设该个人独资企业没有综合所得,不考虑专项扣除、专项附加扣除以及依法确定的其他扣除,请计算全年应缴纳的个人所得税。

解析:应纳税所得额=1 000-760+(10-1 000×5‰)+3-150-6=92(万元)

应纳税额=92×35%-6.55=25.65(万元)

个体工商户每一纳税年度发生的与其生产经营业务直接相关的业务招待费支出,按照发生额的60%扣除,但最高不得超过当年销售(营业)收入的5‰。业务招待费实际发生额的60%=10×60%=6(万元),扣除限额=1 000×5‰=5(万元),按照限额5万元扣除;投资者的工资不可以税前扣除;广告费支出限额=1 000×15%=150(万元),实际发生=15+8=23(万元),可以据实扣除。该个人独资企业没有综合所得,计算其每一纳税年度的应纳税所得额时,应当减除费用60 000元。

三、利息、股息、红利所得应纳税额的计算

利息、股息、红利所得,以支付利息、股息、红利时取得的收入为一次。以每次收入额为应纳税所得额。计算公式如下:

$$应纳税所得额 = 每次收入额$$

$$应纳税额 = 应纳税所得额 \times 20\% = 每次收入额 \times 20\%$$

> **温馨提示**
> (1)个人取得的国债利息、国家发行的金融债券利息,企业和个人取得地方政府债券利息收入,免征;个人取得的企业债券利息,须依法缴纳。
> (2)个人从公开发行和转让市场取得的上市公司股票而取得的股息红利,持股期限在1个月以内(含1个月)的,其股息红利所得全额计入应纳税所得额;持股期限在1个月以上至1年(含1年)的,暂减按50%计入应纳税所得额;持股期限超过1年的,股息红利所得暂免征收个人所得税。

随堂练习8-15:(计算题)张天4月份从某非上市公司取得红利5 000元,为此支付交通费50元,银行手续费1元。请计算其应纳个人所得税。

解析:应纳个人所得税=5 000×20%=1 000(元)

四、财产转让所得应纳税额的计算

财产转让所得按次计税以转让财产的收入额减除财产原值和合理费用后的余额,为应纳税所得额,适用20%的比例税率。计算公式如下:

$$应纳税额 = (每次财产转让收入额 - 财产原值 - 合理费用) \times 20\%$$

合理费用,是指卖出财产时按照规定支付的有关费用。

💡 **头脑风暴**:财产原值如何确定?

随堂练习 8-16:(计算题)王海 4 月 1 日将一套居住了 2 年的普通住房出售,原值为 12 万元,不含增值税售价为 30 万元,售房中发生费用 1 万元。请计算其应纳个人所得税。

解析:应纳个人所得税 =(30-12-1)× 20%=3.4(万元)

五、财产租赁所得个人所得税的计算

财产租赁所得,按次计算,以一个月内取得的收入为一次计征个人所得税。计算公式如下:

(1)每次(月)收入不超过 4 000 元的:

应纳税所得额 = 每次(月)收入额 − 财产租赁过程中缴纳的税费 − 由纳税人负担的租赁财产实际开支的修缮费用(以 800 元为上限)−800 元

(2)每次(月)收入超过 4 000 元的:

应纳税所得额 =[每次(月)收入额 − 财产租赁过程中缴纳的税费 − 由纳税人负担的租赁财产实际开支的修缮费用(以 800 元为上限)]×(1−20%)

应纳税额 = 应纳税所得额 × 20%(或 10%)

> **温馨提示**
>
> (1)个人出租房屋的个人所得税应税收入不含增值税,计算房屋出租所得可扣除的税费不包括本次出租缴纳的增值税。
>
> (2)财产租赁可以扣除的费用包括税费、修缮费和法定费用扣除标准。其中在出租财产过程中缴纳的税金和教育费附加等要有完税凭证;修缮费是指能提供有效、准确凭证,证明由纳税人负担的该出租财产实际开支的修缮费用,允许扣除的修缮费用以 800 元为限,一次扣除不完的,未扣完的余额可无限期向以后月份结转抵扣。

随堂练习 8-17:(计算题)刘杉于 1 月将其自有的 4 间面积均为 150 平方米的房屋出租给张亮作经营场所,租期 1 年,每月取得租金收入 3 500 元。当年 2 月份因下水道阻塞找人修理,发生修理费用 1 500 元,有维修部门的正式收据。请计算刘杉 1 月、2 月、3 月、4 月租金收入应缴纳的个人所得税。

解析:财产租赁收入以每月内取得的收入为一次。

1 月应纳个人所得税 =(3 500−800)× 20%=540(元)

2 月应纳个人所得税 =(3 500−800−800)× 20%=380(元)

3 月应纳个人所得税 =(3 500−800−700)× 20%=400(元)

4 月应纳个人所得税 =(3 500−800)× 20%=540(元)

六、偶然所得应纳税额的计算

偶然所得,以每次取得该项收入为一次。以每次收入额为应纳税所得额。计算公式如下:

$$应纳税额 = 偶然所得收入 \times 20\%$$

随堂练习 8-18：（计算题）张先生为自由职业者，本年 6 月取得如下所得：从上市公司取得股息所得 16 000 元（上年 8 月购入），从非上市公司取得股息所得 7 000 元，购买福利彩票中奖获得 100 000 元。请计算张先生上述所得应缴纳的个人所得税税额。

解析： 股息所得应纳个人所得税 =16 000×20%×50%+7 000×20%=3 000（元）
　　　　福利彩票中奖所得应纳个人所得税 =100 000×20%=20 000（元）

税润民生

中共中央：研究同新业态相适应的税收制度，实行劳动性所得统一征税

《中共中央关于进一步全面深化改革、推进中国式现代化的决定》提出："健全有利于高质量发展、社会公平、市场统一的税收制度，优化税制结构。研究同新业态相适应的税收制度。全面落实税收法定原则，规范税收优惠政策，完善对重点领域和关键环节支持机制。健全直接税体系，完善综合和分类相结合的个人所得税制度，规范经营所得、资本所得、财产所得税收政策，实行劳动性所得统一征税。"

任务四　个人所得税纳税申报

一、个人所得税扣缴申报

个人所得税以所得人为纳税人，以支付所得的单位或者个人为扣缴义务人。扣缴义务人向个人支付应税款项时，应当按月或者按次预扣或者代扣税款，并办理全员全额扣缴申报。

全员全额扣缴申报，是指扣缴义务人应当在预扣或代扣税款的次月 15 日内，将税款缴入国库，将其支付所得的所有个人的有关信息、相关涉税信息资料按主管税务机关的要求报送。

实行个人所得税全员全额扣缴申报的应税所得包括：工资、薪金所得；劳务报酬所得；稿酬所得；特许权使用费所得；利息、股息、红利所得；财产租赁所得；财产转让所得；偶然所得。

税务机关对扣缴义务人按照规定扣缴的税款，按年付给 2% 的手续费。

工作实例 8-2

实训资料： 大连华泽商贸有限公司 2025 年 1 月代扣代缴收入明细表如表 8-16 所示。2025 年 2 月 10 日，大连华泽商贸有限公司进行 1 月份的个人所得税代扣代缴申报。大连华泽商贸有限公司相关资料详见工作实例 7-1。

实训要求： 根据代扣代缴收入明细表，填写个人所得税扣缴申报表，如表 8-17 所示。

表 8-16 代扣代缴收入明细表

姓名	身份证号码	基本工资	岗位工资	奖金	应发工资	基本养老保险费	基本医疗保险费	失业保险费	住房公积金	子女教育	赡养老人	已缴税额	备注
张艺	210211196601011111	27 500	1 500	500	29 500	2 360	590	295	1 475	2 000	1 000	503.4	
王尔	210202197012121212	27 500	1 500	500	29 500	2 360	590	295	1 475	1 000	0	563.4	
赵晓	210212198002020202	7 000	1 000	800	8 800	624	156	78	390	1 000	1 000	16.56	
黄兴	210202197601110205	7 000	1 000	600	8 600	608	152	76	380	1 000	1 000	11.52	
肖钰	210204197903063369	10 000	1 000	500	11 500	920	230	115	575				
震动	210203197409055233				2 000								劳务报酬所得
董东	210201198506091159				9 000								稿费所得
刘畅	210202198207070862				6 000								偶然所得
合计		79 000	6 000	2 900	104 900	6 872	1 718	859	4 295	5 000	3 000	1 094.88	

项目八 个人所得税纳税实务

表8-17 个人所得税扣缴申报表

税款所属期：2025年01月01日至2025年01月31日

扣缴义务人名称：大连华泽商贸有限公司

扣缴义务人纳税人识别号（统一社会信用代码）：91210211219456789l

人民币（元）（列至角分）

序号	姓名	身份证件类型	身份证件号码	纳税人识别号	是否为非居民个人	所得项目	本月（次）情况													
							收入额计算			减除费用	专项扣除				其他扣除				
							收入额计算	费用	免税收入		基本养老保险费	基本医疗保险费	失业保险费	住房公积金	年金	商业健康保险	税延养老保险	财产原值	允许扣除的税费	其他
1	2	3	4	5	6	7	8	9	10	11	12	13	14	15	16	17	18	19	20	21
01	张艺	略	略	略	否	工资、薪金所得	29 500			5 000	2 360	590	295	1 475						
02	王尔	略	略	略	否	工资、薪金所得	29 500			5 000	2 360	590	295	1 475						
03	赵晓	略	略	略	否	工资、薪金所得	8 800			5 000	624	156	78	390						
04	黄兴	略	略	略	否	工资、薪金所得	8 600			5 000	608	152	76	380						
05	肖钰	略	略	略	是	工资、薪金所得	11 500			5 000	920	230	115	575						
06	晨东	略	略	略	否	劳务报酬所得	2 000	800												
07	董冬	略	略	略	否	稿酬所得	9 000	1 800	2 160											
08	刘旸	略	略	略	否	偶然所得	6 000													
合计							104 900	2 600	2 160	25 000	6 872	1 718	859	4 295						

续表

任务四 个人所得税纳税申报

累计情况（工资、薪金）			累计专项附加扣除						累计其他扣除	减按计税比例	准予扣除的捐赠额	应纳税所得额	税款计算						备注
累计收入额	累计减除费用	累计专项扣除	子女教育	赡养老人	住房贷款利息	住房租金	继续教育	婴幼儿照护					税率/预扣率	速算扣除数	应纳税额	减免税额	已扣缴税额	应补（退）税额	
22	23	24	25	26	27	28	29	30	31	32	33	34	35	36	37	38	39	40	41
59 000	10 000	9 440	4 000	2 000								33 560	0.03	0	1 006.8		503.4	503.4	
59 000	10 000	9 440	2 000	0								37 560	0.1	2 520	1 236		563.4	672.6	
17 600	10 000	2 496	2 000	2 000								1 104	0.03	0	33.12		16.56	16.56	
17 200	10 000	2 432	2 000	2 000								768	0.03	0	23.04		11.52	11.52	
												4 660	0.1	210	256			256	
												1 200	0.2	0	240			240	
												5 040	0.2		1 008			1 008	
												6 000	0.2		1 200			1 200	
152 800	40 000	23 808	10 000	6 000								89 892			5 002.96		1 094.89	3 908.08	

谨声明：本扣缴申报表是根据国家税收法律法规及相关规定填报的，是真实的、完整的、可靠的。

扣缴义务人（签章）： 2025年02月10日 受理人：

代理机构签章：

代理机构统一社会信用代码：

经办人签字：

经办人身份证件号码：

受理税务机关（章）：

受理日期： 年 月 日

二、个人所得税的自行申报

个人所得税的自行申报,是指纳税人在规定的期限内,自行向税务机关申报取得的应税所得项目和数额,如实填写个人所得税申报表和计算缴纳个人所得税的一种方法。

根据税法规定,有下列情形之一的,纳税人应当依法办理纳税申报:

(1)取得"综合所得"需要办理汇算清缴。

① 在两处或者两处以上取得综合所得,且综合所得年收入额减去专项扣除的余额超过6万元。

② 取得劳务报酬所得、稿酬所得、特许权使用费所得中一项或者多项所得,且综合所得年收入额减去专项扣除的余额超过6万元。

③ 纳税年度内预缴税额低于应纳税额的。

④ 纳税人申请退税。

(2)取得应税所得没有扣缴义务人。

(3)取得应税所得,扣缴义务人未扣缴税款。

(4)取得境外所得。

(5)因移居境外注销中国户籍。

(6)非居民个人在中国境内从两处以上取得"工资、薪金"所得。

工作实例 8-3

实训资料:王珞(身份证号码210211197710119821)是一名大学老师,2024年取得如下综合收入,已累计代扣代缴税额1 664元,于2025年3月15日办理汇算清缴。

(1)工资10 000元/月,个人缴纳三险一金比例:养老保险8%、医疗保险2%、失业保险1%、公积金5%。按照相关规定,自2024年1月1日起,王珞可享受的专项附加扣除为:子女教育2 000元/月;住房贷款利息1 000元/月;赡养老人3 000元/月,与其姐姐均摊。

(2)业余时间为其他企业做系列培训,共取得劳务费20 000元。

(3)出版一部专著,取得收入21 000元。

(4)向出版社提供一项著作权的使用权,取得收入5 000元。

(5)为其他企业做形象设计,取得收入10 000元。

实训要求:填写王珞的个人所得税年度自行纳税申报表,如表8-18所示。

表8-18 个人所得税年度自行纳税申报表

税款所属期:2024年1月1日至2024年12月31日

纳税人姓名:王珞

纳税人识别号:210211197710119821　　　　　　　　　　　　　　　　人民币元(列至角分)

项目	行次	金额
一、收入合计(1=2+3+4+5)	1	176 000.00
(一)工资、薪金	2	120 000.00
(二)劳务报酬	3	30 000.00
(三)稿酬	4	21 000.00

续表

项目	行次	金额
（四）特许权使用费	5	5 000.00
二、费用合计	6	11 200.00
三、免税收入合计	7	5 000.00
四、减除费用	8	60 000.00
五、专项扣除合计（9=10+11+12+13）	9	19 200.00
（一）基本养老保险费	10	9 600.00
（二）基本医疗保险费	11	2 400.00
（三）失业保险费	12	1 200.00
（四）住房公积金	13	6 000.00
六、专项附加扣除合计（14=15+16+17+18+19+20）	14	54 000.00
（一）子女教育	15	24 000.00
（二）继续教育	16	
（三）大病医疗	17	
（四）住房贷款利息	18	12 000.00
（五）住房租金	19	
（六）赡养老人	20	18 000.00
（七）3岁以下婴幼儿照护	21	
七、其他扣除合计（22=22+23+24+25+26+27）	22	
（一）年金	23	
（二）商业健康保险	24	
（三）税延养老保险	25	
（四）允许扣除的税费	26	
（五）其他	27	
八、准予扣除的捐赠额	28	
九、应纳税所得额（29=1-6-7-8-9-14-22-28）	29	26 560.00
十、税率（%）	30	3%
十一、速算扣除数	31	0
十二、应纳税额（32=29×30-31）	32	796.80

续表

项目	行次	金额
十三、减免税额	33	
十四、已缴税额	34	1 664.00
十五、应补/退税额（35=32-33-34）	35	-867.20
无住所个人附报信息		
纳税年度内在中国境内居住天数	已在中国境内居住天数	
谨声明：本表是根据国家税收法律法规及相关规定填报的，是真实的、可靠的、完整的。 纳税人签字：王珞　　2025 年 3 月 15 日		
经办人签字： 经办人身份证件号码： 代理机构签章： 代理机构统一社会信用代码：	受理人： 受理税务机关（章）： 受理日期：　　年　　月　　日	

三、纳税期限

（一）综合所得

1. 居民个人取得综合所得

居民个人取得综合所得按年计算个人所得税；有扣缴义务人的，由扣缴义务人按月或者按次预扣预缴税款；需要办理汇算清缴的，应当在取得所得的次年 3 月 1 日至 6 月 30 日内办理汇算清缴。

2. 非居民个人取得工资、薪金所得，劳务报酬所得，稿酬所得和特许权使用费所得

非居民个人取得工资、薪金所得，劳务报酬所得，稿酬所得和特许权使用费所得有扣缴义务人的，由扣缴义务人"按月或者按次"代扣代缴税款，不办理汇算清缴。

（二）经营所得

纳税人取得经营所得，按年计算个人所得税，由纳税人在月度或者季度终了后 15 日内向税务机关报送纳税申报表，并预缴税款；在取得所得的次年 3 月 31 日前办理汇算清缴。

（三）利息、股息、红利所得，财产租赁所得，财产转让所得和偶然所得

纳税人取得上述所得，按月或者按次计算个人所得税，有扣缴义务人的，由扣缴义务人按月或者按次代扣代缴税款。

（四）纳税人取得应税所得没有扣缴义务人

纳税人取得应税所得没有扣缴义务人的，应当在取得所得的次月 15 日内向税务机关报送纳税申报表，并缴纳税款。

（五）扣缴义务人未扣缴税款

扣缴义务人未扣缴税款的，纳税人应当在取得所得的次年 6 月 30 日前，缴纳税款。税务机关通知限期缴纳的，纳税人应当按照期限缴纳税款。

（六）居民个人从中国境外取得所得

居民个人从中国境外取得所得应当在取得所得的次年3月1日至6月30日内申报纳税。

（七）非居民个人在中国境内从两处以上取得工资、薪金所得

非居民个人在中国境内从两处以上取得工资、薪金所得，应当在取得所得的次月15日内申报纳税。

（八）纳税人因移居境外注销中国户籍

纳税人因移居境外注销中国户籍，应当在注销中国户籍前办理税款清算。

（九）扣缴义务人每月或者每次预扣、代扣税款的缴库

扣缴义务人每月或者每次预扣、代扣税款的缴库应当在次月15日内缴入国库，并向税务机关报送扣缴个人所得税申报表。

典型案件

强制执行未依法办理个人所得税综合所得汇算清缴补税案件

2024年2月29日消息，四川税务部门根据精准线索分析，发现某餐饮管理有限公司高管姚某某未办理2021年度个人所得税综合所得汇算清缴补税。成都市税务局第一稽查局依法对其送达《税务处理决定书》和《税务行政处罚决定书》，其仍以各种借口拒不缴纳。税务部门遂将该案件移交成都市锦江区人民法院执行局强制执行，冻结了姚某某全部银行账号、微信和支付宝等资金账号，并发出限制消费令。经税务部门和法院联合约谈，在法律的震慑下，目前姚某某已缴清了全部税款、滞纳金、罚款和加处罚款共计35万元。

此事件提醒广大纳税人，纳税人应依法、如实、及时办理个人所得税综合所得汇算手续，以免陷入不必要的法律纠纷。

四、电子税务局操作指引

（1）实名登录或申报密码登录国家税务总局自然人电子税务局（扣缴端），如图8-1所示。

（2）单击【人员信息采集】，如实填写纳税人的身份信息等基础资料，如图8-2所示。

（3）单击【专项附加扣除信息采集】，为纳税人采集专项附加扣除信息，如图8-3所示。

（4）单击【综合所得申报】，依次进行【收入及减除填写】【税款计算】【附表填写】【申报表报送】，则可完成当期的综合所得预扣预缴申报，如图8-4所示。

（5）如果有分类所得，则单击【分类所得申报】，根据所得项目进行【收入及减除填写】【附表填写】【申报表报送】，即可完成分类所得的代扣代缴申报，如图8-5所示。

图8-1 自然人电子税务局界面

项目八 个人所得税纳税实务

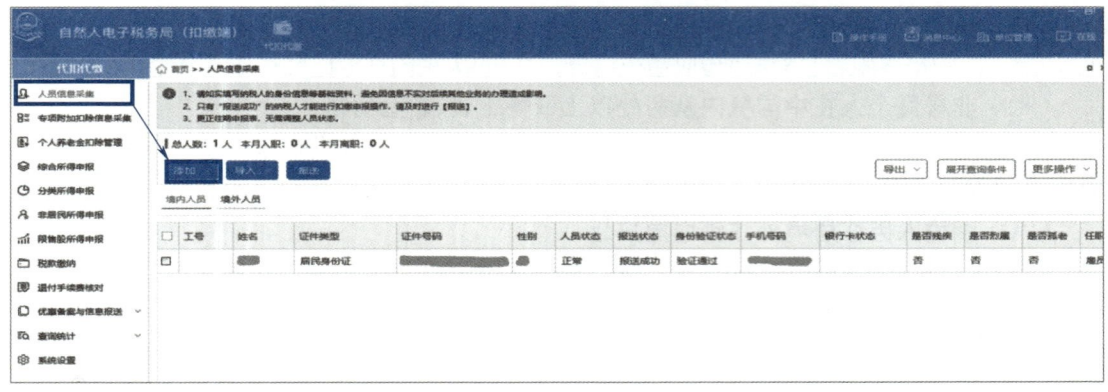

图 8-2 人员信息采集

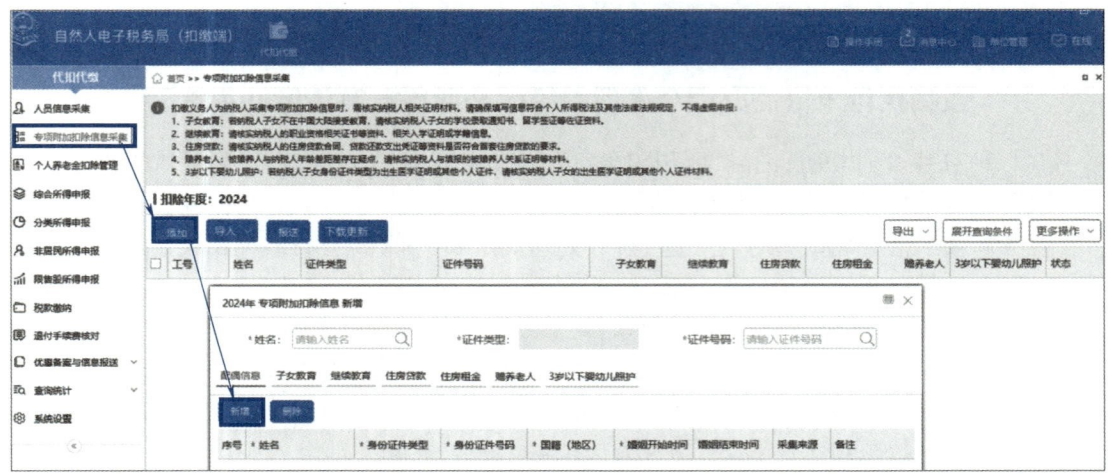

图 8-3 专项附加扣除信息采集

图 8-4 综合所得预扣预缴申报

任务四 个人所得税纳税申报

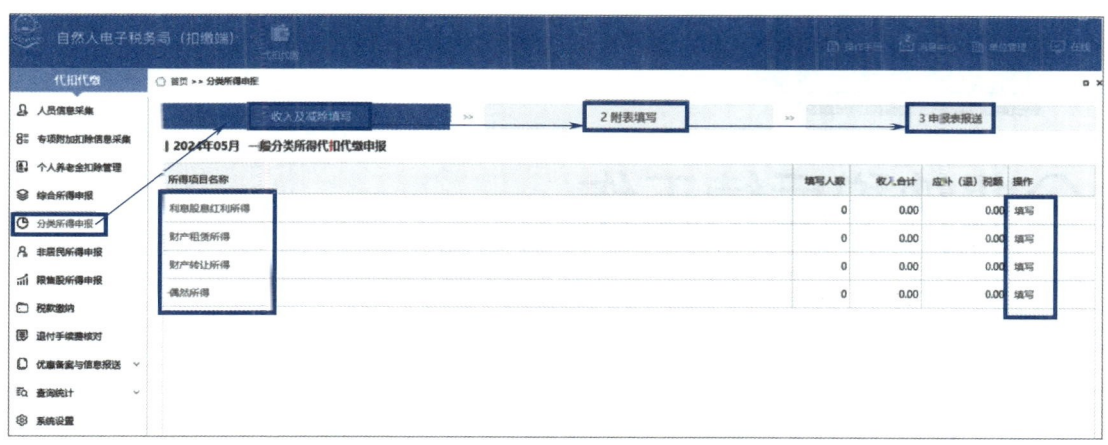

图8-5 分类所得的代扣代缴申报

个人所得税综合所得
的计算案例

项目九

企业纳税后续工作

思维导图

学习目标

素质目标：
1. 建立日常运营中的预防性税务管理习惯，避免或减少税务争议的发生。
2. 形成与税务、银行、人民法院等部门良好的沟通和协调关系。

3. 形成按法定程序解决问题的习惯，提高处理税务争议的效率和成功率。
4. 坚持诚信原则，据实了解、掌握企业财务状况，确保税务合规性。

知识目标：
1. 了解税收法规对配合税务检查、提供纳税担保、税收保全和强制执行等事项的情形。
2. 理解纳税人的权利和义务、违反税收法规要承担的法律责任。
3. 熟悉税务检查、纳税担保、税收保全和强制执行的流程与要求，有效规避从业风险。
4. 掌握税务行政复议和税务行政诉讼的权利和办理程序，在遇到相关问题时能够依法行事。

技能目标：
1. 能够积极配合税务机关及时提供税务检查所需资料，及时完成纳税申报并解缴税款。
2. 能够有序应对可能出现的税收保全和强制执行措施。
3. 能够积极利用行政复议和诉讼渠道，正确准备所需资料，并熟练完成《税务行政复议申请书》等填报，维护纳税人合法权益。

项目导入

甘肃省天水市税务局稽查局依法对网络主播杨某某偷税案件进行处理

国家税务总局甘肃省天水市税务局稽查局通过精准分析，发现网络主播杨某某涉嫌偷税，在甘肃省税务局稽查局指导下，依法对其开展了税务检查。

经查，杨某某在 2020 年至 2021 年期间从事网络直播取得收入，通过不进行纳税申报、虚假申报等手段少缴个人所得税 31.38 万元，少缴其他税费 4.01 万元。天水市税务局稽查局对杨某某追缴税款、加收滞纳金并处罚款，共计 82.32 万元。目前，税务部门已经依法送达《税务处理决定书》和《税务行政处罚决定书》，杨某某已按规定缴清税款、滞纳金及罚款。

请思考：网络主播为何容易成为税收违法案件高发地？

任务一　配合税务检查

一、税务检查的形式

税务检查，是税务机关依据法律、行政法规的规定对纳税人、扣缴义务人等缴纳或代扣、代收税款及其他有关税务事项进行的审查、稽核、管理监督活动。税务检查是税务征收管理的一个主要环节。

税务检查形式，是指税务机关开展税务检查的具体组织方式。税务检查形式往往因检查时间、检查内容和检查目的的不同而不同，主要有三种方式。

（一）群众性检查

群众性检查，是通过税务机关组织纳税人开展自查或互查的方式，来了解不同行业纳税人或同行业不同纳税人的纳税义务履行情况,属于一般性检查,带有普查性质。

(二)专业性检查

专业性检查,是税务机关组织税务人员对纳税人的各项涉税事宜进行的专业检查。它主要有日常检查、专项检查和专案检查等几种形式,如表9-1所示。

表9-1 专业性检查的形式

形式		内涵
日常税务检查	日常税务稽核	税务机关对纳税人纳税申报资料进行审核的过程,以确保税款申报的准确性
	税务检查	以纳税人会计核算资料为基础、运用不同的检查方法对纳税人的纳税情况以及生产经营情况进行全面检查的过程,确保税款缴纳的准确性,实现应收尽收
	违章处理	对纳税人违反税收法规行为所采取的处罚措施
专项税务检查		税务机关根据特定的目的和要求,依据征收管理部门或其他信息部门提供的信息、数据资料,通过分类、分析,选取特定的检查对象进行某个方面的或某些方面的检查,以实现特定的检查目的
专案税务检查		税务检查部门对上级指示、有关部门转办、征收管理部门提供、公民举报以及国际、省际间情报交换等案件线索进行的专门检查

其中,专案税务检查往往适用于对重大案件的查处。

日常税务检查主要是检查纳税人履行纳税义务的情况,其主要目的是确保税款及时入库,促使纳税人树立依法纳税的意识。因而,日常税务检查一般由县级税务机关组织实施。其一般要求是:对辖区内所有纳税户的所有申报资料必须进行税务稽核,对辖区内的所有纳税户必须每年实施税务检查1~2次。这种检查方式的优点在于能及时发现问题、迅速解决问题。但缺点是受到检查人员政策水平和业务技能的制约,容易出现漏查现象。

(三)联合性检查

联合性检查,是多个部门联合组织开展的检查形式。它主要有两种:

(1)税务机关内部各部门之间的联合检查。包括征收部门与检查部门的联合检查,检查部门之间的联合检查。其特点是检查力量强、效果好。

(2)税务部门与其他经济部门之间进行的联合检查。一般由税务机关会同企业主管部门、财政、银行、物价等部门进行综合检查,促使企业加强内部监督,遵守财经纪律。其特点是检查范围广、查处问题全面、解决问题及时、能发挥综合治理的效果。

二、明确税务检查的内容

纳税人需要了解税务机关进行税务检查的具体内容。

(一)查账

检查纳税人的账簿、记账凭证、报表和有关资料,检查扣缴义务人代扣代缴、代收代缴税款账簿、记账凭证和有关资料。

（二）查场地

到纳税人的生产、经营场所和货物存放地检查纳税人应纳税的商品、货物或者其他财产,检查扣缴义务人与代扣代缴、代收代缴税款有关的经营情况。

（三）提供纳税相关资料

责成纳税人、扣缴义务人提供与纳税或者代扣代缴、代收代缴税款有关的文件、证明材料和有关资料。

（四）调查取证

询问纳税人、扣缴义务人与纳税或者代扣代缴、代收代缴税款有关的问题和情况。

（五）查证

到车站、码头、机场、邮政企业及其分支机构检查纳税人托运、邮寄应纳税商品、货物或者其他财产的有关单据、凭证和有关资料。

（六）查存款账户

经县以上税务局（分局）局长批准,凭全国统一格式的检查存款账户许可证明,查询从事生产、经营的纳税人、扣缴义务人在银行或者其他金融机构的存款账户。税务机关在调查税收违法案件时,经设区的市、自治州以上税务局（分局）局长批准,可以查询案件涉嫌人员的储蓄存款。

税务机关调查税务违法案件时,对与案件有关的情况和资料,可以记录、录音、录像、照相和复制。

三、配合税务检查

（一）纳税人的权利

1. 知情权

纳税人有权了解税收法律、行政法规和税收政策规定;办理税收事项的时间、方式、步骤以及需要提交的资料;应纳税额核定及其他税务行政处理决定的法律依据、事实依据和计算方法;以及在发生争议或纠纷时,可以采取的法律救济途径及需要满足的条件。

2. 保密权

税务机关查询所获得的资料,不得用于税收以外的用途。纳税人有权要求税务机关为其商业秘密和个人隐私保密,税务机关将依法保密,除非有法律、行政法规明确规定或纳税人许可,否则不会对外提供相关信息。但税收违法行为信息不属于保密范围。

3. 出示资质权

税务机关派出的人员进行税务检查时,应当出示税务检查证和税务检查通知书,并有责任为被检查人保守秘密;未出示税务检查证和税务检查通知书的,被检查人有权拒绝检查。

4. 税收监督权

纳税人有权对税务机关或税务人员违反税收法律、行政法规的行为进行检举和控告,包括索贿受贿、徇私舞弊、玩忽职守等行为;也有权检举其他纳税人的税收违法行为。

随堂练习9-1：（判断题）税务机关派出的人员进行税务检查时,应当出示税务检查证和税务检查通知书,并有责任为被检查人保守秘密。（　　）

答案： √

解析： 未出示税务检查证和税务检查通知书的,被检查人有权拒绝检查。

(二) 纳税人的义务

1. 提供资料的义务

纳税人、扣缴义务人必须接受税务机关依法进行的税务检查,如实反映情况,提供与纳税或代扣代缴、代收代缴税款等有关的资料、证明材料和有关资料,不得拒绝、隐瞒。

2. 接受询问的义务

纳税人、扣缴义务人在接受税务检查时,有义务如实、全面、及时地回答税务检查人员提出的问题,不得拒绝、隐瞒。

3. 保守秘密的义务

在税务检查过程中,纳税人、扣缴义务人也有责任为税务机关保守秘密,不得泄露税务检查中获取的信息给无关的第三方。

4. 提供线索的义务

向国家税务机关检举揭发纳税人、扣缴义务人及其他公民不按规定履行纳税义务和违反税法的行为。

(三) 法律责任

纳税人、扣缴义务人逃避、拒绝或者以其他方式阻挠税务机关检查的,由税务机关责令改正,可以处 1 万元以下的罚款;情节严重的,处 1 万元以上 5 万元以下的罚款。

纳税人、扣缴义务人的开户银行或者其他金融机构拒绝接受税务机关依法检查纳税人、扣缴义务人存款账户,或者拒绝执行税务机关作出的冻结存款或者扣缴税款的决定,或者在接到税务机关的书面通知后帮助纳税人、扣缴义务人转移存款,造成税款流失的,由税务机关处 10 万元以上 50 万元以下的罚款,对直接负责的主管人员和其他直接责任人员处 1 000 元以上 1 万元以下的罚款。

随堂练习 9-2:(多选题)下列各项中,(　　)不属于税务检查中纳税人的义务。

A. 及时履行报税义务　　B. 提供资料的义务
C. 开具有效的发票　　D. 接受询问的义务

答案: AC。

解析: 选项 AC 是纳税人日常经营活动中应履行的义务,而不是税务检查中的特定义务。

工作实例 9-1

实训资料:税务检查通知书如图 9-1 所示。

国家税务总局营口市税务局第二稽查局

税务检查通知书

营税稽二检通〔2024〕66 号

营口安博物流有限公司:(纳税人识别号:91210811MA118Y671B)

　　根据《中华人民共和国税收征收管理法》第五十四条的规定,决定派韩笑、高山等人,自 2024 年 7 月 4 日起对你(单位)2021 年 1 月 1 日至 2021 年 12 月 31 日期间(如检查发现此期间以外明显的税收违法嫌疑或线索不受此限)涉税情况进行检查。届时请依法接受检查,如实反映情况,提供有关资料。

二〇二四年七月四日

　　告知:税务机关派出的人员进行税务检查时,应当出示税务检查证和税务检查通知书,并有责任为被检查人保守秘密;未出示税务检查证和税务检查通知书的,被检查人有权拒绝检查。

图 9-1　税务检查通知书

实训要求:(1)指出执行税务检查的机关、检查时间、检查人员。
(2)指出被检查的纳税人名称、税务检查的时间段。
(3)分析该公司应如何配合税务检查。
(4)分析税务检查通知书设置告知内容的目的。
(5)怎么理解"如检查发现此期间以外明显的税收违法嫌疑或线索不受此限"。

解析:
(1)执行税务检查的机关是营口市税务局第二稽查局,检查时间为自2024年7月4日起,检查人员为韩笑、高山等人。

(2)被检查的纳税人是营口安博物流有限公司,税务检查的时间段是该公司2021年1月1日至2021年12月31日。

(3)该公司应该准备好账簿、记账凭证、报表和有关资料,与纳税或者代扣代缴、代收代缴税款有关的文件、证明材料和有关资料,托运、邮寄应纳税商品、货物或者其他财产的有关单据、凭证和有关资料.安排专门财务人员、财务负责人对接,方便税务机关询问。

(4)税务检查通知书设置告知内容的目的是告知该公司所拥有的权利。

(5)如检查发现此期间以外明显的税收违法嫌疑或线索,则不受此次检查时间段2021年的限制,可以对前后涉税资料进行税务检查。

典型案件

拒不配合税务机关检查拟罚款4万元

稽查机关:珠海市税务局第一稽查局(珠税一稽罚告〔2024〕6号)

稽查企业:珠海市×××贸易有限公司

一、税务行政处罚的事实、理由、依据及拟作出的处罚决定:

(一)违法事实

你公司接受大连×××纺织品有限公司虚开的增值税专用发票,用于增值税进项抵扣。在税务检查期间,不接听电话、拒收资料、不提供纳税资料等方式,拒绝税务机关检查。

(二)拟作出的处罚决定及依据

根据《中华人民共和国税收征收管理法》第七十条的规定,你公司拒绝税务机关检查,情节严重,拟对你公司处40 000元罚款。

二、你单位有陈述、申辩的权利。请在我局作出税务行政处罚决定之前,到我局进行陈述、申辩或自行提供陈述、申辩材料;逾期不进行陈述、申辩的,视同放弃权利。

温馨提示

税务局检查的概率会越来越高,企业应做好如下事项:确认留在税务局的联系电话畅通有效;及时配合好税务局检查的工作;做正确的事情,把正确的事情做明白。

任务二 提供纳税担保

一、纳税担保

纳税担保,是指经税务机关同意或确认,纳税人或其他自然人、法人、经济组织以保证、抵押、质押的方式,为纳税人应当缴纳的税款及滞纳金提供担保的行为。

(一)适用纳税担保的情形

(1)税务机关有根据认为从事生产、经营的纳税人有逃避纳税义务行为,在规定的纳税期之前经责令其限期缴纳应纳税款,在限期内发现纳税人有明显的转移、隐匿其应纳税的商品、货物以及其他财产或者应纳税收入的迹象,责成纳税人提供纳税担保的。

(2)欠缴税款、滞纳金的纳税人或者其法定代表人需要出境的。

(3)纳税人同税务机关在纳税上发生争议而未缴清税款,需要申请行政复议的。

(4)税收法律、行政法规规定可以提供纳税担保的其他情形。

(二)纳税担保的范围

纳税担保的范围包括税款、滞纳金和实现税款、滞纳金的费用。费用包括抵押、质押登记费用,质押保管费用,以及保管、拍卖、变卖担保财产等相关费用支出。

(三)用于纳税担保的财产、权利的价值

担保人用于纳税担保的财产、权利的价值不得低于应当缴纳的税款、滞纳金,并考虑相关的费用。纳税担保的财产价值不足以抵缴税款、滞纳金的,税务机关应当向提供担保的纳税人或纳税担保人继续追缴。

用于纳税担保的财产、权利的价格估算,除法律、行政法规另有规定外,由税务机关参照同类商品的市场价、出厂价或者评估价估算。

(四)纳税担保人的担保方式

纳税担保人,包括以保证方式为纳税人提供纳税担保的纳税保证人和其他以未设置或者未全部设置担保物权的财产为纳税人提供纳税担保的第三人。

纳税担保人应当按照《纳税担保试行办法》规定的抵押、质押方式,以其财产提供纳税担保;纳税担保人已经以其财产为纳税人向税务机关提供担保的,不再需要提供新的担保。

二、纳税保证

纳税保证,是指纳税保证人向税务机关保证,当纳税人未按照税收法律、行政法规规定或者税务机关确定的期限缴清税款、滞纳金时,由纳税保证人按照约定履行缴纳税款及滞纳金的行为。税务机关认可的,保证成立;税务机关不认可的,保证不成立。

(一)纳税保证人

纳税保证人,是指在中国境内具有纳税担保能力的自然人、法人或者其他经济组织。

有以下情形之一的,不得作为纳税保证人:

(1)有偷税、抗税、骗税、逃避追缴欠税行为被税务机关、司法机关追究过法律责任未满2年的。

（2）因有税收违法行为正在被税务机关立案处理或涉嫌刑事犯罪被司法机关立案侦查的。
（3）无民事行为能力或限制民事行为能力的自然人。
（4）与纳税人存在担保关联关系的。
（5）有欠税行为的。

随堂练习9-3：（判断题）担保人不能作为纳税保证人。（　　）
答案：√。
解析：与纳税人存在担保关联关系的，不得作为纳税保证人。

（二）纳税担保能力

法人或其他经济组织财务报表中资产净值超过需要担保的税额及滞纳金2倍以上的，自然人、法人或其他经济组织所拥有或者依法可以处分的未设置担保的财产的价值超过需要担保的税额及滞纳金的，为具有纳税担保能力。

（三）纳税保证的成立

纳税保证人同意为纳税人提供纳税担保的，应当填写纳税担保书。纳税担保书须经纳税人、纳税保证人签字盖章并经税务机关签字盖章同意方为有效。纳税担保从税务机关在纳税担保书签字盖章之日起生效。

（四）法律责任的承担

纳税人在规定的期限届满未缴清税款及滞纳金，税务机关在保证期限内书面通知纳税保证人的，纳税保证人应按照纳税担保书约定的范围，自收到纳税通知书之日起15日内缴纳税款及滞纳金，履行担保责任。不履行的，由税务机关发出责令限期缴纳通知书，责令纳税保证人在限期15日内缴纳；逾期仍未缴纳的，经县以上税务局（分局）局长批准，对纳税保证人采取强制执行措施。

头脑风暴：税务机关对纳税保证人可以采取哪些强制执行措施？

三、纳税抵押

纳税抵押，是指纳税人或纳税担保人不转移对抵押财产的占有，将该财产作为税款及滞纳金的担保。纳税人逾期未缴清税款及滞纳金的，税务机关有权依法处置该财产以抵缴税款及滞纳金。

（一）可以用于纳税抵押的财产

（1）抵押人所有的房屋和其他地上定着物。
（2）抵押人所有的机器、交通运输工具和其他财产。
（3）抵押人依法有权处分的国有房屋和其他地上定着物。
（4）抵押人依法有权处分的国有机器、交通运输工具和其他财产。
（5）经设区的市、自治州以上税务机关确认的其他可以抵押的合法财产。

（二）不得用于纳税抵押的财产

（1）土地使用权（部分可抵押的除外）。
（2）学校、幼儿园、医院等以公益为目的的事业单位、社会团体、民办非企业单位的教育设施、医疗卫生设施和其他社会公益设施。
（3）所有权、使用权不明或者有争议的财产。

（4）依法被查封、扣押、监管的财产。
（5）依法定程序确认为违法、违章的建筑物。
（6）法律、行政法规规定禁止流通的财产或者不可转让的财产。
（7）经设区的市、自治州以上税务机关确认的其他不予抵押的财产。

（三）纳税抵押担保的生效

纳税人提供抵押担保的，应当填写纳税担保书和纳税担保财产清单。

纳税抵押财产应当办理抵押物登记。纳税抵押自抵押物登记之日起生效。纳税人应向税务机关提供由以下部门出具的抵押登记的证明及其复印件。

（1）以城市房地产或者乡（镇）、村企业的厂房等建筑物抵押的，提供县级以上地方人民政府规定部门出具的证明材料。

（2）以船舶、车辆抵押的，提供运输工具的登记部门出具的证明材料。

（3）以企业的设备和其他动产抵押的，提供财产所在地的工商行政管理部门出具的证明材料或者纳税人所在地的公证部门出具的证明材料。

随堂练习 9-4：（单选题）下列各项财产中，可以设定纳税抵押的是（　　）。

A. 土地所有权　　　　　　　　　　B. 依法被查封的财产
C. 依法定程序确认为违章的建筑物　　D. 依法有权处分的国有房屋

答案：D。
解析：选项 ABC 都不能设定纳税抵押。

四、纳税质押

纳税质押，是指经税务机关同意，纳税人或纳税担保人将其动产或权利凭证移交税务机关占有，将该动产或权利凭证作为税款及滞纳金的担保。纳税人逾期未缴清税款及滞纳金的，税务机关有权依法处置该动产或权利凭证以抵缴税款及滞纳金。

（一）纳税质押的种类

纳税质押分为动产质押和权利质押。

动产质押是指债务人或者第三人将其动产移交债权人占有，将该动产作为债权的担保。

权利质押是指以债务人或者第三人享有的除财产所有权之外的财产权利为标的物而设定的质押。

（二）纳税质押的成立

纳税人提供质押担保的，应当填写纳税担保书和纳税担保财产清单并签字盖章。

纳税质押自纳税担保书和纳税担保财产清单须经纳税人、纳税担保人签字盖章并经税务机关确认和质物移交之日起生效。

（三）纳税质押的期限

纳税人在规定的期限内缴清税款及滞纳金的，税务机关应当自纳税人缴清税款及滞纳金之日起 3 个工作日内返还质物，解除质押关系。

纳税人在规定的期限内未缴清税款、滞纳金的，税务机关应当依法拍卖、变卖质物，抵缴税款、滞纳金。

 税润民生

纳税信用"贷"来真金白银

厦门元保运动器材有限公司财务部吴副总收到一笔500万元资金。这是得益于企业2021年度纳税信用达到A级,通过厦门市税务局的"银税互动"项目,以纯信用、免抵押、免担保的低融资成本取得的"真金白银"。

吴副总算了一笔账,企业自2020年以来不仅享受各项税费优惠政策减免350万元,还通过良好的纳税信用取得贷款,相比需要担保或者抵押等传统融资渠道,"银税互动"更加方便快捷,为企业转型的成功提供强大的资金支持。除了纳税便利度显著提升,"银税互动"项目以其融资成本低、办理便捷、到账速度较快等优势,受到了广大台资企业的关注。

工作实例9-2

实训资料:1月,大连市税务机关在对该市一家公司进行税务检查的过程中获悉:该公司从外省接到一大笔业务后,立刻向公司经营场所地的出租方提出解除房屋租赁合同,退租手续即将办理完毕时,公司主要经营管理人员已迁往外地。税务机关认为该公司存在逃避纳税义务的行为,遂责令该公司限期缴纳应缴税款,后在期限内发现该公司的车辆、办公用品全部被悄悄转移,于是税务机关立即责成该公司提供纳税担保。该公司按要求填写了纳税担保书,并由大连市某区经贸局下属的经发部为其提供担保。但税务机关认为担保人资格存在问题,未予认同。

实训要求:(1)指出担保人资格存在的问题。

(2)指出纳税担保的程序存在问题。

解析:

(1)担保人问题:国家机关,学校、幼儿园、医院等事业单位、社会团体不得作为纳税保证人,案例中大连市某区经贸局下属的经发部属于国家机关,不得作为纳税保证人。

(2)纳税担保的程序问题:保证、抵押和质押三种担保形式均要求纳税担保人填写纳税担保书,要写明担保对象、担保范围、担保期限、担保责任及其他有关事项,纳税担保书须经纳税人、纳税保证人签字盖章并经税务机关签字盖章同意方为有效,纳税担保从税务机关在纳税担保书签字盖章之日起生效。也就是说,纳税担保未经税务机关同意,担保不能生效,视为纳税人未提供纳税担保。

五、电子税务局纳税担保申请操作指引

(1)登录电子税务局,单击【我要办税】—【法律责任与救济事项】—【纳税担保申请】,如图9-2(a)和图9-2(b)所示。

(2)进入功能后,系统会弹出"案件信息"框,勾选相应案件,单击【确定】,如图9-3所示。

(3)按照实际情况填写"纳税担保书""纳税担保财产清单""纳税担保人或法人代表""纳税人或法定代表人",如图9-4所示。

(4)页面信息填写完整无误后,单击页面上方【保存】—【下一步】,如图9-5所示。

(5)系统跳转"附列资料上传"页面,"是否必报"列为"是"则必须上传对应的电子资料;上传成功后,单击【提交】,完成申请,如图9-6所示。

项目九　企业纳税后续工作

图 9-2(a)　纳税担保申请路径界面一

图 9-2(b)　纳税担保申请路径界面二

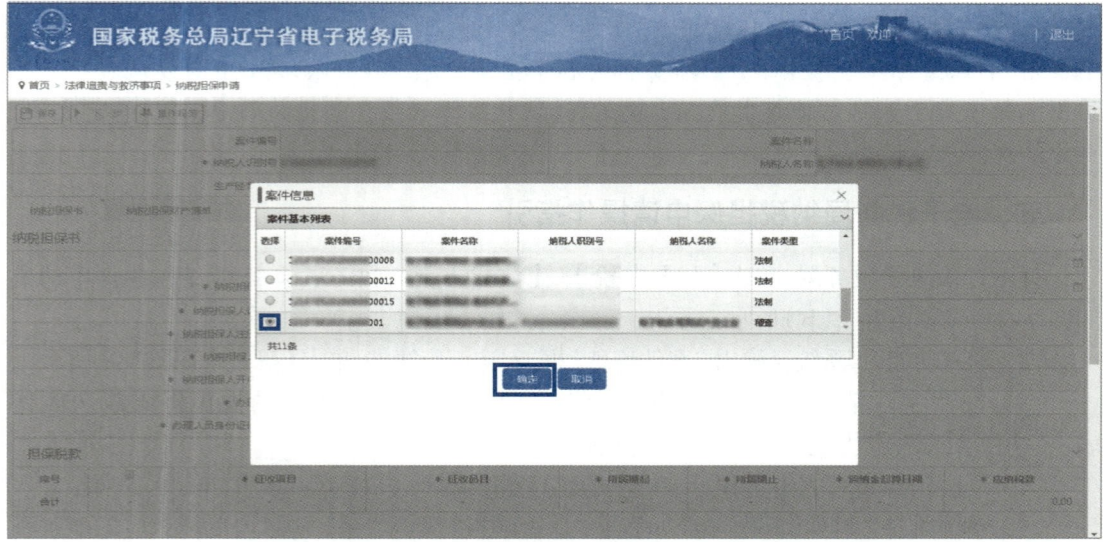

图 9-3　案件信息

任务二　提供纳税担保

图 9-4　填写"纳税担保书"等

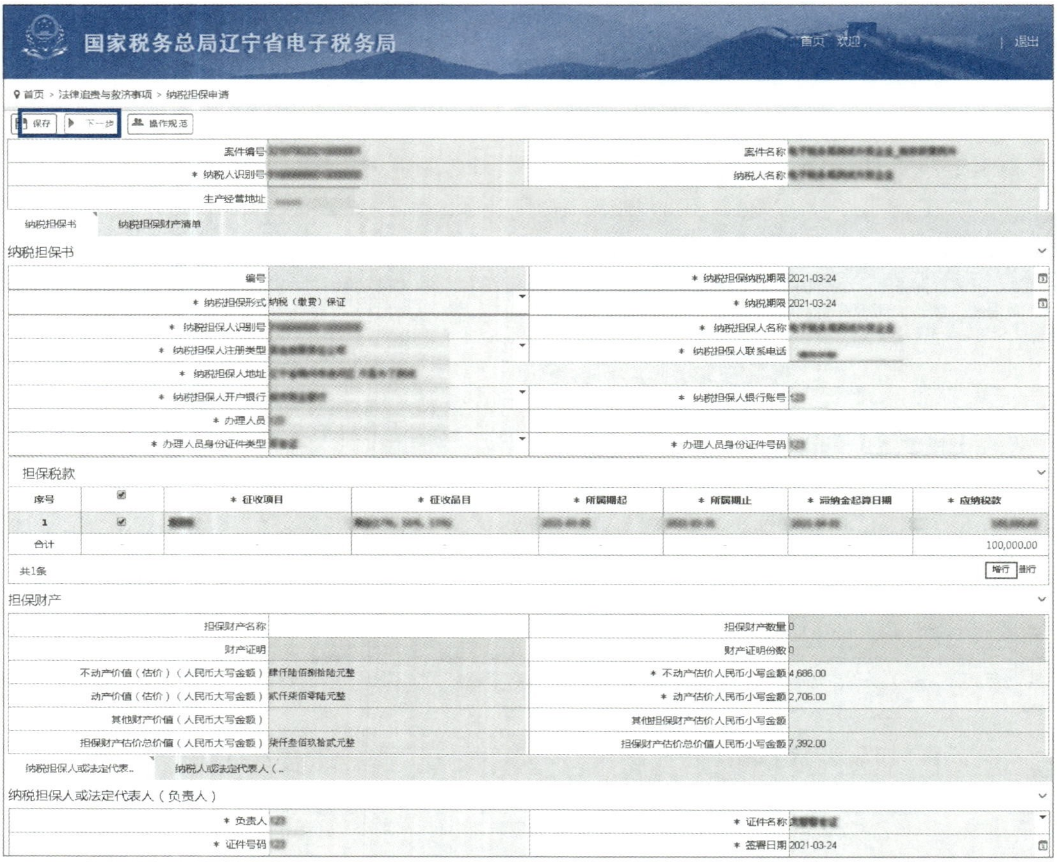

项目九　企业纳税后续工作

图 9-5　纳税担保信息保存跳转下一步

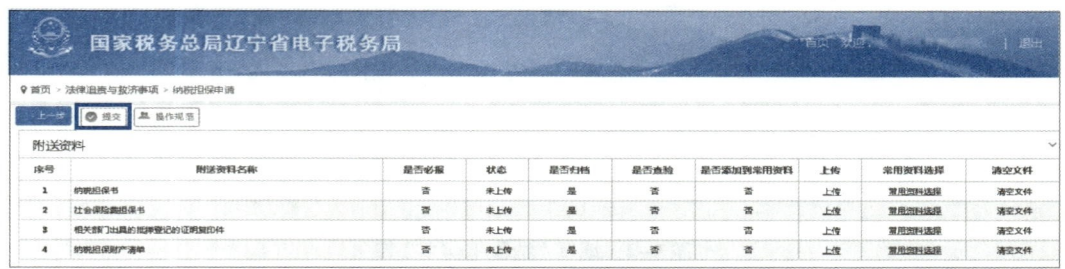

图 9-6　纳税担保申请附列资料上传、提交

任务三　接受税收保全和强制执行

一、税收保全和税收强制执行的适用情形

税收保全措施,是指税务机关或法院为了确保纳税人缴纳应纳税款而采取的一系列措施。

税收强制执行措施,是税务机关在采取一般税收管理措施无效的情况下,为了维护税法的严肃性和国家征税的权利所采取的税收强制手段。

税务机关对从事生产、经营的纳税人以前纳税期的纳税情况依法进行税务检查时,发现纳税人有逃避纳税义务行为,并有明显的转移、隐匿其应纳税的商品、货物以及其他财产或者应纳税的收入的迹象的,应经县以上税务局(分局)局长批准,采取税收保全措施或者强制执行措施,如图 9-7 所示。

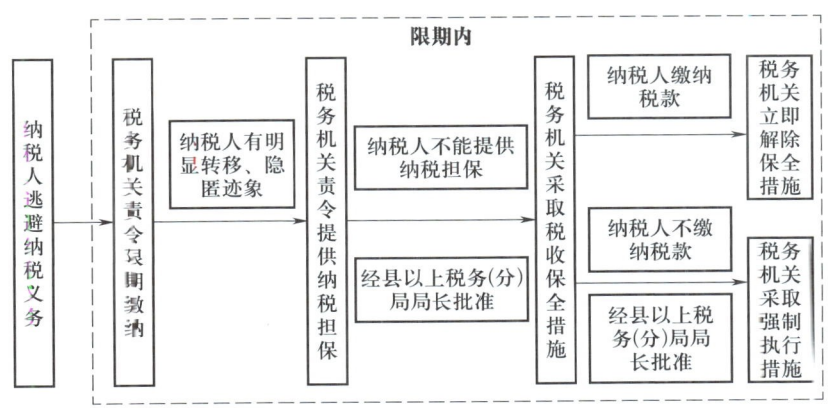

图 9-7　税收保全与税收强制的执行顺序

二、税收保全和税收强制执行的比较

税收保全措施、税收强制执行措施是法律赋予税务机关的两种不同权利,其目的是保证国家税款及时足额入库,在适用对象、实施时间、内容等方面有所不同。税收保全与税收强制执行的区别如表 9-2 所示。

表 9-2　税收保全与税收强制执行的区别

维度	税收保全	强制执行
适用对象不同	从事生产、经营的纳税人	从事生产、经营的纳税人、扣缴义务人和纳税担保人
实施时间不同	纳税期限届满之前	纳税期限届满并责令期限届满之后实施
范围和目的不同	仅限于应纳税款,目的是保证未来税款的实现	包括应纳税款和滞纳金,目的是实现欠缴税款及其占用税款费用的征收入库
内容不同	(1)书面通知纳税人的开户银行或者其他金融机构冻结纳税人的相当于应纳税款的存款。 (2)扣押、查封纳税人的价值相当于应纳税款的商品、货物或者其他财产	(1)书面通知纳税人、扣缴义务人、纳税担保人的开户银行或者其他金融机构,从其存款中扣缴税款。 (2)扣押、查封、依法拍卖或者变卖纳税人、扣缴义务人、纳税担保人相当于应纳税款的商品、货物或者其他财产,以拍卖或者变卖所得抵缴税款

> **温馨提示**
>
> 　　个人及其所扶养家属维持生活必需的住房和用品(不包括机动车辆、金银饰品、古玩字画、豪华住宅或者一处以外的住房),不在税收保全措施的范围之内。税务机关对单价 5 000 元以下的其他生活用品,不采取税收保全措施。

随堂练习 9-5:(单选题)下列关于税收强制执行措施的表述中,正确的是( )。
A. 税收强制执行措施不适用于扣缴义务人
B. 作为家庭唯一代步工具的轿车,不在税收强制执行的范围之内
C. 税务机关采取强制执行措施时,可对纳税人未缴纳的滞纳金同时强制执行
D. 税务机关可对未按期缴纳工薪收入个人所得税的个人实施税收强制执行措施
答案:C。
解析:本题考核税收强制执行措施的有关规定。税收强制执行不仅适用于从事生产、经营纳税人,还适用于扣缴义务人,故选项 A 不正确;作为家庭使用的轿车,也在强制执行的范围内,故选项 B 不正确;税务机关不可以对未按期缴纳工薪收入的个人所得税的个人实施税收强制执行措施,故选项 D 不正确。

三、税收保全措施的解除

1. 税收保全措施的期限

税务机关采取税收保全措施的期限一般不得超过 6 个月;重大案件需要延长的,应当报国家税务总局批准。

2. 税收保全措施解除的条件

纳税人在规定期限内缴纳了应纳税款的,税务机关必须立即解除税收保全措施。

3. 税收保全转入税收强制执行的条件

纳税人在规定的限期期满仍未缴纳税款的,经县以上税务局(分局)局长批准,终止税收保全措施,转入税收强制执行措施。

随堂练习 9-6:(多选题)下列关于税务机关实施税收保全措施的表述中,正确的有( )
A. 税收保全措施仅限于从事生产、经营的纳税人
B. 只有在事实全部查清,取得充分证据的前提下才能进行
C. 冻结纳税人的存款时,其数额要以相当于纳税人应纳税款的数额为限
D. 个人及其抚养家属维持生活必需的住房和用品,不在税收保全措施的范围之内
答案:ACD。
解析:税收保全措施是针对纳税人即将转移、隐匿应税的商品、货物或其他财产的紧急情况下采取的一种紧急处理措施。不可能等到事实全部查清,取得充分的证据以后再采取行动,否则纳税人早已将其收入和财产转移或隐匿完毕,到时再想采取税收保全措施就晚了。

执法重"说理",稽查有"温度",入库有"保障"

近期,辽宁省铁岭市第二稽查局对铁岭县某房地产开发企业进行检查,查补各项税费及滞纳金120余万元。案件分管领导注重从"执法文书"到"执法全过程"的说理转变,多次与纳税人积极沟通,客观地列出其税收违法事实、证据链条以及处罚的法律依据,并现场解答了纳税人疑惑、不缴纳稽查查补税款对企业的影响。在行动上,充分考虑纳税人连年亏损、资金周转困难的问题,与企业法定代表人、评估机构、拍卖行同时商讨依法扣押六所商品房的拍卖,减免其相关评估、拍卖费用。事后该企业依法清缴120余万元税款。此举让执法既有力度,又有温度,有效预防和减少行政争议,同时为优化税收营商环境打下了坚实基础。

四、纳税人权利须知

采取税收保全、强制执行措施的权力,不得由法定的税务机关以外的单位和个人行使。

税务机关必须依照法定权限和法定程序采取税收保全措施和强制执行措施,通过下发《税收保全措施决定书》《税收强制执行决定书》,确保合法性和透明度,保障纳税人的知情权和申诉权。

税务机关扣押商品、货物或者其他财产时,必须开付收据;查封商品、货物或者其他财产时,必须开付清单。

税务机关滥用职权违法采取税收保全措施、强制执行措施,或者采取税收保全措施、强制执行措施不当,使纳税人、扣缴义务人或者纳税担保人的合法权益遭受损失的,应当依法承担赔偿责任。

工作实例 9-3

实训资料:送达公告如图 9-8 所示。

国家税务总局厦门市税务局第一稽查局文书送达公告

厦门星宜嘉酒店有限公司(纳税人识别号:913502033031531941):

因你单位没有履行《税务处理决定书》(厦税一稽处〔2022〕467 号)的纳税义务,根据《中华人民共和国税收征收管理法》第三十八条、第四十条、第五十五条的规定,对你单位作出《税收保全措施决定书》(厦税一稽保冻〔2024〕3 号),决定书主要内容为:

从 2024 年 7 月 2 日至 2024 年 7 月 31 日冻结你单位在存款账户(账号:40346001040011471)的存款(大写)陆拾肆万零柒佰玖拾柒元叁角贰分(¥640 797.32 元);请于 2024 年 7 月 31 日前缴纳应纳税款,逾期未缴的,将依照《中华人民共和国税收征收管理法》第四十条的规定采取强制执行措施。

因你单位相关人员无法取得联系且其他送达方式无法送达上述文书,根据《中华人民共和国税收征收管理法实施细则》第一百零六条第二款的规定,现予以公告送达。如对本决定不服,可自收到本决定之日起六十日内依法向国家税务总局厦门市税务局申请行政复议,或者自收到本决定之日起六个月内依法向人民法院起诉。

请你单位及时到我局执行科(地址:厦门市思明区湖滨南路 152 号 2 楼)领取上述《税收保全措施决定书》,否则,自公告之日起满三十日,即视为送达。

特此公告。

国家税务总局厦门市税务局第一稽查局
2024 年 7 月 26 日

图 9-8 送达公告《税收保全决定书》

实训要求:(1)指出税收保全执行的对象、原因及采取的措施。

(2)分析不冻结该存款账户所有存款的原因。

(3)分析如果该单位不想被执行税收强制措施应该如何处理。

(4)分析公告送达说明该单位存在哪些问题,应该如何改进。

(5)分析如果该单位不服该决定可以寻求哪些途径。

解析:

(1)厦门星宜嘉酒店有限公司,没有履行《税务处理决定书》(厦税一稽处〔2022〕467号)的纳税义务,采取的税收保全措施是冻结存款账户。

(2)税收保全只能冻结纳税人的相当于应纳税款的存款。

(3)应该在2024年7月31日前缴纳应纳税款。

(4)说明该单位没有在主管税务机关留存办税人员等相关人员联系方式,日常沟通不够。应该注意留存相关人员的最新联系方式,定期与税管员等主管税务机关人员联系和沟通。

(5)可以依法向国家税务总局厦门市税务局申请行政复议,或者依法向人民法院起诉。

任务四 申请税务行政复议

一、提出税务行政复议申请

(一)税务行政复议

税务行政复议,是指公民、法人或者其他组织认为税务机关作出的行政行为侵犯了其合法利益,向复议机关提出审查该行政行为的申请,复议机关依法审理并作出裁决的行政活动。

(二)申请人

申请行政复议的公民、法人或者其他组织为申请人。

(三)复议机关

一般情况下,作出行政行为的税务机关的上一级税务机关是税务行政复议机关。例如,隶属于A市(地级市)B区税务局的C税务所对D企业作出处罚决定,D企业不服提出复议申请。此时,D企业为申请人,C税务所为被申请人,B区税务局为复议机关。如果处罚决定是C税务所依法经B区税务局批准后作出的,那么B区税务局为被申请人,A市税务局为复议机关。各级行政复议机关负责法制工作的机构(如法制科、政策法规处等)为行政复议机构。

(四)适用情形

1. 对征税行为不服的

如果对征税行为不服,申请人须依法缴纳税款和滞纳金或提供担保并得到税务机关确认之日起60日内提出行政复议,对复议结果仍不服的,才可以提起行政诉讼。

征税行为包括:确认纳税主体、征税对象、征税范围、减税、免税、退税、抵扣税款、适用税率、计税依据、纳税环节、纳税期限、纳税地点和税款征收方式等具体行政行为,征收税款、加收滞纳金,扣缴义务人、受税务机关委托的单位和个人作出的代扣代缴、代收代缴、代征行为等。

随堂练习9-7:(判断题)申请人对税务机关作出逾期不缴纳罚款加处罚款的决定不服的,可以直接申请行政复议。(   )

答案：×。
解析：应当先缴纳罚款和加处罚款，再申请行政复议。

2. 对征税行为以外的其他具体行为不服的

如果对征税行为以外的其他行为不服，申请人可选择复议或诉讼。

这些行为包括：行政许可、行政审批行为；发票管理行为，包括发售、收缴、代开发票等；税收保全措施、强制执行措施；行政处罚行为；不依法履行下列职责的行为：颁发税务登记，开具、出具完税凭证、外出经营活动税收管理证明，行政赔偿，行政奖励等；资格认定行为；不依法确认纳税担保行为；政府信息公开工作中的具体行政行为；纳税信用等级评定行为；通知出入境管理机关阻止出境行为。

二、提交行政复议申请材料

申请人或者委托代理人申请行政复议，可以书面申请；书面申请有困难的，也可以口头申请。书面申请的，可以邮寄提交、当面提交或者互联网渠道提交下列资料：

1. 复议申请书

需要载明下列事项：

（1）申请人的基本情况。包括公民的姓名、性别、出生年月、身份证件号码、工作单位、住所、邮政编码、联系电话；法人或者其他组织的名称、住所、邮政编码、联系电话和法定代表人或者主要负责人的姓名、职务。

（2）被申请人的名称。作出具体行政行为的税务机关为被申请人。

（3）行政复议请求、申请行政复议的主要事实和理由。

（4）申请人的签名或者盖章。

（5）申请行政复议的日期。

2. 证件

申请人为法人的，需要提供法人营业执照副本复印件。申请人为自然人的，需要申请人的身份证复印件。

3. 委托资料

委托代理人代为参加行政复议的，需要向行政复议机构提供提交授权委托书、委托人及被委托人的身份证明文件。

4. 载明被申请人作出的行政行为的资料

如税务行政处罚决定书等法律文书。

5. 认为被申请人不履行法定职责的

认为被申请人不履行法定职责的需提供曾经要求被申请人履行法定职责的证据，但是被申请人应当依职权主动履行法定职责或者申请人因正当理由不能提供的除外。

6. 提出行政赔偿请求的

提出行政赔偿请求的提供受行政行为侵害而造成损害的证据，但是因被申请人原因导致申请人无法举证的，由被申请人承担举证责任。

三、确定税务行政复议被受理

行政复议机关在收到申请人的行政复议申请后，应于5日内进行审查，对于符合《中华人民共和国行政复议法》中规定的受理条件的,应出具书面受理通知书;对于不符合受理条件的决定不予受理,并书面告知申请人;对于符合受理条件的但不属于本机关受理的行政复议申请,应当告知申请人向有关行政复议机关提出。

在税务行政复议中,被申请人对其作出的具体行政行为负有举证责任。

特别提醒:行政复议申请材料不齐全或者表述不清楚的,行政复议机关可以自收到该行政复议申请之日起5日内书面通知申请人补正。补正通知应当载明需要补正的事项和合理的补正期限。无正当理由逾期不补正的,视为申请人放弃行政复议申请。

税润民生

情法相融浸润人心

近年来,国家税务总局太原市税务局始终践行"复议为民"的宗旨,坚持"以事实为依据,以法律为准绳"的原则,充分发挥公职律师作用,推动税费争议高质量化解,更好地维护了纳税人缴费人的合法权益。2022年,太原市税务局共办理行政复议案件15件,所有案件复议申请人均未向法院提起行政诉讼,实现个案层面定分止争,从宏观层面推进社会和谐。

四、取得税务行政复议决定

(一)取得时限

申请人一般在复议机关受理申请之日起60日内收到行政复议决定。

情况复杂,不能在规定期限内作出行政复议决定的,经复议机关负责人批准,可以适当延长,并告知申请人和被申请人;但延长期限最多不超过30日。

随堂练习9-8:(单选题)税务机关在对某企业进行纳税检查过程中,发现该单位在经营期间偷逃增值税50 000元,税务机关对其作出追缴税款,加收滞纳金并处以25 000元罚款的处理决定,遂送达处罚决定及处理决定书。该纳税人对处罚不服向上一级税务机关申请复议,其可在结清税款、滞纳金并收到税务机关填发的缴款凭证之日起( )日内提起复议申请。

A. 10 B. 15 C. 30 D. 60

答案:D。

解析:此题考核的是税务行政复议决定的取得时限。

(二)税务行政复议决定

税务行政复议机关应当对被申请人作出的具体行政行为提出审查意见,经复议机关负责人批准,分别作出以下行政复议决定:

(1)决定维持。如果税务行政复议机关认为被申请人的具体行政行为认定事实清楚、证据确凿、适用依据正确、程序合法、内容适当的,应当作出维持的决定。

(2)限期履行。如果税务行政复议机关认为被申请人不履行法定职责的,应当作出责令其在一定期限内履行的决定。

(3)撤销、变更或确认原具体行政行为违法。如果税务行政复议机关认为被申请人的具体行政行为存在以下情形的,应当作出撤销、变更或者确认该具体行政行为违法的决定:

① 主要事实不清、证据不足的；② 适用依据错误的；③ 违反法定程序的；④ 超越或者滥用职权的；⑤ 具体行政行为明显不当的。

决定撤销或者确认该具体行政行为违法的，可以责令被申请人在一定期限内重新作出具体行政行为。

（三）法律效力

税务行政复议机关作出行政复议决定，应当制作行政复议决定书，并加盖行政复议机关印章。行政复议决定书一经送达，即产生法律效力。

> **温馨提示**
> 送达是行政复议决定书生效的必要条件，未送达的行政复议决定书不发生法律效力。

行政复议决定书的生效具有确定力、执行力和拘束力。确定力，是指行政复议决定书送达后，其内容即被确定，不得再行更改；执行力，是指行政复议决定书送达后，当事人必须履行复议决定规定的义务；拘束力，是指行政复议决定书送达后，当事人必须受其拘束，不得实施与复议决定相违背的行为。

对于税务行政复议决定，如果当事人对复议决定不服，可以在法定期限内提起行政诉讼，但诉讼期可不停止复议决定的执行。这是行政复议决定书具有执行力的体现。

工作实例 9-4：

实训资料：陈某不服南通市税务局稽查局未履行法定职责邮寄行政复议申请，南通市人民政府作出不予受理行政复议申请决定书，如图 9-9 所示。

南通市人民政府

不予受理行政复议申请决定书

〔2023〕通行复第 323 号

申请人：陈某。

被申请人：国家税务总局南通市税务局稽查局。

申请人陈某不服国家税务总局南通市税务局稽查局未履行法定职责，于 2023 年 11 月 13 日向本机关邮寄行政复议申请，本机关的行政复议机构于同月 16 日收悉。

本机关认为，《中华人民共和国行政复议法实施条例》第二十八条第六项规定，提出行政复议申请需要属于收到行政复议申请的行政复议机构的职责范围。《中华人民共和国行政复议法》第十二条第二款规定，对海关、金融、国税、外汇管理等实行垂直领导的行政机关和国家安全机关的具体行政行为不服的，向上一级主管部门申请行政复议。《税务行政复议规则》（中华人民共和国国家税务总局令第 44 号）第十七条规定，对税务所（分局）、各级税务局的稽查局的具体行政行为不服的，向其所属税务局申请行政复议。根据上述法律规定，申请人如不服国家税务总局南通市税务局稽查局未履行法定职责，应当依法向国家税务总局南通市税务局申请行政复议。

综上，根据《中华人民共和国行政复议法》第十七条第一款之规定，本机关决定：不予受理申请人陈某的行政复议申请。

申请人如不服本决定，可自收到本决定书之日起 15 日内向南通市中级人民法院提起行政诉讼。

2023 年 11 月 20 日

图 9-9　行政复议决定书

实训要求:(1)分析南通市政府对于陈某的税务行政复议申请处理时间是否合理。

(2)分析陈某提出的税务行政复议申请是否符合受理条件。

(3)指出陈某应向什么机关申请税务行政复议。

解析:

(1)行政复议机关在收到申请人的行政复议申请后,应于5日内进行审查并出具受理或不受理的决定书。该案件中,南通市人民政府在11月16日收到陈某的行政复议申请,11月20日作出不受理决定,间隔4天,处理时间合理。

(2)符合受理条件,但不属于南通市人民政府受理的税务行政复议申请,南通市人民政府应当告知申请人向有关行政复议机关提出。

(3)陈某应向国家税务总局南通市税务局申请税务行政复议。

任务五 提起税务行政诉讼

一、提出税务行政诉讼

(一)税务行政诉讼

当税务机关的行政行为损害到企业的合法权益时,企业除了可以依法提出税务行政复议申请,还可以通过提起税务行政诉讼来维护自身的合法权益。

税务行政诉讼,是指公民、法人和其他组织认为税务机关及其工作人员的具体税务行政行为违法或者不当,侵犯了其合法权益,依法向人民法院提起行政诉讼,由人民法院对具体税务行政行为的合法性和适当性进行审理并作出裁决的司法活动。

(二)确定税务行政诉讼的当事人

1. 原告

原告是提起税务行政诉讼的公民、法人或者其他组织,包括纳税人、扣缴义务人、纳税担保人、税务代理人、政府信息公开申请人或税收违法案件检举人等。

2. 被告

被告是因其具体行政行为被公民、法人或其他组织提起诉讼而参与诉讼活动的各级税务机关,包括各级税务局、税务分局、稽查局和税务所。

3. 第三人

原告之外,与被诉涉税具体行政行为有利害关系的公民、法人或者其他组织,可以作为第三人申请参加诉讼,或者由人民法院通知参加诉讼。

4. 诉讼代理人

没有诉讼行为能力的公民,由其法定代理人代为诉讼。

下列人员可以被委托为诉讼代理人:律师、基层法律服务工作者;当事人的近亲属或者工作人员;当事人所在社区、单位以及有关社会团体推荐的公民。

随堂练习9-9:(多选题)税务行政诉讼的参加人有(   )。

A. 原告 B. 被告 C. 第三人 D. 诉讼代理人

答案: ABCD。

(三)适用情形

税务行政诉讼的受案范围与税务行政复议的受案范围基本一致,还包括税务机关的复议行为:一是复议机关改变了原具体行政行为;二是期限届满,税务机关不予答复。

(四)选定受诉法院

税收行政诉讼的管辖可分为地域管辖、级别管辖、裁定管辖、裁定管辖这四种形式。需要根据实际的情况来判定属于什么管辖,在进行起诉时也需要将基本情况汇报清楚。

1. 地域管辖

地域管辖是指原则上由作为被告的税务机关所在地人民法院管辖税务行政诉讼案件,经复议的案件,复议机关改变原具体行政行为的,由复议机关所在地人民法院管辖。

2. 级别管辖

级别管辖是指一般税务行政诉讼案件由基层人民法院实行地域管辖,中、高级人民法院分别管辖本辖区内重大复杂的一审税务行政诉讼案件。

3. 裁定管辖

裁定管辖是指由于某些特殊原因,上级法院以裁定方式,将某一案件指定下级法院管辖。

上述特殊原因包括因意外灾害或诉讼程序上的原因以及技术条件和审理水平的限制,致使有管辖权的法院无法审理和管辖权发生争议两类情况。

4. 移送管辖

移送管辖是指人民法院发现受理的税务诉讼案件不属于自己管辖时,应移送有管辖权的人民法院。受移送的人民法院不得再自行移送。

随堂练习 9-10:(多选题)税务行政诉讼的管辖分为(　　　)。
A. 级别管辖　　　B. 批准管辖　　　C. 地域管辖　　　D. 裁定管辖
答案:ACD。
解析:税收行政诉讼的管辖分为地域管辖、级别管辖、裁定管辖、移送管辖四种形式。

(五)提起税务行政诉讼的时间

当事人对税务机关的征税行为提起诉讼,必须先经过税务行政复议,对税务行政复议决定不服的,可以在收到复议决定书之日起 15 日内向法院提起诉讼;复议机关逾期不做决定的,申请人可以在复议期满之日起 15 日内向法院提起诉讼。

对其他具体税务行政行为不服的,纳税当事人可以自接到通知或者自知道之日起 15 日内直接向人民法院起诉。

完善权利救济和纠纷化解机制

国家税务总局天津市蓟州区税务局高度重视纠纷的预防、解决及税务行政复议、税务行政诉讼工作,严格按规定履行教示义务,切实保护纳税人的合法权益。为防止和减少税务行政复议及税务行政诉讼的发生,区局努力把税收争议化解在初发阶段,化解在基层,化解在税务机关内部。

二、提交税务行政诉讼申请材料

纳税当事人在税务行政诉讼一审阶段一般需要提交：
（1）《起诉状》。
（2）《税务处理决定书》《税务行政处罚决定书》《税务行政复议决定书》复印件。
（3）身份证明材料。原告身份证明复印件；若为单位则需要提供营业执照或事业单位法人证书，另外需要单位法定代表人或者主要负责人身份证明复印件。
（4）授权委托书原件和受托人身份证明复印件各一份。若受托人为近亲属，应提交与当事人存在近亲属关系及当事人不能自行申请的证明材料；若受托人为律师，律师需要提交所函及律师证复印件，并交验律师证原件。

三、确定税务行政诉讼被受理

当事人提起的税务行政诉讼符合起诉条件的，人民法院应当在7日内决定受理立案，并通知原告；不符合起诉条件的，人民法院应当在7日内裁定不予受理。原告可以就该不予受理的裁定提起上诉。

四、取得税务行政诉讼决定

人民法院对受理的税务行政案件，经过调查、收集证据、开庭审理之后，分别作出如下判决。

（一）维持判决

适用于具体税务行政行为证据确凿，适用法律、法规正确，符合法定程序的案件。

（二）撤销判决

税务行政行为有下列情形之一的，人民法院判决撤销或者部分撤销，并可以判决被告（税务机关）重新作出具体行政行为：主要证据不足的；适用法律、法规错误的；违反法定程序的；超越职权的；滥用职权的；明显不当的。

（三）履行判决

人民法院经过审理，查明被告应当履行一定的职责，而未履行或者拖延履行的，判决被告在一定期限内履行法定职责。

（四）变更判决

税务行政处罚明显不当或显失公正的，可以判决变更。

对一审人民法院的判决不服，当事人可以在判决书送达之日起15日内向上一级人民法院提起上诉，未在上诉期内提起上诉，一审判决将发生法律效力，当事人必须执行，否则人民法院有权依对方当事人的申请予以强制执行。

工作实例9-5

实训资料：2008年至2013年，中国二十二冶集团有限公司（简称"二十二冶"）从承德中泰劳务派遣有限公司等四家公司取得合计约1.45亿元虚开发票。2017年5月15日，河北省唐山市国家税务局稽查局作出冀唐国税稽处〔2017〕101号税务行政处理决定书，决定追缴企业所得税3742.5261.63元。二十二冶不服，向河北省国家税务局提起行政复议。2017年9月7日，河北省国家税务局作出冀国税复决字〔2017〕3号行政复议决定书，决定维持上述处理决定。

二十二冶不服,向唐山市路北区人民法院提起诉讼。路北区人民法院(2017)冀0203行初366号行政判决:撤销被告唐山市国家税务局稽查局作出的冀唐国税稽处〔2017〕101号《行政处理决定书》。撤销被告河北省国家税务局作出的冀国税复决字〔2017〕3号《行政复议决定书》。责令被告唐山市国家税务局稽查局在本判决生效后六十日内重新作出处理决定。国家税务总局唐山市税务局稽查局、国家税务总局河北省税务局不服,上诉至唐山市中级人民法院。

2018年9月20日,河北省唐山市中级人民法院认为,本案核心争议是二十二冶通过虚开发票发放1.45亿元工资是否构成偷税。根据《税收征管法》第六十三条的规定,偷税需以虚假申报导致少缴税款为前提。而《企业所得税法》第八条及《实施条例》明确,真实、合理且与收入相关的支出(如工资)准予税前扣除。双方均认可1.45亿元用于支付员工工资,属真实用工成本。税务机关虽认定虚开发票违法,但未证明该支出"不合理"或"与收入无关",仅以发票形式违法否定实质合理的工资扣除,违反税法"实质重于形式"原则。法院指出,虚开发票行为本身可另行追责,但工资真实性不因此否定,税务机关处理决定证据不足,依法撤销。

实训要求:(1)指出二十二冶能否直接向人民法院起诉的原因。

(2)指出该税务行政诉讼中的原告、被告。

(3)分析是否存在真实用工就可以从劳务派遣公司取得虚开发票抵扣成本。

解析:

(1)二十二冶不能直接向人民法院起诉,因为其属于征税行为,需先进行税务行政复议。

(2)该税务行政诉讼中的原告是二十二冶,被告是作出原行政行为的唐山市税务局以及行政复议机关河北省税务局。

(3)并不是存在真实用工就可以大胆地从劳务派遣公司取得虚开发票抵扣成本。用工真实必然是前提,但还有一个前提是:企业无法开票。如果并不存在类似合理困境,则仍然面临真实支出不能列支的补缴税款、滞纳金,并被认定偷税甚至虚开的行政、刑事责任的风险。

主要参考文献

［1］杨则文.纳税实务［M］.4版.北京:高等教育出版社,2022.
［2］梁伟样.税费计算与申报［M］.5版.北京:高等教育出版社,2022.
［3］全国税务师职业资格评价与考试专家委员会.涉税服务实务［M］.5版.北京:中国税务出版社出版,2025.
［4］中国注册会计师协会.税法［M］.北京:中国财政经济出版社,2025.
［5］财政部会计资格评价心.经济法基础［M］.北京:经济科学出版社,2025.
［6］财政部会计资格评价中心.经济法［M］.北京:经济科学出版社,2025.

郑重声明

高等教育出版社依法对本书享有专有出版权。任何未经许可的复制、销售行为均违反《中华人民共和国著作权法》，其行为人将承担相应的民事责任和行政责任；构成犯罪的，将被依法追究刑事责任。为了维护市场秩序，保护读者的合法权益，避免读者误用盗版书造成不良后果，我社将配合行政执法部门和司法机关对违法犯罪的单位和个人进行严厉打击。社会各界人士如发现上述侵权行为，希望及时举报，我社将奖励举报有功人员。

反盗版举报电话　（010）58581999　58582371
反盗版举报邮箱　dd@hep.com.cn
通信地址　北京市西城区德外大街4号　高等教育出版社知识产权与法律事务部
邮政编码　100120

编号：_____

课程平台申请体验单

学校和院系名称：_____（需院系盖章）

学校联系人：_____　　联系方式：_____

　　感谢贵校使用刘翠屏等编写的《企业纳税实务》（978-7-04-064770-9）。为便于学校统一组织教学，学校可凭本体验单向锦绣人生（北京）教育科技有限公司（简称"锦绣人生软件"）免费申请安装《会计专业课程体系创新实践教学平台》系统（以学校为单位申请免费安装一次（或申请免费使用云平台），不限教师、学生账号数量，自安装之日起180天免费使用期）。

申请方式：

1. 详细真写本体验单第一行学校和院系名称（院系盖章）及相关信息。
2. 把本体验单传真或拍照发给高等教育出版社相关业务部门审核（联系方式见下），获取体验单号。
3. 凭完整的申请体验单编号和院系名称，向锦绣人生软件申请体验。
4. 本体验单最终解释权归锦绣人生（北京）教育科技有限公司所有。

锦绣人生（北京）教育科技有限公司联系方式：

南方地区试用联系人电话：13031732575　　　　QQ：276487375
北方地区试用联系人电话：18575927622　　　　QQ：602923803

高等教育出版社联系方式：

手机：13761157915　　座机：021-56718737
传真：021-56718517　　QQ：122803063

　　　　　　　　　　　　　　　　　　　　　　锦绣人生（北京）教育科技有限公司

教学资源服务指南

感谢您使用本书。为方便教学，我社为教师提供资源下载、样书申请等服务，如贵校已选用本书，您只要关注微信公众号"高职财经教学研究"，或加入下列教师交流QQ群即可免费获得相关服务。

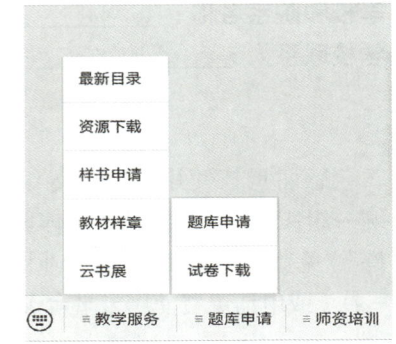

资源下载：点击"**教学服务**"—"**资源下载**"，注册登录后可搜索相应的资源并下载。（建议用电脑浏览器操作）
样书申请：点击"**教学服务**"—"**样书申请**"，填写相关信息即可申请样书。
样章下载：点击"**教学服务**"—"**教材样章**"，即可下载在供教材的前言、目录和样章。
题库申请：点击"**题库申请**"，填写相关信息即可申请题库或下载试卷。
师资培训：点击"**师资培训**"，获取最新会议信息、直播回放和往期师资培训视频。

联系方式

会计QQ3群：473802328　　会计QQ2群：370279388　　会计QQ1群：554729666
会计QQ4群：291244392
（以上4个会计Q群，加入任何一个即可获取教学服务，请勿重复加入）
联系电话：(021)56961310　　电子邮箱：3076198581@qq.com

在线试题库及组卷系统

我们研发有十余门课程试题库："基础会计""财务会计""成本计算与管理""财务管理""管理会计""税务会计""税法""税收筹划""审计基础与实务""财务报表分析""EXCEL在财务中的应用""大数据基础与实务""会计信息系统应用""政府会计""内部控制与风险管理"等，平均每个题库近3000题，知识点全覆盖，题型丰富，可自动组卷与批改。如贵校选用了高教社沪版相关课程教材，我们可免费提供给教师每个题库生成的各6套试卷及答案（Word格式难中易三档，索取方式见上述"题库申请"），教师也可与我们联系咨询更多试题库详情。